高等学校经济管理类核心课程教材

Corporate Finance

公司理财

（第5版）

刘曼红　刘小兵　编著

中国人民大学出版社
· 北京 ·

图书在版编目（CIP）数据

公司理财/刘曼红，刘小兵编著．--5版．--北京：中国人民大学出版社，2021.7

高等学校经济管理类核心课程教材

ISBN 978-7-300-29589-3

Ⅰ．①公… Ⅱ．①刘… ②刘… Ⅲ．①公司-财务管理-高等学校-教材 Ⅳ．①F276.6

中国版本图书馆CIP数据核字（2021）第132255号

高等学校经济管理类核心课程教材

公司理财（第5版）

刘曼红　刘小兵　编著

Gongsi Licai

出版发行	中国人民大学出版社		
社　　址	北京中关村大街31号	**邮政编码**	100080
电　　话	010－62511242（总编室）		010－62511770（质管部）
	010－82501766（邮购部）		010－62514148（门市部）
	010－62511173（发行公司）		010－62515275（盗版举报）
网　　址	http://www.crup.com.cn		
经　　销	新华书店		
印　　刷	北京溢漾印刷有限公司	**版　　次**	2000年1月第1版
开　　本	787 mm×1092 mm　1/16		2021年7月第5版
印　　张	23.5插页1	**印　　次**	2025年7月第6次印刷
字　　数	494 000	**定　　价**	49.00元

前　言

本书之所以自推出就受到广大读者的青睐，不外乎以下几点原因：一是结构设计新颖、逻辑清晰；二是内容深入浅出、详略得当；三是行文简洁明了、浅显易懂；四是内容更新及时，保持和现实应用的高度契合。后面的一再修订，作者都力图延续本书的这些特色，力求帮助读者在时间和精力有限的情况下，尽快掌握公司理财的基本原理和理论并能够学以致用，利用这些基础理论去解决真实世界中的问题。

在课程定位上，本书始终立足于“金融学”框架，把“公司理财”纳入微观金融体系。在内容选择和编排上，本书紧紧围绕公司理财的核心问题，按照公司理财活动的实践来安排教材内容。这使得本书既有别于会计学科的财务管理教材，又有别于从国外引进的百科全书式的公司理财教材。本书适合非财务、会计专业的本科学生使用，也适合对公司理财感兴趣的社会各界人士阅读。

本书在第4版的基础上主要做了如下修订：

(1) 对一些章节的内容结构进行了调整，使得内容更具逻辑性和严谨性；对第1、2、3、4、5、6、7、8、9、12、13、14章的引例和全书的部分章节习题进行了更新。

(2) 第2、3、4、9、10、11、13、15章的内容有较大的改动。

(3) 为便于读者学习，对每章正文后面拓展阅读中的部分案例进行了更新，以与现实紧密契合。

本书的总体修订思路和大纲由中国人民大学刘曼红教授提出，具体的修订工作由中华女子学院刘小兵博士完成，全书最后由刘曼红教授统稿、定稿。本书的出版得到了中国人民大学出版社的支持和帮助。

本书自第1版出版后获得了广泛的好评，后又经多次修订，各位作者尽其所能地完善本书，但是由于时间和作者水平所限，总是无法避免一些错误和疏忽，我们真诚希望各位老师和读者提出宝贵的修改意见。

目　录

第1篇　基础篇

第2篇　价值篇

第3篇　投资篇

第4篇　融资篇

第5篇　管理篇

M

第 1 篇

基础篇

第1章

公司理财导论

本章要点

- 企业的组织形式及其对理财活动的影响；
- 公司的分类、特征和组织结构；
- 公司理财的含义；
- 公司理财的主要内容；
- 公司理财的目标；
- 不同理财目标的区别和联系。

引例

浅谈公司理财目标——美国公司财务丑闻的启示

美国公司财务丑闻引发了我们的深思，许多学者都认为制度漏洞是财务丑闻的根源，这主要表现在三个方面：首先，美国的财会审计制度上的漏洞严重影响了对上市公司的监管力度。审计机构一方面负责审核上市公司的账目，另一方面又为同一家公司提供会计咨询，变成了自己左手做账，右手审账。其次，公司主管人员拥有大量的公司股票期权，他们有可能利用手中的权力谋取一己私利。对公司主管人员奖励股票期权的做法，本意是要将主管人员的个人经济利益同公司利益挂钩，以发挥主管人员的积极性和创造力。但现实中暴露出来的问题是公司业绩好，他们当然受益，而当公司的长远发展有问题的时候，那些深知公司内情的公司主管在短期内会通过做假账来制造公司繁荣的假象，在公司宣布盈利前把自己的股票卖掉。最后，首席执行官的权力过大也会带来一系列的问题。

其实，从理财的角度看，这一桩桩财务丑闻的背后蕴藏着企业经营层的财务管理目标。正确的系统目标是系统良性循环的前提条件，企业财务管理目标对企业财务管理系统的运行也具有同样的意义。企业进行财务管理，就是要正确权衡报酬增加与风险增加的得与失，努力实现二者之间的最佳平衡。因此，财务管理目标决定了企业在实际运作中的经营思路与方式。出现财务丑闻的理财主体，其股东、债权人、政府、职工等利益集团都成了受害者。

一、影响财务管理目标的各种利益集团

在现实经济中，影响一个理财主体的理财目标的利益集团主要有以下四个方面：一是企业所有者；二是企业债权人；三是企业职工；四是政府。除了上面四个利益集团以外，影响企业财务管理目标的还有其他利益集团，但均没有上面四个方面重要。如果我们单独从这四个利益集团来看，在现实经济中可以划分为四大财务管理模式：股东利益导向模式、债权人利益导向模式、职工利益导向模式和政府利益导向模式。现代企业是多边契约关系的总和，四个利益集团不能孤立地看待，股东要承担风险，企业债权人、企业职工和政府也同样承担了相当大的风险。可以说损害一方利益，其结果必然是多方受损。比如安然公司、世界通信公司，由于假账的暴露，其结果是企业破产，严重地损害了股东和债权人的利益，同时职工失业，政府税收减少并承担大量的由于企业破产所带来的系列社会成本。因此，作为企业的经营管理者，处理好各方利益集团的关系并使各方的利益不受损失的理财目标是管理工作的重中之重。

二、企业价值最大化——现实的财务管理目标选择

企业价值最大化是指通过企业财务上的合理经营，采用最优的财务政策，充分考虑资金的时间价值和风险与报酬的关系，在保证企业长期稳定发展的基础上实现企业的价值最大化。

现代企业理论认为，企业是多边契约关系的总和：股东、债权人、经理阶层、一般职工等。合理的财务管理目标必须考虑与企业有契约关系的各个方面，企业是一个动态的不断发展的个体，实现企业价值最大化需要企业在发展中来考虑问题，在企业价值的增长中来满足各方利益关系。随着企业财富的增加，各方利益都会增加，各种契约关系人的利益都会较好地得到满足，这又有利于企业财富的增加，实现财务管理的良性循环。

目前，企业价值最大化是现实选择。以企业价值最大化作为财务管理的目标，具有以下优点：(1) 企业价值最大化目标考虑了取得报酬的时间，并用时间价值的原理进行计量；(2) 企业价值最大化目标科学地考虑了风险与报酬的联系，强调风险与报酬的均衡，将风险限制在企业可以承担的范围之内；(3) 企业价值最大化目标能克服企业在追求利润上的短期行为，因为不仅目前的利润会影响企业价值，预期的未来利润对企业价值的影响所起的作用更大。我国企业更强调职工的利益、社会财富的积累，强调协调各方利益，实现共同发展和共同富裕。

资料来源：李高芳. 浅谈公司理财目标——美国公司财务丑闻的启示. 商业会计，2018 (10).

第 1 节　公司的内涵和形式

公司理财（corporate finance），顾名思义，研究的是以公司作为行为主体的理财活动，即本课程的研究对象是公司（corporation/company）。尽管如此，我们必须知道生活中无所不在的大大小小、形形色色的企业（firms）并不都是公司。换句话说，企业作为一个“应用资本赚取利润的经济组织实体”，有着多种组织形式，公司只是其中的一种。不同组织形式的企业，其理财活动差别极大。学习公司理财，首先应该对理财的主体——公司有充分的认识。

一、企业的三种组织形式

无论现实生活中的企业如何数量众多、形态各异，我们都可以根据企业资产的所有者把企业分为三种基本形式：个人业主制、合伙制和公司制。接下来，我们通过一个案例来对这三种企业组织形式的特征和优缺点进行介绍。

案例 1-1

张三的创业经历

张三在一家大公司工作了多年，逐渐有了一些积蓄。他看到市场上有关机械设计的软件十分缺乏，自己又在这方面有很多经验，就想自己创办一家软件企业。由于企业刚刚成立，张三没有雇人，只是买了一些设备，租了间办公室，添了一些办公用品，便开始运营，一共投资 50 万元。该企业所有的资本金都来自他自己的积累，他是企业唯一的所有者。如果成功，他获得全部的收益；如果失败，他承担全部的损失。张三创建的这个企业在法律上就叫作个人业主制企业。

（一）个人业主制企业的定义和特征

个人业主制企业是指由单个自然人出资兴办，完全归个人所有和控制的企业。企业主对企业具有完全的决策权和经营权，独自享受企业的经营利润，同时也独自承担经营风险。这是最早产生也是最简单的一种企业形态，即便是在现代经济社会中，这种企业在数量上也占多数。

个人业主制企业的优点是：开设、转让、关闭的手续简单且费用低；所有权与经营权统一，利益冲突少；企业主控制企业全部资产，获得全部利润；不需要支付企业所得税，只需缴纳个人所得税等。它最大的缺点是风险大，企业主以其个人的全部资产对企业的债务负无限责任，一旦经营失败就可能倾家荡产。所谓无限责任，是指当企业的资产不足以清偿企业的债务时，法律强制企业主以个人资产来清偿企业的债务。除此之外，个人业主制企业的规模受业主个人的财富限制，一般非常小，企业寿命往往有限，业主的死亡、破产、疾病或者转业都可能使企业不复存在。

案例1-1（续）

张三的产品销路很好，订单越来越多，雇用的员工已经达到十几个人。他想进一步扩大生产，再购置一些仪器，但苦于手头没有足够的现金，于是他找到好朋友李四，希望李四能出一些钱，两人合伙办公司。李四仔细研究了张三的商业计划，觉得很有发展前景，愿意投资50万元，作为合伙人和张三一起经营企业。从公司理财的角度看，张三的企业资本构成发生了变化，企业的资本金变成了100万元，其中张三和李四各投入50万元。从风险的角度看，不仅张三要为企业的成败承担风险，李四也承担了一半的风险。实际上，这时张三的企业就由个人业主制变成了合伙制。

（二）合伙制企业的定义和特征

合伙制企业是由两个或者两个以上的自然人或法人共同出资、共同经营、共担风险、共享利润的企业。与个人业主制企业相比，合伙制企业的基本特征是其所有者多于一人。如上例中，在李四没有作为合伙人加入张三的公司之前，即便张三雇用了十几个人，自己不再直接参加生产，他也是企业唯一的所有者，独享企业经营的全部利润。因此，那时候张三的公司还是一个个人业主制企业。在李四作为合伙人投资并参与经营之后，张三企业的性质就改变了。

合伙制企业有普通合伙企业和有限合伙企业之分。这二者的区别在于：普通合伙企业的所有合伙人对企业的债务负有连带责任；有限合伙企业将合伙人分为普通合伙人和有限合伙人两类，只有普通合伙人才对企业的债务承担无限责任，有限合伙人仅以出资额对企业的债务承担有限责任。普通合伙企业在广告公司、律师事务所和会计师事务所中较为常见，有限合伙企业则多出现在投资基金，如私募股权基金和风险投资基金中。这些企业基于普通合伙人的声誉而经营。合伙人出资可以是资金或者其他财产，也可以是权利（如专利）、技术和劳务等。与个人业主制企业类似，合伙制企业的寿命仍不会持续太久，因为一个关键的合伙人去世或者退出，企业往往难以为继。此外，合伙制企业的产权转让很困难，一个合伙人想要转让产权，必须得到所有合伙人的一致同意。合伙制企业也很难筹集到大量的资金，其资本规模通常受到合伙人自身能力的限制。

案例1-1（续）

随着企业的不断发展壮大，张三再一次感到资金的缺乏。朋友劝他发行股票来筹资，他觉得这是一个很好的主意。他先让企业内部职工认股，一年以后，他设法让公司上市。这时，张三和李四不再是企业的全部所有者，其他股东也拥有企业的所有权，对企业的经营和发展也有发言权。众多的股东对于企业的生产和发展难免有争议，为了统一意见、便于领导，企业建立了董事会。董事会成员由股东投票选举产生，投票权的大小由所投资的股本资金的多少，或由所掌握的股票数量占股票总发行量的比例来决定。假定企业股票的价格是每股1元，股票总数是400 000股，如果一个普通员工只买了400股，那么他的投票权仅占全部投票权的0.1%，而张三持有200 000股，占全部股票份额的50%，也就是说张三控制了公司50%的投票权，因此他事实上仍然控制着企业的生产、经营和发展。

由于企业规模越来越大，张三感觉到自己的能力和知识越来越不够用，无法有效地管理好这个企业，因此他经过董事会同意雇用了经理人员来管理公司。经理人员的出现使张三的企业发生了一个重要变化——所有权和经营权分离，即企业的所有者（张三和其他股东）并不一定要直接管理这个企业，而那些直接控制企业资产、行使经营管理权的经理人员又往往不是企业的所有者。正是由于其他股东和经理人员的出现，张三的企业不再是一个个人业主制企业，而成为一个公司制企业，即我们常说的公司。

（三）公司制企业的定义和特征

公司制企业，即公司，是现代企业的重要组织形式。它是依照公司法登记设立，由股东作为出资者，股东以其出资额或认购的股份为限对公司承担责任，公司以其全部财产对公司债务承担责任的企业法人。公司的基本特征是：它是一个企业法人，在法律上具有独立的人格，有独立的法人财产，享有法人财产权，以其全部法人财产对公司的债务承担有限责任。这种所有者的个人财产与企业财产相分离的特点使公司与个人业主制企业及合伙制企业有着本质的区别。个人业主制企业的所有者和合伙制企业的普通合伙人对企业的债务承担无限责任，在破产的情况下，他们不仅会失去所有的投资，还会失去个人的资产，如房屋、土地、汽车等，这也导致他们往往亲自经营企业，并限制了企业的产权转让与持续经营。而公司的所有者仅以出资额或认购股份对公司承担责任，在破产的情况下，他们最多会赔掉在公司的全部投资，他们的股票可能会变得一文不值，但他们自己的私人财产完好无损。

设立公司必须履行公司设立的程序。根据我国《公司法》的规定，设立公司应当在工商行政管理机关进行登记。工商行政管理机关对符合《公司法》规定条件的，予以登记，并签发公司营业执照。公司营业执照签发日期即为公司成立日期，同时也是公司取得法人资格的日期。

二、公司的种类

现代公司有两类：有限责任公司和股份有限公司。我国《公司法》对这两类公司的股东承担责任的范围和形式与股东人数多少进行了区分。

（一）有限责任公司

有限责任公司（简称有限公司）是由两个或者两个以上股东共同出资，每个股东以其出资额为限对公司债务承担有限责任，公司以其全部资产对其债务承担责任的企业法人。有限责任公司属于人资两合公司，其运作不仅是资本的结合，而且是基于股东之间的信任关系。在这一点上，有限责任公司被认为是介于合伙制企业和股份有限公司之间的企业，是不存在普通合伙人的有限合伙企业。有限责任公司具有以下特征：

（1）有限责任公司的设立程序比股份有限公司简单，公司无须向公众公开披露信息。

（2）有限责任公司不发行股票，由公司出具股权证明，作为股东对公司的权益凭证。

（3）有限责任公司的股份不能自由买卖，在向股东以外的其他人转让公司的股份时，必须经半数以上的股东同意，并且老股东有优先购买权。

（4）有限责任公司的股东人数有限定，我国的法律规定为2人以上、50人以下。

（5）有限责任公司内部管理机构设置灵活，大股东有可能亲自经营企业，所有权和经营权分离程度较低。

国有独资公司和一人有限责任公司是特殊形式的有限责任公司。

一人有限责任公司，也可称为一人公司、独资公司或独股公司，是指由一名股东（自然人或法人）持有公司的全部出资的有限责任公司。我国2013年修订的《公司法》允许设立一人有限责任公司。

国有独资公司是指国家单独出资、由国务院或者地方人民政府授权本级人民政府国有资产监督管理机构履行出资人职责的有限责任公司。

（二）股份有限公司

股份有限公司（简称股份公司）是现代公司最基本的组织形式。它是指全部资本由等额股份构成并通过发行股票筹集资本，股东以其所认购的股份对公司承担有限责任和义务，公司以其全部资产对公司债务承担责任的企业法人。股份有限公司是完全的资合公司，是股东的资本结合，其运作不是基于股东之间的信任，而是采取由股东委托职业经理人管理的两权分离运作方式。股份有限公司具有以下特征：

（1）股份有限公司将其资本总额划分为等额股份，以发行股票的方式作为出资凭证。

（2）股份有限公司的股票可以在市场上自由买卖，股东可以依法转让其所持有的股份。

（3）股份有限公司的设立程序复杂，法律要求严格。股东人数必须达到法定人数（我国规定最少为5人）；股东可以是自然人，也可以是法人。

（4）股份有限公司需要公开披露大量的信息，包括公司章程、招股说明书、发行公告、财务报告、关联交易及其他重大事项等。

（5）股份有限公司的所有权和经营权是分离的，当管理者的目标和股东的目标不一致时，有可能会产生较大的代理成本。

三、公司的组织结构

公司的组织结构是指从事公司经营活动的决策、执行和监督的公司最高领导机构，包括股东大会、董事会、监事会和高级经理层，根据三权分离原则构成了公司的决策机构、执行机构和监督机构三部分。

（一）股东大会

股东大会是由公司全体股东组成的，对公司一系列重大问题发表意见、做出决议的公司最高决策机构。根据我国《公司法》规定，股东大会有股东年会和股东临时会议两种。股东大会决定公司战略性的重大问题，选举和更换由股东代表出任的监事，决定公司组织变更、解散、清算，修改公司章程等。股东大会还有监督董事会和监事会的职责。公司理财作为公司的一种管理活动，显然最高的理财决策权掌握在股东大会手里。

（二）董事会

董事会（不设董事会的公司为执行董事）是股东大会闭会期间行使股东大会职权的常设权力机关，也是最高业务执行机构，负责处理公司重大经营管理事项，如召集股东大会，向股东大会汇报工作；执行股东大会决议，负责公司日常经营决策；聘任或者解聘公司经理（总经理），制定公司基本管理制度等。董事会必须对股东大会负责，接受股东大会监督。董事长由董事会选举产生，董事长主持股东大会，召集并主持董事会，在诉讼事务和非诉讼事务上对外均代表公司。

（三）监事会

监事会（不设监事会的公司为监事）是公司的法定监督机构，负责检查公司财务，并对董事、经理行为的合法性及是否损害公司利益进行监督。

（四）公司经理

公司经理是由董事会聘任的对公司日常经营管理负有总责的高级管理人员，公司经理对董事会负责，是公司的代理人，但不必然是公司的法定代表人。

四、本书的研究对象是公司

尽管公司不是企业唯一的组织形式，而且从数量来看，个人业主制企业往往占了绝大多数（以美国为例，个人业主制企业占美国所有企业的 70%左右，合伙制企业占 7%左右，公司占 23%左右），但是几乎所有研究企业财务问题的教材都是以公司为研究对象，这主要是基于两方面原因。

（一）公司制具有个人业主制和合伙制无法比拟的优点

公司制企业最大的优点是有限责任、产权易于转让和永续经营，它是现代大规模商品生产和交换的一种最重要的经济组织形式，也是企业成长和发展到一定规模的必然选择。首先，公司可以在资本市场上发行股票和债券融资，而且股东对公司仅承担有限责任，这使得公司具有很强的吸引游资并转变为资本的能力，能够筹集到巨额资本，公司有可能发展到相当大的规模。其次，公司作为法人，具有独立的生命，股东或者高级管理人员的死亡和退出都不影响公司的存续，除非破产，否则公司可以无限期地存续下去。以美国为例，许多大公司已经成立了几十年甚至上百年，如美孚石油公司成立于1889年，通用电气公司成立于1892年，福特汽车公司成立于1903年。最后，公司的所有权和经营权是分离的，便于选择最合适的人做最合适的事，提高公司的经营和管理效率。

（二）公司和个人业主制企业、合伙制企业的理财活动差异很大

公司和个人业主制企业、合伙制企业所处的理财环境、理财目标、面临的理财问题、适应的税收制度都不相同。个人业主制企业和合伙制企业不能在资本市场融资，理财环境和理财问题都相对简单，理财目标单一，税负也相对较轻；而公司作为现代企业组织的典型形态，在财务结构、财务关系和财务管理内容等方面都表现出其独特性和复杂性。因此，针对公司发展出来的理财理论并不适合其他类型的企业。

第2节 公司理财的内容

一、公司理财的含义

公司的生产经营活动离不开资金，公司的财务活动表现为公司资金的不断循环、周转及其所体现的经济关系。公司首先将通过各种途径筹集到的资金转变成各种非现金资产，如固定资产、原材料等。原材料经过工人的劳动变成产品，产品拿到市场上销售，最后转变成现金。销售产品获取的现金量（即销售收入）一般情况下应该大于生产原始投入的现金量（即生产成本），在扣除生产过程中发生的各种人工、管理、营销费用之后，剩下的现金量就是资金增值部分（即利润）。资金增值部分中的一部分以上缴税金、支付股利等形式流出公司的生产经营环节，另一部分则留存于公司，继续参与公司的生产经营过程。公司的资金就是这样不断地循环和周转的。

公司理财，或称公司财务管理，是对公司财务活动的规划和管理，即根据资金运动规律，对公司生产经营过程中资金的筹措、投放、运用、收益分配等进行的系统管理。任何公司只要生存，就要投资、融资、生产、经营、销售，这其中的每一个环节都伴随着资金的运动，企业的整个生产经营过程就是资金的筹集、运用和管理的过程，也就是公司理财的过程。通俗地讲，公司理财就是对公司的资金运动进行管理，其目的是有效利用各种金融资源，实现公司的财务目标。公司理财是现代公司最基本的经营管理活动，在市场经济条件下，整个公司的经营管理都是围绕公司理财活动展开的，公司理财活动的成败直接关系到企业的生存与发展。可以这样认为，公司理财是公司经营管理的核心内容，也是公司可持续发展的关键。

二、公司的主要理财决策

成功的公司经营和良好的经营业绩取决于公司决策层的正确理财决策。我们通过一个案例来分析公司面临的主要财务决策。

案例 1-2

东兴股份有限公司是一家新兴的软件公司，在公司成立之初曾以库房做抵押向一家商业银行借款 50 万元，但现在发现自己最初的投资规模太小。为了扩大投资，公司可以向银行贷款，也可以增发股票，究竟哪一种融资方式成本更低，更有利于公司的发展？从长远看，公司计划向商业和教育领域扩大市场，增加新的投资，但不知道是否可行。此外，虽然公司上年的销售额达到 1 000 万元，但是目前流动资金发生了问题，甚至没钱购买材料。东兴公司现在面临三个重要的财务决策：

（1）公司应该采取什么样的长期投资策略？

（2）公司应该如何为长期投资策略筹资？

（3）公司应该如何解决短期流动资金不足的问题？

东兴股份有限公司面临的这三个理财决策，也是公司理财最重要的问题。当然，公司理财的内容远不止这些，但这三个问题是最重要的。从资金的运动过程来看，公司理财的主要决策可以概括为投资决策、融资决策、营运资金管理决策和盈利分配决策。投资是寻找有价值的项目并投入资金的过程，目的是获得收益。融资是公司为了满足投资和日常经营的需要，筹集资金的过程。融资是为投资服务的，投资是融资的目的和归属，投资的规模和收益率决定了融资战略。营运资金[①]管理是对公司日常经营中所需要的流动资金进行管理，其目的是提高公司的营运效率。盈利分配是指对公司的经营成果进行分配，其核心是确定股利政策。

三、公司理财的主要内容

与东兴股份有限公司面临的主要理财决策相对应，公司理财的主要内容也相应地包括公司投资、公司融资、营运资金管理和盈利分配四大部分。除了以上四部分主要内容之外，在公司实际经营过程中，还有一些理财活动是对这些主要内容的综合利用和拓展深化。

（一）公司投资

传统的观念认为公司应该先融资再投资，只有筹到了钱，才能去投资，但是这种想法往往与公司的实际运营相左。企业家是公司的灵魂，他们往往最先看到投资机会，也正是发现投资机会的独到眼光和抓住机会的卓越能力使他们成了企业家。投资机会的规模和收益率决定了融资战略，投资成功与否是决定企业生死存亡的关键。根据不同的标准，投资活动可以分为多种类型：

（1）根据投资对象的性质，可以分为实业投资与金融投资。实业投资是对生产经营活动投资，公司并购和购买产权、专利等无形资产也属于实业投资。金融投资是指在金融市场上购买股票、债券等金融资产。

---

① 营运资金的概念将在第 3 章予以解释。

（2）根据投资对象的流动性，可以分为固定资产投资与流动资产投资。固定资产投资包括购置厂房、设备等，流动资产投资包括购买原材料等。

（3）根据投资对公司未来的影响，可以分为战术性投资与战略性投资。战术性投资主要是为了获得投资收益，其特点是投资规模小、投资期限短、风险比较小。战略性投资是对公司未来发展产生重大影响的投资，所需资金规模一般较大，投资期限长，风险比较大。

公司投资是公司生存和发展的基础，如果发生严重的投资失误，很可能给公司带来毁灭性的打击。在做出投资决策时不仅要权衡投资项目的收益和风险，选择最佳的投资方案，还要从公司长远发展战略出发，综合考虑公司的长期利益和短期利益。正是由于投资对公司生存和发展的极端重要性，投资决策才成为公司理财研究的重要内容之一。

（二）公司融资

融资活动贯穿于公司成长的整个过程：公司设立，需要注册资金；公司日常经营，需要流动资金；公司有了好的投资项目，需要资金支持；公司扩张规模，需要注入新的资金。可以说，融资是公司经营过程中的一项日常理财活动。

公司可以从不同的渠道获得资金，不同融资渠道的融资成本和风险不同，具体的融资渠道我们将在本书的第4篇“融资篇”进行讲解。公司在做出融资决策时，首先必须注意融资成本的控制，其次要注意融资结构的合理安排，最后还应该密切配合投资和生产经营的实际需要，做到适时和适量。

（三）营运资金管理

现金、应收账款等流动性很强的资产由于价值经常发生变化，必须予以关注；同时，经营中的现金流入量和现金流出量由于在时间和金额上不对等，需要不断地进行协调，以保证公司日常经营的资金需求。因此，营运资金管理对保证公司正常经营至关重要，是公司日常理财活动的重要组成部分。营运资金管理需要合理安排流动资产和流动负债的比例，调整流动资产和流动负债的内部结构，提高流动资产周转效率。具体来说，有效实现公司营运资金管理的主要原则是：使投资于应收账款、存货等非盈利资产的资金数量最小化，使预收货款、应付账款、应付资金等低成本负债资金数量最大化。

（四）盈利分配

利润是公司生产经营的最终财务成果，投资者向公司投资就是为了获得投资收益，而投资收益来自公司的利润。所谓盈利分配，就是公司将获取的利润中的一部分按投资者所占股份的比例分配给投资者，因此盈利分配政策是投资者十分关心的问题。

显然，在一定时期内，公司获取的利润是固定的。公司将利润以股利形式分配给投资者之后，留在公司里用于再生产的资金（留存收益）就会减少，公司未来的盈利能力就会减弱。一般来讲，在股票市场健全的情况下，盈利分配政策还会影响到公司股票的价格，即影响到投资者的资本收益。因此，公司在进行盈利分配时，既要考虑股东对短期收益（股利收益）的要求，又要考虑公司的长远发展目标和股东的长期收益（资本收益）。在股份有限公司中，由于股东人数众多，对短期收益和长期收益的要求千差万别，任何盈利分配方案均会对不同股东的经济利益带来不同的影响，因此，公司盈利分配政策备受各类股东的关注。

第 3 节　公司理财的目标

第 2 节提到的所有公司理财活动都是为了实现公司理财的目标。所谓公司理财的目标，是指公司所有理财活动所要达到的目的，它是评价公司理财活动是否合理的标准，决定着公司财务管理的基本方向。公司理财的目标与公司经营的总目标息息相关，并且受到公司所处的理财环境的限制。关于公司理财的目标，众多财务管理学者有多种看法，得到普遍认同并在理论和实践中产生了广泛影响的观点主要有三种：利润最大化、股东财富最大化和公司价值最大化。要正确理解各种公司理财目标的内涵和差异，首先应该对现代企业理论有一个基本的了解。

一、企业的利益相关者

根据传统的微观经济学理论，企业是一个由投入到产出的追求利润最大化的“黑匣子”。至于企业的性质是什么，过去一直未能得到关注。直到 1937 年，在美国经济学家科斯发表了经典论文《企业的本质》之后，这一问题才得到西方经济学家的广泛关注。以科斯为代表的部分经济学家认为，市场上的任何交易都可以视作交易双方达成的一项契约，交易成本就是围绕交易契约所产生的成本，它主要来自签订契约以及监督和执行契约所花费的代价。企业作为一种组织形式，之所以和市场同时并存，是因为有些交易在企业内部进行交易成本更小，即通过企业这一组织形式，可以使一部分市场交易内部化，从而避免或者降低部分交易成本。

现代企业理论把企业视为利益相关者（stakeholder）签订的一组契约的集合，如图 1－1 所示。所谓利益相关者，是指与企业相关的利益集团。企业的组织形式、管理结构等因素直接影响到利益相关者的构成。前面说过，本书的研究对象是公司，图 1－1 显示的是公司的利益相关者。在现代公司中，所有权与经营权的分离不可避免，股东与管理者的矛盾日趋激烈。同时，由于债权人和股东之间的利益目标并不一致，债权人和股东之间也存在利益冲突。除此之外，由于股东构成和利益来源的差异，股东之间的矛盾也日益突出。总之，由于各个利益主体之间的利益目标存在差异，公司理财活动应该为谁服务成为一个必须解决的问题，由此产生了各种公司理财目标理论。

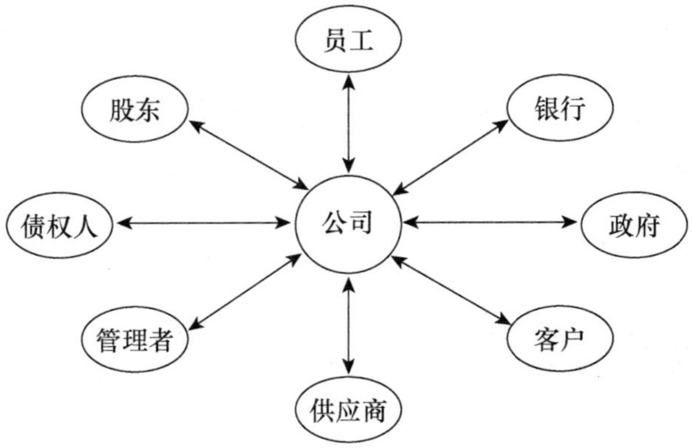

图1-1 公司的利益相关者

二、公司理财目标理论

根据公司理财的理论和实践，具有代表性的公司理财目标主要有如下三种。

（一）利润最大化

在评价一个公司经营是否成功时，人们最先想到的往往是公司的利润，即赚了多少钱，与之相对应，公司的理财目标就是利润最大化。利润最大化目标的优点是：反映了企业经营行为的本质动机，也为企业加强管理、降低成本、提高生产效率提供了动力，并且该目标简单明了，可以精确测量，便于比较和理解，也容易为人们所接受。

同时，利润最大化目标的缺点也是显而易见的。如果一家公司辛辛苦苦一年，结果是收支刚好持平，甚至还有亏损，那么我们能说这家公司经营失败吗？显然不能。比如一家高科技公司，斥巨资研发一个新的项目，在研发阶段很可能一年甚至几年都是亏损的，但是一旦研发成功，就会带来巨大的经济效益和社会效益，并形成公司的核心竞争力，有利于公司的可持续发展。如果以利润最大化为经营目标，公司的管理者就会追求短期利润，而不惜损害长期利益，对公司和社会都没有好处。可见，以利润最大化为公司的经营目标是存在缺陷的。更何况利润指标本身很容易受到公司管理层的操控，经过粉饰的利润指标很可能会掩盖公司经营的真实风险和问题，从而损害投资者的利益。

（二）股东财富最大化

在英美国家的金融学教材中，被广泛接受的观点是公司的理财目标是股东财富最大化（stockholder wealth maximization），即公司普通股的市场价值最大化。具体来讲，公司应在既定的风险水平下使股东的投资回报（即资本收益或者红利）最大化。股东财富最大化目标的提出基于这样的逻辑：由于公司是属于股东的，公司的价值也是股东的财富价值，因此，可以将公司的理财目标看作是使股东财富最大化。其他的理财目标则都可以由股东财富最大化替代。比如社会财富最大化目标，由于公司绝大多数的普通股由个人投资者持有，股东财富最大化就等于社会财富最大化。再比如客户价值最大化目标，公司为客户提供更好的产品和服务必然会反映在股票价格上，因此客户价值最大化目标包含在股东财富最大化目标中。

股东财富最大化目标考虑了货币的时间价值和风险价值（见本书第 2 篇），在一定程度上能够克服企业追求短期利润的行为，容易量化，便于考核和奖惩。股东财富最大化目标隐含着这样两个前提：第一，股票市场充分有效，即股票价格总能准确迅速地反映公司的价值。因此，公司的理财目标就可以具体化到使股票的市场价格最大化。如果股票价格受到企业经营状况以外的多种因素影响，那么价值确认体系就出了毛病，仍一味追求公司股票价格最大化，势必会扭曲公司的经营行为。此时，把受到许多公司不可控因素影响的股价作为理财目标显然不合理。第二，公司必须是产权明晰的，不存在严重的内部人控制。如果不具备这一前提条件，股东的利益就可能被置于内部控制人（如经理人员）的利益之下。现代经济学对此有专门的研究，称为代理理论，这里我们不展开介绍，只需要知道研究的结果是，管理者和股东之间利益并不完全一致，即存在代理成本。若要保证股东财富最大化，则必须设法降低代理成本，即以最有效的手段防止管理者为追求自我利益而损害股东的利益。在实践中，代理成本是普遍存在的。

最重要的是，股东财富最大化目标片面强调股东的利益，而忽视了企业其他利益相关者（如债权人、员工、经理人员、客户等）的利益，存在顾此失彼的问题。

（三）公司价值最大化

虽然股东财富最大化目标在理论上可以接受，在英美等国家也是事实，但在世界其他国家和地区（包括我国）并不总是这样，英美等国家的企业文化背景和投资者哲学与世界其他国家和地区有着本质的区别。在欧洲和日本普遍适用的观点是：公司理财的目标应该是公司价值最大化（corporation wealth maximization），即为各利益相关者创造最大价值。这样，公司将平等地对待其他的利益相关者，如债权人、管理人员、员工，甚至政府。

案例 1-3

美国最成功的十家公司

《财富》杂志的年度调研报告显示，美国最成功的十家公司是：通用电气、微软、戴尔、思科、沃尔玛、西南航空、伯克希尔·哈撒韦、英特尔、家得宝、朗讯。这一评比结果是根据 1 万多位职业经理人、公司董事和证券分析师的评判意见得出的。从评比结果上看，这十家最成功的企业在八个方面得了很高的分数，这八个方面是：(1) 创新意识；(2) 管理质量；(3) 员工素质；(4) 提供的产品或服务的质量；(5) 长期投资价值；(6) 信用状况；(7) 社会责任；(8) 公司资产质量。这些公司通过不断创新和引入新技术来降低生产成本、提高产品质量；通过为客户提供质量更高的产品或服务来为客户创造价值；通过给员工提供培训机会和成长空间来为员工创造价值。所有这一切都反映在公司的股票价格上，在最近的5年，这十家公司的股票年均收益率是63.5%，远远高于标准普尔指数的年均收益率28.3%。归根结底，这十家公司的股票能有如此之高的收益率，是因为它们为客户、员工和供应商等利益相关者创造了价值。

一般而言，在以公司价值最大化为公司理财目标的国家，公司融资结构中债务融资（银行贷款和发行企业债）的比例非常高，债权人（如大银行）和公司是战略伙伴关系，对公司的经营往往有相当大的控制权；同时，在股票市场上，公司发行的股票以法人股居多，持有股票是为了控制资源，而不是为了短期获利；另外，政府对公司的干预比较多，公司往往需要承担相当大的社会责任。

从国际比较来看，中国的国情与英美相差较大，而与日本较为相近。在我国，国有股和法人股占了很大比重，内部人控制问题严重；同时，股票市场并不完善、有效，不能准确、迅速地反映公司的价值；公司和银行之间的关系十分密切，在公司的融资结构中银行贷款占主导地位；另外，我国国有企业的比重非常大，在国有企业中，政府作为大股东显然不是以股票价格最大化为目标，国有企业承担相应的社会责任是天经地义的事情。公司价值最大化目标更符合我国《公司法》和《证券法》以及相关法律对投资者、债权人、企业员工和消费者等利益相关者的利益保护规定。因此，我国的公司理财目标更接近于公司价值最大化。

根据众多专家学者对理财目标理论的研究，理论上最优的理财目标应该是公司价值最大化，因为它最大限度地考虑了企业利益相关者的利益。在现实中，这一目标并不能得到很好的执行，这主要是因为：一方面，公司的价值难以精确地计量，可操作性差；另一方面，在公司的实际经营中，由于受公司实际掌控者自身利益的影响，公司的理财目标往往会偏离公司价值最大化。尽管如此，我们还是应该看到，即使模糊应用公司价值最大化目标，也比单纯追求利润最大化要好，更何况可以通过强化公司治理结构、完善现代企业制度来约束和激励企业的实际控制者，使公司理财的目标尽可能地接近公司价值最大化。

三、不同理财目标的区别和联系

利润最大化、股东财富最大化和公司价值最大化这三种公司理财目标既是相互矛盾的，又是相互统一的，它们之间的区别和联系就是利润、股东财富指标、公司价值指标之间的区别和联系。

（一）三者之间的区别

第一，从利益相关者来看，利润指标与公司价值指标与众多的利益相关者相关，而股东财富指标只与股东的利益相关。第二，从货币的时间价值和风险价值来看，利润指标仅仅关注公司当期利润，没有考虑货币的时间价值和风险价值，而股东财富指标和公司价值指标考虑了货币的时间价值和风险价值。第三，利润指标包含的计量因素最少，最容易计量，股东财富指标次之，公司价值指标包含的计量因素最多，最难计量。

（二）三者之间的联系

利润、公司价值和股东财富之间的联系，具体地看，即利润是构成股东财富的基本因素之一，而股东财富又是构成公司价值的基本因素之一。从根本上看，不管公司的理财目标是利润最大化、股东财富最大化还是公司价值最大化，创造和保持价值总是公司的天职。所谓价值，是一个前瞻性的概念，一个公司的价值不是该公司资产的账面价值，而是该公司现在和未来创造现金流的能力。[①] 那么，理财活动作为公司日常经营活动的一个重要组成部分，其目标也应该以提升公司价值为核心，即公司理财的目标就是创造和保持公司的价值。

□ 小　结

公司理财研究的是以公司作为行为主体的理财活动。企业的组织形式有个人业主制、合伙制、公司制三种。在我国，公司又可以分为有限责任公司和股份有限公司两种。不同组织形式的企业的理财目标、内容、环境大不相同。

公司理财是对公司财务活动的规划和管理，即根据资金运动规律，对公司生产经营过程中资金的筹措、投放、运用、收益分配等进行的系统管理。公司理财的主要内容包括公司投资、公司融资、营运资金管理和盈利分配四大部分。

公司理财目标是指公司所有理财活动所要达到的目的，它是评价公司理财活动是否合理的标准，决定着公司财务管理的基本方向。得到普遍认同并在理论和实践中产生了广泛影响的理财目标主要有三种：利润最大化、股东财富最大化和公司价值最大化。理论上最优的理财目标应该是公司价值最大化，因为它最大限度地考虑了企业利益相关者的利益，但是在现实中，这一目标并不能得到很好的执行。

□ 重点概念

个人业主制　　合伙制　　公司制　　股份有限公司　　有限责任公司　　公司理财　　公司投资　　公司融资　　营运资金管理　　盈利分配　　利润最大化　　股东财富最大化　　公司价值最大化

□ 思考与练习

1. 简述个人业主制、合伙制、公司制企业的定义和特征。
2. 公司有哪些基本特征？有限责任公司和股份有限公司的主要区别是什么？
3. 什么是公司理财？公司理财的主要内容有哪些？
4. 公司面临的最重要的理财决策是什么？它们之间有什么联系？
5. 你认为将股东财富最大化作为公司理财目标合理吗？
6. 为什么说公司价值最大化是理论上最优的公司理财目标？

□ 拓展阅读

英美模式的公司治理结构

公司的治理结构指为实现公司最佳经营业绩，公司所有权与经营权基于信托责任

① 关于价值问题，本书第 2 篇还将详细展开。

而形成相互制衡关系的结构性制度安排。各国现代企业的治理结构虽然都基本遵循决策、执行、监督三权分立的框架，但在具体设置和权力分配上存在差别。英美模式的公司治理结构由如下几部分构成。

1. 股东大会

从理论上讲，股东大会是公司的最高权力机构，但是英美公司的股东非常分散，相当一部分股东只有少量股份，其实施治理权的成本很高。因此，不可能将股东大会作为公司的常设机构，也不可能经常就公司发展的重大事宜召开股东大会做出有关决策。在这种情况下，股东大会就将其决策权委托给一部分大股东或有权威的人来行使，这些人组成了董事会。

2. 董事会

董事会是股东大会的常设机构。董事会的职权是由股东大会授予的。关于董事会的人数、职权和作用，各国公司法均有较为明确的规定。除公司法的有关规定以外，各个公司也在公司章程中对有关董事会的事宜进行说明。为了更好地履行其职权，董事会除了注意人员构成之外，还要注意董事会的内部管理。英美公司的董事会在内部管理上有以下两个鲜明的特点。

其一，在董事会内部设立不同的委员会，协助董事会更好地进行决策。一般而言，英美公司的董事会大多附设执行委员会、任免委员会、报酬委员会、审计委员会等。这些委员会一般都是由董事长直接领导，有的委员会实际上行使着董事会大部分的决策权。因为有的公司董事太多，如果按正常程序进行决策，则很难应对千变万化的市场环境；也有可能因为决策者既是董事长同时也是最大股东，对公司事务有着巨大的影响力，不愿让太多的人分享他的决策权。在这种情况下，董事会成为股东大会的常设机构，而执行委员会又成为董事会的常设机构。

其二，董事分成内部董事和外部董事。内部董事是指公司现在的职员，以及过去曾经是公司的职员，现在仍与公司保持着重要商业联系的人员。外部董事包括三种：一是与本公司有着紧密的业务联系和私人联系的外部人员；二是本公司聘请的外部人员；三是其他公司的经理人员。外部董事一般在公司董事会中占多数，但一般不在公司中任职；内部董事一般都在公司中担任重要职务，是公司经营管理的核心成员。美国大多数公司的内部董事人数为3人，很少有超过5人的。有的外部董事是私人投资者，通过在股票市场上购买公司股票而成为公司大股东，但他们往往对公司的具体业务并不了解，大部分外部董事作为其他公司的代表进入公司董事会，而这些公司又常常是法人持股者。自20世纪70年代以来，英美公司中外部董事的比例呈上升趋势。按道理讲，外部董事的比例增加会加强董事会对经营者的监督与控制，但英美公司中存在的一个普遍现象是公司的首席执行官同时兼任董事会主席，这种双重身份实际上使董事会丧失了独立性，其结果是董事会难以发挥监督职能。

3. 首席执行官

从理论上讲，董事会有权将部分经营管理权转交给代理人代为执行，这个代理人就是公司政策执行机构的最高负责人，一般称为首席执行官（chief executive officer, CEO）。在多数情况下，首席执行官是由董事长兼任的，即使不是由董事长兼任，担任此职的人也大概率是作为公司董事长继承人的执行董事。由于公司的经营管理日益复杂，经理的职能也日益专业化，大多数公司又在首席执行官之下设立一个新职务来负责公司的日常业务，这就是首席运营官（chief operation officer，COO)。在大多数公司，这一职务一般由公司总裁（president）兼任，而总裁是公司仅次于首席执行官的行政负责人。也有的公司由董事长兼任公司的首席执行官和总裁，再另外常设一名首席运营官协助董事长兼首席执行官工作。此外，公司还设有其他一些行政职务，如首席财务官（chief financial officer，CFO）等。在英美公司的行政职务序列中，以首席执行官的地位最高，其次为公司总裁，再次为首席运营官，接下来是首席财务官。在总裁以下，各公司还常常设有多名负责具体业务的副总裁，包括执行副总裁和资深副总裁。这些副总裁一般都负责公司的一个重要业务分部，或者作为公司董事长和首席执行官的代表担任重要子公司的董事长兼首席执行官。首席执行官是作为公司董事会的代理人而产生的，授予他何种权力、多大的权力以及在何种情况下授予，是由公司董事会决定的。首席执行官的设立体现了公司经营权的进一步集中。

4. 外部审计机构

需要注意的是，英美公司中没有监事会，而是由公司聘请专门的会计师事务所负责有关公司财务状况的年度审计报告。公司董事会内部虽然也设立审计委员会，但它只是起协助董事会或总公司监督子公司财务状况和投资状况等作用。由于英美等国股票市场非常发达，股票交易又在很大程度上依赖于公司财务状况的真实披露，而公司自设的审计机构难免在信息发布的及时性和真实性方面有所偏差，英美等国很早便出现了独立的会计师事务所，对公司经营状况进行独立审计并发表审计报告，以示公正。英美等国公司每年的财务报告书都附有会计师事务所主管会计师签发的审计报告。政府的审计机构也定期或不定期地对公司经营状况进行审计并对会计师事务所的任职资格进行审查。这种独立审计制度既杜绝了公司的偷税漏税行为，又在很大程度上保证了公司财务状况信息的真实披露，有助于公司守法经营。

资料来源：百度文库.

第2章

金融系统与公司理财

本章要点

- 公司理财的外部环境概述；
- 公司理财与金融系统的关系；
- 金融系统的构成与功能；
- 金融市场的种类和特征；
- 主要的金融机构。

引 例

浅谈新税制改革对企业财务管理的影响

1979年，我国引入增值税，这是我国的第一大税种。2009年，我国将增值税的税收制度改革为：包含在劳动资料中的机器设备允许在进项税额中抵扣。2010年，税收制度再次进行改革，首先在交通运输业和现代服务业两个部门进行新税制改革试点。2012年1月1日，我国开始新税制改革的试点工作。2012年8月，北京等8个省份都被纳入了税改试点范围。2014年，新税制改革进一步推广，推广到交通运输业和邮电通信业。2016年5月1日，新税制改革的实施表明税制改革已全面推开，并扩大到全国范围内。总体分析，新税制改革的目的在于为企业减轻税负，在已经实施和尚未实施的企业都得到了广泛的推广。实际上，它可以为行业创造一个健康的环境，有效激活我国的国民经济。因为在新税制改革实施前，行业内上下游供应商和合作商都存在严重的重复征税现象，这将会阻碍行业的进步和发展。由此可见，新税制改革的实施代表着我国税收制度的进一步完善与发展。

一、营改增对企业财务的影响

全面推行新税制改革给企业带来的影响主要体现在费用变化引起了税负变化，

会计核算的变化引起了会计工作的调整、发票管理的变化、企业财务管理的规范以及鼓励不动产的投资或更新换代。经济利润是企业正常运营的根本，而纳税是企业的义务。财务报表是企业财务活动的基础、起点和依据，营改增后，相关会计科目发生变化，进而会对财务报表产生一定的影响。发票管理是营改增对企业财务管理产生的最直接的影响，营改增前后，很多费用不断变化，相应的发票管理也受到了不同程度的影响。这三者之间的逻辑关系是由小到大，税负下降是最为直观的影响，对财务报表的影响较大，而发票管理是从操作层面影响的。

(1) 费用变化引起的税负下降。在营业税改征增值税以后，企业财务的各项费用都发生了不同程度的变化，包括运输费、广告费、鉴证咨询费、租赁费、通讯费和新增不动产费用项目等，这些都使当前的税负发生一定程度的下降。营业税改征增值税以前，运费支出只可以抵扣 7%，现在却可以抵扣 11%。可以计入抵扣税费的范围也在不断扩大，具体表现为广告费 6%，鉴证咨询费 6%，有形动产租赁 17%，不动产租赁为 11%，通讯费为 11%和 6%，新增不动产为 11%，这些项目由于增加了可以抵扣的金额，从而减少了增值税的最终缴纳税额，可以在一定程度上减轻企业的税收负担。

(2) 对财务报表的影响。在此经济行为下的征税最终反映在财务报表中，由企业的利益相关者和决策者所使用。固定资产是企业的主要资产，也是公司资产负债表的重要组成部分，因此，固定资产的变化必然会带来公司财务报表的变化。新税制改革实施后，公司的固定资产和累计折旧显著下降，资产结构、债务结构、利润等都发生了重大变化，公司财务报表的内容和结构也进行了调整。新税制改革的实施使企业的营业额发生了变化，实行新税制改革前，企业的销售收入中包括营业额，实行新税制改革后，销售收入中的营业额需要扣除增值税。从企业的长远发展来看，我国的资产和负债都会大幅度增加。

(3) 发票管理变化引起的财务管理的规范。在新税制改革以前，我国税收是以公司的营业额为基础的。新的税制改革导致了公司税收方式的变化。从资本的角度来看，只有劳动才能在企业中创造价值，企业才能转移价值，才能获得劳动创造的剩余价值。所以，在进行新税制改革后，我国一部分物质成本低、劳动力成本高的企业不但不会降低税率，反而会提高税率。如果公司的整体销售额和利润没有变化，而必须支付的税额增加，这对公司的发展非常不利，甚至可能导致公司破产。

二、企业财务应对营改增的举措

(1) 加强对企业的内部控制。企业可以完善内部控制制度，改进内部组织的结构，同时加强企业的内部控制管理，使企业内部人人都有责任对企业的纳税行为进行监督。营改增以后，企业外购的服务可以得到充分的抵扣，在此情况下，企业可以选择将生产性服务进行外包或从企业的主业中进行分离，进而可以提升企业的核心竞争力。

(2) 加强发票管理。如上文所述，在全面实施营改增之后，企业可以凭借其购进的相关项目来对相关的纳税税额进行抵扣，这样可以很大程度上降低企业的纳税额，有利于减轻企业的负担，促进其良好发展。而上述的抵扣必须以正规的发票作为依据，如果发票不规范或者不清楚等，将导致企业没有办法凭发票进行相关纳税额的抵扣，在此情况下，企业必须改变以前对发票管理的认知，对发票管理更加重视，真正促进发票的规范化管理。

（3）完善纳税筹划。完善纳税筹划的第一步就是要科学划分和确定纳税人身份，一般纳税人和小规模纳税人征税的税率是不一样的，企业要通过权衡利弊，科学合理地确定自己的纳税人身份，这样有利于自身的未来发展。具体来看，营改增全面实施之后，行业内一般纳税人的征税税率是13%，而小规模纳税人的征收率却仅仅为3%。从这个表面的现象来看，小规模纳税人比一般纳税人的征税税率低，但如同上文所述，一般纳税人的相关购进项目金额较大，可以抵扣较多税额，这时，一般纳税人在扣除了相关抵扣的税额以后，其实际纳税税额并不一定比小规模纳税人高。因此，企业要对自己的经营状况和未来的发展定位进行综合分析，科学合理地确定自己的纳税人身份，这样才能为未来的发展奠定良好的基础。

资料来源：王艺婷．浅谈新税制改革对企业财务管理的影响．现代经济信息，2019（8）．

第1节 金融系统的组成和功能

公司理财的目标是为公司创造和保持价值，而在现代社会中，价值的创造不可能靠单独一个公司来实现。财务经理和投资者是在一个复杂的外部环境里做出财务决策的，这个外部环境包括法律制度、宏观经济、市场体系、社会文化与科技水平等。外部环境不但决定了公司财务决策可以选择的集合，而且直接影响财务决策的效果。因此，我们绝对不能把公司理财理解成仅仅局限于公司内部的封闭式财务管理，而应当把公司理财视为资金在公司内外不断流动、不断周转的一个动态的过程，这也是我们贯穿全书的指导思想。

一、公司理财的外部环境概览

公司理财试图从微观的角度分析公司的财务问题，但它仍与宏观经济有着千丝万缕的联系，这是因为企业是整个社会充满活力的经济活动的一个有机组成部分。企业要生产，就要购买材料、机器，租赁土地、厂房，雇用工人及管理人员，缴纳税金；企业要筹资，就要发行股票、债券或其他金融工具，向银行或其他金融中介借款；企业要销售，就要走向市场，做广告，推销产品，接受消费者的评判；企业还要接受各级政府部门的监督，遵守各种法律法规，受国家方针政策尤其是宏观经济政策的控制以及社会舆论和文化习惯的制约，从事社区义务活动；此外，企业要出口，还要关注外汇风险波动、其他国家的经济政策变动和政局变动；等等。图2-1概括了公司理财所处的外部环境。

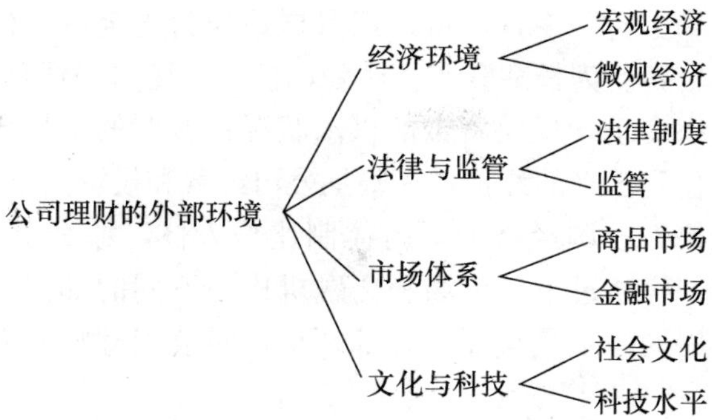

图 2-1　公司理财的外部环境

金融系统是与公司理财联系最紧密的外部环境之一，它是由连接资金盈余者和资金短缺者的一系列金融中介机构和金融市场共同构成的一个有机体，反映了有关资金的流动、集中和分配。实际上，公司理财就是在金融系统中进行的，离开了金融系统的支持，就如同鱼儿离开了水。下面，我们对金融系统做概括介绍。

二、金融系统概述

（一）什么是金融

中文的“金融”一般都与英文单词“finance”对应。finance 既可以译成金融，又可以译成理财、财务。无论是金融还是理财、财务，都是和钱打交道的，都包含用钱、管钱、以钱生钱的内容。总之，西方人对 finance 概念的界定并没有统一的口径，最宽泛的口径是把 finance 诠释为一切与货币有关的事务，具体包括三个方面：政府的货币资产及其管理，称作 public finance；公司的货币资产及其管理，称作 corporation finance，即本课程研究的内容；个人的货币资产及其管理，称作 personal finance。最窄的口径是把 finance 仅用来概括与资本市场有关的运作机制，即只包括货币经济的微观分析层面。中文的“金融”，就其通常的理解而言，是指所有既涉及货币又涉及信用的经济关系和交易行为的集合，这个范畴既包括货币的宏观经济运行体制，又包括货币的微观经济运行体制，是一个非常庞杂的系统，称为金融系统。

（二）金融系统中的公司理财

一个企业从诞生的那一天起，就与金融系统有着千丝万缕的关系。企业要生产和经营，就离不开资金，无论是从银行贷款还是发行股票、债券，都离不开金融系统；企业的日常经营，离不开各种金融机构提供的金融服务，如银行的结算服务、信用评估机构的信用评级、保险公司提供的保险等；企业产生了利润，如果想要以钱生钱，就需要在金融市场上投资；企业如果想扩大规模，就需要在金融市场上兼并和收购目标企业；甚至企业倒闭了，破产清算也离不开金融系统。概括地说，首先，金融系统是公司融资、投资的场所。金融市场和金融机构中存在多种多样方便灵活的筹资方式，公司需要资金时，可以通过金融系统选择合适的方式筹资；当有了剩余资金时，也可灵活选择投资方式，避免资金闲置。其次，公司可通过金融市场使长短期资金互相转化。公司可将持有的股票和债券等长期投资在金融市场上转手变现，将远期票据贴现为现金等；公司还可进行相反的行为，将短期资金转变为长期资产。最后，金融市场为公司理财提供有意义的信息。金融市场的利率变动，反映资金的供求状况；股票的市场价格，反映投资人对公司经营状况和盈利水平的评价，这些是公司经营和投资的重要依据。

总之，如果把一国经济的运行体制比作人体，那么金融系统就是循环系统，资金就像血液一样通过金融市场和金融机构在不同的部门之间周转。金融系统作为公司生存发展的一个最重要的外部环境，对公司理财有着极其重要的影响，如图2-2所示。

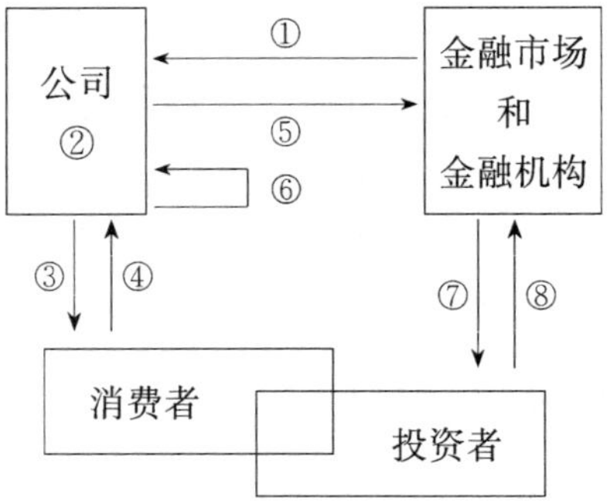

图2-2　公司资金周转图

注：①公司从金融市场和金融机构筹资；②公司投资生产；③产品进入市场；④从市场收回资金；⑤偿还金融市场和金融机构股息、利息、本金；⑥部分收入用于再投资；⑦金融市场和金融机构酬报投资者；⑧投资者再投资。

三、金融系统的构成

在现代经济生活中，金融系统是一个极其庞大的复杂系统。一个完善、有效的金融系统是现代经济得以正常运行和健康发展的基础。大致来讲，现代金融系统有五个构成要素：

（1）由货币制度所规范的货币流通。这是覆盖整个金融系统的构成要素。没有货币流通，整个金融系统就不复存在，因此，由货币制度所规范的货币流通可以说是金融系统赖以运行的平台。在有些教材中，并不把货币流通列入金融系统的构成要素之中，而是将其视为金融系统存在的隐含前提。

（2）金融机构。是指充当信用中介，或者提供各种金融服务的机构。在现代市场经济中，金融机构的种类繁多，通常可以粗略地分为银行和非银行金融机构两大类，其特征是经营的主要资产和负债都是货币或者金融资产。

（3）金融市场。是金融资产进行交易的一个有形或者无形的场所，它反映了金融资产的供应者和需求者之间的供求关系。金融市场的基本功能就是为资金供求双方提供交易的场所，从而实现资源的有效配置。可以从不同角度对金融市场进行分类，我们熟悉的金融市场有股票市场、货币市场、外汇市场等。

（4）金融工具。又称为金融产品、金融资产，是金融机构中和金融市场上交易的对象。有些金融工具服务于金融市场，如股票、期货、期权；有些金融工具服务于金融机构，如贷款、存款、保险；还有些金融工具既服务于金融市场又服务于金融机构，如票据、债券，目前这一类金融工具的范围正在扩大。没有脱离金融市场和金融机构的金融工具，也没有脱离金融工具的金融市场和金融机构。

(5) 制度和调控机制。在现代市场经济中，任何一个国家都存在政府对金融运行进行管理和在金融领域进行政策性调节的现象，这是由金融的特殊性决定的。金融产品在一定程度上是准公共产品，金融系统运行的好坏与社会公众的福利有着极其密切的联系。比如一家银行倒闭，会使成千上万的存款人遭受巨大损失，甚至引发信用危机；再比如通货膨胀导致的货币贬值，更是会影响到每个微观主体的切身利益。因此，政府的管理和宏观调控就成为金融系统中一个不可缺少的组成部分。政府对金融运行的管理由一系列制度构成，包括货币制度、汇率制度、信用制度、利率制度等；政府对金融的宏观调控则主要通过货币政策和财政政策来实施。

四、金融系统的功能

金融系统基本的、核心的功能可以归纳为以下六项：

(1) 在时间和空间上配置资源。金融系统的基本功能是将资金从盈余方转移到短缺方，从而实现资金的合理配置和有效利用，促进经济发展。金融系统中资源的配置可以通过金融市场进行，也可以通过金融机构进行。图 2－3 直观地显示了金融系统的资源配置功能，箭头表示资金流动方向。

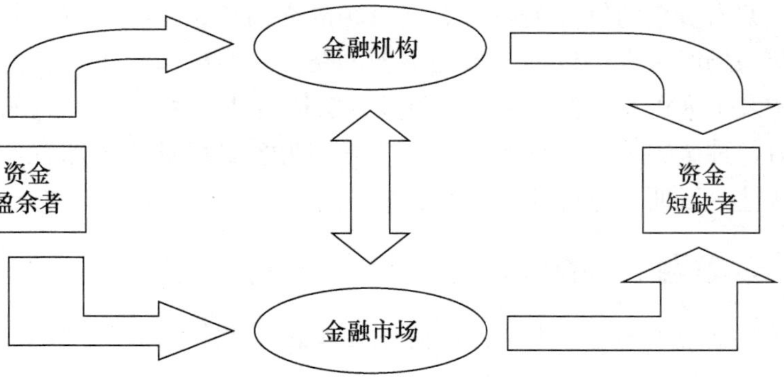

图 2－3 金融系统中的资金流动

(2) 分散、转移和管理风险。从银行业、保险业到金融衍生产品，其产生和发展都与转移和分散风险有着直接的因果关系。金融系统能够将风险合理地分散到有能力承担风险或者愿意承担风险的机构和个人。

(3) 提供清算和结算服务。任何商品、服务的交易都需要货币支付，清偿债权债务关系。各类金融机构提供的清算和结算服务能够使交易更加便捷、安全和快速，使整个经济运行畅通无阻。

(4) 提供资本集中和分割的机制。股票市场、银行、投资基金等都是集中小额、短期的资金解决企业巨额、长期的资金需求。

(5) 价格形成。在金融市场上集中了供求双方信息，从而能够准确、迅速地为金融资产定价。

(6) 公司治理。在公司治理中，存在着由于信息不对称而产生的道德风险、逆向选择和委托-代理问题，而金融机构能够代表分散的投资者有效地对公司经营进行监督，大大节省了信息成本。此外，金融市场上披露的信息也会改变投资者对公司盈利的预期，引起股票价格的波动，形成对管理者有效的激励和约束机制，如股票期权。总之，公司治理已经成为公司理财中一个重要的研究课题，这个问题在后面的章节还会提及。

金融系统的以上功能主要是通过金融市场和金融机构的服务实现的，金融机构和金融市场是构成金融系统实体的两个互补领域。因此，有一个常见的说法：金融系统是由金融市场和金融机构构成的。公司的理财活动归根结底也是利用各种金融工具在金融市场和金融机构中进行的。本章下面的内容将对金融市场和金融机构做概括性的介绍，当然，要想深入地研究金融市场和金融机构的运行机制，还需要学习其他的相关课程。

第2节 金融市场概述

与商品市场、技术市场、劳务市场一样，金融市场也是一种商品集中交易的场所，只是在这个市场上交易的是一种特殊的生产要素——货币资金。换句话说，金融市场（financial market）是资金融通的场所，在这里实现借贷资金的集中和分配，并由资金的供求关系形成该市场的交易价格——利率。金融市场可以是有形的交易场所，也可以是无形的通信网络。在金融市场上，各类金融机构、非金融机构及个人进行种类繁多的货币资金借贷活动，其中有对各种货币进行的交易，也有对各种金融工具进行的交易。公司作为金融市场的参加者，必须了解金融市场的特性，以便更好地开展理财工作。

一、金融市场的构成要素

构成金融市场的基本要素包括交易对象、交易主体、交易工具和交易价格。

（一）金融市场的交易对象

金融市场的交易对象是货币资金。无论是银行的存贷款，还是证券市场上的证券买卖，最终要达到的目标都是货币资金的转移：贷者向借者的转移，或贷者向贷者的转移，或借者向借者的转移。与商品市场上商品买卖的不同之处在于：金融交易大多只是货币资金使用权的转移，而商品交易表现为商品所有权和使用权的同时转移。

（二）金融市场的交易主体

金融市场的交易主体包括任何参与交易的个人、企业、各级政府和金融机构。其中，个人、企业和政府部门并非专门从事金融活动，不以金融交易为业，参与交易只是为了满足自身在资金供求方面的需要。专门从事金融活动的主体则主要由以金融交易为业的机构或个人组成，包括各类银行、保险公司、证券公司、财务公司、经纪人等，我们可以把这一类主体分为银行和非银行金融机构，它们是连接投资人和筹资人的桥梁，起中介作用。我们将在第 3 节对其做更详细的介绍。

（三）金融市场的交易工具

金融市场的交易工具称为金融工具。金融工具是在信用活动中产生的，能够证明金融交易金额、期限、价格的书面文件，它对于债权债务双方所应承担的义务与享有的权利均有法律约束意义。金融工具一般具有期限性、流动性、风险性和收益性几个基本特征。

（1）期限性是指债务人必须在一定的期限里偿还本息。偿还期限可以有零和无限期这两个极端。活期存款的偿还期可看作零，而股票或永久性债券的偿还期则是无限。

（2）流动性是指金融工具迅速变现而不致遭受损失的能力。发行者资信程度的高低对金融工具的流动性有重要意义。例如，国家发行的债券通常要比公司债券流动性强。

（3）风险性是指购买金融工具的本金有没有遭受损失的风险，可分为信用风险和市场风险两种。信用风险指债务人不履行合约，不按期归还本金的风险；市场风险指由于金融工具市场价格下跌所带来的风险。

（4）收益性是指持有金融工具所取得的收益与本金的比率高低。收益率有不同的计算方法，在以后的章节中我们将会谈到。

金融工具种类繁多，近年来随着金融创新的推进，出现了更多新颖的金融工具品种。按照不同的分类标准，我们可对金融工具进行不同的分类。

（1）若以期限分类，可将金融工具分为货币市场的金融工具和资本市场的金融工具。前者主要有商业票据、短期公债、银行承兑汇票、大额可转让定期存单等；后者主要有股票、公司债券、中长期公债等。

（2）若按发行者是否为金融机构分类，可将金融工具分为直接金融工具和间接金融工具。由非金融机构的融资者发行的债券、政府债券、非金融机构股票等称为直接金融工具；由金融机构发行的银行承兑汇票、大额可转让定期存单、银行债券、人寿保险单等称为间接金融工具。此外，还有一类新兴的金融工具——衍生金融工具，这是一个较新的领域，主要有期权、期货、掉期及其重新组合而成的种种复杂的衍生工具。

（四）金融市场的交易价格

金融市场的交易价格是利率，即资金使用权的价格。我国利率分为官方利率和市场利率。官方利率是政府通过中央银行确定公布，并且各银行都必须执行的利率；市场利率是金融市场上资金供求双方竞争形成的利率，随资金供求状况而变化。市场利率要受官方利率的影响，官方确定利率也要考虑市场供求状况，一般来说，两者不应显著脱节。对财务人员来说，最好能准确预测未来利率，在其上升时使用长期资金来源，在其下降时使用短期资金来源。但是实际上很难准确预测利率，因此，只能合理搭配长短期资金来源，使公司在任何利率环境中都能生存下去。

二、金融市场的分类

按照不同的标准，金融市场可以划分为不同的种类。

（一）按交易期限划分

按交易的金融工具的期限划分，金融市场可分为货币市场和资本市场。货币市场是以期限在1年以内的短期金融工具为交易对象的短期资金融通市场，包括银行同业拆借市场、贴现市场、短期债券市场以及票据市场等。货币市场的功能在于满足公司日常周转和短期投资的资金需求。因为其偿还期限短、流动性强、风险小、与货币相差不大，故称为货币市场。

资本市场是指期限在1年以上的长期金融工具的交易市场，主要包括债券市场和股票市场。在资本市场上，公司所筹集的资金大多用于固定资产的投资，偿还期限长，流动性相对较弱，被当作固定资产投资的资本来运用，故称为资本市场。

（二）按交割时间划分

按成交后是否立即交割划分，金融市场可分为现货市场和期货市场。在现货市场上，一般在成交后的1～3日内立即付款交割；在期货市场上，交割则是在双方合约所约定的未来某一特定日期进行（如1个月、3个月或者半年等）。较多采用期货交易形式的主要为证券、外汇、黄金等市场。20世纪70年代以来，金融期货交易的形式越来越多样，呈现蓬勃发展之势。

（三）按交易的阶段划分

按金融工具交易的阶段来划分，金融市场可分为发行市场和流通市场。发行市场是债券、股票等金融工具初次发行，供投资者认购投资的市场，也称初级市场或一级市场。流通市场是指对已上市的证券或者票据等金融工具进行买卖转让的市场，也称次级市场或二级市场。

（四）按具体的交易工具类型划分

按具体的交易工具类型划分，金融市场可分为债券市场、股票市场、票据市场、黄金市场、外汇市场等。

（五）按交易的地理区域划分

按交易的地理区域划分，金融市场可分为国内金融市场和国际金融市场。国内金融市场的活动范围限于本国领土之内，双方当事人为本国的自然人和法人。国际金融市场的活动范围则超越国界，其范围可以是整个世界，也可以是某一地区，双方当事人是不同国家或地区的自然人和法人。随着全球经济一体化发展，国内金融市场和国际金融市场的联系较以往任何时候都更紧密，彼此相互影响。

对金融市场的种种分类方法中，最为常见的是第一种，即分为货币市场和资本市场。此外，还有一种令人瞩目同时备受争议的新型市场——衍生金融工具市场，这是随金融创新发展起来的一个很活跃的市场，很难将它归入哪一个传统的类别。

三、金融市场的有效性

公司理财中的许多重要理论和模型，例如资产组合理论、资本资产定价模型等，都是建立在金融市场有效的基础之上，并且金融市场的有效性将直接影响金融市场功能的发挥和金融市场的有效运转。因此，金融市场的有效性或称有效市场理论构成了公司理财学中重要的理论基础。

（一）有效市场假说

有效市场假说（efficiency market hypothesis，EMH）主要研究信息与证券价格之间的关系。EMH 认为，如果资本市场的价格能够全面准确地反映所有有关资产的信息，则该市场是有效的；也可以说，如果证券市场管理者对市场的所有者披露某信息组合后，证券价格不受任何影响，即证券价格不会发生异常波动，则该市场对该组信息就是有效的。它表明交易者若以该信息为基础进行市场交易，不可能获得超额利润或经济利润，只能获得正常利润。因为该组信息在公布之前已经包含在证券价格中并且通过证券的市场价格准确全面地反映出来了，市场不存在对该信息的反应过度或反应不足，该证券的市场价格完全与该证券所代表的资产的内在价值相等，市场上也不存在该证券价格的高估或低估现象。

金融市场的有效性以下面四个假说为前提：

（1）市场的投资者都是理性的投资者，他们都是以利润最大化为目标，股票投资者能相互独立地对股票价值做出分析和评价。

（2）市场内外相关信息以随机的方式进入市场，投资者对各种进入市场的信息做出快速的调整以反映信息对市场的影响。由于信息随机到达，人们对信息快速反应，所以股票市场价格的变化彼此独立，即价格随机波动。

（3）股票市场有足够多的参与者和足够多的交易。

（4）完善的资本市场，即市场上没有交易费用，信息传播非常快，且可以忽略信息获取成本。

（二）信息存在的三种类型

信息存在的三种类型为：（1）历史信息，通常指证券过去的价格和成交量；（2）所有公开信息，包括盈利报告、年度财务报告、财务分析人员公布的盈利预测和公司发布的新闻、公告等；（3）所有可知信息，包括不为投资大众所了解的内幕信息。具体如图 2－4 所示。

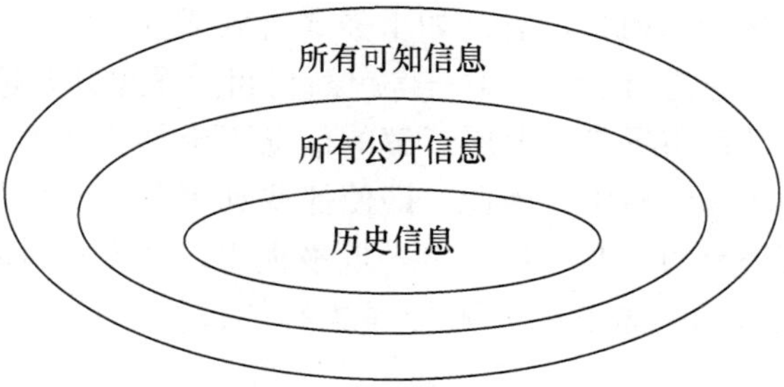

图 2－4 信息存在的三种类型

（三）金融市场有效性的分类

最早提出有效市场层次划分理论的是美国经济学家罗伯茨，他把不同的信息区分为三个层次，并以此为基础提出了三种不同程度的有效市场类型。法玛（Fama，1970）使这一理论得以流行。在金融市场上，不同的信息对价格的影响程度不同，反映了金融市场效率的程度因信息种类不同而不同。根据相关信息对股价的影响，法玛把市场效率定义为证券价格能充分反映所有可获得的信息，同时，他又认识到“充分反映”和“可获得的信息”的概念是含糊且不易操作的。为此，法玛等按照信息存在的三种类型把有效市场分成三个层次。

1. 弱式有效

弱式有效（weak-form efficiency）是指证券的价格反映了过去的信息。其认为价格的历史信息已经完全反映在当前的价格中，未来的价格变化与当前及历史价格无关，任何人都不能通过对过去的信息进行分析来获得超额收益；反之，如果有关证券的历史信息对现在的价格变动仍有影响，则证券市场尚未达到弱式有效。弱式有效是证券市场效率的最低程度，市场弱式有效意味着以过去的信息为基础的技术分析（technical analysis）无法获得超额收益。在该有效市场层次中，具体、显明的信息就是该证券的历史价格序列。根据有效市场的定义可知，在弱式有效市场里，投资者不可能仅靠分析历史价格序列并根据以此设计的投资策略来获得超额利润，实际上，它意味着技术分析在弱式有效市场里将无所作为。该假设的检验通常可以借助随机游走假设。如果市场证券价格未来的走势能够较好地与随机游走假设相吻合，则可以说明该市场达到了弱式有效。

2. 半强式有效

半强式有效（semi-strong efficiency）说明证券价格已充分、及时地反映了所有公开信息。在一个完全自由竞争的市场里，价格的调整取决于供求关系的变化，在新信息尚未公布之前，证券价格基本上处于均衡状态，一旦新信息出现，价格将根据新的信息变化。公开信息传播的速度越快、越均匀，价格的调整也越迅速。任何投资者都不可能使用任何方法来分析这些已公开发布的信息以获得超额收益。半强式有效意味着基于公开信息的基础分析（fundamental analysis）无效。

3. 强式有效

强式有效（strong-form efficiency）是指市场价格反映了所有有用的相关信息，也就是说，证券价格除了充分反映所有公开有用的信息外，也反映了尚未公开的或者原本保密的内幕信息。如果强式有效成立，那么内幕知情者将不能从基于他们所知的信息进行的交易中获得超额利润。强式有效是有效市场的最高层次。该假设意味着任何市场参与者所了解的信息不论是公开的还是未公开的都被全面准确地反映到市场价格中，因此，即使那些利用自己掌握的内幕信息进行交易的人也不可能获得超额利润。这一市场近乎理想，毕竟在现实市场上无论其程度如何都存在着大量的内幕交易。市场强式有效包括弱式有效和半强式有效这两种情况。

由于有效市场的三个层次所包含的信息量是逐渐增加的，各个层次的成立条件也是由弱到强逐渐严格递增的，后一个层次的成立总是以前一个层次的成立为前提，并进一步强化成立的条件。前一个层次不成立，后一个层次必然不成立。

四、我国的金融市场

我国金融市场从 20 世纪 80 年代起步，经过 30 多年的发展，形成了一个初具规模、层次清楚、分工明确的金融市场体系。从市场类型看，由同业拆借市场、债券回购市场和票据市场等组成的货币市场，由债券市场和股票市场等组成的资本市场，以及外汇市场、黄金市场、期货市场、保险市场等均已经建立并形成一定规模。从市场层次看，以银行间市场为主体的场外交易市场与以交易所市场为主体的场内交易市场相互补充、共同发展。

（一）货币市场

我国金融市场的发展是从 1984 年同业拆借市场开始的。1996 年 1 月，全国统一的同业拆借市场形成；1997 年 6 月，依托同业拆借市场的债券回购业务获准开展，同业拆借市场与票据市场一起构成我国的货币市场，成为金融机构管理流动性和中央银行公开市场操作的重要平台。

（二）资本市场

1990 年底，上海证券交易所和深圳证券交易所先后成立，标志着我国股票市场正式形成。1997 年 6 月，银行间债券市场成立，与交易所债券市场共同构成了我国的债券市场。目前，我国已经初步形成了以债券和股票等证券产品为主体、场外交易市场与交易所市场并存的资本市场。

1. 债券市场

债券市场是证券市场的组成部分，指发行和买卖各种债券的场所。它通常分为发行市场（也称一级市场）和交易市场（也称二级市场）。发行市场是指发行新债券的场所，一般是无形的；交易市场是指买卖已发行债券的场所，可以是无形的，也可以是有形的，即证券交易所。发行市场是基础，它为交易市场提供交易对象，而交易市场则使已发行的债券具有并增强流动性，有力地推动债券的发行与发行市场的发展。对企业而言，在债券市场上发行债券是筹集长期资金的一条重要途径。我们将在后面的章节中详细介绍企业应该如何制定债券发行方案以及具体实施方案。

我国的债券市场由银行间债券市场、交易所债券市场和银行柜台债券市场三个部分组成，这三个市场相互独立，各有侧重点。在这三个市场中，银行柜台债券市场刚刚起步，银行间债券市场和交易所债券市场正不断走向成熟。银行柜台债券市场的参与主体为在商业银行开户的个人和企业投资者，可以投资的债券品种有凭证式国债和记账式国债，其中凭证式国债不能流通转让，记账式国债柜台交易的方式为现券交易。交易所债券市场是我国债券场内交易的场所，目前上海证券交易所和深圳证券交易所均有债券交易业务，其债券交易的参与主体为在交易所开立证券账户的非银行投资者，实际交易主体为证券公司、保险公司和城乡信用社。交易券种为在交易所上市的国债、企业债、可转换债券。交易类型有现券交易和质押式回购交易。

2. 股票市场

股票市场也是证券市场重要的组成部分，它是从事股票发行和买卖的场所，包括发行市场和流通市场两类。我国股票市场从20世纪90年代发展至今，由场内交易市场和场外交易市场两部分构成。场内交易市场的主板（含中小板）、创业板（俗称二板）和场外交易市场的全国中小企业股份转让系统（俗称新三板）、区域性股权交易市场、证券公司主导的柜台市场共同组成了我国多层次的资本市场体系。和国外资本市场体系相比，我国股票市场结构还不完善，资金分配运用效率低。具体来说表现为：(1) 主板市场。包括上海证券交易所和深圳证券交易所。沪深证券交易所在组织体系、上市标准、交易方式和监管结构方面几乎完全一致，主要为成熟的国有大中型企业提供上市服务。(2) 二板市场（创业板市场）。为中小企业特别是高新技术企业服务的创业板市场于2004年6月24日推出，它附属于深圳证券交易所，基本上延续了主板的规则，除能接受流通盘在5 000万股以下的中小企业上市这点不同以外，其他上市的条件和运行规则几乎与主板市场一样。(3) 三板市场（场外交易市场）。包括代办股份转让系统和地方产权交易市场。(4) 科创板市场。2019年6月13日，科创板正式开板，科创板首批公司于7月22日上市。设立科创板并试点注册制是提升服务科技创新企业能力、增强市场包容性、强化市场功能的一项资本市场重大改革举措，旨在为高速增长的新兴科技类创业企业提供便捷的上市融资平台。总的来说，中国的场外交易市场主要由各个政府部门主办，市场定位不明确，分布不合理，缺乏统一规则且结构层次单一，还有待进一步发展。

企业通过发行股票筹集的资金是企业的自有资本，而不像债券那样构成债务，需要还本付息，因此，股票市场对公司融资具有特殊的意义。股票市场上的股价变动程度一般用股票价格指数表示。股票价格指数是将某一时期（报告期）选择股票的股价平均数与另一时期（基期）选择股票的股价平均数进行比较，以反映不同时期股价的动态。当今国际上各大股票交易所几乎都有自己的股票价格指数，例如纽约证券交易所的道琼斯股价指数、东京证券交易所的日经指数等。股票价格指数往往能充分反映经济态势，已成为一项重要的经济观测指标。

（三）其他市场

1994年4月，全国统一的银行间外汇市场建立，并逐渐成为境内金融机构进行外汇交易的主要市场。2002年10月，上海黄金交易所成立，目前已初步形成了以黄金交易所为主要交易平台、商业银行柜台交易为补充的黄金市场构架。我国的商品期货市场起步于20世纪90年代初，目前已有上海期货交易所、大连商品交易所和郑州商品交易所以及2006年9月在上海成立的中国金融期货交易所。自1980年恢复国内保险业务以来，我国保险业获得了快速发展，已经形成多种中外资保险机构并存的保险市场体系。

第3节　金融机构概览

金融中介机构（financial intermediaries）简称金融机构，是在资金盈余者与资金短缺者之间实现资金融通的信用中介。对金融机构大家并不陌生，在日常生活中，我们与其接触的机会很多，去银行存款、去银行贷款买房、去保险公司投保、委托证券公司买卖股票等，金融机构已渗透到我们每个人的生活之中。金融机构是金融系统的重要组成部分，在整个国民经济运行中起着举足轻重的作用。金融机构的类型极多，而且不断变化发展，习惯上把金融机构分为银行类金融机构和非银行金融机构。银行类金融机构通常包括中央银行、商业银行和政策性银行三大类；非银行金融机构包括保险公司、信托公司、财务公司、租赁公司、基金组织、消费信贷机构等。

一、银行类金融机构

（一）中央银行

中央银行是一国金融体系的核心，它既是一个特殊的金融机构，又是一个特殊的国家机关。中央银行的职能主要体现在三个方面：垄断货币发行、制定和执行货币政策、维护金融稳定。由于中央银行货币政策的调控方式和力度直接影响货币供应量的大小，而货币供应量的大小又决定了货币资金的供求关系，从而影响利率、汇率、股票价格指数等重要的经济指标，因此公司融资、投资、股利分配等各个理财环节都会受到中央银行货币政策的影响。例如，假设中央银行采取紧缩的货币政策，流通中的货币供给量会减少，必然导致金融市场上货币资金供应紧张，那么货币资金的价格——利率就会上涨，这时公司从市场上融资的成本就会增加，使一些原本划算的投资项目变得无利可图。因此，从事公司理财工作，必须密切关注中央银行货币政策的变化，正确评估这些变化对公司理财活动的影响，以便有针对性地采取措施，确保公司理财目标的实现。

（二）商业银行

现代意义上的商业银行起源于十七八世纪的欧洲。在各国的金融体系中，商业银行以其机构数量多、业务渗透面广和资产总额大的特性，始终居于其他金融机构所不能代替的重要地位。商业银行也称存款货币银行，以吸收公众存款、经营消费者和企业贷款为主要业务，并为顾客提供汇兑、代收付、代客买卖、承兑、代理融通、银行卡等多种服务，其中最重要的是支付结算服务。公司在日常经营管理中，不可避免地要与商业银行打交道，公司财务人员对商业银行的业务及其运作应有充分了解并应与商业银行保持良好关系，以便争取到条件最优惠的贷款并享受银行所提供的各种服务。

（三）政策性银行

政策性银行是由政府设立的专门从事某一方面的政策性货币信用业务、不以营利为目的的金融机构。

二、非银行金融机构

非银行金融机构是金融市场的重要参与者，其构成极为庞杂，我们只重点介绍与公司理财联系较密切的几种。

（一）保险公司

保险公司是专门从事财产和人身保险以及再保险业务的金融机构，按保险种类划分，保险公司可分为财产保险公司和人寿保险公司。由于保险公司获得的保费收入经常远远超过其保费支出，因此可以聚积起大量资金。这些资金往往比银行存款更为稳定，可成为金融体系中长期资本的重要来源。对于公司理财而言，参加保险主要是为了控制风险，弥补可能发生的意外造成的财产损失。当然，公司也可以利用保险所派生的投资功能，在控制风险的同时获取一定的投资收益。

（二）证券经营机构

证券经营机构又称券商，是由证券主管机关依法批准设立的从事证券承销、买卖业务、具有法人资格的金融机构，是金融市场上最活跃的金融机构。各个国家的证券经营机构的名称并不一致，如在我国及日本称为证券公司，在美国则称为投资银行[①]。在各种各样的非银行金融机构中，证券经营机构与公司理财的关系最为紧密，它为公司代办发行和销售股票与债券，参与公司的兼并重组活动，还提供公司投资及合并的财务咨询服务。

（三）养老基金

养老基金是雇主和职工为保障职工退休以后的生活而进行的储蓄计划，它向参加养老计划者以年金形式提供退休收入。其资金来源为：（1）劳资双方的积聚，即雇主的缴款以及职工工资中扣除的资金或职工自愿缴纳的资金；（2）运用积聚资金获取的收益，如投资公司债券、股票以及政府债券的收益等。在我国，养老基金的发展有很大前景。

（四）财务公司

财务公司不能吸收存款，只能发放贷款，并提供类似银行的各种服务，其资金来源为股东资本金或者通过资本市场募集的资金。国外的财务公司可分为消费者财务公司（即消费金融公司）和企业集团财务公司两种。消费者财务公司主要对个人或家庭发放小额贷款，贷款以分期付款方式偿还；企业集团财务公司是一种完全属于集团内部的金融机构，它的服务对象限于集团内部成员，不允许从集团外吸收存款和为非成员单位提供服务。

（五）信托公司

信托是指委托人基于对受托人的信任，将其财产使用权委托给受托人，由受

---

① 在2008年金融危机之后，随着雷曼兄弟公司的破产、美林证券等公司的兼并重组，美国实际上已经不存在独立的投资银行。

托人按委托人的意愿对其财产进行投资管理的行为。信托公司就是以受托人的身份代委托人理财的机构，其主要业务有：经营资金和财产委托、代理资产保管、金融租赁、经济咨询以及投资等。

（六）金融租赁公司

金融租赁公司是办理融资性租赁业务的专业金融机构。融资租赁是公司融通资金的一个有效渠道，是指出租人根据承租人对租赁物和供货人的选择或认可，将其从供货人处取得的租赁物按合同约定出租给承租人占有、使用并向承租人收取租金的交易活动。公司需要添置设备时，可以通过租赁方式，无须付出全部资金，而以分期支付租金形式向租赁公司借用，取得设备的使用权。租赁分为融资租赁和经营租赁。融资租赁的租赁期一般较长，期满后，所租设备一般按事先约定的价格归承租人。因此，融资租赁类似于以分期付款方式购买设备。经营租赁的租赁期较短，期满后租赁公司收回设备。当承租人需要经常使用更先进的技术设备时，选择经营租赁较为有利。

三、我国主要的金融机构

（一）中央银行

我国的中央银行是中国人民银行，成立于1948年。在1984年以前，中国人民银行同时承担着中央银行、金融监管机构及商业银行的职能。自1984年1月1日起，中国人民银行开始专门行使中央银行的职能，所承担的商业银行的职能移交至新成立的中国工商银行。2003年修订的《中国人民银行法》规定，中国人民银行的职能是：制定和执行货币政策，防范和化解金融风险，维护金融稳定。

（二）商业银行

商业银行是我国最重要的金融机构，也是企业的主要融资渠道。目前我国已经形成了以国有及国有控股大型商业银行为主体，以中小商业银行、农村金融机构、中国邮政储蓄银行、外资银行为辅助的商业银行体系。我国的国有及国有控股大型商业银行包括中国工商银行、中国农业银行、中国银行、中国建设银行、交通银行。我国的中小商业银行包括股份制商业银行和城市商业银行两大类，其中城市商业银行是在原城市信用合作社的基础上组建起来的。农村金融机构包括农村信用社、农村商业银行、农村合作银行、村镇银行和农村资金互助社。农村商业银行和农村合作银行是在合并农村信用社的基础上组建的，村镇银行和农村资金互助社是2007年批准设立的新机构。

（三）政策性银行

1994年，财政部出资成立了三家政策性银行：国家开发银行、中国进出口银行和中国农业发展银行。国家开发银行的主要任务是：按照国家的法律法规和方针政策，筹集和引导境内资金，向国家基础设施、基础产业、支柱产业的大中型政策性项目及其配套工程发放贷款。2008年12月，经国务院批准，国家开发银行整体改制成国家开发银行股份有限公司。中国进出口银行的主要任务是：执行国家产业政策和外贸政策，为扩大我国机电产品和成套设备等资本性产品出口提供政策性金融支持。中国农业发展银行的主要任务是：按照国家的法律法规和方针政策，以国家信用为基础，筹集农业政策性信贷资金，承担国家规定的农业政策性金融业务，代理财政性支农资金的拨付，为农业和农村经济发展服务。

（四）证券公司

证券公司是以经营证券业务为主的金融机构。我国证券公司的业务范围包括：代理企业发行各种有价证券，代理客户买卖证券，证券自营，代办股票红利支付和债券的还本付息，证券的代保管和证券投资咨询等。我国现有的证券公司可分成两大类：一类是综合类证券公司，可以从事证券承销、经纪、自营业务；另一类是经纪类证券公司，只能从事证券经纪类业务。

（五）保险公司

自新中国成立到改革开放前，我国保险业发展缓慢，甚至陷入停顿状态。直至1980年，中国人民保险公司恢复办理国内保险业务，大力开展涉外保险以后，中国的保险业才得以复苏并进入新的发展阶段。1988年以前，我国保险业几乎由中国人民保险公司独家经营。1988年，中国平安保险公司的成立打破了中国人民保险公司一统天下的局面，保险市场竞争格局开始出现。1991年，中国太平洋保险公司宣布成立。中国平安保险公司和中国太平洋保险公司经过发展，逐渐成为与中国人民保险公司和中国人寿保险公司在经营方式、管理水平和保险技术等方面不相上下的公司，并形成了中国保险市场的四巨头垄断局面。目前，我国基本形成了以国有保险公司为主体、多种保险形式并存、多家保险公司竞争和共同发展的保险机构体系。

（六）其他非银行金融机构

除上述金融机构外，我国还有大量的其他非银行金融机构，其中由银保监会负责监管的非银行金融机构包括金融资产管理公司、信托公司、企业集团财务公司、金融租赁公司、汽车金融公司、货币经纪公司。1999年，我国为了管理和处置国有银行的不良贷款，成立了信达资产管理公司、长城资产管理公司、东方资产管理公司和华融资产管理公司，分别收购、管理和处置四家国有商业银行和国家开发银行的部分不良资产。新中国的第一家信托投资公司——中国国际信托投资公司成立于1979年。自2007年3月1日起施行的《信托公司管理办法》规定了信托公司所应遵守的规范。我国的金融租赁公司是经银保监会批准，以经营融资租赁业务为主的非银行金融机构。我国的汽车金融公司是指经银保监会批准设立的、为中国境内的汽车购买者及销售者提供贷款的非银行金融机构。

□ 小　结

公司的理财活动归根结底是利用各种金融工具在金融市场和金融机构中进行的，一国的金融系统构成了公司理财的最重要的外部环境。现代金融系统有五个构成要素：由货币制度所规范的货币流通、金融机构、金融市场、金融工具、制度和调控机制。

金融系统最基本、最核心的功能可以归纳为六项：在时间和空间上配置资源，分散、转移和管理风险，提供清算和结算服务，提供资本集中和分割的机制，价格形成，公司治理。

金融市场是资金融通的场所，在这里实现借贷资金的集中和分配，并由资金的供求关系形成该市场的价格——利率。金融市场按照不同的标准可以分为不同的种类，其中最常见的分类方法是根据交易期限，将金融市场分为货币市场和资本市场。金融机构是专门从事各种金融活动的组织，习惯上将其分为银行类金融机构和非银行金融机构。

□ 重点概念

金融系统　金融工具　金融市场　强式有效　弱式有效　半弱式有效　金融中介机构　资本市场　货币市场　股票市场　债券市场　银行　非银行金融机构

□ 思考与练习

1. 如何理解金融系统与公司理财的关系？
2. 金融系统由哪些要素构成？具有哪些功能？
3. 什么是金融工具？它的基本特征是什么？
4. 金融市场的基本要素包括哪些？
5. 简述有效市场假说。
6. 简述金融市场的主要类型。
7. 简述金融机构的主要类型。
8. 简述我国的金融系统现状。

□ 拓展阅读

公司理财中的投资银行

公司理财中的筹资与投资活动都离不开投资银行。现代投资银行作为一个行业，在发达国家已有较长的历史，而中国的投资银行业发展时间较短，培育一流的投资银行已是中国经济发展进程的迫切需要。因此，我们有必要了解投资银行，尤其是了解它们在证券市场中的巨大作用。

投资银行和商业银行是两种不同性质的金融机构。商业银行主要从事存贷款业务，投资银行主要从事证券业务。早年是没有这种区分的。现代意义上的投资银行实际上起源于美国在20世纪30年代通过的《格拉斯-斯蒂格尔法案》，该法案是30年代世界经济大危机的产物。许多人认为，商业银行将大量存款资金贷放到股市，造成股市泡沫，而当泡沫破灭之后，股市崩溃引发银行体系崩溃，最终导致经济全面崩溃。为了避免再次发生类似危机，有必要使银行业与证券业分家。《格拉斯-斯蒂格尔法案》首先明确了商业银行与投资银行的分离，并且将当年主宰美国金融业的J. P. 摩根公司限制于商业银行领域，而将J. P. 摩根公司中的证券业务部独立出来，成立了摩根士丹利公司，专营股票和债券业务。后来的研究专家一般认为J.P.摩根公司的那次分拆标志着现代投资银行的诞生。

可以说，这一法案塑造了20世纪30年代以后美国金融业的格局。不仅如此，第二次世界大战后许多新兴国家在重建本国的金融体系时，在很大程度上也参照了这一法案的精神。不过，20世纪70年代之后，该法案在美国日益受到抨击，很多内容逐渐失效。商业银行坚持不懈地游说政府，要求取消法律上的限制，重返投资银行领域。1989年，美联储批准J.P.摩根公司重返证券业，自此，重量级的商业银行也纷纷设立证券机构。同时，投资银行也开始向商业银行领域渗透，以拓宽自身的资金基础。1999年10月，美国通过了《金融服务现代化法案》，废除了代表分业经营的《格拉斯-斯蒂格尔法案》，允许银行、保险公司、投资银行相互渗透，这标志着西方国家分业经营制度的最终结束。从全球范围来看，混业经营将是一种趋势，商业银行与投资银行之间的界限将越来越模糊，投资银行的业务越来越多样化，最终，它们都将发展成所谓的“金融服务企业”，也就是向客户提供全方位的金融服务。

投资银行业本身经过了不断演化的过程，目前，投资银行的业务主要有以下六个方面：

（1）证券的发行承销。任何企业要发行债券或股票，都要通过投资公司，有时还要由若干家投资银行组成一个承销团组织发行，代为办理向政府登记注册、寻找投资者。此外，在发行以前，先要进行调查研究，结合市场情况，对发行人提出具体建议，以决定发行哪种证券、发行金额、发行时间以及采用公募还是私募方式等。采用公募发行方式时，还可分为：1）包销。由投资银行向发行人保证全部筹资的金额，一揽子包下来，再在价格上打个折扣，由包销人负责对外销售。发行失败的风险由包销人承担，与发行人无关。2）代销。当发行人规模太小，知名度不高，投资银行对于包销没有把握时，可以采用代销的方式，卖出去多少就是多少，不承担风险，只收取一定比例的佣金。

（2）证券的交易。在证券交易中，投资银行可以是经纪人，也可以是自营商。经纪人代客买卖证券，从中赚取一定的佣金，本身并不用承担市场价格波动的风险。自营商本身从事证券交易，自己有库存证券，从买卖差价中赚取利润，要承担市场价格波动的风险。

（3）并购业务。这是近年来收益较高的一项业务。投资银行利用和投资者以及公司的关系，为买方找卖方，为卖方找买方，并为整个并购过程提供全方位服务，从中收取费用。

（4）研究及咨询服务。很多投资银行都设有研究部门，对市场信息进行收集、分析和整理，写出报告，供客户参考。此外，还对筹资的公司、机构投资者及个人提供有关市场的行情及变动趋势、有关国家或地区的经济情况分析、有关某一行业的报告及有关新的投资方式或工具的介绍等，并协助客户制定筹资或投资的计划，以取得咨询费。

（5）融券、融资业务。所有与投资银行往来的客户都要在投资银行开户，有关买卖证券的款项、期货、期权的保证金等均在账户中收付。遇有客户买卖资金不足时，投资银行可以贷款，以买进的证券做抵押品；遇有客户卖空需借用证券交割时，投资银行也可将自有的证券借给客户交割或代借证券，以卖空所得价款作为抵押品。融资、融券的利息是投资银行的收入。

（6）金融创新。近来投资银行业务的竞争非常激烈，以前客户与投资银行传统的紧密关系日益淡薄，投资银行之间互挖客户已很平常，因此，投资银行需要不断推陈出新，研究出能吸引客户的新产品。

第3章

财务报表和财务分析

本章要点

- 资产负债表、利润表、现金流量表的含义和内容；
- 现金流量的概念和种类；
- 自由现金流量的含义及计算方法；
- 财务比率的种类；
- 重要的财务比率的含义和计算公式；
- 杜邦分析法。

引 例

财务分析洞察财务造假 被做空的瑞幸咖啡真的冤枉吗？

2020年上半年，高市值的瑞幸咖啡被国外专业调查机构做空。这家调查机构叫浑水（Muddy Waters Research）（以下简称浑水公司），它在2020年1月31日公布了一份收到的匿名检举报告，报告发布当天瑞幸咖啡跌去当天市值的10%。

瑞幸咖啡以飞一般的速度在美国上市，让很多人顶礼膜拜。在中国以外的股票市场上市，虽然因上市门槛的不同会大大提高上市概率，但风险也会增加，做空就是其中一种。浑水公司是美国的一个匿名调查机构，专门针对在美国上市的中国公司发布质疑调查报告。浑水公司的创始人卡尔森·布洛克说，这个名字源自中国成语“浑水摸鱼”，意喻在美国上市的中国公司大多有各种问题。

该检举报告指出，浑水公司动用了92名全职人员和1 418名兼职人员前往瑞幸咖啡所在的45个城市的2 213家门店，录下了大量的监控视频，从10 119名顾客手中拿到了25 843张收据。看完这份匿名调查报告后，觉得瑞幸被他们盯上也算是“苍蝇不叮无缝蛋”的典型了。

浑水发布的调查报告对瑞幸咖啡提出了三点指控，下面将根据这三个问题分析瑞幸咖啡的财务问题。

一、瑞幸咖啡财务造假

浑水公司的调查报告指出，瑞幸咖啡的销售量被虚增，商品销量、广告费用、其他产品收入被夸大，2019 年第三季度门店营业利润夸大 3.97 亿元。针对报告指出的这一点，结合商业常识，可以得出咖啡行业的收入模型是：

收入＝销售数量×单价

销售数量＝订单量×每笔订单的商品数量

1. 订单量

调查报告指出，现场调查人员发现，瑞幸的取餐码不是连续、逐一递增的，而是随机递增的，可能存在跳号现象。根据调查报告中的描述，调查人员在门店开门和关门时分别下了一单，获得了两个三位数的取餐码，理论上二者相减即为当天订单量。同时他坐在店里盯着服务台数订单量，自提的按人头算，配送员取货的按包装袋数量算。一天下来发现，取餐码相减得出的订单量明显大于真实的订单量，这就证明了瑞幸咖啡确实存在跳号现象。最终他们以实际监控得出结论，瑞幸咖啡 2019 年第四季度单店单日的真实订单量是 263 单，而不是瑞幸咖啡管理层声称的 444 单。

2. 每笔订单的商品数量

调查报告中的收据显示，瑞幸咖啡平均每笔自提订单的商品数量为 1.08 件，每笔外送订单的商品数量为 1.75 件（90％是自提订单，10％是外送订单），综合为 1.14 件。2018 年同期的数据是 1.74 件——每笔订单的商品数量在减少。

根据调查报告中的数据可以计算出瑞幸单店的日销售量在 300 杯左右（263×1.14）。然后我们通过商业常识来测算一下瑞幸咖啡单店的日生产量（即产能），之后再对比日销售量是否合理。

百度查询得到的数据是：瑞幸咖啡使用的全自动咖啡机研磨一杯咖啡需要 10～15 秒，萃取一杯咖啡需要 20～30 秒，注入奶沫、热水或者其他配料至少需要 30 秒，打包需要 1 分钟，也就是说一台咖啡机出一杯咖啡的理论时间是 2 分钟左右。瑞幸咖啡店内一般有两台咖啡机，一小时理论上可以生产 60 杯咖啡，这是产能限制。以星巴克的数据为参照，在商务楼周边的门店一天（工作日）约 70％营业额是在 8：30 至 10：00 和 13：00 至 15：00 这三个半小时中完成的。这样得出瑞幸咖啡一天的咖啡生产数量＝60×3.5÷70％＝300（杯）。这个结果的确符合根据调查报告中数据计算出的 300 杯日销售量，那么就从另一个角度说明瑞幸咖啡的销售额有造假嫌疑。

3. 单价

调查人员发现，瑞幸咖啡的实际单价是 9.97 元，但瑞幸咖啡在 2019 年第三季度财报中披露的数据是 11.2 元。瑞幸咖啡的实际单价被夸大了，膨胀幅度为 12.3％。

关于单价，我很认真地查阅了瑞幸 App，算出 2019 年第四季度我支付的每笔订单的单价在 12.8 元左右。因为我的订单 95％是外卖单，而非自提单，为了免运费，会配上一些其他产品，所以平均每单的价格会稍高一些。如果是自提单，价格应该更低一点。同时，在我心里有个价格衡量标准，就是单价超过 12 元的咖啡，我将不在瑞幸咖啡下单而会选择其他品牌。因此，我个人觉得瑞幸咖啡公布的11.2元的单价还算合理。

不过结合上面所有的因素和商业收入模式可以看出，瑞幸咖啡还是存在销售额造假的可能性。浑水公司的调查报告不是空穴来风。

二、瑞幸咖啡管理层已融资套现

浑水公司的调查报告指出，瑞幸咖啡的管理层已经通过股票质押的方式悄悄融资套现。质押的股份数量几乎是他们全部股份的一半，价值约20亿美元。该调查报告同时指出，类似的操作手法，在2015年神州租车的套现案例中已经出现过。现在的瑞幸咖啡的大股东就是以前神州租车的大股东陆正耀。

报告披露，瑞幸咖啡1月8日更新的招股书显示，大股东陆正耀和钱治亚已经分别将他们持有的瑞幸咖啡股份抵押了30%和47%。管理层质押的全部股份数量甚至超过了瑞幸咖啡在2019年5月IPO和2020年1月配售的总股份数量。在1月瑞幸咖啡股价达到历史最高点时，瑞幸咖啡通过股票增发和发行可转换债券又筹集了8.65亿美元，以发展其无人零售计划。但是调查报告指出，瑞幸咖啡自动售货机的无限扩展计划，仅仅是管理层从瑞幸咖啡吸走大量现金的完美方式。瑞幸咖啡的自助咖啡机成本是12万元，远高于市场均价，巧合的是，陆正耀的生意伙伴王百因曾在2019年下半年成立了一家咖啡机公司。而瑞幸咖啡在未来两年将花费至少27亿元来推进这个无人零售计划。

股权质押本质上是一种债务融资行为，就像做抵押贷款一样，只不过抵押的是股权。只要在质押期内没有发生违约行为，到期后股东就可解除质押，收回股权。股权质押后，被质押的股权在法律上仍然属于股东，并且股东在质押期内仍然享有投票权、收益权等相关权利。所以，股权质押最大的好处就是允许大股东在保持对上市公司控制权的前提下，利用手中的股权进行融资，以满足现金需求。大股东股权质押的目的，有时不是单纯为了满足自身的资金需求，而是为了掏空上市公司。掏空上市公司的方法之一就是通过关联交易转移资金。结合浑水公司的调查报告，我个人觉得在这方面，瑞幸咖啡大股东们的目的还是值得投资者时刻关注并警醒的。

对比神州租车的套现案例，陆正耀和其他投资人在短短9个月的时间里抛售了神州租车42%的股票，套现16亿美元。神州租车的股价一路狂跌至不足8港元/股。这意味着神州租车上市后的所有公众投资者都将处于亏损状态。

三、瑞幸咖啡的商业模式不成立

对于瑞幸咖啡商业模式的质疑，我作为每日一杯咖啡的“咖啡一族”无法评判。瑞幸咖啡讲了个漂亮的商业故事，通过资本的力量和广撒网的方式，快速满足并增加用户对咖啡的需求；同时，拓展品类，增加SKU，提高变现率。

虽然每个上市企业都有个漂亮的商业故事，但我们还是要结合有效的财务分析，来判断这些企业是否有财务造假行为，合理有效的财务分析可以粉碎它们的“商业童话”。如果上市企业通过数据造假来美化企业形象，那么最终会给投资者带来损失，再成功的商业模式也是会快速消亡的。

资料来源：简书—创业护航网络公众号.

第1节 理解财务报表

公司财务人员需要做的一项基本工作就是阅读财务报告，因为财务决策所需要的大部分信息都来自财务报告。所谓财务报告，是公司向政府部门、股东、债权人等与本公司有利益关系的组织或者个人提供的，反映公司在一定时期内的财务状况、经营成果以及影响公司未来经营发展的重要经济事项的书面文件。提供财务报告的目的在于为报告使用者提供财务信息，为他们进行财务分析、经济决策提供充足的依据。公司的财务报告主要包括财务报表（资产负债表、利润表、现金流量表、其他附表）和财务状况说明书等，按报告的时间可以分为年报、半年报和季报。其中，财务报表概括地反映了公司的财务状况、经营成果和现金流量情况等基本财务信息。作为一名财务人员，我们可以不知道财务报表是怎么编制的（这是会计师的事），但是我们必须能够读懂财务报表。换句话说，财务报表是会说话的，我们需要理解它的语言。在这一节，我们简单介绍公司三张主要的财务报表：资产负债表、利润表和现金流量表。

一、资产负债表

资产负债表是反映公司在一定日期财务状况的财务报表，可以把它看成是公司的会计人员在某一特定日期为公司拍的一张快照，公司的财务状况就在那一瞬间被记录下来。资产负债表每一天都可能发生变化，特别是一些主营业务受季节变化影响的公司（如农产品），不同时点的资产负债表差别就更大。资产负债表分为左右两个部分，左边为“资产”，说明公司此刻拥有哪些资源；右边为“负债”和“所有者权益/股东权益”①，说明公司拥有的资源是怎么来的。资产负债表编制的基础是：

$$资产=负债+股东权益 \tag{3-1}$$

式（3-1）是一个永远成立的会计等式。从这个等式来看，股东权益被定义为公司资产与负债之差，也就是说，原则上股东权益是公司在清偿债务后所拥有的剩余权益。表3-1是东兴公司2019年12月31日的资产负债表。

表3-1 东兴公司资产负债表

2019年12月31日 单位：万元

资产	年初数	年末数	负债及股东权益	年初数	年末数
流动资产：			流动负债：		
货币资金	10 528	60 176	短期借款	19 000	22 000

① 所有者权益和股东权益两者的区别仅仅在于企业组织形式不同，在第1章我们已经知道企业有三种主要的组织形式，对个人业主制和合伙制企业，应为所有者权益；对公司制企业，则应该为股东权益。由于我们研究的对象是公司，下面一律称为股东权益。

续表

资产	年初数	年末数	负债及股东权益	年初数	年末数
短期投资			应付票据	19 219	27 274
应收票据	20 293	15 907	应付账款	15 075	13 662
应收账款	8 820	10 741	预收账款	23 550	23 753
预付账款	36 961	38 123	应付工资	749	580
应收补贴款			应付福利费	312	151
其他应收款	3 761	2 418	应交税费	394	1 046
存货	30 004	39 908	其他应付款	1 838	2 131
待摊费用	24	15	预提费用	46	69
1年内到期的长期债券投资			1年内到期的长期负债		
其他流动资产			其他流动负债		
流动资产合计	110 391	167 288	流动负债合计	80 183	90 666
长期投资：			长期负债：		
长期股权投资	32 080	35 906	长期借款	5 528	6 961
长期债权投资			应付债券		
长期投资合计	32 080	35 906	长期应付款		
固定资产：			其他长期负债		
固定资产原值	61 913	66 027	长期负债合计	5 528	6 961
减：累计折旧	9 125	11 641	递延税项：		
固定资产净值	52 788	54 386	递延税款贷项		
减：固定资产减值准备	688	688	负债合计	85 711	97 627
固定资产净额	52 100	53 698	股东权益：		
在建工程	9 020	5 824	股本	31 741	40 115
固定资产清理			资本公积	73 413	105 043
固定资产合计	61 120	59 522	盈余公积	13 767	15 902
无形资产及其他资产：			其中：公益金	4 872	
无形资产	7 518	8 335	未分配利润	6 584	12 582
长期待摊费用	107	218			
其他长期资产					
无形资产及其他资产合计	7 625	8 553	股东权益合计	125 505	173 642
资产总计	211 216	271 269	负债及股东权益合计	211 216	271 269

从资产负债表的结构来看，主要包括资产、负债与股东权益三大类项目。资产负债表的左方反映公司的资产状况，其资产按照流动性从大到小分项列示，依次为流动资产、长期投资、固定资产、无形资产、递延资产、其他资产等。其中，以现金与现金类资产、应收账款、存货等表现的流动资产称为营运资金，也称为营运资本，它表示公司在日常营运中短期占用的资金。资产负债表的右方反映公司的负债及股东权益情况，它说明了公司资金的来源，即有多少资金来源于债权人，有多少资金来源于公司股东的投资。当公司的流动资产大于流动负债时，公

司有一个正的净营运资本，说明在未来的一年内公司能得到的现金将大于要付出的现金。如东兴公司 2019 年末的净营运资本为 76 622 万元（167 288－90 666）。限于篇幅，本书不详细讲述资产负债表各项的含义，如果需要了解请参阅相关书籍。

这里需要特别强调的是，在资产负债表中，资产的价值是按照其购置时的历史成本计价的，又称为“账面价值”或者“置存价值”。资产的账面价值与真实的市场价值在大多数情况下是不一样的，如果相等，那也是一种巧合。资产的市场价值是指该资产在当前的市场上进行交易的价格，如公司 3 年前购买了一块土地，当时购买的价格是 5 000 万元，现在的市场价格是 1 亿元，而在资产负债表上反映出来的资产的价值是 5 000 万元。

很多地方都需要使用资产负债表，报表的使用者想要从中找出各自需要的不同信息。如银行的信贷部门可以从资产负债表中了解公司的资产流动性和资金营运状况，供应商则希望了解公司应付账款的金额及应付账款的期限。还有许多报表的使用者，比如管理者和投资者，关心的是公司资产的市场价值，而不是它的账面价值，而这种信息在资产负债表中是无法得到的。

二、利润表

利润表又称为损益表，是反映公司在一定期间生产和经营业绩的财务报表。如果说资产负债表是一张快照，那么利润表就是记录了公司在两张快照之间做了些什么的一段录像。通过利润表，可以了解公司的经营业绩，分析公司的盈利能力以及利润增减变化的原因。利润表是按照以下会计等式编制的：

$$利润=收入-费用 \tag{3-2}$$

在利润表中，通常按照利润的构成项目来分别列示。表 3－2 是东兴公司 2019 年度的利润表。

表 3－2　东兴公司利润表

2019 年度　　单位：万元

项目	上期数	本期数
一、主营业务收入	97 146	124 697
减：主营业务成本	82 607	108 329
主营业务税金及附加	411	567
二、主营业务利润	14 128	15 801
加：其他业务利润	463	736
减：营业费用	2 462	2 958
管理费用	4 330	4 225
财务费用	831	969
三、营业利润	6 968	8 385
加：投资收益	2 864	3 458

续表

项目	上期数	本期数
补贴收入		431
营业外收入	17	18
减：营业外支出	15	96
四、利润总额	9 834	12 196
减：所得税	1 327	1 524
少数股东权益		
五、净利润	8 507	10 672

公司的收入主要包括主营业务收入（销售产品、提供劳务的收入）、其他业务收入、投资收益以及营业外收入。比较而言，主营业务收入稳定性较好，且是公司收入的基本来源。费用是公司在生产经营中发生的各种耗费，由于费用与收入之间有关联性，因此与收入相对应，费用支出主要包括主营业务成本（与主营业务收入相对应）、期间费用（包括营业费用、管理费用、财务费用）、其他业务支出（与其他业务收入相对应）、投资损失（与投资收益相对应）和营业外支出（与营业外收入相对应）。公司的利润因收入与费用的不同配比，可以分为四个层次：毛利润、营业利润、利润总额（税前利润）和净利润。毛利润是主营业务收入减去主营业务成本和主营业务税金及附加之后的利润，反映了产品或者服务的售价与成本之间的差额；毛利润扣除各种期间费用之后，就得到了营业利润，它反映了公司的经营所得；营业利润加上投资净收益、补贴收入和营业外收支净额之后就是利润总额，它是计算所得税的基础；利润总额扣除应缴纳的所得税之后，就是净利润，这是公司的所有者可以得到的实际收益。

在财务分析中，我们还经常使用一个非常重要的利润指标：息税前利润（EBIT）。根据我国的会计准则，这一利润指标没有在利润表上直接列示，需要自己计算。由于利息费用列在财务费用里，我们可以把财务费用近似地视为利息费用（假定财务费用中都是利息费用），则

$$\text{息税前利润}=\text{利润总额(税前利润)}+\text{财务费用} \tag{3-3}$$

根据式（3－3），我们可以计算出东兴公司的息税前利润为13 165万元（12 196＋969）。

三、现金流量表

现金流量表是以现金及现金等价物为基础编制的一张重要的财务报表，它反映公司一定期间的经营活动、投资活动和筹资活动对现金及现金等价物产生的影响。现金流量表中的现金不仅包括现金账户核算的公司库存现金，还包括可以随时用于支付的存款，即银行存款和其他货币资金。现金等价物是指公司持有的期限短（一般是指从购买日起3个月内到期）、流动性强、易于转换成现金、价值变动风险很小的投资，通常包括3个月内到期的短期债券投资。现金等价物虽然不

是现金，但其支付能力和现金的差别不大，可以视同现金。现金流量则是指某一段时期内公司现金流入和流出的数量。公司的现金流量有不同的来源，也有不同的用途，通过现金流量表，可以揭示出公司的现金流量来自哪里，又流向何方，以及导致现金流入和流出的原因。

根据我国会计准则，我国的现金流量表包括正表和补充资料两部分。正表是现金流量表的主体，按照直接法编制，以销售收入为起点，采用报告式结构，按照现金流量的性质，依次分类为经营活动产生的现金流量、投资活动产生的现金流量和筹资活动产生的现金流量，最后汇总反映现金及现金等价物的净增加额。表3-3是东兴公司的现金流量表。

表3-3 东兴公司现金流量表

2019年度 单位：万元

项目	金额
一、经营活动产生的现金流量	
销售商品、提供劳务收到的现金	159 478
收到的税费返还	
收到其他与经营活动有关的现金	2 157
经营活动现金流入小计	161 635
购买商品、接受劳务支付的现金	124 967
支付给职工以及为职工支付的现金	9 040
支付的各项税费	4 953
支付其他与经营活动有关的现金	10 290
经营活动现金流出小计	149 250
经营活动产生的现金流量净额①	12 385
二、投资活动产生的现金流量	
收回投资收到的现金	
取得投资收益收到的现金	2 211
处置固定资产、无形资产和其他长期资产收回的现金净额	13
收到其他与投资活动有关的现金	1 373
投资活动现金流入小计	3 597
购建固定资产、无形资产和其他长期资产支付的现金	3 814
投资支付的现金	1 800
支付其他与投资活动有关的现金	
投资活动现金流出小计	5 614
投资活动产生的现金流量净额②	−2 017
三、筹资活动产生的现金流量	
吸收投资收到的现金	41 092
取得借款收到的现金	25 000

续表

项目	金额
收到其他与筹资活动有关的现金	
筹资活动现金流入小计	66 092
偿还债务支付的现金	22 000
分配股利、利润或偿付利息支付的现金	3 709
支付其他与筹资活动有关的现金	1 102
筹资活动现金流出小计	26 811
筹资活动产生的现金流量净额③	39 281
四、汇率变动对现金及现金等价物的影响	
五、现金及现金等价物净增加额=①+②+③	49 649

除现金流量表的正表之外，我国会计准则还要求公司报送现金流量表的补充资料，具体包括三部分内容：将净利润调节为经营活动的现金流量（即按照间接法编制的经营活动的现金流量）；不涉及现金收支的投资和筹资活动；现金及现金等价物的净增加情况。

第2节　理解现金流量

从第1节我们知道，现金流量是公司在一段时期内现金流入和流出的数量。需要特别强调的是，利润表上的本期净利润并不等于公司本期创造的净现金流量。这主要是因为利润表的编制原则是权责发生制，而现金流量表的编制原则是收付实现制。在现实的经营活动中，遵循权责发生制核算的收入的增加并不必然会引起现金的增加，费用的增加也并不一定等于现金的流出。比如一家公司以赊销的方式出售一批产品，记入“应收账款”账户，销售收入增加了，因此产生了利润，但并没有产生现金流入。在现实经济活动中，我们常常会看到这样一些情况，尽管公司账面上表现出丰厚的利润，公司却因为无力支付和清偿到期债务而陷入财务困境，甚至破产清算；相反，有些公司可能账面利润并不出色，但是其现金流量充足、支付能力强。这是因为公司的净利润可以通过种种手段，如调整固定资产折旧的计提方法，进行人为的粉饰，而现金流量表却很难美化。正因为如此，现金流量对投资者而言可能更有参考价值。在这一节，我们从另外一个角度，即理财的角度来讨论现金流量。

一、自由现金流量

自由现金流量（free cash flows，FCF）是公司理财中非常重要的一个项目。按理财的观点，公司的价值就在于其产生现金流量的能力，这里的现金流量就是自由现金流量，简称自由现金流。所谓自由现金流量，是指支付了必要的资本支出之后能够向公司的投资者（股东和债权人）派发的现金流量。事实上，公司为股东创造财富的主要手段就是增加自由现金流量，因为只有自由现金流量才是股东可以拿到的财富，即自由现金流量在支付了债权人的利息费用之后，剩下的部分就可以用于派发红利。虽然个别股东可以通过转让股权，即出售股票取得现金，但这只意味着股东从一个人换成了另一个人，并不能改变公司的股份。如果把股东作为一个整体来考察，他们的财富只能来自公司的自由现金流量，因此，自由现金流量是公司价值评估的基础。下面我们就来详细考察自由现金流量是如何计算出来的。

二、将净利润调整为经营活动的现金流量

我们已经很清楚，公司资产的价值一定等于负债的价值加上股东权益的价值。与此相对应，资产产生的现金流量（$CF(A)$）也一定等于负债的现金流量（$CF(B)$，流向债权人的现金流量）加上股东权益的现金流量（$CF(E)$，流向股东的现金流量）。即

$$CF(A)=CF(B)+CF(E) \tag{3-4}$$

由自由现金流量的定义我们知道，流向债权人的现金流量和流向股东的现金流量之和就是自由现金流量。因此，要计算自由现金流量，我们可以从两条路径入手：从式（3-4）的左边出发，计算资产产生的现金流量；或者从式（3-4）的右边出发，计算负债和股东权益的现金流量。一般而言，从第一条路径入手计算比较清楚，即计算自由现金流量的关键是计算资产产生的现金流量，而资产产生的现金流量等于经营活动产生的现金流量减去资本性支出（该项支出一般可以用固定资产的取得减去固定资产的出售来表示）。因此，计算现金流量的关键就是计算经营活动产生的现金流量。

所谓经营活动，是指公司投资活动和筹资活动以外的所有交易和事项。从经营活动的定义可以看出，经营活动的范围很广，如销售商品或者提供劳务、购买商品或者接受劳务、接受返还的税费、缴纳各项税金、支付工资、广告宣传等。经营活动产生的现金流量是公司通过运用所拥有的资产自身创造的现金流量，主要是与公司净利润有关的现金流量。经营性现金流量通常为正值，当公司的经营性现金流量长期为负值时，就表明该公司已经陷入困境，因为其经营活动的现金入不敷出。公司一定时期内实现的利润并不一定都构成经营活动的现金流量，需要对净利润进行调整，剔除一些非现金项目的影响。

所谓非现金项目，是指并不影响现金流量的项目。在非现金项目中，最重要的是“固定资产折旧”和“无形资产摊销”。假定某项固定资产购置时成本价为1万元，该固定资产的寿命期为5年，5年后残值为零。按照会计准则，需要将这1万元的成本在5年之内摊入费用。若采用直线折旧法，则在该资产的存续期限内，每年需要计提折旧费用2 000元。但是从财务的角度看，购置此固定资产的1万元早在购买时就一次性支付了，也就是说，此后5年计提的折旧并没有发生实际的现金流出。无形资产摊销的道理和固定资产折旧一样，其他与此相类似的非现金项目，还有“待摊费用”“预提费用”等。

另一类非现金项目是“递延税款”，这是由会计利润和实际纳税所得之间的差

异引起的。递延税款不用实际缴纳，而是在以后的年度支出，这就形成了公司的负债，在资产负债表上表示为递延税款贷项。从现金流量的角度看，递延税款并不是一笔真正的现金流出。

除以上非现金项目外，把净利润调整为经营活动产生的现金流量，还有一个非常重要的问题，那就是经营性项目的调整。比如一个公司销售了一批产品，货物发出3个月后收款，那么这笔销售收入就构成了当期的公司利润，却没有形成实际的现金流入，而只是以应收账款的形式实现了账面上的利润。与之相似的还有"预付账款""应收票据"账户。同样，如果一个公司购买了一批原材料，货到后3个月付款，那么这笔原材料的成本构成了当期的生产成本，却没有形成实际的现金支出，而只是以应付账款的形式成为公司的负债。与之相类似的还有"预收账款""应付票据"账户。最后一个需要调整的账户是"存货"。如果一个公司生产的产品暂时没有卖出去，就成为公司的存货。存货虽然没有形成现实的销售收入，但是其制造成本已经在当期实实在在地发生了，也就是说为了生产这批存货，发生了实实在在的现金流出。因此，存货的增加会减少公司经营活动产生的现金流量；相反，存货的减少则会增加公司经营活动产生的现金流量。

总之，我们可以概括如下：

$$\begin{matrix}\text{经营活动产生的}\\\text{现金流量}\end{matrix}=\text{EBIT}-\text{税金}+\begin{matrix}\text{折旧类}\\\text{项目}\end{matrix}-\begin{matrix}\text{应收项目}\\\text{的增加}\end{matrix}+\begin{matrix}\text{应付项目}\\\text{的增加}\end{matrix}-\begin{matrix}\text{存货的}\\\text{增加}\end{matrix}\tag{3-5}$$

我们把"存货的增加＋应收项目的增加－应付项目的增加"视为公司净经营项目的增加，又由于EBIT＝净利润＋利息支出＋税金，而财务费用中的绝大部分是利息支出，所以上式可以改写为：

$$\begin{matrix}\text{经营活动产生的}\\\text{现金流量}\end{matrix}=\text{净利润}+\begin{matrix}\text{财务}\\\text{费用}\end{matrix}+\begin{matrix}\text{折旧类}\\\text{项目}\end{matrix}-\begin{matrix}\text{净经营项目}\\\text{的增加}\end{matrix}\tag{3-6}$$

三、将经营活动产生的现金流量调整为自由现金流量

虽然理解净利润如何调整为经营活动的现金流量对我们理解自由现金流量的含义和计算方法至关重要，但是在大多数情况下，我们不用自己计算经营活动产生的现金流量，因为按照我国现行的会计准则，公司需要报送现金流量表的补充资料，在补充资料中提供了按照间接法把净利润调整为经营活动现金流量的详细过程。表3－4就是东兴公司2019年现金流量表的补充资料。

表3－4 东兴公司现金流量表的补充资料

2019年度 单位：万元

项目	金额
将净利润调节为经营活动的现金流量	
净利润	10 672
计提的资产减值准备	84

续表

项目	金额
固定资产折旧	3 218
无形资产摊销	234
长期待摊费用摊销	112
待摊费用的减少（减：增加）	−15
预提费用的减少（减：增加）	22
处置固定资产、无形资产和其他长期资产而收回的现金净额	−9
固定资产报废损失	58
财务费用	1 128
投资损失（减：收益）	−3 458
递延税款贷项（减：借项）	
存货的减少（减：增加）	−9 904
经营性应收项目的减少（减：增加）	2 562
经营性应付项目的增加（减：减少）	7 681
经营活动产生的现金流量	12 385

经营活动产生的现金流量并不等于自由现金流量，这是因为经营活动产生的现金流量只有在支付了进行再生产所必需的资本性支出之后，才能用于分配给投资者。即

$$\text{自由现金流量}=\text{经营活动产生的现金流量}-\text{资本性支出} \tag{3-7}$$

在实际操作中，我们用固定资产原值的变化来计算资本性支出，比如在东兴公司的资产负债表上，固定资产的原值增加了4 114万元（66 027−61 913），则东兴公司的自由现金流量是：

$$\begin{aligned}FCF&=\text{经营活动产生的现金流量}-\text{资本性支出}\\&=12\ 385-4\ 114\\&=8\ 271(\text{万元})\end{aligned}$$

自由现金流量反映了公司经营活动（不包括投资活动）产生的、可以向所有投资者（股东和债权人）提供的现金流量。它有时候为负——当公司以较高的增长率成长时，用于固定资产的支出就可能大于来自经营活动的现金流量。

第3节　财务比率分析

在对公司的财务状况进行分析时，最常用的一种方法就是比率分析法。所谓比率分析法，是指将公司同一时期财务报表中的相关项目进行对比，得出一系列财务比率，以此来揭示公司的财务状况的分析方法。财务比率是同一张财务报表的不同项目之间、不同类别之间，或在两张不同财务报表的有关项目之间的比率

关系。我们通过种种不同的财务比率，可以发现和评价公司的财务现状和经营中存在的问题。若没有这些财务比率，则很难在短时间内对公司这种复杂的组织做出基本判断。

无论是对公司的债权人、股东还是管理者，财务比率都是评价公司运营状况的重要工具，他们都需要通过财务比率来掌握公司的财务状况和发展趋势，从而做出自己的决策，这些决策反过来又会影响公司的方方面面，包括其财务比率。

一、财务比率的种类

财务比率的种类很多，不同的财务比率从不同的侧面反映公司的财务状况。公司的利益相关者在需求和兴趣不相同时，关注的财务比率也不相同。例如，银行在考虑是否同意对公司发放短期贷款时，它关心的是公司资产的流动性，它就特别注意衡量资产流动性的比率；公司长期债券的投资者则着眼于公司的获利能力和经营效率，对资产的流动性就较少注意，这是因为纵然公司目前拥有雄厚的财力，但不等于说债务到期时就有了可靠的偿还保证；公司股东的目的在于考察公司的获利能力和经营趋势，以便取得理想的投资报酬；至于公司的管理者，则需要关心各类财务比率，以保证公司既具有偿还长期和短期债务的能力，又能替股东赚到尽可能多的利润。总而言之，财务比率是进行公司财务分析时要重点考察的对象。公司财务人员应把各种财务比率有机地联系起来，并将财务比率分析与其他分析方法相结合，从而得出较为合理的结论。特别需要我们注意的是，那种将各种财务比率孤立起来下结论的方法往往是草率的，结论也容易出错。

一般而言，我们可以按照财务分析的不同目的，把财务比率分为五个方面：

（1）杠杆比率——反映公司对债务融资的依赖程度；

（2）流动性比率——反映公司偿付短期债务的能力；

（3）营运能力比率——反映公司的经营状况和管理水平；

（4）获利能力比率——反映公司的盈利水平；

（5）市场价值比率——反映公司的市场价值。

下面我们将以东兴公司的财务报表（见表3－1、表3－2、表3－3）为例，逐一介绍这五个方面的财务比率。

二、杠杆比率

财务杠杆与公司债务融资和权益融资的多少，即借入资本和自有资本之间的比例有关。公司负债经营，既有正面影响，也有负面影响。债务金额越高，公司难以还债的可能性就越大，公司陷入财务危机甚至走向破产的可能性就越大，公司面临的潜在风险也就越高，而且在公司举债经营时，各方可能会出现利益冲突。例如，在公司发行债券时，潜在的债券购买者会要求在债券契约中规定种种限制性条款，而这可能会影响公司管理层实现股东财富最大化的目标。

尽管如此，债务仍是一种重要的资金来源。由于利息是可以抵税的，因此债务会提供税收上的好处。此外，由于通常比较容易借债，债务的交易成本也较低。

对于上面提到的种种因素，我们将在后面章节中做详细的介绍，在这里，我们只强调财务杠杆是公司理财中的一个重要问题，而杠杆比率衡量了公司财务杠杆的高低。杠杆比率主要有以下几种。

1. 资产负债率

资产负债率又称举债经营比率，其计算公式为：

$$资产负债率=\frac{负债总额}{资产总额} \tag{3-8}$$

根据式（3-8），我们可得出，东兴公司2019年末的资产负债率为36%。资产负债率反映了债权人所提供的资本占全部资本的比例。从债权人的角度看，他们最关心贷款是否安全，能否按时收回本金和利息。如果股东提供的资本与公司资本总额相比只占较小比例，即资产负债率较高，那么公司的风险将主要由债权人承担，这对债权人不利，因此，债权人希望该比率越低越好。从股东的立场来看，公司通过举债所筹措的资金与股东的自有资本在经营中发挥同样的作用，因此股东所关心的总是全部资本盈利率是否超过借入款项的利率，即借入资本的代价。

在公司所得的资本盈利率超过借入款项的利率时，归股东所得的利润将增加。

例如，海威公司全部资本2 000 000元，利润率15%，利润300 000元。其中，借入资本1 000 000元，利息率10%，利息100 000元，则股权资本1 000 000元，可获利200 000元。

$$股本盈利率=\frac{200\ 000}{1\ 000\ 000}\times 100\%=20\%$$

可见股东可得到双重好处：一方面提高了自有资本盈利率；另一方面得以在付出有限代价的条件下，扩大公司规模并保持对公司的全部控制权。

当然，如果公司所得的资本盈利率低于借入款项的利率，则股东就会受损。

例如，海威公司全部资本2 000 000元，利润率8%，利润160 000元。其中，借入资本1 000 000元，利息率10%，利息100 000元，则股权资本1 000 000元，可获利60 000元。

$$股本盈利率=\frac{60\ 000}{1\ 000\ 000}\times 100\%=6\%$$

这时之所以对股东不利，是因为借入资本的利息要用股东所得的利润份额来弥补。

公司财务人员在做决策时，应充分考虑上述两方面。如果举债很多，超出债权人心理承受程度，则会被认为不保险，公司借不到钱或借款条件过于苛刻；如果不举债，或负债比例很小，则说明公司畏缩不前，对前景信心不足，利用债权人资本进行经营活动的能力很差，借款比率越大，越能显得公司活力充沛。公司应根据经济形势和行业发展前景全面考虑。财务人员在利用资产负债率制定借入资本决策时，必须充分估计预期的利润和增加的风险，在两者之间权衡利害得失，做出正确决策，这也是在后面章节中讨论融资决策时的资本结构问题。

2. 负债权益比率

负债权益比率又称负债股权比率，其计算公式为：

$$\text{负债权益比率}=\frac{\text{负债总额}}{\text{股东权益总额}} \tag{3-9}$$

根据式（3－9），我们计算得出东兴公司2019年末的负债权益比率是56%。

该项指标反映由债权人提供的资本与股东提供的资本的相对关系，反映公司基本财务结构是否稳定。很容易看出，负债权益比率所表达的信息在本质上与资产负债率是一样的。不过，当股东权益为正值时，资产负债率可低至零，而且永远小于1，负债权益比率则可由零直至无穷。

3. 权益乘数

权益乘数所表达的信息与前两者基本相同，其计算公式为：

$$\text{权益乘数}=\frac{\text{资产总额}}{\text{股东权益总额}} \tag{3-10}$$

这一指标可直观地看出公司每拥有1元自有资本所能够扩展的资产规模。根据式（3－10），计算得出东兴公司2019年末的权益乘数是1.56。

这三种杠杆比率都应用广泛，只不过是同一信息的不同表达方式而已。知道其中一种，就可求出另外两种。例如，若某公司资产负债率为40%，则可知该公司的股权融资率为60%，因此，公司的负债权益比率为0.67（即40%÷60%）。总资产等于债务融资和股权融资之和，因此权益乘数为1.67（即100÷60）。

我们可以推导出一般公式：

$$\begin{aligned}\text{权益乘数}&=\frac{\text{资产总额}}{\text{股东权益总额}}=\frac{\text{负债}+\text{股东权益总额}}{\text{股东权益总额}}\\&=1+\text{负债权益比率}\end{aligned} \tag{3-11}$$

$$\text{负债权益比率}=\frac{\text{资产负债率}}{1-\text{资产负债率}} \tag{3-12}$$

我们经常用到的是平均权益乘数，即用资产平均余额除以股东权益平均余额，计算可得东兴公司2019年的平均权益乘数为（211 216＋271 269）÷（125 505＋173 642）＝1.61。

4. 利息保障倍数

债权人向公司投资，除了审查公司借入资本占全部资本的比重外，还有一个补充手段，即计算公司经营业务的收益与利息费用的比率。利用这一收益项目比率，可以衡量偿付借款利息的能力，从而测试债权人投入资本的风险。其计算公式如下：

$$\text{利息保障倍数}=\frac{\text{息税前利润}}{\text{利息费用}} \tag{3-13}$$

根据第1节的分析，我们知道，如果假定公司的财务费用都是利息费用，那么上式可以写成：

$$利息保障倍数=\frac{利润总额+财务费用}{财务费用} \tag{3-14}$$

根据式（3-14），我们可以计算出东兴公司2019年度的利息保障倍数为：

$$\frac{12\ 196+969}{969}=13.59$$

利息保障倍数反映了公司的经营所得支付债务利息的能力。如果这个比率太低，说明公司难以用经营所得来按时支付债务利息，长此以往会导致公司倒闭。

三、流动性比率

流动性比率衡量公司的流动性，用来评价公司短期偿还债务的能力。企业的流动状况主要用流动资产和流动负债的关系来反映。分析和评价企业的流动状况是公司管理层、股东以及债权人普遍感兴趣的问题。这类比率主要包括以下两种。

1. 流动比率

流动比率是流动资产与流动负债的比值，其计算公式为：

$$流动比率=\frac{流动资产}{流动负债} \tag{3-15}$$

根据式（3-15），我们可计算出东兴公司2019年末的流动比率为1.85。

流动资产越多，短期债务越少，则流动比率越高，公司短期偿债能力越强，因为公司的短期债务可在到期时由变为现金的流动资产来偿还。一般认为，流动比率维持在2才足以表明公司财务状况稳妥可靠，但这种单凭经验决定的标准并不一定合理。因为流动比率高，可能是存货积压或滞销的结果，也可能是拥有过多的现金，未能很好地在经营中加以运用的缘故，而且如果公司管理层要欺骗债权人，那么他们极易通过虚饰流动资金状况，伪造这一比率。流动比率还有一个缺点就是，未能揭示流动资产的构成内容，只是对流动资产整体来做分析。

2. 速动比率

虽然可以用流动比率来评价流动资产总体的变现能力，但相关各方尤其是短期债权人还希望获得比流动比率更进一步的有关流动性的指标，速动比率可满足这一要求。速动比率是从流动资产中扣除存货部分后再与流动负债相除得出的。其计算公式为：

$$速动比率=\frac{流动资产-存货}{流动负债} \tag{3-16}$$

根据式（3-16），我们可计算出东兴公司2019年末的速动比率为1.4。计算速动比率时，为什么要将存货扣除呢？这是因为存货是流动性最差的流动资产，将其变现所需时间较长，还可能发生损失。另外，存货估价还可能存在成本与合理市价悬殊的问题。因此，一般认为速动比率比流动比率更能表明公司的短期偿债能力。根据经验，一般认为速动比率为1最好，但实际上仍需视公司的性质和其他因素综合判断，不能一概而论。由于各行业之间存在差别，在计算速动比率时，除扣除存货以外，还可以从流动资产中去掉其他一些可能与当期现金流量无关的项目（如待摊费用、预付款等）。

四、营运能力比率

营运能力比率可用于衡量公司对其资产的管理是否有效。这一类比率有的侧重于衡量对资产的总体管理，有的侧重于衡量对某项具体资产的管理。

1. 应收账款周转率

应收账款在公司流动资产中有着重要地位。及时收回应收账款，不仅可以增强公司短期偿债能力，还可以反映出公司管理应收账款方面的效率。应收账款周转率反映了应收账款的周转速度，也就是公司在一个会计年度里应收账款的周转次数。这一比率越高，说明公司催收应收账款的速度越快，可以减少坏账损失。应收账款周转率的计算公式。

$$应收账款周转率=\frac{销售收入净额}{应收账款平均余额} \tag{3-17}$$

$$应收账款平均余额=\frac{期初应收账款+期末应收账款}{2} \tag{3-18}$$

利用式（3-17）和式（3-18），我们可计算东兴公司2019年度的应收账款周转率。

东兴公司应收账款平均余额为：

$$\frac{8\ 820+10\ 741}{2}=9\ 780.5(万元)$$

2019年度东兴公司的应收账款周转率为12.75（即124 697÷9 780.5），即东兴公司一年之内应收账款的周转次数为12.75次。

与应收账款周转率紧密相关的一个指标是应收账款平均收账期，它表示收回应收账款平均所需的天数。应收账款平均收账期越短，说明公司应收账款周转速度越快，其计算公式为：

$$应收账款平均收账期=\frac{365}{应收账款周转率} \tag{3-19}$$

由此我们可得出，东兴公司2019年度的应收账款平均收账期为28.63天。

2. 存货周转率

在流动资产中，存货所占比重较大。存货的流动性将直接影响公司的流动比率，因此，必须重视对存货的分析。存货周转率是衡量和评价公司购入存货、投入生产、销售收回等各环节管理状况的综合性指标。其计算公式为：

$$存货周转率=\frac{销货成本}{平均存货} \tag{3-20}$$

$$平均存货=\frac{期初存货余额+期末存货余额}{2} \tag{3-21}$$

存货周转率指标反映了一年内存货周转的次数。运用以上公式，我们可得出东兴公司 2019 年度的存货周转率为：

$$\frac{108\ 329}{(30\ 004+39\ 908)/2}=3.1$$

存货周转率说明了一定时期内公司存货的周转次数。在正常情况下，如果公司经营正常，那么存货周转率越高，说明存货周转越快，企业的销售能力越强，营运资金占用在存货上的金额也就会越少。衡量存货周转速度的另一个指标是存货周转天数，它反映了存货周转一次所需的时间，即存货卖出以前在公司停留的平均时间。其计算公式为：

$$存货周转天数=\frac{365}{存货周转率} \tag{3-22}$$

根据式（3－22），我们可得出东兴公司 2019 年度的存货周转天数为 117 天。

3. 固定资产周转率

固定资产周转率是销售收入净额与固定资产平均净值的比值。其计算公式为：

$$固定资产周转率=\frac{销售收入净额}{固定资产平均净值} \tag{3-23}$$

$$固定资产平均净值=\frac{期初固定资产净值+期末固定资产净值}{2} \tag{3-24}$$

该指标反映了固定资产的周转速度，即每元账面价值固定资产所能产生的销售额。该比率越高，说明固定资产的利用率越高，管理水平越好。根据以上公式，我们可以计算出东兴公司 2019 年度的固定资产周转率为：

$$\frac{124\ 697}{(54\ 386+52\ 788)/2}=2.33$$

4. 总资产周转率

总资产周转率又称总资产利用率，是销售收入净额与平均资产总额的比值。其计算公式为：

$$总资产周转率=\frac{销售收入净额}{平均资产总额} \tag{3-25}$$

$$平均资产总额=\frac{期初资产总额+期末资产总额}{2} \tag{3-26}$$

该指标反映了公司全部资产的使用效率。这个比率越高，说明公司运用其全部资产的效率越高。东兴公司 2019 年度的总资产周转率为：

$$\frac{124\ 697}{(211\ 216+271\ 269)/2}=0.52$$

总之，各项资产的周转指标用于衡量公司运用资产赚取收入的能力，营运能力指标经常和反映公司获利能力的指标结合在一起使用，全面评价公司的获利能力。

五、获利能力比率

获利能力是指公司赚取利润的能力。公司的各项经营活动都会影响公司的盈利，但是对公司获利能力的分析一般只针对公司正常的经营活动。这是因为一些非正常的、特殊的经营活动虽然也会给企业带来收益，但不是经常和持久的，不应将其作为公司的获利能力加以评价。

1．销售毛利率与销售净利率

销售毛利率是公司的销售毛利与销售收入净额的比率，其计算公式为：

$$\text{销售毛利率}=\frac{\text{销售毛利}}{\text{销售收入净额}}\times 100\%$$
$$=\frac{\text{销售收入净额}-\text{销售成本}}{\text{销售收入净额}}\times 100\% \qquad (3-27)$$

销售毛利率非常重要，因为它代表了公司可用于支付经营费用、融资费用和税款并产生利润的金额有多少。销售毛利率表示每元销售收入扣除销售成本后，有多少钱可留下来。根据式（3－27），我们得出东兴公司2019年度销售毛利率为13%。

销售净利率是公司净利润与销售收入净额的百分比，它衡量公司每元销售收入在支付所有费用，包括销售成本、销售费用、管理费用、折旧、利息和税款后所得到的净利润。其计算公式为：

$$\text{销售净利率}=\frac{\text{净利润}}{\text{销售收入净额}} \qquad (3-28)$$

根据式（3－28），我们可以得出东兴公司2019年度销售净利率为8.5%。

2．资产收益率

资产收益率（ROA）是净利润与平均资产总额的比值，其计算公式为：

$$\text{资产收益率}=\frac{\text{净利润}}{\text{平均资产总额}}\times 100\% \qquad (3-29)$$

$$\text{平均资产总额}=\frac{\text{期初资产总额}+\text{期末资产总额}}{2} \qquad (3-30)$$

这一比率主要用来衡量公司利用资产获取利润的能力，它反映了公司利用资产的综合效果。这一比率越高，表明资产的获利能力越强，说明公司在增加收入和节约资金使用等方面取得了良好的效果。在分析公司的资产收益率时，通常要与公司前期、同行业平均水平进行比较，这样才能判断公司资产收益率的变动趋势以及在行业中所处的地位。东兴公司2019年度的资产收益率为：

$$\frac{10\ 672}{(211\ 216+271\ 269)/2}\times 100\%=4.4\%$$

3．净资产收益率

净资产收益率（ROE）是净利润与股东权益平均总额的比值，也称股东权益收益率。其计算公式为：

$$净资产收益率=\frac{净利润}{股东权益平均总额}\times 100\% \tag{3-31}$$

$$股东权益平均总额=\frac{期初股东权益+期末股东权益}{2} \tag{3-32}$$

净资产收益率是评价公司获利能力的一个重要的财务比率，它反映了公司股东获取投资收益的能力。公司财务杠杆的高低既会影响到公式的分母，也会影响到公式的分子。通常对发展状况良好的公司来说，净资产收益率会高于资产收益率，但是在境况不好的年份，净资产收益率可能会低于资产收益率，这是因为财务杠杆增加了股权的风险。根据式（3－31）和式（3－32），可以计算出东兴公司 2019 年度净资产收益率为：

$$\frac{10\ 672}{(125\ 505+173\ 642)/2}\times 100\%=7.1\%$$

我们发现，东兴公司净资产收益率比资产收益率高出近 3 个百分点，这表明财务杠杆正在起正面作用。

4. 每股收益与每股现金流量

每股收益（EPS）又称每股盈余，是公司的税后净利润扣除优先股股利后的余额除以发行在外的普通股平均股数。其计算公式为：

$$每股收益=\frac{税后净利润-优先股股利}{发行在外的普通股平均股数} \tag{3-33}$$

根据东兴公司 2019 年年报，2019 年发行在外的普通股平均股数为 35 824 万股，未支付优先股股利，则该公司 2019 年的每股收益为 0.3 元。

虽然每股收益可以很直观地反映公司的获利能力以及股东的收益，但它不是决定股利分配的唯一因素。如果某公司每股收益很高，但是缺乏现金，那么也无法分配股利，因此还有必要分析公司的每股现金流量。每股现金流量是经营活动产生的现金流量扣除优先股股利之后的余额除以发行在外的普通股平均股数。其计算公式为：

$$每股现金流量=\frac{经营活动产生的现金流量-优先股股利}{发行在外的普通股平均股数} \tag{3-34}$$

根据式（3－34），东兴公司 2019 年的每股现金流量是 0.35 元。

六、市场价值比率

市场价值比率把公司普通股的市场价值与每股收益、每股股利和每股账面价值联系起来进行分析。市场价值比率是前述四类财务比率的综合反映，可以使我们了解投资者对公司的预期。

1. 市盈率

市盈率是普通股每股市价与每股收益的比率。其计算公式为：

$$市盈率=\frac{每股市价}{每股收益} \tag{3-35}$$

式中，每股市价是指每股普通股在证券市场上的买卖价格。

用每股市价与每股收益进行比较，反映投资者对公司每元利润所愿支付的价格。一般而言，这一比率越高，说明公众对公司的发展前景越看好，越愿意出较高的价格购买该公司的股票。同时也应该注意，有时较高的市盈率意味着较高的投资风险。东兴公司股票 2019 年 12 月 31 日的收盘价为 18.3 元/股，那么我们可得出该公司的市盈率为 61（18.3÷0.3）。

2. 股利支付率

股利支付率是普通股每股股利与每股收益的百分比。其计算公式为：

$$股利支付率=\frac{每股股利}{每股收益}\times 100\% \tag{3-36}$$

式中，每股股利是股利总额与流通股数的比值，其中股利总额是指用于分配普通股现金股利的总数。每股股利的计算公式为：

$$每股股利=\frac{股利总额}{流通股数} \tag{3-37}$$

股利支付率反映普通股股东能从每股收益中分到多少股利。就单个普通股投资人而言，这一指标相比每股收益更能直接体现当前利益，因此与个人联系更紧密。股利支付率是高还是低，并没有具体的衡量标准，而且不同公司之间也没有可比性，因为这要依据各公司对资金需要量的具体状况而定。股东对股利的要求也不一致，有的股东愿意当期多拿股利，有的股东愿意让公司把更多的利润用于再投资，以期将来获得更高的股利收入。在后一种情况下，股利支付率会低一些。股利支付率高低取决于公司的股利支付政策，公司要考虑经营方针以及市场变化等状况决定支付股利的比例。不论抱何种想法，股利支付率就像每股收益一样都是投资人非常关心的指标。我们来看一看东兴公司 2019 年度股利支付率为多少。东兴公司 2019 年每股收益为 0.3 元/股，应付股利总额为 2 539 万元，每股股利为 0.07 元（2 539÷35 824）。于是，我们求出股利支付率为 23.3%（0.07÷0.3×100%）。

3. 市场价值与账面价值比率

市场价值与账面价值比率是每股市场价值与每股账面价值的比值。该比率的计算公式为：

$$市场价值与账面价值比率=\frac{每股市场价值}{每股账面价值} \tag{3-38}$$

式中，每股账面价值是股东权益总额减去优先股权益后的余额与发行在外的普通股股数的比值。每股账面价值的计算公式为：

$$每股账面价值=\frac{股东权益总额-优先股权益}{发行在外的普通股股数} \tag{3-39}$$

市场价值与账面价值比率可以大致衡量出公司以往的业绩。该比率越高，市场价值相对账面价值而言就越大，说明公司创造的市场价值要比按会计准则记录的账面价值高，也就是说公司干得不错。我们已知东兴公司股票 2019 年 12 月 31 日的市价为 18.3 元/股。根据给出的公式可以求出，每股账面价值为 4.85 元（173 642÷35 824），因此，市场价值与账面价值比率为 3.8（即 18.3÷4.85）。

第 4 节　财务分析的其他方法

通过上一节对各类财务比率的介绍，我们可以发现，财务比率是进行财务分析的有效且便捷的途径。只要手中有公司的财务报表，再加上对公司基本营运状况以及行业特性的了解，就可以求出财务比率，并据此做出进一步的分析。财务比率的这些优点使其受到公司债权人、股东以及管理层的广泛重视。

然而，由于财务比率是从财务报表中得出的，而财务报表本身有局限性，因此，据此计算的财务比率也有某些局限性。财务报表是按会计准则编制的，合乎规范，但并不一定反映公司的客观情况。实际上还存在种种使财务报表与实际情况相偏离的因素：报表数据未按通货膨胀或物价水平调整；非流动资产的余额是以历史成本减折旧或摊销计算的，与现行成本或变现价值往往存在较大差距；有些项目是估计的，如无形资产摊销等，而这种估计未必正确；发生非正常的或偶然的事项，可能歪曲本期净收益，不能反映盈利的正常水平；等等。此外，财务报表还有可能经过人为修饰，隐瞒了真相。例如，公司可在结账前把借款还掉，事后再借入，造成负债较低的假象，来欺骗报表使用者。由于财务报表存在上述种种缺陷，根据财务报表计算得出的某一公司的财务比率，也只能在一定范围内发挥作用，并不是绝对正确的。

此外，我们在运用财务比率时，还必须注意另一个限制其用途的问题。计算出单个公司的财务比率往往是没有价值的，要进行分析，还必须了解这一公司所在行业的基本情况，即要了解该行业中不同公司的财务比率。但是不同企业可能选择不同的会计程序，致使它们的财务比率没有可比性。例如，对存货成本的计价可以使用先进先出法、加权平均法等，对折旧的提取可以使用直线法或各种加速折旧法。虽然在财务报表的文字说明中对公司的主要会计政策有一定的表述，但报表使用者不一定能完成建立可比性的调整工作。在存在上述问题的情况下，财务比率的使用有局限性，我们只能在限定的意义上使用财务比率，不可将其绝对化。除了财务比率分析之外，在实践中，我们还需要对公司的财务状况进行趋势分析和综合分析。

一、公司财务状况的趋势分析

公司财务分析的目的在于判断公司财务状况和审查计算公司经营管理得失两个方面。然而，公司财务报表只是历史性的静态文件，仅仅概括地反映了一个公司的财务状况和经营成果。如果不对报表上所列数据进一步加以剖析，就不能充分理解其含义，不能充分掌握数据所传递的信息。这样将无法对公司财务状况是否良好，公司经营管理是否健全，以及业务前景是否光明，得出有事实根据的结论。

公司财务状况的趋势分析是根据连续几期的财务报表，比较各项目前后期的增减方向和幅度，从而揭示财务和营业上的变化和趋向。在同行业的各公司之间进行比较分析，往往会因为各公司所用会计方法不尽相同而发生困难。在着手这类比较研究时，必须首先注意是否存在互相比较的适当基础，同时，还必须透彻了解行业的动态和趋向、技术发展的特点和概况，以及经济环境的变迁和现状。要参照这些情况进行分析，才能对一个公司做出比较可靠的判断，以供决策之用。

趋势分析可做成统计图表，也可采用编制比较财务报表的方法。编制比较财务报表时，应将连续多年的财务报表（至少是最近两三年，或者五年、十年的财务报表）并列在一起加以比较。观察连续数期的财务报表能够比单看一个报告期的财务报表了解到更多的情况，因为某一个报告期的财务报表所呈现的仅是川流不息的经营活动长河中的一个片段而已。比较时还应重点分析关键数据，借以确定财务状况变动的主要原因，判别变化趋势是否对公司有利，并根据以往所发生的事实，推断公司现在的发展会不会延续下去。编制比较财务报表，可以用绝对金额进行比较，也可以用百分比进行比较。按绝对金额编制的比较财务报表，需要罗列连续若干期的报表金额，也可添设“增减”一栏，反映比较的结果。用百分比编制的比较财务报表，能够揭示比较财务报表中各项目的比例关系，这是比用绝对金额编制的比较财务报表优越的地方。另外，用百分比分析不仅可以比较本公司各期的报表项目，还可以直接比较两家公司的报表项目或本公司与同行业的报表项目平均数。用这个方法可以不考虑两家公司规模的差别，只要把各财务报表项目数字都转化成百分数，各财务报表项目的相对百分比就显得十分清楚。要注意的是，只有在两个公司的报表确实可比的情况下，这种比较才有意义。因此，拿来比较的各公司财务数据必须有合理的可比基础，它们所采用的会计方法也必须近似。

二、公司财务状况的综合分析

利用前面介绍的财务比率和趋势分析法，虽然可以了解公司各方面的财务状况，但是不能分析公司各方面财务状况之间的关系。实际上，公司的财务状况是一个完整的系统，内部各因素都是相互依存、相互作用的，任何一个因素的变动都会引起公司整体财务状况的变动。因此，我们在进行财务状况综合分析时，需要一些专门的方法将各类财务指标综合起来，利用指标之间的关联性进行综合分析，以便对公司整体的财务状况和经营成果进行评价。杜邦分析法正是这样一种分析方法，它利用几种主要的财务比率之间的关系来综合分析公司的财务状况，因为这种分析方法是由美国杜邦公司首创的，故称杜邦分析法。现在我们以东兴公司为例，说明杜邦分析法的主要内容。

杜邦分析法通过几种主要的财务指标之间的关系，直观明了地反映公司的财务状况，这一分析方法一般用杜邦图来表示。杜邦分析法的核心指标是净资产收益率，该指标是所有财务比率中综合性最强、最具有代表性的。公司财务管理最重要的目标就是实现股东财富最大化，净资产收益率正是反映了股东投资的获利能力，这一比率反映了公司投资、融资和生产运营等各个方面的经营活动的效率。现在，我们通过东兴公司的杜邦图（见图3-1），对东兴公司的财务状况进行杜邦分析。

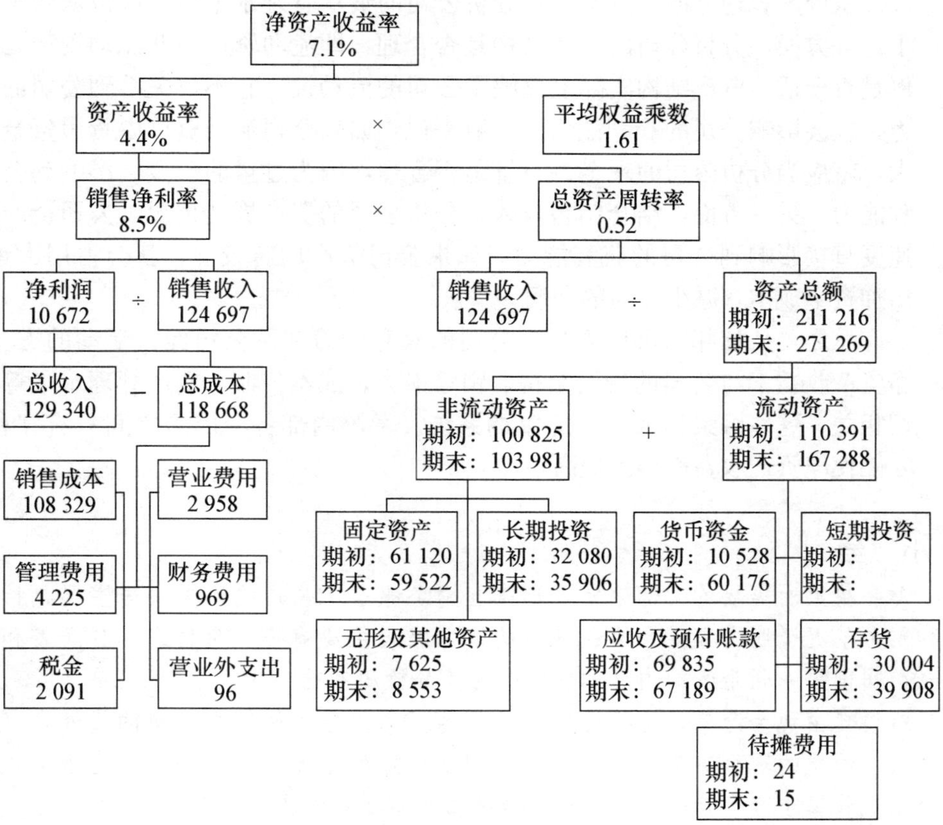

图3-1 东兴公司的杜邦图

净资产收益率可表示为：

$$净资产收益率=资产收益率\times平均权益乘数 \tag{3-40}$$

资产收益率主要反映公司运用资产进行生产经营活动的效率，平均权益乘数则主要反映公司的融资结构，即公司资金的来源。

资产收益率可表示为：

$$资产收益率=销售净利率\times总资产周转率 \tag{3-41}$$

可以从公司的销售活动与资产管理两个方面来分析资产收益率。

从公司销售方面来分析。销售净利率反映了公司净利润与销售收入之间的关系，要想提高销售净利率，必须一方面提高销售收入，另一方面降低各种成本费用，这样才能使净利润的增长高于销售收入的增长，从而使销售净利率得到提高。由此可见，公司要提高销售净利率必须“内外兼修”：一方面要加强公司面向市场的外在能力，提高市场份额，增加销售收入；另一方面要“苦练内功”，尽可能减少生产成本，严格控制各种期间费用。从杜邦图中，可以分析公司的成本费用是否合理，发现公司在成本费用管理方面存在的问题。尤其要强调的是对财务费用的分析，如果公司承担的利息费用太多，就应当进一步分析公司的融资结构是否合理。

从资产管理方面来分析。在分析公司的资产管理水平时，应该从两个方面入手。一方面，分析公司的资产结构是否合理，即流动资产与非流动资产之间的比例是否合适。资产结构实际上反映了公司的流动性，它不仅关系到公司的偿债能力，也会影响公司的获利能力。一般来说，如果公司流动资产中货币资金占比过大，就应当分析公司的现金持有量是否合理，因为过量的现金会影响到公司的获利能力。另一方面，结合销售收入，分析公司的资产周转情况。公司资产的周转速度直接影响到公司的获利能力，如果公司资产周转较慢，就会占用大量资金，增加资金成本，减少公司的利润。

总之，从杜邦图可以看出，公司的获利能力涉及公司经营活动的方方面面。净资产收益率与公司的融资结构、销售能力、成本控制、资产管理水平等因素密切相关，这些因素构成一个完整的系统。系统内部各个因素之间只有互相协调，才能使净资产收益率得到提高。

□ 小　结

财务决策所需要的大部分信息都来自财务报告，公司的财务报告主要包括财务报表和财务状况说明书等。公司最基本的财务报表主要有资产负债表、利润表和现金流量表。明确每一张报表的内容和用途是财务分析的基础。

所谓自由现金流量，是指支付了必要的资本支出后能够向公司的投资者（股东和债权人）派发的现金流量。公司为股东创造财富的主要手段是增加自由现金流量。自由现金流量等于经营活动产生的现金流量减去资本性支出。

比率分析是财务分析中最基本和最重要的方法。财务比率分析是根据公司同一时期的财务报表中的数据计算出反映各项目之间相互关系的比率，这些比率涉及公司经营管理的各个方面。一般而言，我们可以按照财务分析的不同目的，把财务比率分为五个方面：反映公司对债务融资依赖程度的杠杆比率；反映公司偿付短期债务能力的流动性比率；反映公司经营和管理水平的营运能力比率；反映公司盈利水平的获利能力比率；反映公司市场价值的市场价值比率。

公司的经营状况受到多种因素制约，因此需要一些专门的方法将各类财务指标综合起来，利用指标之间的关联性进行综合分析，以便对公司的整体财务状况和经营成果进行评价。综合财务分析的主要方法是杜邦分析法。

□ 重点概念

财务报告　财务报表　资产负债表　利润表　现金流量表　现金等价物　经营活动产生的现金流量　自由现金流量　财务比率　杠杆比率　流动性比率　营运能力比率　获利能力比率　市场价值比率

□ 思考与练习

1. 什么是资产负债表的等式?
2. 什么是利润表的等式?
3. 什么是自由现金流量? 什么是经营活动的现金流量?
4. 如何将净利润调整为经营活动的现金流量?
5. 如何将经营活动的现金流量调整为自由现金流量?
6. 利用表 3-5 中的数据编制某年度 12 月 31 日的资产负债表。(企业普通股面值为 100 元。)

表 3-5　　单位:万元

现金	400
专利权	3 400
应付账款	600
应收账款	800
应交税费	200
机器	8 200
应付债券	700
累计留存收益	600
股本溢价	1 900

7. 某公司 2017 年末的财务报表如表 3-6 和表 3-7 所示,计算 2017 年该公司的现金流量。

表 3-6　利润表

2017 年度　　单位:万元

收入	400
费用	250
折旧	50
净利润	100
股利	50

表 3-7　资产负债表

2017 年 12 月 31 日　　单位:万元

	2017 年	2016 年
资产:		
流动资产	150	100
固定资产净值	200	100
总资产	350	200
负债与权益:		
流动负债	75	50

续表

	2017年	2016年
长期负债	75	0
股东权益	200	150
负债与权益合计	350	200

8. 某公司的资产负债表及利润表如表3-8和表3-9所示。计算下列比率：流动比率、负债比率、收入利息倍数、应收账款平均回收期、存货周转率、固定资产周转率、总资产周转率、销售毛利率、营业利润率、权益资本收益率、总资产经营收益率。

表3-8 资产负债表 单位：万元

现金	1 000
应收账款	1 500
存货	1 000
流动资产合计	3 500
固定资产净值	4 500
总资产	8 000
应付账款	1 000
应计费用	600
短期应付票据	200
流动负债合计	1 800
长期负债	2 100
所有者权益	4 100
负债与所有者权益	8 000

表3-9 利润表 单位：万元

净销售收入（全部赊销）	7 500
销货成本	(3 000)
毛利润	4 500
营业费用	(3 000)
营业收入（EBIT）	1 500
利息费用	(367)
税前收入	1 333
所得税（40%）	(453)
净收入	680

□ 拓展阅读

自由现金流的定义——西方主流观点比较

受莫迪利安尼（Franco Modigliani）和米勒（Mertor Miller）提出的资本结构MM理论中企业价值最大化目标思想的影响，西北大学的拉巴波特教授（Rappaport，

1986）构建了拉巴波特价值评估模型（Rappaport Model），提出了自由现金流量概念。在该模型中，拉巴波特确立了五个决定公司价值的重要价值驱动因素：销售和销售增长率、边际营业利润、新增固定资产投资、新增营运资本、资本成本。通过这些价值驱动因素对公司现金流入和流出进行预测。现金流入来自企业的经营，是税后现金流量，但是在支付融资借款利息之前（即不扣减利息费用）；现金流出是因为增加了固定资产和营运资本投资。在扣除现金流出后的税后现金流量净值称为公司自由现金流量，再通过对未来企业自由现金流量贴现得出目标公司价值。

詹森（Jenson，1986）提出了自由现金流量理论（free cash flow theory），用来研究公司代理成本（agency cost）。在该理论中，自由现金流量被定义为“企业在满足所有以相关的资金成本折现的净现值为正的项目所需资金后剩余的现金流量”。他认为，“从效率的角度看，这些资金应回报给股东，比如增加分红或购回股份”，而不是留存起来，但这种情况很少见。詹森指出，企业管理者之所以保留现金而不分发给股东，在某种程度上是因为现金储备增加了他们面对资本市场的自主性，扩大了他们所管理的公司的规模——正如许多研究表明的，“与管理人员的薪金更加密切地联系在一起的是公司的规模扩大而不是公司价值的增加”。企业管理者可能出于自身利益等方面的考虑，采取的企业行为会背离股东的利益，这种利益损失即为代理成本。

麦肯锡公司的资深领导者科普兰（Tom Copeland，1990）比较详尽地阐述了自由现金流量的计算方法：自由现金流量等于企业的税后净营业利润（net operating profit after tax，NOPAT），即将公司不包括利息收支的营业利润扣除实付所得税税金之后的数额，加上折旧及摊销等非现金支出，再减去营运资本的追加和物业厂房设备及其他资产方面的投资。它是公司所产生的税后现金流量总额，可以提供给公司资本的所有供应者，包括债权人和股东。

$$\text{自由现金流量}=(\text{税后净营业利润}+\text{折旧及摊销})-(\text{资本支出}+\text{营运资本增加})$$

美国FinEcon咨询公司的创立者兼总裁康纳尔（Bradford Cornell，1993）对自由现金流量的定义与之类似：“投资者的利益（自由现金流量）是由公司所创造的现金流入量减去公司所有的支出，包括在工厂、设备以及营运资本上的投资等，所形成的净现金流量。这些现金流量是可以分配给投资者的。”

$$\frac{\text{自由现金}}{\text{流量}}=\left(\frac{\text{营业}}{\text{利润}}+\frac{\text{股利}}{\text{收入}}+\frac{\text{利息}}{\text{收入}}\right)\times\left(1-\frac{\text{所得}}{\text{税率}}\right)+\frac{\text{递延所得税}}{\text{增加}}+\text{折旧}-\frac{\text{资本}}{\text{支出}}-\frac{\text{营运资本}}{\text{增加}}$$

达姆达兰（Aswath Damodaran，1996）对自由现金流量的定义也参照了科普兰的观点：

$$\text{自由现金流量}=\text{息税前利润}\times(1-\text{所得税率})+\text{折旧}-\text{资本支出}-\text{营运资本增加}$$

达姆达兰还提出了股权自由现金流量的概念，即股权自由现金流量就是在扣除经营费用、本息偿还和为保持预定现金流量增长率所需的资本支出、增加的营运资本支出之后的现金流量。自由现金流量是公司所有权利要求者，包括普通股股东、优先股股东（享有股东权益和债权人权益的一种折中形式）和债权人的现金流量总和。

$$\text{股权自由现金流量}=\left(\text{营业利润}+\text{股利收入}+\text{利息收入}-\text{利息支出}\right)\times\left(1-\text{所得税率}\right)+\text{递延所得税增加}+\text{折旧}$$
$$-\text{资本支出}-\text{营运资本增加}-\text{优先股股利}+\text{新发行债务}-\text{偿还本金}$$
$$=\text{经营活动现金净流量}-\text{资本支出}-\text{优先股股利}+\text{新发行债务}-\text{偿还本金}$$

$$\text{自由现金流量}=\text{股权自由现金流量}+\text{债权自由现金流量}$$

系统金融管理公司（Systematic Financial Management，L. P.）的创始人兼总裁汉克尔（K. S. Hackel，1996）则提出自由现金流量等于经营活动现金净流量减资本支出，再加上资本支出和其他支出中的随意支出部分。这些随意支出可节省下来且不会影响公司的未来增长。他认为只要不是为了维持企业持续经营的现金支出都应加回到自由现金流量中，公司可以在不影响持续经营的情况下避免这些支出，而若公司没有这些支出，公司的自由现金流量就会增加。这一定义更多地考虑到了公司管理者可能存在"滥用自由现金流量"的问题。

综上所述，不同的学者对自由现金流量的理解不尽相同。自由现金流量的名称众多，如增量现金流量（excess cash flow）、剩余现金流量（surplus cash flow）、可分配现金流量（distributable cash flow）、可自由使用的现金流量（disposable cash flow）等。不同的学者解释自由现金流量的共同之处都是指出自由现金流量是在不危及公司生存与发展的前提下可供分配给股东（和债权人）的最大现金额。

对自由现金流量的关注不仅仅限于一些财务咨询、信用评级、投资银行等机构，越来越多的投资专家也开始关注公司的现金流量。标准普尔评估机构对自由现金流量的定义是税前利润减资本支出。在美国，有不少投资者这样计算自由现金流量：自由现金流量等于税前利润加折旧减资本支出。另一种较为简便的计算方法是经营活动现金净流量与资本支出之差。另外，美国上市公司的年报中常常公布自由现金流量，尽管其计算方法存在差异。如通用汽车公司的年报将自由现金流量定义为除了可流通的证券投资以外，来自经营活动和投资活动的现金流量。由于排除资本支出及证券投资以外来自投资活动的其他现金流量较小，因此，这一定义非常接近于经营活动现金净流量减资本支出的数值。又如，RJR Nabisco 投资控股公司在其年报中是这样定义的：自由现金流量等于经营活动现金净流量减资本支出及支付的优先股股利。

资料来源：MBA 智库百科.

M

第 2 篇

价值篇

第4章

货币的时间价值

本章要点

- 货币时间价值的概念和计量；
- 货币时间价值产生的原因；
- 现值和终值的概念及其计算；
- 现值和终值的应用；
- 年金的概念及其计算；
- 净现值的含义和应用；
- 利用净现值估值。

引 例

购物分期付款划算吗?

看到自己想要买的东西，而手头又很紧的话，假如买的是家电等耐用消费品，其使用效用可延长至好几年，可把它视为与借钱置产同样的道理，以分期付款的方式来获得耐用消费品的效用，但分期付款的年限不要超过耐用消费品的使用年限。分期付款时应比较现金一次付清与分期付款期限及每期付款额，来换算所支付的利率。

如定价10 000元的商品，分12个月支付，每月支付1 000元，那么月利率rate(12，－1 000，10 000，0)＝2.92％，相当于年利率35％，不是很划算，还不如用较低利率先借钱买下来。但若是零利率的分期付款，即使手头上现金足够，也可以选择分期付款来利用货币的时间价值。

高价商品一开始就标榜分期付款支付方式的时候，通常一次支付可以享受总价的折扣。如定价10 000元的商品，若按10个月分期，每月付款1 000元，这样支付看起来是免息的很划算，但若现金一次性付清可享受5％的折扣，则分期付款利率＝rate(10，－1 000，9 500，0)＝0.94％，换算为年利率11.3％，也不算低，把存款解约来一次付清比较划算。

资料来源：百度文库.

第1节 货币时间价值概述

在日常生活中，我们经常会遇到这类问题：是花300万元买一幢现房值，还是花270万元买一年以后才能入住的期房更值呢？我们若想买一辆汽车，是花20万元现金值，还是每月支付600元，共支付4年更合算呢？假定我们有2万元积蓄，一种投资方法是存入银行20年内不能取，20年后可得4万元；另一种投资方法是投入股票市场，运气好可能每年会赚30%，运气不好，可能会全赔。哪一种投资方法更划算呢？这些问题告诉我们两个简单的道理：货币是有时间价值的；风险是有货币成本的。这两个道理也说明了金融的两大基本原理：

（1）今天的1元钱比明天的1元钱更值钱。

（2）保险的1元钱比有风险的1元钱更值钱。

我们在这一章讲述第一个基本原理，在下一章讲述第二个原理。当然，时间价值和风险成本是不可能完全相脱离的。现在手里的1元钱是实实在在的1元钱，明天到手的钱就有一定的风险。

一、货币时间价值的概念

货币时间价值（time value of money）是指货币经历一定时间的投资和再投资所增加的价值，也称为资金时间价值。由于货币是有时间价值的，因此不同时点的等量货币具有不同的价值。对于等额货币来说，今天的消费就比明天的消费更昂贵，也就是说，货币的时间价值鼓励人们的储蓄行为。我们用下面的例子说明这个道理。

[例4-1]

假定张三和李四每年都收入100 000元。张三花钱比较节省，每年只花50 000元，剩下50 000元存着明年花。李四的个性正好相反，他喜好消费，虽然他年收入是100 000元，却想花150 000元，解决的办法是向张三借50 000元。由于货币是有时间价值的，除了收回本金以外，张三还向李四索取时间的报酬，即利息。假定年利率是10%，第2年张三要向李四收回多少钱呢？

$$50\,000\times(1+10\%)=55\,000(\text{元})$$

货币是有时间价值的，而利息则是货币时间价值的实现。今天的1元钱比明天的1元钱更值钱，同样，今年的1元钱比明年的1元钱更值钱。李四今年多消费50 000元，由于今年的这50 000元比明年更值钱，因此，李四明年要支付更多的钱，才能与今年的这50 000元等值。张三今年少消费了50 000元，他明年要得到比50 000元更多的钱，才能弥补他今年这50 000元的损失。张三要得到的补偿多

少取决于利率的高低。如果利率为 15%，那么张三明年将收回 57 500 元，即 50 000×(1+15%)=57 500（元）；相反，如果利率仅为 5%，则张三的补偿只有 52 500 元，即 50 000×(1+5%)=52 500（元）。图 4-1 说明了货币的时间价值。

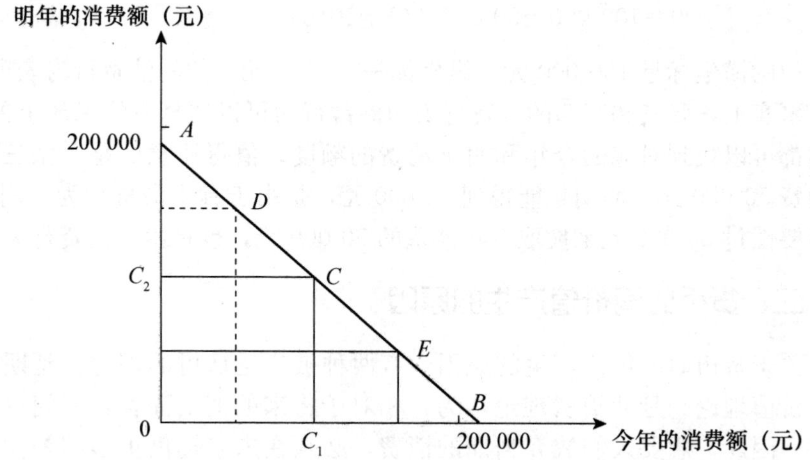

图 4-1　货币的时间价值

现在我们来详细解释图 4-1。

（1）图 4-1 的横坐标是今年的消费额，纵坐标是明年的消费额。

（2）假定张三和李四都决定把今年的 100 000 元收入全部消费掉，既不储蓄，也不借款，那么他们今年消费 100 000 元——C_1，明年消费 100 000 元——C_2，这时没有借贷发生。由于 C 是 C_1 和 C_2 的交点，C 点即为借贷的分界点。

（3）假定一个极端情况，如果张三今年一点也不消费，全部都借出去，那么他今年的消费是零，而明年他能消费 210 000 元（假定利率 r=10%），即

明年的消费额=明年收入+今年收入+利息收入

210 000=100 000+1 000 000+10 000

他的横坐标是零，纵坐标是 210 000 元，他的消费行为表现在点 A。

（4）再假定另一个极端情况，如果李四决定明年一点也不消费，把所有的钱都用作今年消费，即今年借钱预支了明年的收入，那么他明年的消费是零，而今年的消费则是 190 000 元，即

今年的消费额=明年收入一利息支出+今年收入

190 000=100 000-1 000+100 000

他的横坐标是 190 000 元，而纵坐标是零，他的消费行为表现在点 B。

（5）假定张三今年仅消费 50 000 元，而把剩余的 50 000 元借给李四，那么他今年的消费是 50 000 元，而明年他能消费 155 000 元，即

明年的消费额=明年收入+今年收入+利息收入

155 000=100 000+50 000×(1+10%)

他的横坐标是 50 000 元，纵坐标是 155 000 元，他的消费行为表现在点 D。

（6）如果李四决定明年少消费些，借一些钱用于今年消费，那么他今年的消费是150 000元，而明年的消费是45 000元，即

明年的消费额＝明年收入－利息支出－今年超支出

45 000＝100 000－50 000×(1＋10%)

他的横坐标是150 000元，纵坐标是45 000元，他的消费行为表现在点E。

事实上，张三和李四的消费行为和储蓄行为可以选择直线AB上的任意一点，我们都可以找到对应的今年和明年消费的额度。值得注意的是，张三之所以今年少消费50 000元，而明年能得到55 000元，是由于有了借贷行为。同样，李四之所以要偿付55 000元来换取今年消费的50 000元，也是由于借贷行为。

二、货币时间价值产生的原因

关于货币时间价值产生的原因，有两种被广泛认可的理论：延期消费理论和剩余价值理论。延期消费理论认为，相对于将来的消费而言，人们更喜欢当期的消费，因此，想要人们放弃当期的消费，必须在未来提供更多的补偿，这个对人们“耐心”的补偿就是货币的时间价值。但是，如例4-1所示，正是由于借贷行为的存在，才使得货币具有了时间价值，如果货币被海盗藏在了某个小岛上，即使过了100年，显然也不会增值。因此，关于货币时间价值产生的原因，从根本上讲，是因为货币资金投入企业的生产经营之后，经过一段时间的资本循环会产生利润，这种利润就是货币的增值，这就是剩余价值理论。

然而在现实生活中，并非所有的货币都要直接投入企业的生产经营才能实现增值。比如，我们把钱存入银行，自然会得到利息，也就是说实现了货币的增值。这又该如何解释呢？这要归功于发达的金融系统，我们可以通过金融市场或者金融机构，让我们的钱直接或者间接地投入企业的生产经营，从而实现货币增值。我们把钱存到银行，银行再把钱贷给企业，企业向银行贷款需要付贷款利息，利息来自企业经营产生的利润；银行吸收了我们的存款，同样也要付给我们存款利息，利息来自银行发放贷款获得的利息收入。归根结底，货币的增值还是来自企业的生产经营。同样，我们在金融市场上购买股票或者企业债券，实际上是把我们的钱借给某一企业，而我们获得的投资收益最终也是来自企业生产经营产生的利润。

从量的规定性来看，货币时间价值是在没有风险和通货膨胀条件下的社会平均收益率。由于竞争的存在，市场经济中各个部门投资的利润率趋于平均化。企业投资某项目，至少要达到社会平均收益率，否则无法弥补货币的时间价值，实际上是在亏损。因此，货币时间价值成为评价投资方案是否可行的基本标准。显然，要以货币时间价值为标准评价投资方案，就必须知道货币时间价值的大小。

三、货币时间价值与利率

（一）货币时间价值的计量

货币时间价值的大小可以用绝对数表示，也可以用相对数表示。在绝对数形

式下，货币的时间价值表现为货币经过一段时间之后价值增加的金额，可能表现为存款的利息、债券的利息，也可能表现为股票的红利等。在相对数形式下，货币的时间价值表现为一段时间货币的增值幅度，可能表现为存款的利率、证券投资的收益率，也可能表现为企业某一项目的投资收益率等。

[例 4-2]

某公司在 2017 年初投资 1 000 万元用于某项目建设，2018 年末该项目投入运营，2019 年该项目实现经营收入 3 000 万元，其中购买原材料、发放员工工资支付 1 500 万元，缴纳税金 300 万元。若不考虑通货膨胀和投资风险因素，则投资该项目 3 年的货币时间价值是多少？

用绝对数表示为：

$$3\ 000-1\ 500-300-1\ 000=200(\text{万元})$$

用相对数表示为：

$$(3\ 000-1\ 500-300-1\ 000)\div 1\ 000=20\%$$

在实践中，通常以绝对数计量货币时间价值的大小，因为采用绝对数便于对两个规模不同的投资项目进行比较。

（二）利率的概念

利息率，简称利率，是指借贷期内所形成的利息金额与所贷资金额的比率。我们可以把利率理解为借款的成本或者为借入资金支付的价格。在经济生活中，有很多利率，如贷款利率、存款利率、各种类型的债券利率、可转让大额定期存单利率、贴现利率，等等。随着金融活动的日趋活跃与多样化，利率的种类也越来越多。中国现行的利率就达百种以上，发达国家的利率种类更多，各种利率通常可从各国中央银行的网站和公开出版物中查找到。

利率是经济中最受关注的变量之一，它直接关系到人们的日常生活，对经济的健康运行有重要的意义。对于个人而言，利率提高会增加贷款成本，促使人们推迟或者放弃购房、购车计划；利率提高会鼓励个人增加储蓄，因为这样可以赚取更多的利息收入。在宏观层次上，利率不仅影响消费者消费与储蓄的愿望，而且影响企业的投资决策和金融机构的行为。正是因为利率的变动对个人、企业、金融机构乃至整个经济发展都有重要影响，研究利率的变化十分重要。

（三）利率与货币时间价值

货币时间价值最常用的计量指标是利率，因为利率的经济意义是货币资金的社会平均收益率。前面讲过，货币时间价值是在没有风险和通货膨胀条件下的社会平均收益率。利息是货币时间价值的实现，而利率决定了货币时间价值的大小。利率上升提高了货币时间价值；相反，利率下降则降低了货币时间价值。在本节开始我们讲过，今天的 1 元钱比明天的 1 元钱更值钱，更值多少钱，要看利率，利率越高，今天的 1 元钱就越值钱。

由于风险的存在，今天的货币投资后，在未来的收益往往要高于纯粹的时间价值。也就是说，在有风险的情况下，利率往往要高于货币时间价值，这多出来的收益正是对风险的补偿。一般来说，风险越高，多出来的收益即风险收益也应越高。因此，在计算货币时间价值时，我们通常选用一些风险极低甚至没有风险的利率指标，例如，银行存款利率、国库券利率等。

第2节 终值与现值

在引入货币时间价值概念之后，我们必须牢固树立这样一个价值观念：不同时点的货币不具有可比性，如果要进行比较，必须转化到同一时点上。在公司理财中，为了正确地进行财务决策，必须弄清楚不同时点收到和付出的现金流之间的关系。为了能够对不同时点的现金流进行比较和加总，我们需要引入终值和现值的概念。

一、单一时期的终值和现值

把不同时点的货币资金转化到同一时点上，有两种方法：把现在的货币资金转化到未来某一时点，即计算终值；或者把未来的货币资金转化到现在，即计算现值。这里首先要引入几个重要的概念。

终值（future value，FV）：现在的货币资金在未来某一时刻的价值。

现值（present value，PV）：未来某个时刻的货币资金在现在的价值。

贴现（discount）：把未来发生的现金流量折算成现值的过程。

下面我们用一个案例来详细解释终值和现值的含义及计算方法。

案例4-1

假定同心房地产公司要出售一套单元房，标价为66 000元。买方甲看中了这套房子，并接受了同心房地产公司的价格，双方正准备敲定这笔交易时，另一个买方乙向同心房地产公司出价71 500元，但要一年以后才能付款（见表4-1）。同心房地产公司应接受哪一个价格呢？

表4-1

情况	支付时间	价格（元）	选择	抉择难易程度
1A	现在	66 000		
1B	现在	71 500	1B	容易
2A	现在	66 000		
2B	1年后	71 500	?	不易

由于货币是有时间价值的，今天的1元钱比明天的1元钱更值钱。同心房地产公司自然不能简单地以66 000元与71 500元做比较。一般来说，在不同的时点之间进行价格比较有两种方法。

（1）把现在能收到的66 000元折成未来值（终值）。同心房地产公司的想法是：今年的这66 000元，明年值多少钱呢？或者，若今年把这66 000元投入金融市场，明年能得到多少回报呢？注意，我们这里暂时撇开风险问题，仅谈货币的时间价值，虽然从广义上讲，货币的时间价值也应包括风险问题，但这个问题我们将在以后阐述。

我们设r为贴现率，t为时间。假定$r=10\%$，$t=1$，那么66 000元1年后的终值为：

$$\begin{aligned} FV &= 66\,000\times(1+r) \\ &= 66\,000\times(1+10\%) \\ &= 72\,600(\text{元}) \end{aligned}$$

72 600元>71 500元，同心房地产公司应当与买方甲成交。

假定$r=6\%$，$t=1$，那么66 000元1年后的终值为：

$$\begin{aligned} FV &= 66\,000\times(1+r) \\ &= 66\,000\times(1+6\%) \\ &= 69\,960(\text{元}) \end{aligned}$$

71 500元>69 960元，同心房地产公司则应当与买方乙成交。

（2）把1年以后才能收到的71 500元折成现值。同心房地产公司的想法是：明年的这71 500元，现在值多少钱呢？或者，今年要投入金融市场多少钱，明年才能得到71 500元的回报呢？

假定$r=10\%$，$t=1$，那么71 500元的现值为：

$$\begin{aligned} PV &= \frac{71\,500}{1+r} \\ &= \frac{71\,500}{1+10\%} \\ &= 65\,000(\text{元}) \end{aligned}$$

65 000元<66 000元，同心房地产公司应当与买方甲成交。

假定$r=6\%$，$t=1$，那么71 500元的现值为：

$$\begin{aligned} PV &= \frac{71\,500}{1+r} \\ &= \frac{71\,500}{1+6\%} \\ &= 67\,452.83(\text{元}) \end{aligned}$$

67 452.83元>66 000元，同心房地产公司应当与买方乙成交。

从案例4-1我们可以推导出，单一时期的现金流量终值和现值的计算公式分别是：

$$FV = PV\times(1+r) \tag{4-1}$$

$$PV=\frac{FV}{1+r} \tag{4-2}$$

从式（4－1）、式（4－2）可以看出，现值和终值是一对相对的概念，是相辅相成的。

二、多时期的现值与终值

现值和终值的概念不仅仅适用于一个时期，事实上对这两个概念的应用绝大多数是多时期的情况。要计算多时期现金流量的终值和现值，必须习惯于使用时间坐标轴，它有助于理解并减少错误。

（一）时间坐标轴和标记符号

时间坐标轴可以用来表示任何一组现金流量发生的时间和金额，利用它能够更方便地对不同时点上的现金流量进行处理。在使用时间坐标轴时，要遵守以下三个隐含假设。

假设一：现金流量发生在期末。除非特别说明，我们假设现金流量都发生在期末。

假设二：现金流出为负值。从投资者的角度看，现金流入为正现金流量，现金流出为负现金流量。决策者既可以是企业又可以是个人。换言之，对决策者而言代数符号（＋）表明一笔现金流入，而（－）则是现金流出。

假设三：决策时点为 $t=0$。除非特别说明，“现在”是 $t=0$ 前的一瞬间，即 $t=0$ 时现金流量就会发生，换言之，你在“现在”仍然可以做出投资决策影响现金流量。

根据以上假设，一组今后 4 年内每年发生 100 元的现金流量可以用图 4－2 表示。

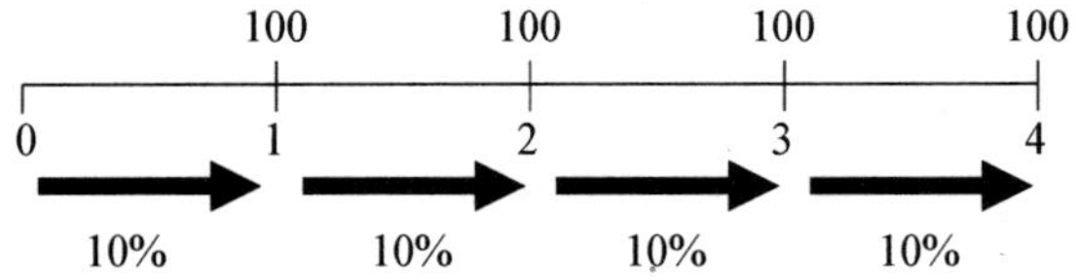

图 4－2　现金流量的时间坐标轴

在图 4－2 中，0 代表即期，即决策时点。在时点 0 发生的现金流量就是以现值的形式表示的，没有必要再根据时间价值进行调整。0～1 之间的时间坐标代表第一期，在这个例子里就是第 1 年。根据假设，发生在时点 1 的现金流量表示发生在第 1 年年末的现金流量。不同时期所采取的贴现率可能不同，必须根据时间坐标轴中的每一个时期分别进行判断，在这个例子中我们假设贴现率都是 10％。

为了标记方便，我们对标记符号进行如下规定，下文出现不再另做说明。

PV：现值。

FV：终值。

FV_n：在时点 n 的终值。例如，FV_5 是指在第 5 期期末时的终值。

CF_t：在时点 t 的净现金流量。例如，CF_3 是指在第 3 期期末的净现金流量。

NPV：净现值。

PMT：年金的每期现金流量。

m：每年的复利计息期数。

n：时期数。例如，n 可能等于 36 个月。

r：每期的贴现率。如 $r=0.02$ 是指每期的贴现率是 2%。

t：某个时期数。如 $t=3$ 是指第 3 期。

g：现金流量的预期增长率。

(二) 单利和复利

在计算多时期现金流的终值时，有两种计息方法：复利和单利。

单利是仅对本金计息的一种方法，特点是对上期产生的利息不计利息；复利是将上期利息并入本金一并计算利息的一种方法，如按年计息，第 1 年按本金计息，第 1 年年末所得的利息并入本金，第 2 年则按第 1 年年末的本利和计息，如此类推。复利的作用是很大的，我们来看一个例子。

[例 4-3]

一笔投资的本金是 1 000 元，投资期限是 6 年，分别计算按单利和复利计息两种情况下的投资收益。假设利率都是 10%。

表 4-2 是按单利和复利计息两种情况下，1 000 元投资本金在每一年的终值。

表 4-2　投资 1 000 元的终值

年	复利，$r=10\%$			单利，$r=10\%$		
	期初值	本期利息	期末值	期初值	本期利息	期末值
1	1 000	100	1 100	1 000	100	1 100
2	1 100	110	1 210	1 100	100	1 200
3	1 210	121	1 331	1 200	100	1 300
4	1 331	133.10	1 464.10	1 300	100	1 400
5	1 464.10	146.41	1 610.51	1 400	100	1 500
6	1 610.51	161.05	1 771.56	1 500	100	1 600

从表 4-2 我们可以看到，无论采用复利计息还是单利计息，第 1 年年末得到的利息都是 100 元，但是从第 2 年起，情况发生了变化。在第 2 年年末，用单利计息，所得的利息还是 100 元，第 1 年获得的 100 元的利息不再计息，以后的几年也仅对本金计息，得到的利息都是 100 元，即原始投资的 10%。你愿意采用复利计息还是单利计息？显然，在利率相同的情况下用复利计息将比用单利计息获得更多的收益。如果投资的期限比较长，单利计息和复利计息的差别更是巨大。我们来看一看案例 4-2。

案例 4-2

彼得·米尼德1624年从印第安人手里仅以24美元就买下了曼哈顿。这24美元的投资，如果用复利计算，到1996年，即370多年以后，变得十分惊人。若按年利率5%计算，24美元的投资到1996年已值16.6亿美元；若按年利率8%计算，则值55.8万亿美元；如果以年利率15%计算，价值已达天文数字。

1996年以5%计算：

$$FV_{370}=24\times(1+5\%)^{370}$$
$$=1\ 660\ 549\ 773(\text{美元})$$

1996年以8%计算：

$$FV_{370}=24\times(1+8\%)^{370}$$
$$=55\ 847\ 118\ 732\ 146(\text{美元})$$

1996年以15%计算：

$$FV_{370}=24\times(1+15\%)^{370}$$
$$=6.89\times10^{23}(\text{美元})$$

为了进一步认识复利的威力，我们做如下对比：

假定年利率5%，以复利计算，彼得·米尼德在这370年间共赚了1 660 549 749美元。

$$FV_{370}=24\times(1+5\%)^{370}$$
$$=1\ 660\ 549\ 773(\text{美元})$$
$$1\ 660\ 549\ 773-24=1\ 660\ 549\ 749(\text{美元})$$

但若以单利计算，他仅能赚444美元。

$$FV'_{370}=24\times(1+5\%\times370)$$
$$=468(\text{美元})$$
$$468-24=444(\text{美元})$$

可见，单利和复利计算结果的差距是如此巨大。

（三）终值和现值的计算公式

一般情况下，计算多时期现金流量的终值和现值都是按照复利计息。计算终值的一种方法是计算出本期的利息，然后将其并入上一期的本金，再将本息和一起计息。表4-1仅仅计算了6年的复利，如果需要计算20年的复利，这样的计算方法不仅烦琐，而且非常容易出错。一种便捷的计算终值的方法就是利用终值公式。终值公式为：

$$FV_n=PV(1+r)^n=PV(FVF_{r,n}) \tag{4-3}$$

$(1+r)^n$ 就是终值系数，记作 $FVF_{r,n}$，其含义是投资1元钱在利率为 r、期限

为 n 条件下的收益。终值系数可以通过查表获得。图 4－3 是以期限和利率为自变量的终值系数，我们可以直观地看出，终值系数与期限和利率正相关。利率越高，终值系数越大；在利率为正的情况下，期限越长，终值系数越大。随着计算机的普遍应用，人们可以很方便地借助计算机计算终值，终值系数表的应用越来越少。

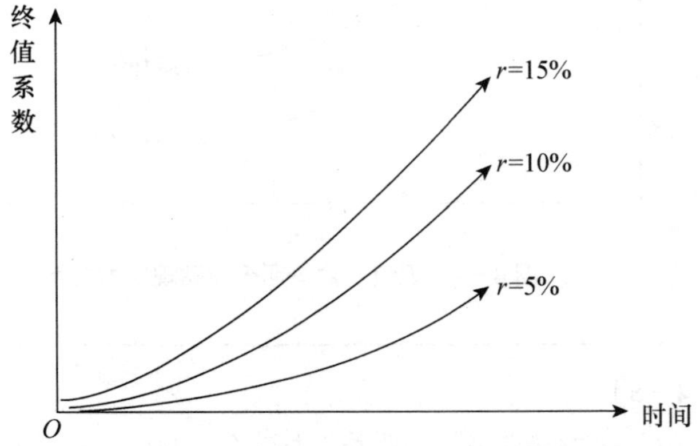

图 4－3　终值系数与期限和利率的关系

[例 4－4]

假设有一张面值 1 000 元的长期债券，票面利率是 6%，期限是 15 年，按复利计息，计算到期日这张债券的价值是多少。

根据终值公式，债券的价值为：

$$FV_n = PV(1+r)^n = PV(FVF_{r,n})$$

查终值系数表，可以计算出：

$$FV_{15} = 1\,000 \times (1+6\%)^{15} = 1\,000 \times 2.396\,56 = 2\,396.56(\text{元})$$

当然，也可以借助电脑软件（如 Excel）或者财务计算器计算出来。

现在，让我们来计算一个期望未来现金流的现值。我们可以用现值公式计算现值。现值公式为：

$$PV = FV_n\left[\frac{1}{(1+r)^n}\right] = FV_n(PVF_{r,n}) \tag{4-4}$$

现值公式其实就是终值公式的变形，公式中的 $[1/(1+r)^n]$ 就是现值系数 $PVF_{r,n}$，其含义是在贴现率为 r 的条件下，为了在 n 年以后得到 1 元，现在应该投资的金额。

图 4－4 是以期限和贴现率为自变量的现值系数，它直观地告诉我们，现值系数与期限和贴现率负相关。也就是说，贴现率越高，现值系数越小；在贴现率为正的情况下，期限越长，现值系数越小。就像坐在跷跷板上的两个小孩，一个上去另一个就会下来。与终值系数类似，现值系数也可以通过查表得到。

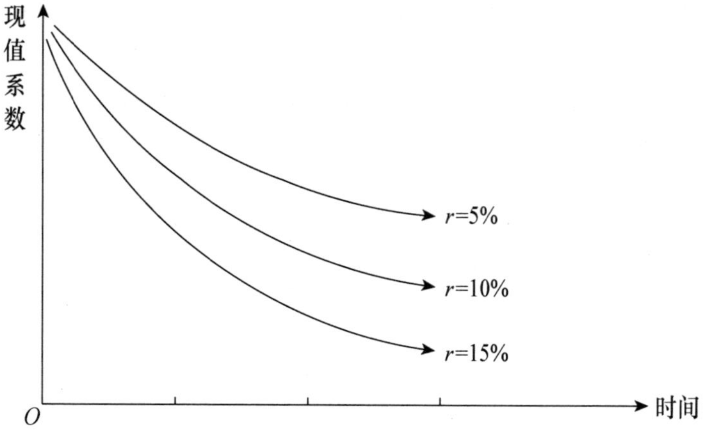

图4-4　现值系数与期限和贴现率的关系

［例4-5］

假设年利率是8%，两年以后收到2 000元的现值是多少？

利用现值公式，通过查现值系数表得到：

$$PV = FV_n\left[\frac{1}{(1+r)^n}\right] = FV_n(PVF_{r,n})$$
$$=2\ 000\times 0.857\ 339$$
$$=1\ 714.68(\text{元})$$

同样，我们也可以通过Excel或者财务计算器计算现值。

三、贴现率和复利计息频数

（一）贴现率的影响因素

两个金额相同的现金流量，一个发生在未来某一时间，另一个发生在现在，那么发生在未来的现金流量的价值一定会小于即期发生的现金流量的价值，其原因主要有三个：

（1）货币具有时间价值，因此必须提供更多的补偿，才能让人们放弃即期的消费。

（2）如果存在通货膨胀，货币的价值就会随着时间的推移而逐渐减少。通货膨胀率越高，现在的1元钱和未来的1元钱之间的差距就越大。

（3）将来的现金流量存在着不确定性（即风险），这会降低现金流量的价值。

根据这些影响因素对发生在未来的现金流量进行调整的过程就是贴现（又叫折现），这些影响因素的大小反映在贴现率中。贴现率就是把未来的现金流量折算成现在的现金流量的比率，贴现率越高，未来的现金流量的现值就越低。贴现率的大小取决于三个因素：货币时间价值（货币时间价值越大，贴现率就越高）、预期通货膨胀率（预期通货膨胀率越高，贴现率就越高）、未来现金流量的不确定性（即风险因素，风险越大，贴现率就越高）。

案例 4-3

风险因素对现值的影响

艾丽因工作表现优异得到了公司的奖励，公司提出三种奖励方案供艾丽选择。第一种方案是公司奖励艾丽 100 张公司债券，这些债券将在 2 年后到期，届时将获得 10 000 美元的本息和；第二种方案是奖励 1 000 股公司股票，这些股票 2 年后可上市交易，根据以往同类公司的股票上市经历，这些股票能卖到每股 12 美元的价格；第三种方案是奖励艾丽 8 000 美元现金。艾丽决定对这三种奖励的现值进行比较。由于股票价格的不确定性要远高于债券本息和，艾丽决定在计算债券的现值时采用 1 年期定期存款利率 8%为贴现率，计算股票的现值时采用同类企业平均年收益率 20%为贴现率。计算结果如下：

$$PV_{债}=FV_n\left[\frac{1}{(1+r)^n}\right]=FV_n\times PVF_{r,n}$$
$$=10\ 000\times0.857\ 339$$
$$=8\ 573.39(\text{美元})$$

$$PV_{股}=FV_n\left[\frac{1}{(1+r)^n}\right]=FV_n(PVF_{r,n})$$
$$=12\ 000\times0.693\ 444$$
$$=8\ 333.33(\text{美元})$$

100 张债券的现值是 8 573.39 美元，1 000 股股票的现值是 8 333.33 美元，均高于第三种方案 8 000 美元现金。因此，艾丽应该选择公司提供的第一种奖励方案，即获得 100 张公司债券的奖励。

(二) 复利计息频数

到目前为止，我们一直使用与现金流量频数一致的贴现率，如月付款额用 1%的月利率，年付款额用 10%的年利率。在实际中，尽管利息多以短于一年的计息期计算和支付，但是利率多以年度百分比利率或者年度百分比收益率两种方式表示，这时我们就需要知道复利计息频数。复利计息频数就是利息在一年中计复利多少次。

1. 年度百分比利率

年度百分比利率（annual percentage rate，APR）是以期间利率乘以年度内的计息期数得到的。这意味着年度百分比利率是一种名义利率，也就是说，真实（实际）年利率会因复利计息频数的不同而不同。例如，复利计息频数可以是月度（每年 12 次）、季度（每年 4 次）或者年度（每年 1 次）。期间利率是一种实际利率，两期的利息大于一期利息的两倍，因为第二期的利息包括第一期所赚得利息的利息。

若每年的计息次数为 m，期间利率为 r，则

$$APR=mr \tag{4-5}$$

[例 4-6]

假设某银行提供的一种贷款的月利率是1%，计算该贷款的 APR。

根据式（4-5），有

$$APR=12\times0.01=0.12=12\%$$

2. 年度百分比收益率

年度百分比收益率（annual percentage yield，APY）是真实（实际）的年度收益率。它是在考虑复利影响的情况下，一年实际赚得或者支付的利率。年度百分比收益率是通过对期间利率按照复利计息频数求复利计算的，即

$$APY=\left(1+\frac{APR}{m}\right)^m-1 \tag{4-6}$$

如果每年只计息一次，即 $m=1$，则 $APR=APY$。只要每年的计息次数不止一次，实际利率 APY 就会大于名义利率 APR。

[例 4-7]

我们已经知道某银行的 $APR=12\%$，按月计复利，那么 APY 是多少？

根据式（4-6），有

$$APY=(1+r)^m-1=(1.01)^{12}-1=0.1268=12.68\%$$

3. 连续复利

复利计息频数越大，终值越大。设想一下，如果我们每天、每小时甚至每分钟都计复利，情况会是什么样？上面提到的都是离散复利的例子，即在每个复利计息期期末计息。如果我们不间断地每年计无数次复利，这样的计息方式就是连续复利。

当复利计息频数 m 变得很大时，离散复利实际上就变成了连续复利。在此，我们不予证明，直接给出计算连续复利年度百分比收益率的计算公式：

$$APY=e^{APR}-1 \tag{4-7}$$

式中，$e\approx2.718$；函数 e^x 称为幂函数。

案例 4-4

不同复利计息频数下的项目投资价值

哈瑞、琳达和马克各有一个5 000美元的投资项目，他们的投资项目的年利率均为10%，但采取的计息方式不同。哈瑞的项目按年度复利计息，琳达的项目按季度复利计息，而马克的项目采取了连续复利计息方式。5年后他们的投资价值有

多少差别呢？

哈瑞的项目 5 年后的价值为：

$$FV_5 = 5\ 000 \times (1+10\%)^5 = 5\ 000 \times 1.610\ 51 = 8\ 052.55(\text{美元})$$

琳达的项目 5 年后的价值为：

$$FV_{20} = 5\ 000 \times (1+2.5\%)^{20} = 5\ 000 \times 1.638\ 62 = 8\ 193.08(\text{美元})$$

马克的项目 5 年后的价值为：

$$FV = 5\ 000 \times e^{0.1\times 5} = 5\ 000 \times 1.648\ 94 = 8\ 244.69(\text{美元})$$

如果年利率和计息方式不变，20 年后他们项目的价值又有什么差别呢？

哈瑞的项目 20 年后的价值为：

$$FV_{20} = 5\ 000 \times (1+10\%)^{20} = 5\ 000 \times 6.727\ 5 = 33\ 637.50(\text{美元})$$

琳达的项目 20 年后的价值为：

$$FV_{80} = 5\ 000 \times (1+2.5\%)^{80} = 5\ 000 \times 7.209\ 57 = 36\ 047.84(\text{美元})$$

马克的项目 20 年后的价值为：

$$FV = 5\ 000 e^{0.1\times 20} = 5\ 000 \times 7.392\ 95 = 36\ 964.73(\text{美元})$$

可见，由于复利计息频数不同，随着时间的推移，他们的投资项目的价值差距加大。

第 3 节　终值与现值的应用

一、现金流量和贴现率各期不等的情况

很多时候，现金流量不止一期，且每一期的现金流量或者贴现率不一定是相等的。我们用一个例子来说明这种情况。

[例 4-8]

国华公司有一个新的投资项目，投资当期就能收回 3 000 万元，第 1 年年末预计能够盈利 2 000 万元，第 2 年年末预计能够盈利 8 000 万元，第 3 年年末预计能够盈利 5 000 万元（现金流量如图 4-5 所示）。假定利率为 10%，那么这个新投资项目的现值是多少？

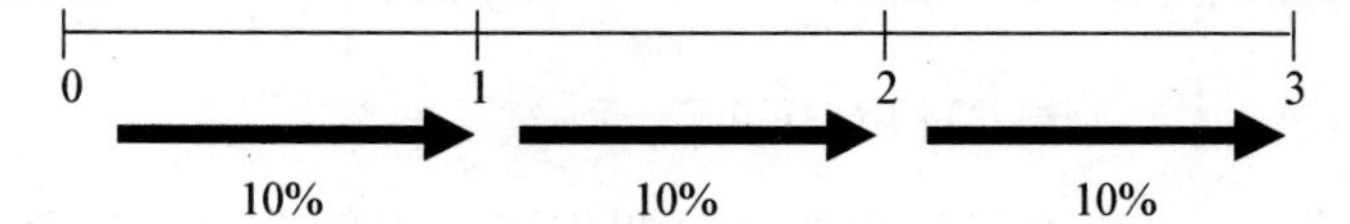

图 4-5　国华公司投资项目的预期现金流量

由于一共有四期现金流量，且每一期的现金流量不同，我们不能直接套用现值公式，必须逐期计算现值，然后再汇总求和。这个投资项目的现值为：

$$PV=\frac{3\ 000}{(1+10\%)^0}+\frac{2\ 000}{(1+10\%)^1}+\frac{8\ 000}{(1+10\%)^2}+\frac{5\ 000}{(1+10\%)^3}$$
$$=15\ 186(\text{万元})$$

现金流量各期不等的一组现金流量的现值计算方法，就是把各个时期的现值计算出来，然后汇总求和。在现实中，不仅每一期的现金流量不一定是相等的，甚至每一期的贴现率也不一定相等。实际上，在一个比较长的时间里，贴现率是很难保持不变的。在贴现率各期不同的情况下，我们计算现值的基本思路仍然是分别计算每一期的现值，再汇总求和。这一思路也同样适用于现金流量或者贴现率各期不等的情况下终值的计算。

总之，现金流量和/或贴现率各期不等的情况下，现值的计算公式为：

$$PV=\frac{C_1}{(1+r_1)^1}+\frac{C_2}{(1+r_2)^2}+\frac{C_3}{(1+r_3)^3}+\cdots+\frac{C_n}{(1+r_n)^n} \tag{4-8}$$

二、年金

（一）年金的现值

所谓年金（annuity），是指在特定期限内每期都会发生的一系列等额现金流量，如每月发生或者每年发生。年金是最常用的金融工具之一，如保险金、退休金、租金、购房或者购车等的分期付款等。

我们把年金的现值以公式表示为：

$$PVA_n=PMT\frac{1}{(1+r)^1}+PMT\frac{1}{(1+r)^2}+\cdots+PMT\frac{1}{(1+r)^n}$$

式中，PMT 为每期都会发生的现金流量。

由于 PMT 是相等的，可以把上式整理为：

$$PVA_n=PMT\left[\frac{1}{(1+r)^1}+\frac{1}{(1+r)^2}+\cdots+\frac{1}{(1+r)^n}\right]$$
$$=PMT\sum_{t=1}^{n}\frac{1}{(1+r)^t}$$

根据求和公式，上式可以进一步简化为：

$$PVA_n=PMT\sum_{t=1}^{n}\frac{1}{(1+r)^t}=PMT\left[\frac{(1+r)^n-1}{r(1+r)^n}\right]$$
$$=PMT(PVAF_{r,n}) \tag{4-9}$$

式（4-9）方括号中的部分叫作年金现值系数，其含义是在贴现率为 r 时，每期的现金流量都为1的 n 期年金现值。为了求得年金现值，我们需要知道每期

的现金流量 PMT、期限 n 和贴现率 r。

[例 4-9]

假定小刘可以得到一笔保险金。从第 2 年年初开始，他在连续 10 年中每年可以得到 100 元，再假定贴现率是 10%，这笔保险金的现值是多少？

我们可以把小刘的保险金看作一组从第 1 年年末开始发生，持续 10 期，每期金额都是 100 元的现金流量。

把 $PMT=100$，$r=10\%$，$n=10$ 代入式（4-9），可以计算得出这笔保险金的现值为：

$$PVA_{10}=100\times\left[\frac{(1+10\%)^{10}-1}{10\%\times(1+10\%)^{10}}\right]=100\times6.1446$$
$$=614.46(\text{元})$$

（二）年金的终值

在实际应用中，我们常常还需要计算年金的终值。年金的终值可通过对每笔款项运用终值公式，分别计算出在贴现率为 r 的情况下每笔款项的终值，然后加总求和得到。从最后一期款项开始（$t=n$），顺次前推至第一期（$t=1$）的款项，年金在时点 n 的终值 FVA_n 为：

$$FVA_n=PMT(1+r)^0+PMT(1+r)^1+\cdots+PMT(1+r)^{n-1}$$

请注意第一期款项（$t=1$）得到 $n-1$ 期，而不是 n 期的利息。以此类推，最后一期款项正好发生在年金结束时，因此不赚取任何利息，即 $(1+r)^0=1$。

与年金现值的计算方法类似，可以把上面的公式整理为：

$$FVA_n=PMT\sum_{t=0}^{n-1}(1+r)^t=PMT\left[\frac{(1+r)^n-1}{r}\right]$$
$$=PMT(FVAF_{r,n}) \tag{4-10}$$

式（4-10）方括号中的部分叫作年金终值系数，其含义是在贴现率为 r 时，每期的现金流量都为 1 的 n 期年金终值。为了求得年金终值，我们需要知道每期的现金流量 PMT、期限 n 和贴现率 r。

[例 4-10]

假定小刘可以得到一笔保险金。从第 2 年年初开始，他在连续 10 年中每年可以得到 100 元，再假定贴现率是 10%，这笔保险金的终值是多少？

把 $PMT=100$，$r=10\%$，$n=10$ 代入式（4-10），可以计算得出这笔保险金的终值为：

$$FVA_{10}=100\times\left[\frac{(1+10\%)^{10}-1}{10\%}\right]=100\times15.937$$
$$=1\ 593.7(\text{元})$$

（三）递延年金与预付年金

普通年金的现金流发生在每一期的期末。如果现金流发生在第一期期末以后的某一时间，这类年金就称为递延年金或延期年金（deferred annuity）。未到支付期的保险金和退休金等都是递延年金。对于递延年金，在前 m 期内没有发生现金流，称为递延期；后 n 期内发生等额的现金流，称为收付期。递延年金的现值有两种计算方法：一种是假设 $m+n$ 期都发生年金收付，求出 $m+n$ 期年金现值，再扣除实际未发生年金收付的递延期 m 期的年金现值。即

$$PVA_{递延年金}=PMT(PVAF_{r,m+n}-PVAF_{r,m}) \tag{4-11}$$

另一种方法是先求出收付期 n 期的年金在递延期末第 m 期的现值，再将该现值调整到第1期期初的现值。即

$$PVA_{递延年金}=PMT(PVAF_{r,n}PVF_{r,m}) \tag{4-12}$$

递延年金的终值大小与递延期 m 无关，计算方法与普通年金终值相同，即

$$FVA_{递延年金}=PMT(FVAF_{r,n})$$

现金流发生在每期期初的年金称为预付年金（annuity due）。n 期预付年金现值比 n 期普通年金现值少贴现一期。n 期预付年金终值比 n 期普通年金终值多计算一期利息，因此可通过以下公式计算预付年金现值和预付年金终值：

$$PVA_{预付年金}=PMT(PVAF_{r,n})\times(1+r) \tag{4-13}$$
$$FVA_{预付年金}=PMT(FVAF_{r,n})\times(1+r) \tag{4-14}$$

［例4-11］

假定小刘可以得到一笔保险金。保险公司提供了两种支付方案供其选择。第一种方案是从第6年年初开始，他在连续10年中每年可以得到150元；第二种方案是从现在开始，他在连续10年中每年年初可以得到100元。假定贴现率是10%，这两种方案下这笔保险金的现值分别是多少？终值分别是多少？

第一种方案是一个5年递延期、10年收付期的递延年金，把 $PMT=150$，$r=10\%$，$n=10$，$m=5$ 代入式（4-11），可以计算得出第一种方案下这笔保险金的现值为：

$$PVA_{10}=150\times\left[\frac{(1+10\%)^{15}-1}{10\%\times(1+10\%)^{15}}-\frac{(1+10\%)^{5}-1}{10\%\times(1+10\%)^{5}}\right]$$
$$=150\times(7.606\ 1-3.790\ 8)$$
$$=572.30(\text{元})$$

把 $PMT=150$，$r=10\%$，$n=10$ 代入式（4-10），可以计算得出第一种方案下这笔保险金的终值为：

$$
\begin{aligned}
FVA_{10} &= 150\times\left[\frac{(1+10\%)^{10}-1}{10\%}\right]=150\times 15.937\\
&= 2\ 390.55(\text{元})
\end{aligned}
$$

第二种方案是一个 10 年收付期的预付年金。把 $PMT=150$，$r=10\%$，$n=10$ 代入式（4-13），可以计算得出第二种方案下这笔保险金的现值为：

$$
\begin{aligned}
PVA_{10} &= 100\times\left[\frac{(1+10\%)^{10}-1}{10\%\times(1+10\%)^{10}}\right]\times(1+10\%)\\
&= 100\times 6.144\ 6\times 1.1\\
&= 675.91(\text{元})
\end{aligned}
$$

把 $PMT=100$，$r=10\%$，$n=10$ 代入式（4-14），可以计算得出第二种方案下这笔保险金的终值为：

$$
\begin{aligned}
FVA_{10} &= 100\times\left[\frac{(1+10\%)^{10}-1}{10\%}\right]\times(1+10\%)\\
&= 100\times 15.937\times 1.1\\
&= 1\ 753.1(\text{元})
\end{aligned}
$$

（四）永续年金与增长年金

持续到永远的年金称为永续年金（perpetuity）。尽管在某些情况下确实存在永续年金（比如英国的统一公债），但研究它最重要的原因是，利用它可以简单和比较准确地估计长期年金。

从式（4-9）中可以看出，年金的现值系数随着 n 的增大而不断减小，因此长期年金中后面的现金流对年金现值的影响很小。例如，在年利率为 10%的情况下，第 30 年 100 元的现金流的现值只有 5.73 元，第 50 年 100 元的现金流的现值只有 0.85 元。

为了研究永续年金的现值，我们从式（4-9）年金的现值公式开始，看看当 n 变得很大时，现值会发生什么变化，即求 n 趋向于无穷大时的极限。

$$
PVA_n=PMT\left[\frac{(1+r)^n-1}{r(1+r)^n}\right]=PMT\left[\frac{(1+r)^n}{r(1+r)^n}\right]-\left[\frac{PMT}{r(1+r)^n}\right]
$$

$$
PVA_n=\left[\frac{PMT}{r}\right]-\left[\frac{PMT}{r(1+r)^n}\right]
$$

至此就可以看出，当 n 趋向于无穷大时，会发生什么变化。上式等号右边的第一项不受影响，但是第二项会随着 n 的增大而变化，$(1+r)^n$ 会不断增大，当 n 趋近于无穷大时，第二项趋近于零。因此，永续年金的现值公式为：

$$
PVA_{\text{永续}}=\frac{PMT}{r} \tag{4-15}
$$

[例4-12]

假设年利率为8%，每年1 000元的永续年金的现值是多少？

根据式（4-15）可得：

$$PVA_{\text{永续}}=\frac{PMT}{r}=\frac{1\ 000}{0.08}=12\ 500(\text{元})$$

现在假定每年1 000元的年金只持续50年，则其现值是多少？并与永续年金的现值做比较。

50年年金的现值为：

$$\begin{aligned}PVA_{50}&=PMT(PVAF_{8\%,50})\\&=1\ 000\times\left[\frac{(1.08)^{50}-1}{0.08\times(1.08)^{50}}\right]\\&=12\ 233.48(\text{元})\end{aligned}$$

在本例中，用永续年金现值公式近似求出的现值仅比正确答案高2%左右，这充分证明了长期年金中后面的现金流对年金现值的影响很小。

由于企业实际增长或通货膨胀等其他原因，未来收付的现金流常常会随着时间推移而不断增长。在收付期内按一定规律增长的年金称为增长年金（growing annuity）。与永续年金相比，增长年金的现值计算公式在实践中更有用。假设每期的现金流以 g 的速度增长，增长年金的现值公式可以表达为：

$$PVA_{\text{增长年金}}=PMT\sum_{t=1}^{n}\frac{(1+g)^{t-1}}{(1+r)^t}=PMT\left[\frac{(1+r)^n-(1+g)^n}{(r-g)(1+r)^n}\right]\quad(4-16)$$

[例4-13]

即将MBA毕业的云峰刚获得了一个年薪80 000美元的工作机会，他期望在退休前的40年中，自己的薪金每年增长9%。如果利率为20%，那么他40年的薪金现值是多少？

假设他的薪金是自现在起的一年后开始按年支付，那么根据式（4-16），云峰40年的薪金现值为：

$$\begin{aligned}PVA_{\text{增长年金}}&=80\ 000\times\left[\frac{(1+0.2)^{40}-(1+0.09)^{40}}{(0.2-0.09)(1+0.2)^{40}}\right]\\&=711\ 731(\text{美元})\end{aligned}$$

三、净现值

现值和终值概念最重要的应用就是计算净现值。净现值的概念在公司理财中处于举足轻重的地位，对净现值的重要性怎么强调都不为过，因为它提供了一种财务决策的基本工具。实际上，净现值与本书中的各个重要论题都有关系，多数财务决策都可以依据净现值来做出，它表明一项财务决策创造或损失的价值。从本章第 1 节我们已经知道，今天的 1 元钱比明天的 1 元钱更值钱，净现值就是讨论今天的 1 元钱与明天的 1 元钱的关系。例如，东兴公司拟投资 100 万元建一个项目，这个项目可以在以后的 10 年里，每年产生 15 万元的投资回报，那么东兴公司是否应该投资这一项目呢？从表面上看，投资 100 万元，回收 150 万元，自然是一笔好的投资，但是由于今天的 1 元钱不等于明天的 1 元钱，东兴公司不能这么简单地做出决策，而应当根据净现值是否为正来做出是否投资的决策。

（一）净现值的概念

资产价值（预期未来现金流量的现值）与其成本的差额就是资产净现值（net present value，NPV），即

$$净现值=预期未来现金流量的现值-成本 \tag{4-17}$$

当净现值为正时，资产价值大于成本，因此能够增加企业的价值；当净现值为负时，资产价值小于成本，因此减少企业的价值。

从现金流量的角度看，净现值的计算公式为：

$$NPV=C_0+\frac{C_1}{1+r}+\frac{C_2}{(1+r)^2}+\cdots+\frac{C_n}{(1+r)^n} \tag{4-18}$$

式中，C_0 为初始投资的投资成本，一般为负数，因为它是现金的流出。

［例 4-14］

接例 4-9，我们知道小刘买保险之后，连续 10 年每年都能得到 100 元的保险金，假设小刘当初买这份保险花了 350 元，市场利率为 10%，那么他的这笔投资的净现值是多少？

根据式（4-18），有

$$\begin{aligned}NPV&=-350+\frac{100}{1+10\%}+\frac{100}{(1+10\%)^2}+\cdots+\frac{100}{(1+10\%)^{10}}\\&=264.46(元)\end{aligned}$$

从例 4-14 可以看出，净现值一般是以市场收益率（投资的机会成本）为标准来衡量的，因此净现值为零的财务决策只能取得适当、公平的收益。一项财务决策的收益率如果低于一般标准，其净现值为负，表明此项决策不可取。净现值为正的财务决策能获得高于一般标准的收益率，以企业价值最大化为目标的公司必须力争做出净现值为正的决策。

［例 4-15］

东兴公司拟投资100万元建一个项目，这个项目可以在以后的10年里，每年产生15万元的投资回报。假设市场收益率为10%，则东兴公司是否该投资这个项目呢？

根据式（4-18），这项投资的净现值为：

$$NPV=-100+\frac{15}{1+10\%}+\frac{15}{(1+10\%)^2}+\cdots+\frac{15}{(1+10\%)^{10}}$$
$$=-7.83(\text{万元})$$

也就是说，东兴公司投资这个项目是不合算的，因为净现值为负。请注意，净现值为负并不是说这个项目赔钱，只是说投资这个项目只能获得市场平均收益率，不能增加公司的价值。再假设市场收益率为5%，则东兴公司投资该项目的净现值为：

$$NPV=-100+\frac{15}{1+5\%}+\frac{15}{(1+5\%)^2}+\cdots+\frac{15}{(1+5\%)^{10}}$$
$$=15.83(\text{万元})$$

即当市场收益率为5%时，东兴公司的这项投资的净现值为正，投资这个项目是合算的。

（二）利用净现值确定公司的价值

假如你是一个资产评估师，要评估一个企业的价值，该如何入手呢？解决此类资产估值问题的一种很重要的方法就是计算净现值，另一种方法是计算购买该资产的成本。

现在来看一个案例。

案例 4-5

假设望成公司预计明年将产生5 000万元的净现金流（现金流入减去现金流出），在随后的5年里每年产生2 000万元的净现金流。从现在开始，7年以后公司可以以1亿元的价格售出。如果现在你有机会以1.2亿元的价格收购望成公司，那么你是否应该收购呢？假定市场收益率是10%。

公司的价值可以用各期产生的净现金流的现值来衡量。表4-3是望成公司在未来7年产生的各期现金流量及其现值。

表 4-3　望成公司的现值　　单位：万元

年（末）	公司的净现金流	现值系数	净现金流的现值
1	5 000	0.909 09	4 545.45
2	2 000	0.826 45	1 652.90
3	2 000	0.751 31	1 502.62

续表

年（末）	公司的净现金流	现值系数	净现金流的现值
4	2 000	0.683 01	1 366.02
5	2 000	0.620 92	1 241.84
6	2 000	0.564 47	1 128.94
7	10 000	0.513 15	5 131.50
公司的现值			16 569.27

现在我们来计算投资的净现值：

净现值＝预期未来现金流量的现值－成本
＝16 569.27－12 000
＝4 569.27(万元)

也就是说，购买望成公司可以产生4 569.27万元的资本增值，因此，这笔买卖是合算的。

□ 小　结

货币时间价值是指货币经历一定时间的投资和再投资所增加的价值，也称为资金时间价值。关于货币时间价值产生的原因，有两种被广泛认可的理论：延期消费理论和剩余价值理论。

货币时间价值是在没有风险和通货膨胀条件下的社会平均收益率，最常用的计量指标是利率。利息是货币时间价值的实现，而利率决定了货币时间价值的大小。利率上升提高了货币时间价值；相反，利率下降降低了货币时间价值。

把不同时点的货币资金转化到同一时点上，有两种方法：把现在的货币资金转化到未来某一时点，即计算终值；或者把未来的货币资金转化到现在，即计算现值。终值是现在的货币资金在未来某一时刻的价值，现值是未来某个时刻的货币资金在现在的价值。

现值和终值概念最重要的应用是年金和净现值。年金是指在特定期限内每期都会发生的一系列等额现金流量，是最常用的金融工具之一。净现值是资产价值（预期未来现金流量的现值）与其成本的差额，净现值是财务决策的基本工具，在公司理财中具有举足轻重的地位。

□ 重点概念

货币时间价值　利率　单利　复利　现值　终值　年金　递延年金　预付年金　永续年金　增长年金　年度百分比利率　年度百分比收益率　净现值

□ 思考与练习

1. 为什么今天的1元钱比明天的1元钱更值钱？

2. 什么是货币时间价值?

3. 什么是终值、现值与净现值?

4. 在下列情况下，计算1 000元按照复利计息的终值：

(1) 利率为5%，为期10年；

(2) 利率为7%，为期10年；

(3) 利率为5%，为期20年。

5. 某公司估计要在10年后一次付出养老金100万元，若公司可投资名义利率为10%的无风险证券，那么现在投入多少钱才能够在10年后偿付养老金?

6. 如果你在以后的4年中每年年末存入银行1 000元，若银行利率为10%，请问第8年末银行存款总值为多少?

7. 若名义利率为10%，计算在以下几种情况下，1 000元的存款3年后的终值：

(1) 每年计息一次；

(2) 每半年计息一次；

(3) 每月计息一次；

(4) 连续计算利息；

(5) 说明利息期与终值的关系。

8. 5年后你需要25 000元，你计划每年年末在银行户头存入等额金额，年利率为7%。

(1) 每年你应该存入银行多少钱?

(2) 如果你目前有200 000元，那么你今年存入多少钱能满足5年后的需要?

9. 某公司正在考虑是否购买一台新设备，该设备购买价格为50 000元，它能产生的现金流如表4-4所示。若贴现率为10%，该公司是否应购买该设备?

表4-4 某设备的现金流　　单位：元

年	现金流
1	7 000
2	9 000
3	10 000
4	10 000
5	10 000
6	10 000
7	1 250
8	1 375

□ 拓展阅读

财富复利增长的特征

长期来看，财富的积累与三个因素密切相关：投资本金（I）、复利收益率和投资期限（N）。财富终值（F）用数学公式表示为：$F=I\times(1+R)\times(1+R)\times\cdots\times(1+$

R)，简化为：$F=I\times(1+R)^N$。从财富公式看，复利收益率是财富终值函数的底数，表现出固有的特征。下面我们将对其加速性、困难性、安全性、长期性这四个重要特征进行详细讨论。

1. 加速性

加速性特征是指随着投资期限的增加，不同复利收益率的微小差异将加速演变成巨大差异。以 40 年投资期限为例，复利收益率分别为 5%，10%，15%，20%，财富终值分别为 7.04，45.259，267.86，1 469.8。复利收益率每增加 5 个百分点，财富终值增加一个数量级（见表 4-5），故投资标的能否实现高增长对价值投资者至关重要。

表 4-5　不同复利收益率下的财富终值

时间	年收益率			
	5%	10%	15%	20%
第 10 年	1.628 9	2.593 7	4.045 6	6.191 7
第 20 年	2.653 2	6.727 5	16.367	38.338
第 30 年	4.321 9	17.449	66.212	237.38
第 40 年	7.040 0	45.259	267.86	1 469.8

2. 困难性

困难性特征是指高复利收益率带来的财富增长是惊人的，但实现高增长具有很大局限性。假如 2011 年初投入本金 100 万元，年增长率为 20%，40 年后将增值 1 469 倍，达到约 14.7 亿元，这种长时间高复利增长显然很难实现。全球知名的“股神”巴菲特在 1956—2004 年的年均复合收益率也仅为 22.2%。因此，价值投资者对高收益要有合理预期，避免制定过高的目标而承担不必要的风险，尤其在估计企业利润增长方面，应严格遵循保守原则。

3. 安全性

安全性特征是指投资要确保本金的安全，避免复利收益率为负值。首先，从财富公式 $F=I\times(1+R)\times(1+R)\times\cdots\times(1+R)$ 来看，任何一年的复利收益率为负值，财富终值都会等比例下降。其次，一旦出现负值，复利收益率越高，其损失程度越大。以 15%的复利收益率为例，假设在第 41 年发生 15%亏损，亏损额为 40.179，超过了前 26 年财富累积额 36.857（见表 4-6）。不管在什么复利收益率下，任何一年的亏损都将会使前期多年的财富累积付诸东流，且复利收益率越高，造成的损失越大。

表 4-6　某一年发生亏损对财富终值的损害比较

财富损失额	年收益率			
	5%	10%	15%	20%
第 30 年财富终值	4.321 9	17.449	66.212	237.38
第 31 年损失金额	−0.216 1	−1.744 9	−9.931 8	−47.476
累积与损失相近	0.215 5	1.593 7	9.761 0	45.005
金额所需时间	(4 年)	(10 年)	(17 年)	(21 年)

续表

财富损失额	年收益率			
	5%	10%	15%	20%
第40年财富终值	7.040 0	45.259	267.86	1 469.8
第41年损失金额	−0.352 0	−4.525 9	−40.179	−293.96
累积与损失相近金额所需时间	0.340 1 （6年）	4.054 5 （17年）	36.857 （26年）	284.86 （31年）

正因为复利收益率任何一次为负值都会对财富终值造成巨大损害，投资实践非常强调本金的安全，这种强调包括任何一次投资操作。价值投资理论创立者本杰明·格雷厄姆把投资界定为：在确保本金安全下获得满意的回报。价值投资理论最成功的实践者巴菲特则将其投资秘诀归纳为两条："第一条，永远不要亏损；第二条，永远不要忘记第一条。"投资大师对不亏损原则非同寻常的强调与复利收益率对安全性的严格要求不谋而合。

4. 长期性

长期性特征是指投资需要长期坚持才能获得财富的巨大增值，因为财富的增值额主要在后期产生。如表4-7所示，以15%的复利收益率为例，当投资期限为20年，第2个10年的增值额占全部20年增值额的80%，也就是第1个10年的财富增值额才占20%。如果投资期限为30年，那么第3个10年创造的财富占比达到76%，第2个与第1个10年的财富增值额分别占19%与5%。同样，如果投资期限为40年，那么4个10年财富累积额比例分别为76%，19%，4%，1%。综上分析，我们可以得到两个结论：一是财富主要在后期创造，故需要坚持长期投资；二是复利收益率越高，后期创造财富所占比例越大，坚持投资更加重要。

表4-7 财富增加额的长期性特征

财富增值额	年收益率			
	5%	10%	15%	20%
20年期财富累积额	1.653 2	5.727 5	15.367	37.338
最后10年财富累积额	1.024 3	4.133 8	12.321	32.146
所占比例（%）	62	72	80	86
30年期财富累积额	3.321 9	16.449	65.212	236.38
最后10年财富累积额	1.668 7	10.722	49.845	199.042
所占比例（%）	50	65	76	84
40年期财富累积额	6.040 0	44.259	266.86	1 468.8
最后10年财富累积额	2.718 1	27.81	201.65	1 232.4
所占比例（%）	45	63	76	84

资料来源：吴后宽．基于复利原理分析价值投资的选股要求．财会月刊，2011（6）．

第5章

风险和收益

本章要点

- 收益率的定义和分类；
- 风险的定义和分类；
- 风险和收益的度量；
- 投资组合的风险和收益度量；
- 资本资产定价模型的应用。

引 例

软银投资阿里巴巴——史上最成功的投资之一

2000年，阿里巴巴只是一家创办不久的小型电子商务公司，其创始人马云先后与30多家风险投资机构接洽均被拒绝。后来在摩根士丹利的推介下，日本软银总裁孙正义与马云交谈了6分钟之后即被其打动，决定向阿里巴巴投资2 000万美元，获得了阿里巴巴34.4%的股份。

2014年，阿里巴巴在美国纽约证券交易所上市，到2020年，软银所持有的股份市值达到2 000亿美元以上，当初投入的2 000万美元赚了万倍以上，孙正义“一夜暴富”成为日本首富；同时，阿里巴巴也成为全球最大的电子商务公司，进而为其后来在资本市场的大规模并购和进行卓有成效的战略布局奠定了坚实的基础。

世人往往只看到成功者的光鲜，却少有探究其成功背后的逻辑。回想1999年阿里巴巴初创时，互联网刚刚进入中国，那时中国远未发展为今天的世界第二大经济体，国民收入较低，台式电脑售价相对偏高，笔记本电脑对于多数家庭来说仍然是奢侈品；同时，硬件远未普及，而起初的互联网更是网速奇慢、资费畸高，网络上的中文资源也是寥寥无几。在这种情况下，一个其貌不扬的“草根”说要让企业到网上做生意，听起来无异于天方夜谭。而马云预见到了10年、20年之后中国互联网的发展生态，也就是今天大家所看到的：国民收入大幅提高，硬件产品价格大幅下降，网速极大提高，网络上的中文资源变为海量，在网上做生意、购物成为许多人的首选。对于创业者来说，预测未来的能力有多大，将来可能拥有的财富就有多大。如果说阿里巴巴是互联网1.0时代的神话，那么下一个神话将有可能诞生在互联网2.0时代——区块链领域，因为初起的区块链领域与当初中国互联网的发展情形较为相似。

再来想下专业投资人孙正义能够独具慧眼抓住阿里巴巴这个“黑马”的原因。有人说，天下英雄往往有着相同或相近的特质与情怀，故而会惺惺相惜。互联网在亚太地区的发展轨迹是从美国传播至日本、韩国等发达国家，再向中国传播的。因此，2000年身在日本的孙正义也与马云一样，预见到了10年、20年之后中国互联网的发展生态，进而在对阿里巴巴完成尽职调查之后果断进行大笔投资，最终获得了巨额回报。

综上所述，无论对于投资人还是创业者来说，预测未来的能力是首位的，风险和收益的辩证关系总是伴随其间的。创业是创造未来，投资也是投入未来。因此，对于未来经济、社会、技术以及人们思维习惯、生活习惯的发展远景要培养自己独到的眼光。创业者不用急于为创业而创业，宜三思而后行，谋定而后动；投资人也不用急于跟风找“风口”，冷静、深邃才是优秀投资人的特质。

资料来源：风险投资名录.

第1节　风险和收益的概念

风险无处不在，比如有些人不愿意跳伞，因为他们觉得太危险；还有人拒绝乘飞机，因为他们觉得这也太冒险。与之类似，投资也有风险，比如在20世纪90年代末持有美国网络股的股票，可能在一夜之间价值就缩水一半。虽然我们在坐飞机时不用计算乘飞机的确切风险，但是对大多数投资者而言，在投资之前需要知道投资的风险。本章我们就来解决风险的测量问题，为了达到这一目的，需要从计算收益率开始。

一、收益率的定义和分类

绝大多数的投资者都需要知道投资的收益率，一项投资在某一阶段的收益率等于在这个阶段的收益（此投资项目产生的现金流加上投资项目本身的价值变化）除以投资项目的期初价值，即

$$\text{收益率}=\frac{\text{投资项目产生的现金流}+(\text{投资项目的期末价值}-\text{投资项目的期初价值})}{\text{投资项目的期初价值}} \tag{5-1}$$

假设你花20元购买了一只股票，一年以后分红0.5元，股票的市场价值变成24.5元，你投资这一股票在这一年的收益率为：

$$收益率=\frac{0.5+(24.5-20)}{20}=25\%$$

你投资的总收益包括0.5元的股利和4.5元的股价增值，一共是5元，股票的期初价值是20元，因此你的投资收益率是25%。

在这个例子里，我们计算的收益率是实际收益率。在经济生活中收益率有很多种，这里介绍和讨论三种不同的收益率，区分这三个概念很重要。

(1) 实际收益率（realized return）。实际收益率是一项投资在某一阶段实际取得的收益率。投资项目的实际收益取决于其产生的未来现金流。在上面的例子里，如果股票分红还是0.5元，但是股票的市场价值不变，你的实际收益率就会变成2.5%（即0.5/20）；如果股票的市场价值变成16元，分红不变，你的实际收益率就变成−17.5%（即[0.5+(16−20)]/20）。

理解实际收益率是实际结果，是投资决策的真实所得很重要。你不能让时光倒流，改变实际收益率，你只能据此做出新的决策。

(2) 期望收益率（expected return）。期望收益率是指你在投资时预先估计所能得到的收益率。在上面的例子中，如果你期望得到15%的收益率，其中包含0.5元的分红，那么你期望的股票期末价值为22.5元（15%=[0.5+(22.5−20)]/20）。

(3) 必要收益率（required return）。必要收益率是指准确反映期望未来现金流量风险的收益率。我们可以称之为人们愿意进行投资所必需的最低收益率。

[例5-1]

计算股票投资的收益率。

望成公司的普通股每股价格为20元，一年以后可望涨到24元，其间没有分红。海威公司普通股每股价格为70元，一年后可望涨到78元，年末分红2.5元。投资两种股票的期望收益率是多少？如果必要收益率是10%，哪一种股票有投资价值？如果一年以后望成公司普通股实际价格为每股19元，没有分红；海威公司普通股实际价格为每股81元，分红3元，投资两种股票的实际收益率是多少？

(1) 两种股票的期望收益率是：

$$望成公司普通股的期望收益率=\frac{0+(24-20)}{20}=20\%$$

$$海威公司普通股的期望收益率=\frac{2.5+(78-70)}{70}=15\%$$

(2) 两种股票都有投资价值，因为它们的期望收益率均高于必要收益率。

(3) 投资两种股票的实际收益率是：

$$望成公司普通股的实际收益率=\frac{0+(19-20)}{20}=-5\%$$

$$海威公司普通股的实际收益率=\frac{3+(81-70)}{70}=20\%$$

二、风险的定义和分类

风险是指在一定条件下和一定时期内可能发生的各种结果的概率。风险是事件本身的不确定性，具有客观性。例如，你选择在什么时间买哪几只股票，各买多少，风险是不一样的，而你一旦做出决定，风险大小就无法改变了。也就是说，特定投资的风险大小是客观的，你是否去冒风险及冒多大风险是可以选择的，也是主观决定的。我们还应看到，风险的大小随时间而变化，风险只是一定时期内的风险。我们在预计一个项目的成本时，最初的预计可能不准确，越接近完工预计越准确。随时间推移，事件的不确定性在减小，事件完成，其结果也就完全确定了。因此，风险总是在一定时期内的风险。

风险可能给投资人带来好的结果，也可能带来坏的结果。一般来说，我们更担心出现坏结果。因此，人们研究风险时侧重减少损失，主要从不利方面来考察风险，把风险看成不利事件发生的可能性。从金融角度来说，风险主要指无法达到期望收益率的可能性。

风险的分类有以下两种。

(1) 从单个投资主体的角度来看，可以把风险分为市场风险和特有风险两类。

市场风险是指那些影响所有公司即整个市场的因素引起的风险，例如战争、通货膨胀、经济衰退等。这类风险涉及所有的投资对象，不能通过多样化投资来分散，因此又称为不可分散风险或系统风险。

特有风险是指发生于个别公司的特有事件造成的风险，例如新产品开发失败或发生重大事故等。这类事件是随机发生的，可通过多样化投资来分散。也就是说，当投资于多家公司时，若一家公司发生不利事件，其他公司发生的有利事件可以将其抵消。我们也称这类风险为可分散风险或非系统风险。

企业的理财活动经常是在有风险的情况下进行的。企业的一项投资往往有多种可能的结果，这种不确定性就意味着存在风险。投资者由于冒风险进行投资而获得的超过货币时间价值的额外收益，称为投资的风险价值或风险收益、风险报酬。企业理财时，必须研究风险、计量风险并设法控制风险，以求最大限度地增加企业财富。

(2) 从公司本身来看，风险可分为经营风险和财务风险两类。

经营风险是指生产经营的不确定性带来的风险，它是任何商业活动都有的。在产、供、销的诸多环节中，任何一个环节出现问题都会带来风险，而且往往是企业所不能控制的。

财务风险是指因借款而增加的风险，是筹资决策带来的风险。若企业不借钱，全部使用股东的资本，就没有财务风险，只有经营风险。只要企业借钱经营，就可能引发财务风险。

经营风险和财务风险将在以后章节中进行更详细的讨论，并分析企业应如何控制这两类风险。

第 2 节 风险和收益的度量

在这一节，首先介绍在度量风险和收益时需要用到的概率和统计的一些基本概念。

一、概率和统计的相关知识

（1）随机变量（random variables）。顾名思义，随机变量是不确定的、无法精确预测的变量。例如，海尔公司下一年的利润就是一个随机变量，我们可以估计出可能的结果，但是直到年终海尔公司公布年报，我们才能知道准确值。

（2）概率（probability）。因为随机变量的值是不确定的，我们需要一种方法来估计每种可能的结果出现的相对可能性。为了做到这一点，我们把每种可能的结果都赋予一个概率。概率必须满足两个条件：1）概率不能为负；2）所有可能的结果的概率之和为 1。第一个条件表明我们只关心可能出现的结果；第二个条件则确保具体给定的集合中包括所有的可能结果。

[例 5－2]

接例 5－1，计算望成公司下一年度的每股收益。

银河证券公司收集证券分析师对上市公司利润的预测，并且为其客户提供分析服务。共有 10 位证券分析师跟踪分析望成公司的股票，在预测下一年度这一股票的每股收益时，有 3 位预测是 5.75 元，2 位预测为 5.90 元，1 位预测为 6.25 元，4 位预测为 6.30 元，这些预测值发生的概率是多少？

现在有 4 个预测值，5.75，5.90，6.25 和 6.30。为了简便起见，假设至少有一位分析师的预测正确，而且没有其他的可能值，那么望成公司下一年度的每股收益是 5.75 元的概率是 0.3（即 3/10），5.90 元的概率是 0.2（即 2/10），6.25 元的概率是 0.1（即 1/10），6.30 元的概率是 0.4（即 4/10）。

（3）均值（mean）。到目前为止，我们在讨论期望现金流量时，并未对“期望”一词真正做出定义。所谓期望值，就是随机变量的均值，而随机变量的均值是在较长的时间里实现的平均值。如果无数次重复进行一个随机试验，就可以得到这样的平均值。均值通常用小写字母上画一条短横线表示，如 $\bar{x}$ 表示 x 的均值。

假设随机变量 x 有 N 种可能值 x_n，每个 x_n 的对应概率是 p_n，那么

$$\bar{x}=\sum_{n=1}^{N}p_n x_n \tag{5-2}$$

若用文字表述，式（5－2）是指把每一个可能值 x_n 乘以它出现的概率 p_n，然后把乘积加总求和。均值是各个可能值的加权平均，概率 p_n 就是权数。

［例5－3］

接例5－2，计算望成公司每股收益的均值。

由例5－2可知，望成公司每股收益的均值是：

$$\bar{x}=0.3\times5.75+0.2\times5.90+0.1\times6.25+0.4\times6.30=6.05$$

（4）方差（variance）。计算方差是测量所有可能的结果与均值差异的主要方法，方差通常用 σ^2 表示，有时带一个起识别作用的下标。方差的计算公式是：

$$\sigma_x^2=\sum_{n=1}^{N}p_n(x_n-\bar{x})^2 \tag{5-3}$$

（5）标准差（standard deviation）。标准差是方差的平方根，有时带一个起识别作用的下标，例如 σ_x 是 X 的标准差。

图5－1是正态随机变量的概率密度函数的钟形分布图。在财务领域经常遇见正态概率密度函数。此时，单个结果落在均值正负一个标准差范围内的概率是68%，落在均值正负两个标准差范围内的概率是95%，落在均值正负三个标准差范围内的概率是99.7%。

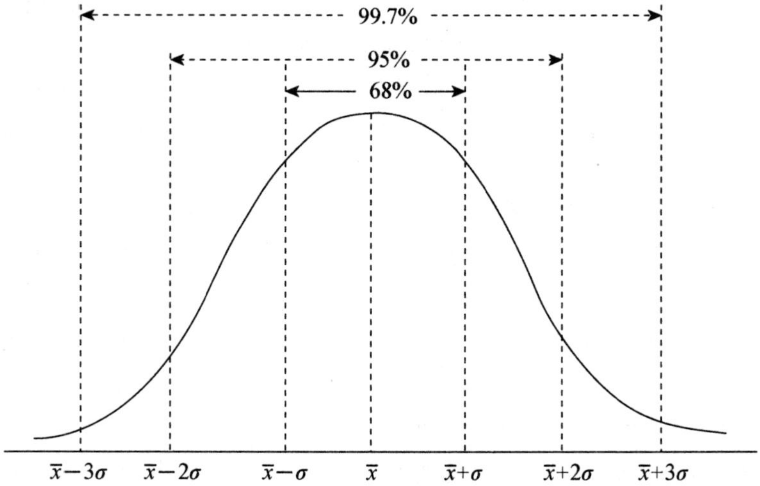

图5－1 正态随机变量的概率密度函数分布图

如果没有其他信息，仅知道方差的作用很有限。例如，假设我们已经知道方差是100，这个单独的数字没有任何意义。假设市场上电视机的价格方差是100，

快餐汉堡包的价格方差也是 100，前者显然远远小于后者。正是这个原因，方差和均值通常一起使用。只有同时知道了均值和标准差，才能确切地画出正态概率密度函数。

[例 5-4]

接例 5-3，计算望成公司下一年度每股收益的方差和标准差。

望成公司下一年度可能的每股收益的方差是：

$$\begin{aligned}\sigma^2 &= 0.3\times(5.75-6.05)^2+0.2\times(5.90-6.05)^2\\&\quad+0.1\times(6.25-6.05)^2+0.4\times(6.30-6.05)^2\\&=0.0605\end{aligned}$$

标准差是：

$$\sigma=\sqrt{0.0605}=0.246$$

(6) 协方差 (covariance)。计算协方差是测量两个随机变量如何共同变化，即测量它们之间的“互动”的主要方法。协方差可以为正值、负值或者为零。正的协方差表明，当一个随机变量出现大于均值的值时，另一个随机变量的值也会大于均值；负的协方差正好相反，当一个随机变量出现大于均值的值时，另一个随机变量的值小于均值；协方差为零表明两个随机变量没有固定关系。

两个随机变量 X 和 Y 之间的协方差，通常表示为 $\mathrm{Cov}(X, Y)$，有时也表示为 $\sigma_{x,y}$。协方差的公式为：

$$\mathrm{Cov}(X,Y)=\sum_{n=1}^{N}p_n(x_n-\bar{x})(y_n-\bar{y}) \tag{5-4}$$

协方差对特定的计量单位的敏感性很强，而相关系数 (correlation coefficient) 则不然。协方差能取任何数值，相关系数只能在 $-1\sim+1$ 之间取值。相关系数通常表示为 $\mathrm{Corr}(X, Y)$，计算公式为：

$$\mathrm{Corr}(X,Y)=\frac{\mathrm{Cov}(X,Y)}{\sigma_x\sigma_y} \tag{5-5}$$

由于除以标准差约去了计量单位，相关系数没有单位。

[例 5-5]

接例 5-4，假设证券分析师同时跟踪分析了春来公司的股票，其中 30%的证券分析师预测下一年度这一股票的每股收益是 2.35 元，20%预测为 2.70 元，10%预测为 2.95 元，40%预测为 3.30 元。

计算春来公司与望成公司下一年度每股收益的协方差和相关系数。

我们先计算出春来公司下一年度每股收益的均值和方差。

$$\bar{y}=0.3\times 2.35+0.2\times 2.70+0.1\times 2.95+0.4\times 3.30=2.86$$

$$\begin{aligned}\sigma_y^2 &=0.3\times(2.35-2.86)^2+0.2\times(2.70-2.86)^2\\ &\quad+0.1\times(2.95-2.86)^2+0.4\times(3.30-2.86)^2\\ &=0.161\,4\end{aligned}$$

标准差是：

$$\sigma_y=0.401\,7$$

春来公司与望成公司下一年度每股收益的协方差是：

$$\begin{aligned}\mathrm{Cov}(X,Y)&=0.3\times(5.75-6.05)\times(2.35-2.86)+0.2\\ &\quad\times(5.9-6.05)\times(2.7-2.86)+0.1\times(6.25-6.05)\\ &\quad\times(2.95-2.86)+0.4\times(6.3-6.05)\times(3.3-2.86)\\ &=0.096\,5\end{aligned}$$

相关系数是：

$$\mathrm{Corr}(X,Y)=\frac{0.096\,5}{0.246\times 0.401\,7}=0.976\,5$$

二、期望收益率的度量

前面我们已经说明了怎样计算实际年度百分比收益率，然而，在进行投资决策时，投资者往往不可能知道期末资产的价格，有时甚至不知道投资期间的投资收益。换言之，在投资期初，资产的未来收益率是不确定的，它受许多因素影响，随着有关条件的变化而变化，在这种情况下，只能把它看成一个随机变量。因此，对资产未来收益率的预测就变成求解随机变量的预期值。正是由于我们关心的是未来的收益率，而它是不确定的，在进行投资决策时，我们才对期望收益率更感兴趣。

测量期望收益率的一种方法是测量资产未来可能收益率的均值。投资者通过对每一种可能的投资结果出现的可能性或概率做出主观的判断，就可以得出期望收益率。

[例5-6]

计算联想公司股票的期望收益率。

某天一位朋友向你推荐联想公司股票。他在金融课上对这只股票进行了研究，认为该股票收益率为15%的概率是0.35，收益率为25%的概率是0.25，收益率为40%的概率是0.1，但是也有可能得到−10%收益率的坏结果，概率是0.3。那么，投资该股票的期望收益率是多少？

根据式（5-2）得出：

期望收益率＝0.3×(－10％)＋0.35×15％＋0.25×25％＋0.1×40％
＝12.5％

三、风险的度量

在确定性情况下，收益率是进行投资决策的最好依据。然而，在不确定性情况下，仅仅靠期望收益率一个指标来判断投资优劣并进行决策是不够的，投资者还必须考虑不能实现预期收益的风险。对于投资者来说，期望收益率并不等于实际收益率，实际收益率可能高于、低于或等于期望收益率。投资者如果只根据期望收益率一个指标来进行投资决策，往往不能获得预期的结果。例如，投资甲项目的期望收益率是 10％，实现这一期望收益率的概率是 90％；投资乙项目的期望收益率是 20％，实现这一期望收益率的概率只有 30％。我们不能简单地说乙项目比甲项目更具投资价值。

实际收益率高于或低于期望收益率的现象称为围绕期望收益率的波动。这种波动的程度越大，实际收益率与期望收益率之间的差距也就越大，投资者不能实现期望收益率的可能性也就越大，投资的风险也就越大。这样，资产的实际收益率围绕其期望收益率波动的程度实际上就成为判断一项资产优劣的第二个指标，即风险指标。我们可以凭直觉把一项资产的风险视为它的实际收益率严重偏离其期望收益率的可能性，也就是说风险的一个重要特性就是坏结果实际发生的概率（机会）。

标准差正好反映了高于或低于平均收益率的波动幅度。当一项资产的收益率近似对称分布于均值两侧（如图 5－1 中的正态分布概率密度函数）时，标准差越大，风险越大。尽管可能存在种种缺陷，标准差仍然是度量风险的好方法，也就是说，单项资产的特有风险就是它的标准差。

[例 5－7]

计算资产的特有风险。

有三项资产，市场条件为好、一般或差的概率都为 1/3，其期望收益率与风险如表 5－1 所示。

表 5－1　三项资产的期望收益率和风险

市场条件	A 资产 期望收益率（％）	B 资产 期望收益率（％）	C 资产 期望收益率（％）
好	15	16	1
一般	9	10	10
差	3	4	19
平均收益率	9	10	10
方差	24	24	54
标准差	4.90	4.90	7.35

显然，C资产的风险远远高于A资产与B资产，而A资产与B资产的风险相同，但平均收益率不同，后者比前者高（在A资产和B资产中选择时，理性投资者会选择B资产，因为两者风险相同，而B资产的平均收益率更高）。

同样，如果证券的预期收益相同，理性投资者会选择风险小即方差或标准差小的资产。例如，在B资产和C资产之间选择时，投资者会偏好于风险更小的B资产。如果要在A资产和C资产之间做选择，又会如何呢？A资产的收益率比C资产低，但其风险也较小，这时的选择就取决于投资者的风险偏好程度。风险厌恶型的投资者追求稳妥，为了安全宁肯牺牲较高的收益；风险偏好型的投资者为了得到较大的收益而宁愿冒高风险。投资者必须在风险与收益之间做出权衡，牢牢记住投资风险与收益率相匹配的原则：期望收益率越高，所承担的风险也会越高。

第3节 投资组合

我们已经学习了单项资产收益率和风险的度量，在实际生活中，我们经常会应用分散化的投资原则，将自己的储蓄一部分存入银行、一部分购买债券、一部分购买股票，即使买股票，也经常买几只不同的股票，通过“把鸡蛋放在不同的篮子里”来规避风险。由多种资产构成的投资称为投资组合（portfolio）。一般而言，利用投资组合可以减少投资风险，因为不可能投资的所有资产都同时收益不好。

一、由两种资产构成的投资组合

现在我们来看看构成投资组合的单项资产的风险和期望收益率与投资组合的风险和期望收益率的关系。

假定资产1的收益率是R_1，期望收益率是r_1，特有风险是σ_1；资产2的收益率是R_2，期望收益率是r_2，特有风险是σ_2；同时，在整个投资组合中，资产1的比例为w_1，资产2的比例为$1-w_1$，则投资组合的期望收益率是：

$$r_p=w_1r_1+(1-w_1)r_2 \tag{5-6}$$

式（5-6）说明投资组合的期望收益率就是单项资产的期望收益率的加权平均值，权数就是各项资产投资金额在总投资中所占的比重。因此，投资组合的期望收益率就是单项资产期望收益率的线性函数。

投资组合的风险与单项资产风险之间的关系则要复杂得多，投资组合的风险σ_p为：

$$\sigma_p=[w_1^2\sigma_1^2+(1-w_1)^2\sigma_2^2+2w_1(1-w_1)\mathrm{Corr}(R_1,R_2)\sigma_1\sigma_2]^{1/2} \tag{5-7}$$

式中，$\mathrm{Corr}(R_1, R_2)$是两项资产期望收益率之间的相关系数。可见，投资组合的风险不是单项资产风险的简单加权平均。

[例 5-8]

计算两种资产构成的投资组合的风险和期望收益率。

表 5-2 给出了在四种情况下，成熟股和成长股两种资产相对应的可能收益率和发生概率。用式（5-2）计算期望收益率，得到成熟股的期望收益率是5.4%，成长股的期望收益率是9.4%。用式（5-3）计算方差，然后求平方根，得到成熟股的标准差是 3.7%，成长股的标准差是 6.1%。假设投资组合中两种股票的比重相同，那么投资组合的期望收益率和风险是多少？

表 5-2 两种股票的期望收益率估计

经济状况	出现概率	成熟股	成长股
衰退	0.10	−3.0%	2.0%
稳定	0.30	3.0%	4.0%
适度增长	0.40	7.0%	10.0%
繁荣	0.20	10.0%	20.0%
合计	1.00		
期望收益率		5.4%	9.4%
标准差		3.7%	6.1%
相关系数	0.90		

由于两种股票的比重相同，即 $w_1=0.5$，因此，根据式（5-6），可以求得投资组合的期望收益率是：

$$r_p=0.5\times5.4\%+0.5\times9.4\%=7.4\%$$

接下来，根据式（5-4）和式（5-5）计算两种股票的相关系数：

$$\begin{aligned}\mathrm{Cov}(R_1,R_2)&=0.1\times(-8.4)\times(-7.4)+0.3\times(-2.4)\\&\quad\times(-5.4)+0.4\times1.6\times0.6+0.2\times4.6\times10.6\\&=20.24\end{aligned}$$

$$\mathrm{Corr}(R_1,R_2)=\frac{20.24}{3.7\times6.1}=0.90$$

最后，应用式（5-7）计算投资组合的标准差：

$$\begin{aligned}\sigma_p&=[(0.5)^2\times(3.7)^2+(0.5)^2\times(6.1)^2+2\times0.5\times0.5\times0.9\\&\quad\times3.7\times6.1]^{1/2}\\&=4.8\%\end{aligned}$$

式（5-6）表明了各项资产的期望收益率与投资组合的期望收益率之间的关系，式（5-7）表明了各项资产的风险与投资组合的风险之间的关系。设相关系数 Corr 为特定值，并使比重 w_1 在 0～1 之间任意变动，我们就能看出将式（5-6）和式（5-7）组合起来后，所得到的各个投资组合的风险-期望收益率对应的结果。现在我们来看两种特殊的情况。

（1）完全负相关。当 Corr＝－1 时，图 5-2 给出了在 $0 \leqslant w_1 \leqslant 1$ 区间，由式（5-6）和式（5-7）联合所得到的各个投资组合的风险-期望收益率对应点的图形。从图 5-2 中我们可以看出，按照某一比例（点 A）投资两项完全负相关的风险资产时，整个投资组合的风险为零。设式（5-7）等于零，求出 w_1，就很容易得到这两个比例。

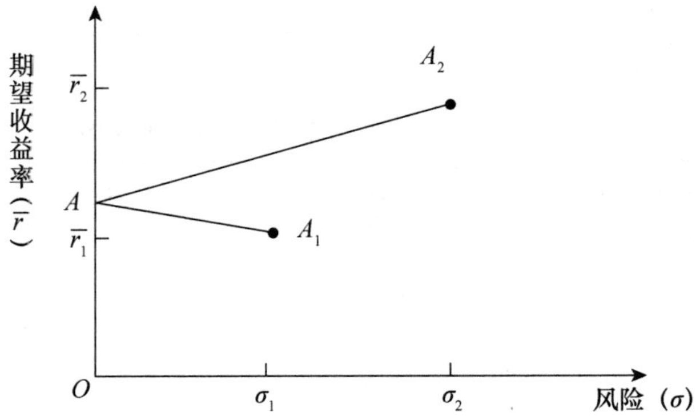

图 5-2　完全负相关（Corr＝－1）

现实中存在两种完全负相关的证券吗？答案可能是否定的。但是，这个假设提供了一个有效的出发点，是我们继续分析的基础。下面再来考虑另一种极端情况。

（2）完全正相关。与第一种情况正好相反，找到两项期望收益率完全正相关的资产不仅是可能的，也是容易的。一个简单的例子就是完全相同的两种证券，如一家公司（比如宝洁）的两只普通股。当 Corr＝＋1 时，式（5-7）简化为：

$$\sigma_p = w_1\sigma_1 + (1-w_1)\sigma_2$$

图 5-3 说明了当相关系数等于 1，w_1 在 0～1 之间取值时，投资组合可能的风险和期望收益率在点 A_1 和点 A_2 之间的一条直线上。

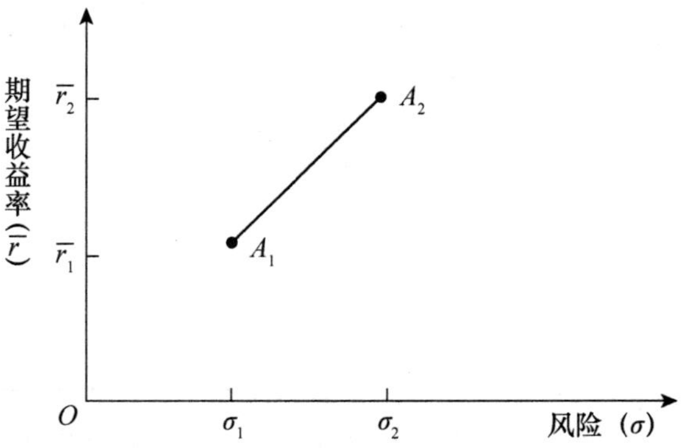

图 5-3　完全正相关（Corr＝＋1）

图 5－4 说明了相关系数如何影响由两项资产构成的所有可能的投资组合。从图 5－4 中可以看出，相关系数越大，图形就越接近直线。需要强调的是，图中的每一条曲线都只有一个相关系数，也就是说，每一个相关系数所对应的所有可能的投资组合都用一条曲线表示。我们还可以发现一个有趣的规律：当资产的期望收益率并非完全正相关时，在给定的期望收益率水平下，分散投资能减少投资组合的风险。

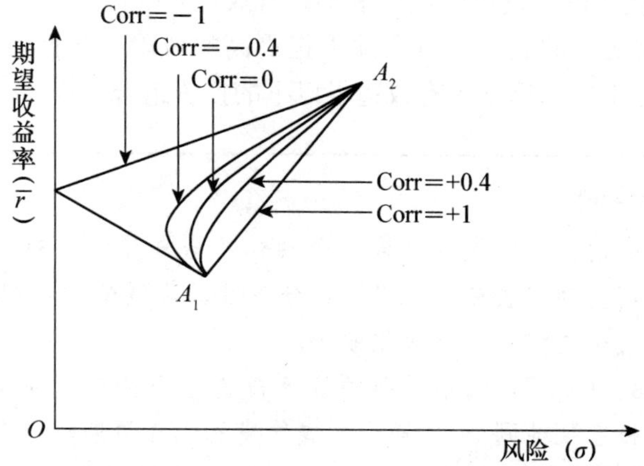

图 5－4　相关系数对由两项资产构成的所有可能的投资组合的影响

二、包含两项资产以上的投资组合

现在，让我们把思维从两项资产扩展开来。考虑在上交所或者深交所进行公开交易的所有股票，可供选择的股票超过了 1 000 种，并且只要这些股票所占的比例不同，就可以形成无数个投资组合。

想要把所有的投资组合都列示出来是不可能的，但是根据股票实际收益率的历史数据，我们可以大致画出所有投资组合的风险-期望收益率对应点的集合的形状。图 5－5 给出了所有可能的投资组合的期望收益率的情况。

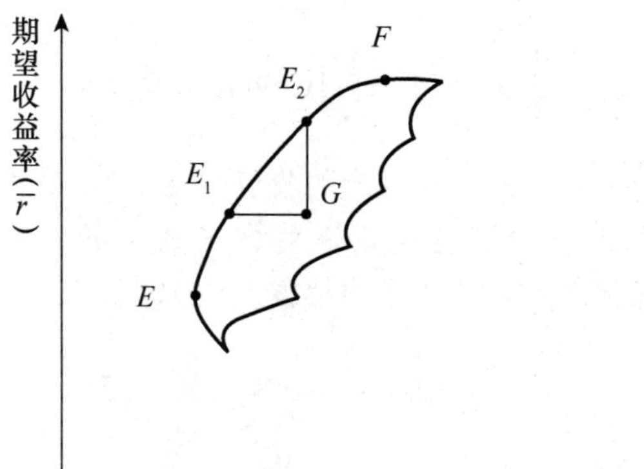

图 5－5　所有可能的投资组合的期望收益率

我们真正关心的是，投资者在面对多种可选择的投资方案时，应该如何选择？

是否应该选择位于图5-5伞状图中间的投资组合点G？当然不，因为点G不是一个有效的投资组合。可以选择投资组合E_2，因为它在同样的风险水平下期望收益率更高。或者，可以选择投资组合E_1，因为在同样的期望收益率水平下，它的风险水平更低。每个风险水平下收益最高的投资组合称为有效投资组合（efficient portfolio）。由有效投资组合（曲线中的点E到点F）组成的集合叫作有效边界（efficient frontier），其中点E为最小方差投资组合，即在所有可选择的投资组合中，点E所代表的投资组合风险最小。有效边界的形状反映了风险与收益的关系。投资者要获得更高的收益，就必须承担更高的风险。我们可以得出一个重要的投资规律：永远不要选择处于有效边界以下的投资组合。

［例5-9］

在前面我们发现这样一个规律：当资产的收益率并非完全正相关时，在给定的期望收益率水平下，分散投资能减少投资组合的风险。这里我们来看看投资组合的分散化效应。

式（5-7）揭示了两项资产投资组合预期收益率的标准差计算公式。我们将它延伸到N项资产构成的投资组合预期收益率的方差计算上。

$$\begin{aligned}\sigma_p^2 &= w_1^2\sigma_1^2 + w_2^2\sigma_2^2 + w_3^2\sigma_3^2 + \cdots + w_1w_2\mathrm{Cov}(R_1, R_2)\\ &\quad + w_1w_3\mathrm{Cov}(R_1, R_3) + w_2w_3\mathrm{Cov}(R_2, R_3) + \cdots\\ &= \sum_{i=1}^{N} w_i^2\sigma_i^2 + \sum_{i=1}^{N}\sum_{j=1}^{N} w_iw_j\mathrm{Cov}(R_i, R_j),\ i \neq j \qquad (5-8)\end{aligned}$$

从式（5-8）可以看到，N项资产构成的投资组合预期收益率的方差由两部分组成：N个单项资产的方差和$N(N-1)$个协方差。为了更清晰地看出这两个部分对投资组合期望收益率的方差的影响，我们将投资组合中的资产的收益风险简单化。假设这N项资产在投资组合中所占的份额相等，它们的方差相等，并以$\mathrm{Cov}(R_i, R_j)$代表平均的协方差，则式（5-8）可以简化为：

$$\sigma_p^2 = \frac{1}{N}\sigma^2 + \left(1 - \frac{1}{N}\right)\mathrm{Cov}(R_i, R_j)$$

我们可以比较5项资产的投资组合、10项资产的投资组合和20项资产的投资组合的期望收益率的方差的差异。假设单项资产的方差均为50%，任何两项资产的平均协方差为10%，则

$$\sigma^2_{5\text{项资产}} = \frac{1}{5}\times 50\% + \frac{4}{5}\times 10\% = 18\%$$

$$\sigma^2_{10\text{项资产}} = \frac{1}{10}\times 50\% + \frac{9}{10}\times 10\% = 14\%$$

$$\sigma^2_{20\text{项资产}} = \frac{1}{20}\times 50\% + \frac{19}{20}\times 10\% = 12.3\%$$

可以看到，随着投资组合中资产项数的增加，公式中的第一项在逐渐缩小，而第二项向平均协方差趋近，投资组合的整体风险下降，但最终不会完全消失，而是保持在平均协方差这个水平。这个平均协方差就是所有投资活动的共同运动趋势，反映了系统风险。

三、引入无风险资产的投资组合

投资的另一个组成部分是无风险资产。那么，什么是无风险资产？简单来说，无风险资产（riskless asset）就是标准差为零的资产。也就是说，它的未来收益没有不确定性，实际收益率永远等于期望收益率。

在现实中存在这样的资产吗？严格地说是不存在的。债务人，即使是政府，也有不能按期还款的可能，尽管这种可能性非常小。实践中为了方便，有些标准差非常小的资产，可以看成是无风险的。多数经济学家认为，国库券可以看作无风险投资。那么，为什么要在投资组合中引入无风险资产呢？这是因为无风险资产的存在有助于我们建立起市场定价的风险-期望收益率均衡，而风险-期望收益率均衡是单项风险资产定价的关键。

同时，投资无风险资产和一个风险性投资组合而形成的投资组合很像已经分析过的两项资产构成的投资组合，因此可以用学过的有关两项资产构成的投资组合的知识。假设资产1是无风险资产，资产2是风险性投资组合，总投资组合是由资产1（无风险资产）和资产2（风险性投资组合）构成的。

式（5-6）和式（5-7）给出了投资组合的期望收益率和标准差的表达式，式（5-7）还可以进一步简化，当$\sigma_1=0$时，式（5-7）可以简化为：

$$\sigma_p=[(1-w_1)^2\sigma_2^2]^{1/2}=(1-w_1)\sigma_2 \qquad (5-9)$$

式（5-9）表明总投资组合（无风险资产和风险性投资组合构成的组合）的风险σ_p是资产2（风险性投资组合）的风险σ_2的简单线性函数。因此，资产1和资产2所有可能的组合构成了从无风险资产到选定的风险性投资组合点的一条直线。图5-6说明了当选定的风险性投资组合为M时的情况。投资组合M是从所有可能的投资组合的伞状集合中任意选定的。

[例5-10]

计算由风险资产和无风险资产构成的投资组合的风险和期望收益率。

接例5-8，成熟股的期望收益率是5.4%，成长股的期望收益率是9.4%。成熟股的标准差是3.7%，成长股的标准差是6.1%。

假设国库券的收益率是3%。某投资者打算将40%的资金投入国库券，60%的资金投入股票市场（股票市场投资组合中两种股票的比重相同），那么该投资者的整个投资组合的期望收益率和风险是多少？

例5-8中已经计算出该风险投资组合的期望收益率是7.4%，标准差是4.8%。

由于国库券即无风险资产的比重为40%，即 $w_1=0.4$，因此，根据式(5-6)，可以求得投资组合的期望收益率是：

$$r_p=0.4\times3\%+0.6\times7.4\%=5.64\%$$

投资组合的标准差是：

$$\sigma_p=(1-0.4)\times4.8\%=2.88\%$$

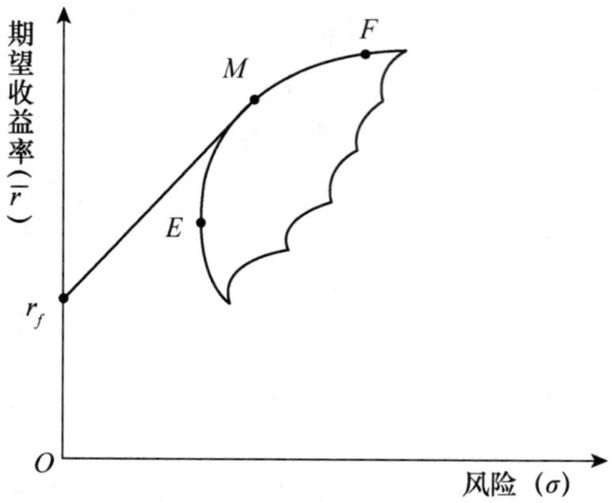

图5-6 风险性投资组合 M 和无风险资产构成的投资组合

四、选择最佳的风险性投资组合

图5-5揭示了下面的决策规则：选择的风险性投资组合应该尽可能位于有效边界上。那么，对于有特定风险承受能力的投资者来说，最佳的风险投资组合应该在哪里呢？前面提到，有效边界上的投资组合优于其他投资组合。依据有效边界的形状，投资者要获得更高的收益就必须承担更高的风险。因此，投资者的最佳投资组合取决于其风险偏好。风险规避型投资者会选择有效边界上的低风险投资组合，风险偏好型投资者会选择有效边界上的高风险投资组合。任何一个投资组合均可能是合适的，因为投资者的风险偏好存在差异。投资者可以通过在其投资组合中加入其他风险性资产来进一步分散风险。

现在投资者面临市场上所有的风险性资产，并可以在市场上无限制地进行无风险资产借贷，那么遵循上述决策规则，最佳风险性投资组合点应该位于通过图5-6中点 r_f 的有效边界的切线上。图5-6中的点 M 就是市场最佳风险性投资组合，它是在无风险资产收益率既定的条件下，所有的理性投资者将选择的风险性投资组合。

(1) 资本市场线。我们进一步在模型中引入负投资的概念。所谓负投资，就是借钱进行投资。假设能够以无风险利率借到钱，就可以说我们是在对无风险资产进行负投资。在模型中，用 w_1 取负值来表示以无风险利率借款，然后投资于风险性投资组合 M，即对无风险资产进行负投资。允许 w_1 取负值并不会使式（5-6）和式（5-7）有什么变动，当存在借入资金（对资产1进行负投资）的可能性时，所有可能投资组合的连线会通过点 M，以相同的斜率继续向前延伸。能够以无风险利率借入资金时，所有可能的最佳投资组合对应点构成的直线叫作资本市场线（capital market line，CML）。这里的最佳投资组合是指在一定的风险条件下，投资者通过调整无风险资产和风险资产的配置比例能够获得最高收益率的投资组合。资本市场线在点 M 与有效边界相切，其余各点对应的投资组合均优于有效边界上相对应的投资组合。资本市场线反映了不同投资者的风险偏好，是资本市场上证券有效组合条件下风险与收益的均衡。

对资本市场线而言，纵坐标是 r_m-r_f，横坐标是 $\sigma_m-\sigma_f$，但是因为 $\sigma_f=0$，所以斜率等于：

$$\text{CML 斜率}=\frac{r_m-r_f}{\sigma_m} \tag{5-10}$$

资本市场线的斜率是单位风险对应的期望收益率。资本市场线斜率的分子 r_m-r_f 叫作市场风险溢价。

只要认真想一想，就会觉得图 5-7 提供了一种让人吃惊的投资方法。任何人凭直觉都会觉得按照这种方法投资是不可能的，然而这一精心设计的股票投资模型已经得出了令人吃惊的结论，每个人都应该投资于风险性投资组合 M，但 M 又是什么呢？

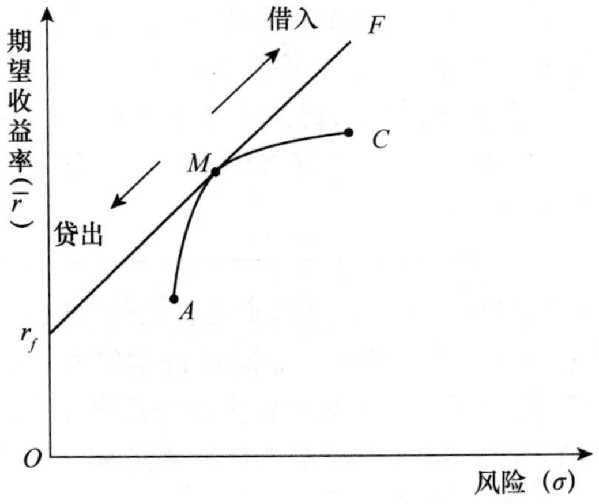

图 5-7　资本市场线

(2) 市场投资组合。可以推断出来，市场上所有的资产都必须包括在 M 内，正是因为 M 包含市场上存在的所有资产，M 称为市场组合。从这个意义上说，所有的投资者对市场上每一种资产都要拥有一些，以使自己的投资风险分散。但是每项资产的投资比例如何确定呢？为了使问题简化，我们的研究对象是一个经过抽象和简化的模拟市场。

[例 5-11]

市场投资组合的构成。

考虑一个只有三种风险资产的资本市场：资产1、资产2和资产3，它们的价值分别是100元、200元和300元，市场总价值是600元。假设市场中有两个投资者：A和B。在市场投资组合M中，投资者A拥有的价值是450元，投资者B拥有的价值是150元，他们把剩余资金投资于无风险资产。因为投资者A拥有投资组合的75%，他将拥有投资组合M中每项资产的75%；同样，投资者B将拥有投资组合M中每项资产的25%。两个投资者的风险投资组合完全相同，但是每一位投资者的投资组合中的资产1占多大比重呢？

答案是1/6。因为资产1占市场总价值的1/6（即100/600）。如果投资者C也想在这个市场上投资，他应该把资金的1/6投向资产1，1/3（即200/600）投向资产2，1/2（即300/600）投向资产3。这样，投资者C也可以对这一市场投资组合进行投资。

如果我们把只有三项资产的例子换成像股票市场那样有多项风险资产的庞大市场，决定市场投资组合的原理仍然是相同的，不过，确定每项资产的价值会比较棘手。一项资产的价值不是每股市价，相反，它是公司全部股票的市场价值。也就是说，用来确定适当投资比例的市场价值是每股市价乘以公司的流通股份数。例如，如果中国人寿保险公司股票的市场价值是每股80元，流通股份数是15亿股，那么中国人寿保险公司股票的市场价值是1 200亿元。然后，用中国人寿保险公司全部流通股的市场价值除以计算出的市场上所有公司的全部股票价值总额，得到的数额就是投资组合中投资于该股票的比例。若市场上所有股票的价值总和是8.5万亿元，那么投资组合M中应该有1.41%（1 200亿元/8.5万亿元）投资于中国人寿保险公司的股票。

从例5-11我们可以得出，市场投资组合就是目前市场上所有风险性资产按市场价值加权的投资组合。在实践中，金融经济学家利用广泛基础的市场指数（如标准普尔500指数或沪深300指数）作为市场投资组合的替代。市场投资组合是高度多元化的投资组合，投资者持有市场投资组合，意味着通过分散投资获得了特定风险水平下的最高收益率。

第4节 资本资产定价模型

上一节给出的投资准则是通过投资市场投资组合和无风险资产，构造一个位于资本市场线上的投资组合。我们没有研究如何估测构造的投资组合中每一种证券的风险和期望收益率，在这一节里解决这个问题。也就是说，这一节我们思考的问题是：在给定的资本市场线上，某一特定资产的风险和期望收益率是多少？

一、资本资产定价模型的推导

在本章第 1 节，我们已经知道，风险可以分为可分散风险和不可分散风险，不可分散风险是真正的市场风险，也就是说，单项资产的不可分散风险是与市场投资组合风险有机相连的那一部分风险。因此，特定资产 j 的不可分散风险等于它与市场组合 M 的相关系数乘以它的标准差。

$$资产\ j\ 的不可分散风险=[\mathrm{Corr}(j,M)]\sigma_j \tag{5-11}$$

资产 j 的不可分散风险是它给市场投资组合增加的风险，因此单项资产的不可分散风险需要有对应的期望收益率。但在投资组合的期望收益率中有多少是市场偿付单项资产的不可分散风险呢？市场风险的单位价格就是资本市场线（CML）的斜率，即式（5-10），它是单位风险的期望收益率。因此，资产 j 的风险溢价，即高出无风险收益率的那一部分，等于它的不可分散风险乘以资本市场线的斜率：

$$\begin{aligned}资产\ j\ 的风险溢价&=不可分散风险\times \mathrm{CML}\ 斜率\\&=[\mathrm{Corr}(j,M)]\sigma_j\left(\frac{r_m-r_f}{\sigma_m}\right)\end{aligned} \tag{5-12}$$

将式（5-12）变形，并用希腊字母 β 替代，可以得到

$$\begin{aligned}资产\ j\ 的风险溢价&=[\mathrm{Corr}(j,M)]\sigma_j\left(\frac{r_m-r_f}{\sigma_m}\right)\\&=\frac{[\mathrm{Corr}(j,M)]\sigma_j}{\sigma_m}(r_m-r_f)\\&=\beta_j(r_m-r_f)\end{aligned} \tag{5-13}$$

β 系数用来测量某特定资产的市场风险，即不可分散风险。β 系数有个很重要的特征是，资本市场上所有资产 β 系数的加权平均值为 1，其中加权比率为每种资产的市场价值与市场组合价值之比，即

$$\sum_{i=1}^{N}X_i\beta_i=1 \tag{5-14}$$

式（5-14）也说明了市场投资组合的 β 系数为 1。

资产 j 的 β 系数可以用相关系数 $\mathrm{Corr}(j, M)$ 或者协方差 $\mathrm{Cov}(j, M)$ 表示：

$$\beta_j=\frac{\mathrm{Corr}(j,M)\sigma_j}{\sigma_m}=\frac{\mathrm{Corr}(j,M)\sigma_j\sigma_m}{\sigma_m\sigma_m}=\frac{\mathrm{Cov}(j,M)}{\sigma_m^2} \tag{5-15}$$

[例 5-12]

投资组合的 β 系数。

β 系数从另一个角度来看是单项资产对整个市场投资组合风险的贡献。现在考虑一个由资本市场上两种风险性资产构成的投资组合：70%的资金

投入β系数为1.5的资产1和30%的资金投入β系数为0.7的资产2。那么，这个投资组合的β系数是多少呢？

根据式（5－14），投资组合的β系数就是组成该组合的所有资产β系数的加权平均值，即

$$\beta_p = \sum_{i=1}^{N} X_i \beta_i$$

因此，上述投资组合的β系数为：

$$\beta_p = 0.7 \times 1.5 + 0.3 \times 0.7 = 1.26$$

因为单项资产的期望收益率r_j等于无风险收益率和它的风险溢价之和，所以推导出单项资产的期望收益率为：

$$r_j = r_f + \beta_j (r_m - r_f) \tag{5-16}$$

在市场均衡的条件下，式（5－16）叫作证券市场线（security market line，SML），它反映了资本市场上证券的收益率与其风险β系数之间的线性关系。根据资本市场有效原则，在市场均衡的条件下，必要收益率等于期望收益率。因此，证券市场线也可以用来计算包含在资本市场线中的证券j的必要收益率。下面我们试着计算期望收益率（必要收益率）。

［例5－13］

计算期望收益率。

假设$r_f = 7\%$，$Cov(j, M) = 250$，$\sigma_m^2 = 225$，$r_m = 15\%$，证券j的期望收益率是多少？

首先，根据式（5－15）计算β系数：

$$\beta_j = \frac{Cov(j, M)}{\sigma_m^2} = \frac{250}{225} = 1.11$$

然后，根据式（5－16）计算证券j的期望收益率：

$$r_j = r_f + \beta_j (r_m - r_f) = 7\% + 1.11 \times (15\% - 7\%) = 15.88\%$$

证券市场线的公式（式（5－16））将证券的收益率表示为无风险收益率r_f和风险溢价$\beta_j (r_m - r_f)$之和。风险溢价又是两个部分之积：一部分是贝塔系数β_j，另一部分是市场的风险溢价$r_m - r_f$，也就是证券市场线的斜率。投资者风险厌恶程度越高，市场风险溢价就越高，证券市场线也就越陡峭。

在图5－8中风险收益均衡是如何反映的呢？风险较高（β值大）的股票有更高的期望收益率。考虑点J，在点J，$\beta_j = 1.5$，假设斜率$r_m - r_f = 9.1\%$，根据式（5－16）可以得到：

$r_J=5.9\%+1.5\times9.1\%=19.55\%$

再考虑点Q，风险较低（β值小）的股票有更低的期望收益率，在点Q，$\beta_j=0.5$，期望收益率为：

$r_Q=5.9\%+0.5\times9.1\%=10.45\%$

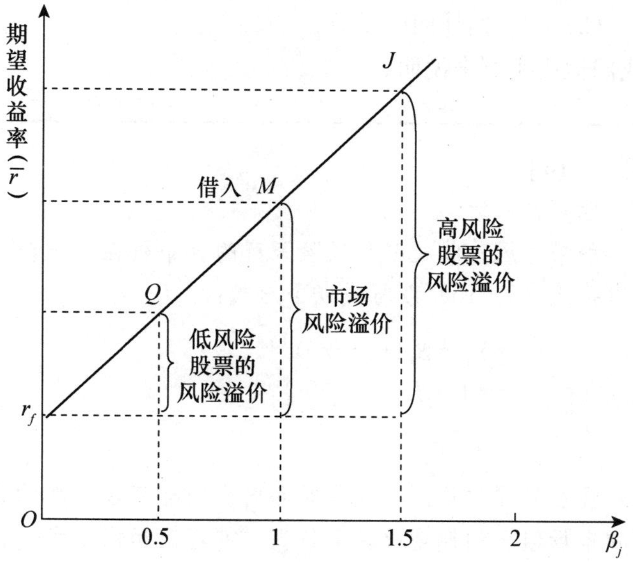

图5-8 证券市场线（自变量是β_j）

当我们使用更普遍的概念，把j视为一种资本资产，而非一种具体的股票，式（5-16）就成为所谓的资本资产定价模型（capital asset pricing model, CAPM）。正如其名称所暗示的那样，这是一种用来为资本资产定价的模型。在这个模型里，一种资产的期望收益率可以简单地表示为无风险收益率和该资产的风险溢价之和。

资本资产定价模型看上去很简单，你可能会奇怪我们为什么要花费那么多气力去推导出此模型。原因是推导过程显示适当的风险调整并不是直接得到的，资本资产定价模型中的风险调整是根据单项资产的收益率和市场投资组合收益率的相关关系确定的，它表明了单项资产是如何影响整个投资组合的风险的。

二、资本资产定价模型的应用

假设我们知道市场上所有资产的期望收益率的分布，同时知道每种资产的期望收益率与市场组合期望收益率的协方差，那么我们就可以利用式（5-16）确定每种资产的期望收益率，但实际上，我们不可能拥有这些信息。

在实际运用资本资产定价模型时，我们需要放宽完美资本市场的假设，该模型正是在这个假设条件之下推导出来的。尽管如此，资本资产定价模型在估计期望收益率时依然是有用的。我们可以用线性回归的统计方法来测算单只股票的期望收益率如何相对于市场组合的期望收益率变动。我们可以把股票的实际收益率

R_j 表示为实际市场风险溢价 $R_M - r_f$ 的线性函数，从而有

$$R_j = r_f + \overset{\cap}{\beta}_j (R_M - r_f) \tag{5-17}$$

式中，符号"∩"表示 β_j 是一个随机变量。

为了从历史数据中估计出 β_j，我们需要收集 R_j 和 R_M，r_f 的同步变化的样本，然后利用式（5-16）估计回归系数 β_j。

下面我们运用实例来说明。

[例5-14]

估算β系数。

如果无风险收益率和风险资产的β系数在一段时间内相对稳定，我们可以将式（5-16）改写成以下形式：

$$\begin{aligned} r_j &= r_f + \beta_j (r_m - r_j) \\ &= (1-\beta_j) r_f + \beta_j r_m \\ &= \hat{\alpha} + \hat{\beta} r_m \end{aligned}$$

现在只要收集到在这段时间内我们估算β系数的资产的期望收益率数据和市场组合的期望收益率数据，就可以运用上式进行线性回归分析估算β系数。

下面我们以中国建筑（601668）和建设银行（601939）为例，来说明β系数的估算方法。为简化问题，以2014年8月29日到2015年7月31日为估计期间，计算各月的期望收益率。以上证指数代表市场组合，以同一时期上证指数收盘价作为基础，在此基础上计算各期期望收益率（见表5-3）。

表5-3 β系数的估算方法

时间	上证指数	建设银行	中国建筑
20140829	0.71%	−3.13%	0.00%
20140930	6.62%	1.24%	7.96%
20141031	2.38%	2.70%	2.65%
20141128	10.85%	12.44%	20.11%
20141231	20.57%	43.19%	74.16%
20150130	−0.75%	−13.08%	−19.23%
20150227	3.11%	−2.74%	9.01%
20150331	13.22%	7.21%	19.66%
20150430	18.51%	12.30%	42.11%
20150529	3.83%	−7.01%	−14.59%
20150630	−7.25%	11.93%	−10.74%
20150731	−14.34%	−15.29%	−16.25%

续表

时间	上证指数	建设银行	中国建筑
月平均收益率	4.79%	4.15%	9.57%
截距	—	−0.011	−0.015
斜率	—	1.10	2.32
拟合优度	—	51.16%	74.37%

线性回归可以解释 β_j 被称为普通股股票 β 系数的原因。β 系数在资产定价中起着非常重要的作用，它是个别资产可以在多大程度上影响市场投资组合标准差（特有风险）的线性度量。因此，β 系数是某种资产风险的简单但很有用的估计。

三、其他资产定价模型

（一）多因素模型

资本资产定价模型的一个重要的隐含假设是：均值和标准差包含了资产期望收益率的所有相关信息。是否还可能有更多的因素会影响资产的期望收益率？从本质上说，资本资产定价模型认为一种资产的期望收益率取决于单一因素：市场投资组合的期望收益率。但是，如果有其他影响资产期望收益率的因素，会是什么呢？

考虑G公司普通股的期望收益率。G公司普通股的期望收益率可以分为两个部分：无风险利率 r_f，加上一个称为 R（风险）的不确定或者风险部分。用 r_G 代表G公司股票的期望收益率，可以得到

$$r_G=r_f+R$$

这个不确定的部分 R 受到多种因素的影响。一些因素对所有的公司都有影响，一些因素可能仅对G公司（或几个类似的公司）有影响。为了使之一般化，假设有 k 种相互独立的因素影响不可分散风险，在这种情况下，股票的期望收益率可以用多因素模型（multifactor model）表示出来：

$$r_G=r_f+R(F_1,F_2,\cdots,F_k)+\varepsilon \qquad (5-18)$$

式中，$F_k(k=1, 2, \cdots, k)$ 为 k 种因素；$R(F_1, F_2, \cdots, F_k)$ 为这些因素的某一函数；ε 为由于不可分散风险带来的期望收益率。

（二）套利定价模型

式（5-18）是比资本资产定价模型更一般的期望收益率模型，但是 F_k 代表的 k 种因素到底包括什么？函数 $R(F_1, F_2, \cdots, F_k)$ 看起来像什么？对这些问题有相当多的讨论。例如，资本资产定价模型中市场投资组合的期望收益率是否可以近似地代替多种因素，从而掩盖期望收益率的真正决定因素？在这一点上，没有哪种意见可以完全令人信服。

和资本资产定价模型一样，套利定价模型也建立在资本市场有效原则的基础之上。套利定价模型仅仅是在同一框架之下的另一种资产估价方式，只不过套利

定价模型认为对资产期望收益率产生影响的因素有十多个，这些因素之间存在线性关系。

虽然套利定价模型将资本市场有效原则作为其出发点，但它并不试图讨论概念来找出任何一组决定因素；相反，套利定价模型认为资产的期望收益率取决于一组因素的线性组合，这些因素必须是可以通过实证检验识别的。因此，在套利定价模型的实证检验中，出现了各种各样决定普通股实际收益率的因素。一种称为因素分析法的统计方法被用来鉴别这些相关因素。

套利定价模型看上去很像资本资产定价模型的扩展形式，然而它是由一种完全不同的方式推导出来的。在这里我们不需要推导套利定价模型，只将其标准形式展示出来：

$$r_j = r_f + \beta_{j1}(r_{f1} - r_f) + \beta_{j2}(r_{f2} - r_f) + \cdots + \beta_{jk}(r_{fk} - r_f) \quad (5-19)$$

式中，k 为影响资产收益率的因素数量；r_{f1}，r_{f2}，…，r_{fk} 为因素 1，2，…，k 各自的期望收益率；β_{j1}，β_{j2}，…，β_{jk} 为该资产分别对因素 1，2，…，k 的敏感程度。

套利定价模型把资本资产定价模型中唯一的因素——市场风险溢价作为一个解释变量。因此，套利定价模型其实是一种多因素模型，只不过套利定价模型假设 $R(F_1, F_2, \cdots, F_k)$ 是一个简单的线性函数，从而可以通过实证得出 F_k 的值。

［例 5-15］

多因素资产定价模型的实例。

罗斯（Stephen A. Ross）运用 1958—1984 年股票市场的数据实证研究表明，股票的预期月度期望收益率受工业产值月度增长率（*IP*）、预期通货膨胀变动率（*EI*）、非预期通货膨胀率（*UI*）、非预期风险溢价（*URP*）和非预期债券期限溢价（*UBR*）的影响，且具有以下线性关系：

$$\overline{R_S} = 4.1\% + 13.6\%\beta_{IP} - 0.1\%\beta_{EI} - 0.6\%\beta_{UI} + 7.2\%\beta_{URP} - 5.2\%\beta_{UBR}$$

如果某一股票的上述因素的 β 值分别为：1.1，2，3，0.1，1.6，那么该股票的月度期望收益率为：

$$\begin{aligned}\overline{R_S} &= 4.1\% + 13.6\% \times 1.1 - 0.1\% \times 2 - 0.6\% \times 3 + 7.2\% \times 0.1 \\ &\quad - 5.2\% \times 1.6 \\ &= 9.5\%\end{aligned}$$

□ 小　结

实际收益率是一项投资在某一阶段实际取得的收益率。投资项目的实际收益取决于其产生的未来现金流。

期望收益率是指在投资时预先估计所能得到的收益率。

必要收益率是指准确反映期望未来现金流量风险的收益率。

风险是指在一定条件下和一定时期内可能发生的各种结果的概率。风险是事件本身的不确定性，具有客观性。

从单个投资主体来看，可以把风险分为市场风险和特有风险两类。市场风险是指那些影响所有公司即整个市场的因素引起的风险，又称为不可分散风险或系统风险；特有风险是指发生于个别公司的特有事件造成的风险，也称为可分散风险或非系统风险。

从公司本身来看，风险可分为经营风险和财务风险两类。经营风险是指生产经营的不确定性带来的风险，它是任何商业活动都有的；财务风险是指因借款而增加的风险，是筹资决策带来的风险。

测量期望收益率的一种方法是测量资产未来可能收益率的均值，一项投资的实际收益率不可能正好等于其期望收益率。

一项资产的风险视为它的实际收益率严重偏离其期望收益率的可能性，标准差是度量风险的好方法，即单项资产的特有风险就是它的标准差。

由多种资产构成的投资称为投资组合。一般而言，利用投资组合可以减少投资风险，因为不可能投资的所有资产都同时收益不好。

无风险资产就是标准差为零的资产，能够以无风险利率借入资金时，所有可能的投资组合对应点构成的直线叫作资本市场线（CML）。资本市场线在点 M 与有效边界相切，其余各点对应的投资组合均优于有效边界上的投资组合。

β 系数用来测量某特定资产的市场风险，即不可分散风险。β 系数可以用相关系数 Corr(j，M) 或者协方差 Cov(j，M) 表示（见式（5-15））。

证券市场线（SML）将证券的收益率表示为无风险收益率和风险溢价之和（见式（5-16））。风险溢价又是两个部分之积：一部分是贝塔系数 β_j，另一部分是市场的风险溢价 $r_m - r_f$，也就是证券市场线的斜率。

资本资产定价模型（CAPM）是一种用来为资本资产定价的模型。在这个模型里，一种资产的期望收益率可以简单地表示为无风险收益率和该资产的风险溢价之和。

□ 重点概念

实际收益率　期望收益率　必要收益率　风险　市场风险　特有风险　经营风险　财务风险　投资组合　无风险资产　资本市场线　市场投资组合　β 系数　风险溢价　证券市场线　资本资产定价模型　多因素模型　套利定价模型

□ 思考与练习

1. 什么是实际收益率、期望收益率和必要收益率？
2. 什么是系统风险和非系统风险？
3. 如何度量风险和收益？
4. 什么是资本市场线和证券市场线？二者的区别和联系是什么？

5. 如何度量投资组合的收益和风险？

6. 推导资本资产定价模型。

7. 如何度量投资组合的β系数？

8. 某一证券，其期望收益率有几种可能性，这几种可能概率分布如表5-4所示。计算投资于该证券的期望收益率与标准差。如果已知1年期国债收益率为9.1%，该证券是否值得投资？

表5-4

概率	期望收益率（%）
0.15	8
0.30	7
0.40	10
0.15	15

9. 有两种证券，其期望收益率及对应概率如表5-5所示。请问哪种证券更值得投资？

表5-5

普通股A		普通股B	
概率	期望收益率（%）	概率	期望收益率（%）
0.20	−2	0.10	4
0.50	18	0.30	6
0.30	27	0.40	10
		0.20	15

10. 已知短期国债的收益率为6%，市场期望收益率为12%，计算表5-6中证券的期望收益率。

表5-6

证券	β
A	1.2
B	0.85
C	1.5
D	0.9

11. 假设某证券组合含有如表5-7所示的普通股股票。

表5-7

股票	在投资组合中的占比（%）	β	期望收益率（%）
A	20	1.0	16
B	30	0.85	14
C	15	1.20	20
D	25	0.6	12
E	10	1.6	24

已知无风险收益率为 7%，市场期望收益率为 15.5%。

(1) 计算该组合的期望收益率。

(2) 计算该组合的 β 系数。

(3) 根据上面的数据，画出证券市场线，并在图上标出组合中的每种股票。

□ 拓展阅读

资产定价理论的发展脉络

现代资产定价以马科维茨（Markowitz）的投资组合理论为先导，在 20 世纪六七十年代进入黄金时期。马科维茨发展了资产选择理论，建立了均值-方差投资组合模型。马科维茨认为，一组证券的期望收益率如果不是完全正相关，即可通过分散投资使期望收益率不变而方差（风险）减小，非系统性风险理论上可以完全消除。投资组合理论假设投资人是理性的，每个投资者都会购买处于均值-方差有效前沿的资产。夏普（Sharpe）和林特纳（Lintner）进一步指出，在投资者理性的情况下，由于任意两种资产的期望收益率都是完全线性相关的，资产可以统一由市场期望收益率来表示。这种简化处理大大降低了投资组合理论各资产 β 系数的计算复杂度。每种资产的期望超额收益率与市场期望超额收益率线性相关，β 系数越高，资产预期收益率越高，这就是著名的 CAPM。

然而，投资者并非完全理性，且股票具有异质性风险，CAPM 不能充分解释股票收益率。按照 CAPM 的表述，回归截距项的期望理应为零，且资产超额收益率和 β 系数正相关。大量研究已经证明上述条件并不成立。在这样的背景下，一些替代资产定价理论应运而生。CAPM 仅仅考虑了单周期的投资，而跨期资本资产定价模型（ICAPM）认为，证券市场总是处在连续变化的过程中，在信息对称、无摩擦的市场中，资产价格的变化符合连续随机过程，资产价格与投资者偏好无关。布里登（Breeden）提出了基于消费的资本资产定价模型（CCAPM）。他认为 CAPM 忽视了投资的最终原因——实现最终消费。证券风险是以对消费者消费水平变化的敏感程度来度量的。投资者往往习惯稳定的生活环境，如果他们当前富有，则难以承受未来的贫穷。因此，他们关注的不仅是资产的当期价值，还会考虑其投资是否有收益。股票期望收益率应该随着消费 β 系数（consumption beta）而非市场 β 系数的变化而变化。

罗斯（Ross）基于无套利均衡原理，提出 APT 模型。APT 模型强调股票期望收益率受到多种因素影响，但并不指定具体风险因素，投资者可以自行决定。对 APT 模型应用最为成功的当属 Fama-French 三因素模型。法玛（Fama）和弗伦奇（French）综合前人研究成果，指出市场回报率、股票市值、账面市值比、杠杆率和市盈率对股票期望收益率的影响可由市场回报率、市值、账面市值比三个因素概括。他们进一步采用时间序列回归方法检验了股票期望收益率的风险因素，提出包含市场风险因子、市值因子和账面市值比因子的股票定价三因素模型。该模型反映了公司基本面信息能够预测股票收益率的典型事实，能够解释大部分股票风险因素，在业界备受青睐。然而，该模型属于经验型定价模型，缺乏理论基础，投资者无法判断该模型是否囊括所有风险，资产定价模型有待进一步发展。

市场普遍存在反应过度与反应不足，历史表现对期望收益的预测能力不能通过Fama-French三因素模型体现。过去表现优秀的基金仍能延续良好的发展态势，“赢家减输家”的组合收益显著为正，卡哈特（Carhart）由此提出了包含动量效应的四因素模型。Carhart四因素模型包含了历史表现对股票收益率的预测作用，解释了成熟市场“强者恒强”的现象。Novy-Marx进一步证明股票价格上涨并非源于近期的良好表现，而是由过去7～12个月的中间时段（intermediate horizon）惯性所致。

上述定价模型表明，现有的金融异象已经对有效市场假说提出了严峻的挑战。美国股票市场尚未达到强式有效，现有文献基本没有异议。关于美国市场是否半强式有效，现有文献尚存分歧。法玛和弗伦奇证明股票市值、账面市值比等基本面信息能够预测股票收益率，因而美国股市尚未达到半强式有效；而多德（Dodd）从兼并的角度证明，美国股市能够达到半强式有效。多数研究表明美国股市已满足弱式有效市场条件。尽管有学者从反转效应与惯性效应的角度驳斥弱式有效，但法玛指出这并非反驳弱式有效的有力证据。短期反转、中期惯性和长期反转恰恰是市场弱式有效状态下期望收益率的正常波动。

资产定价理论正是围绕有效市场假说研究拓展出来的。有效市场是一种理想状态，其三种不同形式体现了金融市场发展的不同阶段。历史交易信息、基本面信息和内幕信息对资产预期收益的预测能力既可说明市场异象，也能反映市场效率。市场不完美表现为众多文献发现的异象、溢价、套利策略。总体上讲，美国股市经过长期发展，法规较为健全、监管较为有力、信息较为透明、政府对股市干预较少。美国股市以机构投资者为主，非理性程度相对较低。由于信息披露较为完善、及时，投资者普遍具有良好的长期投资理念，美国股市更加接近有效市场的状态。资产定价理论起步于对收益与风险的分析，众多学者以风险认知为核心，通过市场异象，不断发现新的风险因素，完善定价模型。到目前为止，资产定价模型日新月异，预测功能逐步增强，资产定价理论必将得到进一步发展。

资料来源：田利辉，王冠英．西方资产定价学说和我国股票市场发展．南开学报（哲学社会科学版），2014（2）．

第6章

债券和股票的估值

本章要点

- 债券的概念和基本要素；
- 债券的估值方法；
- 债券到期收益率的定义和计算方法；
- 股票的类型和特征；
- 普通股的估值方法。

引 例

大宗交易导致股票溢价说明什么？

大宗交易买入的成交价高于当天的股市收盘价，称为溢价。溢价成交有以下可能性：(1) 机构或大户非常看好该股票，而股票二级市场交易轻淡，盘面筹码少，无法满足其购买数量，如果此时硬要在二级市场买入的话，会将股价拉得很高。所以通过大宗交易方式，虽然是溢价买入，但相比二级市场，如果要买到同样的数量，大宗交易溢价仍然划算一些。(2) 溢价是表象，实为机构之间对倒，高价部分私下返回，人为制造大宗交易溢价的利好现象。

我们通常说一只股票有溢价，是指在减掉各种手续费等费用之后还有钱。发行股票的成本较为复杂，它一般包括两个方面：一是纯粹的发行费用，即股票发行人在发行过程中支出的相关费用，如股票印刷费用、承销费用、宣传费用、其他中介服务机构的费用等；二是发行公司每年向投资者支付的股息。

因此，发行股票的成本与实际筹资额的比率等于股息除以扣除纯粹发行费用后的发行价格，用数学公式表示为：

发行股票成本比率＝股息÷(发行价格－发行费用)×100％

由于发行费用相差不大，股票筹资的成本主要取决于企业每年向投资者支付的股息。在实践中，新股以超过面值的价格溢价发行，在股利一定的情况下，这就大大降低了股票筹资的成本。从实际情况来看，股票筹资成本与银行贷款成本相比孰高孰低，取决于国家的金融环境、利率政策、证券市场发育程度以及公司股权结构等很多因素。

资料来源：百度百科.

第1节　债券的特性和估值

一、债券的特性

债券（bond）是公司为了借入长期资金而发行的一种标准化契约，承诺按照债券合约中的条款支付利息和偿还本金。债券合约是明确债券发行者和购买者之间权利与义务的法律契约，典型的债券合约至少包括以下条款：

（1）票面价值（par value）。票面价值又称面值（face value），是债券到期时债券发行者必须偿还的金额。大多数公司债券的面值是1 000元。

（2）息票付款（coupon payment），即约定在债券期限内定期进行利息偿付。息票付款是财务术语，就是我们常说的利息支付。绝大多数的公司债券采用半年或者一年息票付款，息票付款金额的大小由息票率决定。与息票付款相关的一个术语是息票率（coupon rate），它约定了每年支付的利息额度。如息票率为6%的公司债券，若采取一年息票付款，在面值为1 000元的条件下，每期支付的利息为60元；若采取半年息票付款，则每期支付的利息为30元，每年支付的利息仍为60元。

（3）本金偿付（principal payment），即约定在债券期限内一次或分期偿还所发行债券的本金。本金是借入的资金总额，一般情况下就是所发行的全部债券的面值之和。债券的本金偿付可以是一次偿还所有的本金，也可以是分数次偿还本金。如果某债券发行时要求在到期日一次偿还所有本金，这叫作到期还本（bullet maturity）。若债券发行时要求多次分期偿还本金，这叫作偿债基金（sinking fund）。一般情况下，偿债基金的债券发行要求在某一规定的宽限期后开始每年偿还。如果某债券本金的最后一笔偿还金额显著大于前面的偿还金额，这种付款方式叫作气球式付款（balloon payment）。

（4）债券到期（maturity），是指债券期限在到期日（maturity date）终止。债券发行时的期限长度叫作原有期限（original maturity），债券发行以后距到期日的时间长度叫作剩余期限（remaining maturity）。从理论上说，原有期限可以为任意长度，但是近年来发行的大多数公司债券的原有期限是5～30年。如果没有规定到期日，这种债券就是永续债券（consol），英国政府和美国联邦政府都发行过这种债券，后来实施提前赎回条款使这些债券退出了市场。

(5) 提前赎回条款 (call provision)。该条款给发行者 (公司) 提供了在到期之前清偿债务的权利 (可视为一种期权)。乍一看，发行者需要提前还债的权利有些奇怪，如果借入的钱已经不再需要，把它还清就好，但其实和其他期权一样，提前赎回权也是有价值的。从交易的另一方来看，如果你买入了一种利率为8%的债券，之后市场利率下降了，你会庆幸可以继续得到8%的利率，但是发行债券的公司想把钱还给你，因为它可以以更低的利率从市场上重新借到钱。双方的利益和观点显然不一致，因此在债券合约中必须仔细规定双方的权利和义务。提前赎回条款一般都有一个宽限期，发行几年后才可赎回。

(6) 偿债基金计划。有些债券设有偿债基金，有些则是到期一次偿还。设有偿债基金的债券会在到期日前有一系列的本金偿还行为；赎回时，可以按面额支付现金，或者在资本市场购买。

(7) 保护性债券契约条款。保护性债券契约条款对借款人施加了限制，包括债务限制、股利限制、资产抵押限制、子公司借款限制、资产处置限制、并购限制等。

债券通常是固定收益证券 (fixed-income securities)，这是因为债券持有人知道他们将会收到的利息额以及本金偿还时间。不同类型的债券的现金流分布特征不同。目前市场上的债券多是零息债券 (zero coupon bond)、平息债券 (level coupon bond) 或二者的组合。

零息债券，顾名思义，是在债券期内不支付任何利息，只在到期日一次支付面值的债券。零息债券的面值包含本金和债券期限内所有的利息。国库券是典型的期限在1年以内的政府零息债券。零息债券的现金流非常简单，只是在未来某个时间有一笔确定的现金流入。因此，零息债券通常按面值折价发行，又称为纯贴现债券 (pure-discount bond)。

平息债券是最常见的债券，长期国债、公司债券多是平息债券，它又称附息票债券，是在债券期限内有规律地支付固定利息，到期后一次支付面值的债券。平息债券的现金流是一个年金和一个零息债券的总和。

假设你想获得某种公开交易债券的信息，你可以看报纸或上网查找债券牌价。

二、债券估值的计算

债券发行之后，将在二级市场上进行交易。我们经常看到，交易价格很少是以公平价格 (平价) 为依据的。

债券的公平价格是指持有人未来取得的息票和本金收入的现值。当债券发行时，发行公司可以设定债券的各项条件，使其取得某一特定的发行价。通常发行公司会设法使发行价接近于平价。然而，一旦债券发行在外，其公平价格将反映类似债券当前的市场状况，即随着时间推移债券价格会改变。其原因是：债券契约上规定的条款都是固定的，一旦利率变化，债券价格 (未来支付额的现值) 也随之改变。

假若你手中有一张1 000元的债券，3年后到期，息票率为6%，利息每年年末支付，当前市场利率为10%，那么你手中这张债券能卖多少钱呢？

为了计算债券价格，我们有必要回忆一下前面讲过的现金流量、现值等概念。你手中拥有的这张债券所产生的利息收入和本金偿还收入，可以看成是未来的一系列现金流量（见表6-1）。

表6-1　债券现金流量

时期（年）	0	1	2	3
现金流量（元）	0	60	60	1 060

只要计算出这些现金流量的现值，也就得到了债券的当前价格。让我们计算不同利率条件下这张债券的价格。

（一）当前利率等于息票率

如果当前利率也是6%，债券价格为多少？假设你将在今后3年的每年年末收到60元利息，另外在第3年年末收到1 000元本金。债券的价格 B_0 就是所有这些未来支付额的现值，即

$$B_0 = PV(\text{息票支付额}) + PV(\text{面值})$$
$$= \frac{60}{1+6\%} + \frac{60}{(1+6\%)^2} + \frac{60}{(1+6\%)^3} + \frac{1\ 000}{(1+6\%)^3}$$
$$= 1\ 000(\text{元})$$

可以用图6-1来说明这一计算过程。

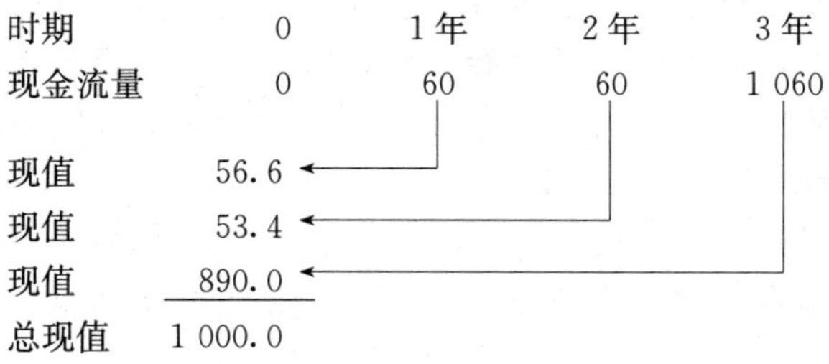

图6-1　现金流量贴现图

从这个结果中，我们可推出：当前利率等于息票率时，债券的价格等于其面值。这一关系对各种类型的债券都适用。

对这个例子来说，在计算现值时还有另一种方法，即把未来的现金流量看作两部分：(1) 3年期的每年60元的年金；(2) 3年后的一笔1 000元的支付额。现值为：

$$B_0 = PV(\text{息票支付额}) + PV(\text{面值})$$
$$= 60 \times \frac{(1+6\%)^3 - 1}{6\% \times (1+6\%)^3} + \frac{1\ 000}{(1+6\%)^3}$$
$$= 1\ 000(\text{元})$$

当然，第一种计算方法更普遍适用。对于一些付息和还本方式较为复杂的债券，只能采用第一种方法。

（二）当前利率不同于息票率

我们早已指出，当前利率为 10%，远高于 6%的息票率。在这种情况下，债券的价格仍是其未来支付额的现值，计算结果为：

$$B_0=PV(\text{息票支付额})+PV(\text{面值})$$
$$=\frac{60}{1+10\%}+\frac{60}{(1+10\%)^2}+\frac{60}{(1+10\%)^3}+\frac{1\,000}{(1+10\%)^3}$$
$$=900.53(\text{元})$$

此时的价格要远低于债券面值。

当市场利率不同于息票率时，债券的价格不等于其面值。价格低于面值的债券，称为折价债券；价格高于面值的债券，称为溢价债券。

上述分析是针对平息债券。那么，对于没有息票率规定的零息债券如何估值呢？前面提到，零息债券的面值包含本金和债券期内的所有利息。根据货币时间价值的概念，零息债券在发行时及发行后的交易价格必然小于面值。假若你手中这张 1 000 元的债券是零息债券，3 年后到期，当前市场利率为 10%，那么这张债券能卖多少钱呢？

我们可以看到这张债券未来的现金流量如表 6－2 所示。

表 6－2　零息债券未来的现金流量

时期（年）	0	1	2	3
现金流量（元）	0	0	0	1 000

这张债券的当前价格即现金流量的现值为：

$$B_0=PV(\text{面值})=\frac{1\,000}{(1+10\%)^3}=751.31(\text{元})$$

如果当前市场利率为 6%，则这张债券的价格为：

$$B_0=PV(\text{面值})=\frac{1\,000}{(1+6\%)^3}=839.62(\text{元})$$

三、债券估值与市场利率

债券价格的变化是由于其现值取决于当前的市场利率。在现金流量固定时，市场利率下跌会使债券价格上升；反之则下降。我们可用图 6－2 来表示固定息票率债券的价格与市场利率之间的关系。

由于市场利率变化会引起债券价格的变化，因此持有债券是有风险的。即使公司能按时还本付息，债券价格改变也必然会产生风险，这一风险称为利率风险。利率风险的存在使那些确保能偿还的债券都具有一定程度的风险。如果你在债券到期前卖掉它，所得的卖价很可能不同于你当初的买价。事实上，债券市价的下跌很容易就能抵消所赚的利息。

利率风险有多大呢？债券价格对市场利率变动越敏感，利率风险越大。债券

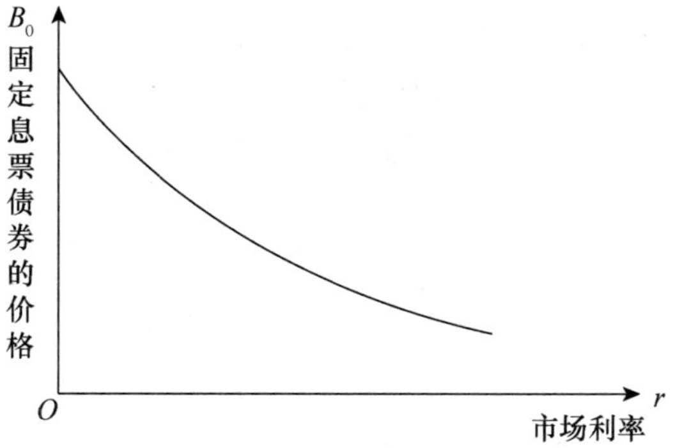

图 6-2　债券价格与市场利率的关系

价格对市场利率变动的敏感度取决于其现金流的发生时机。在市场利率变化时，较远期内收到的现金流，其现值发生的变动要远大于近期现金流现值的变动。因此，在其他条件相同的情况下，剩余期限越长，利率风险越大；息票率越高，利率风险越小。这是因为具有较高息票率的息票债券前期支付较高的现金流，其债券价格对于市场利率的敏感程度要低于其他方面相同但息票率较低的债券。

为了说明上述两点，我们来比较两对债券。我们首先比较息票率都为8%的1年期债券和10年期债券。我们可以计算出当市场利率分别为4%和15%时，这两张债券的价格。当市场利率为4%时，1年期债券的价格为1 038.46元，10年期债券的价格为1 324.44元；当市场利率为15%时，1年期债券的价格为939.13元，10年期债券的价格为648.69元。利率从4%上升至15%使1年期债券的价格下跌不到10%，却会使10年期债券的价格下跌50%以上。我们再来看一对10年期债券，它们的息票率分别为8%和13%，市场利率同样从4%上升至15%，息票率为8%的债券价格由1 324.44元下降到648.69元，下跌51%；而息票率为13%的债券价格由1 729.98元下降到899.62元，下跌不到48%。

我们用图6-3来表示这两对债券价格与市场利率之间的函数关系。10年期债券的价格曲线要陡得多，因此，市场利率的变化使10年期债券的价格变动比1年期债券的价格变动大得多。

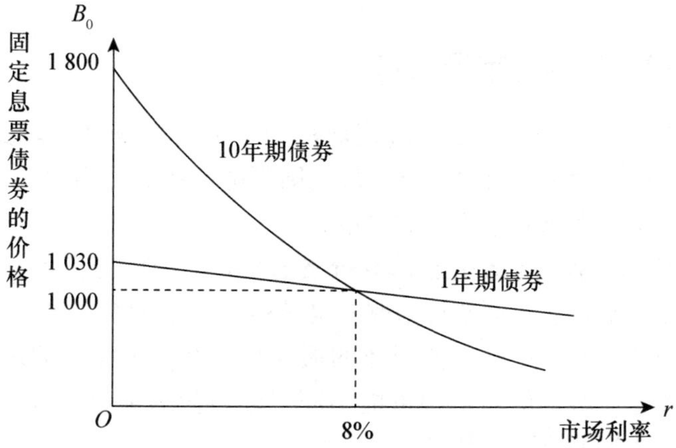

图 6-3　债券价格与市场利率的关系

四、债券的收益率

有时，人们也会用收益率来评估债券的价值。常用的收益率指标有以下几个：当期收益率、持有期收益率和到期收益率。

当期收益率是债券年利息收入与债券购买价格的百分比，如某债券的年利息收入为80元，当前债券价格为800元，则该债券的当期收益率为10%。持有期收益率是指债券持有期（即从买入债券到卖出债券的期间）所获得的年均收益与买入债券的实际价格之比。到期收益率（yield to maturity，YTM）是债券在所有未来支付都能如约实现的条件下，投资人可以获得的收益率，也是使债券价格等于其约定未来现金流量现值的年百分比利率。下面我们用实例来说明这三种收益率。

［例6-1］

计算公司债券的收益率。

假定有一息票率是6%，年利息60元，半年付息，正好6年以后到期的公司债券，其当前市价是782.50元，该债券的当期收益率是多少？到期收益率是多少？

依据概念可得

$$该债券的当期收益率\ r_c=\frac{C}{P}=\frac{60}{782.5}=7.67\%$$

该债券的到期收益率则需要依据下述公式计算得出。

$$782.50=30.00\times\frac{\left(1+\frac{r}{2}\right)^{12}-1}{\left(\frac{r}{2}\right)\times\left(1+\frac{r}{2}\right)^{12}}+\frac{1\,000}{\left(1+\frac{r}{2}\right)^{12}}$$

解得 $r=11.056\%$

式中的r就是到期收益率，因此YTM=11.056%。在实践中，可以认为该债券的到期收益率是11.1%。

假定某投资人以当前市价购买上述债券，并在持有3年后以798.10元的价格卖出，那么该债券的持有期收益率是多少？

$$r_H=\frac{60+(798.1-782.5)\div 3}{782.5}=8.33\%$$

例6-1是针对每年固定发放利息的平息债券。债券期限内没有任何利息收入的零息债券又如何计算收益率呢？由于没有年利息收入，零息债券没有当期收益率之说。零息债券的收益率通常用买卖差价除以购买价表示。对于到期收益率，虽然零息债券与其他债券有明显不同，但是计算零息债券的到期收益率的方法与其他债券依然相同。

［例6-2］

计算零息债券的到期收益率。

李先生持有一种20年后到期，面值是1 000元的零息债券，债券现在的售价是178.43元，该债券的到期收益率是多少？

$$\frac{1\,000}{\left(1+\frac{r}{2}\right)^{40}}=178.43$$

解得　$r=\text{YTM}=8.8\%$

如果李先生是以160元的价格买入的这种零息债券，现在李先生决定以178.43元的价格将其卖出，那么这一零息债券的收益率是多少？

$$r=\frac{178.43-160}{160}=11.52\%$$

值得注意的是，平息债券的持有期收益率是年度收益率，而零息债券的收益率是整个持有期的收益率。

由于计算方法不同，上述收益率的运用时机也不同。通常，到期收益率代表人们投资债券时所期望得到的收益率，是债券未来现金流现值等于债券价格时的收益率。在不存在违约风险的条件下，投资者如果持有债券到期将能实实在在取得到期收益率。持有期收益率和零息债券的收益率是在投资过程结束后的收益率，是投资者已实际取得的收益率。当期收益率则是代替到期收益率的一种简易算法，因为随着债券购买价格与面值的趋近，以及债券期限的无限延长，当期收益率将无限趋近到期收益率。

第2节　股票的特性和估值

一、股票的类型和特性

股票是股份有限公司派发给股东，以证明其进行投资并拥有对公司所有者权益的有价证券。它有两种基本类型：普通股和优先股。普通股（common stock）代表公司的剩余所有权。总体来说，普通股股东是公司的所有者，他们选举公司的董事。在公司清算时，普通股股东在债权人和其他拥有更高法律优先权的投资者得到偿付后，按照持股比例得到偿付。

普通股股东可能获得从公司盈余中支付的股利，即公司支付的现金分红，但支付股利不是公司合同规定的义务，因此，普通股股东比债券持有者承担更大的风险，他们的收益有更大的不确定性。实际上普通股没有明确规定的未来现金支付。

从偿付顺序看，优先股（preferred stock）有比普通股高但是比公司债券低的优先偿付权。优先股有一个固定的现金股利发放比例，就像固定的债券利率一样，但是如果公司不能按时发放股利，优先股股东不能提请公司破产。与普通股股东相比，优先股股东只能非常有限地参与公司事务。

优先股是混合证券，在金融证券的法定优先等级上介于债券和普通股之间。优先股的风险同样介于债券和普通股之间。优先股的支付义务看起来很像债券，它每期支付的股利看起来很像债券每期支付的利息，因此，债券的估值模型也可以用于优先股（假设公司会实现优先股支付义务）。然而有一点需要调整，即优先股一般是按季度支付股利，而债券一般每半年支付一次利息。

二、普通股估值的计算

在这一部分，侧重于评估普通股的价值。对于优先股，我们已经说过，它的性质类似于债券，因此，它的估值方法与债券类似。对于存在赎回期限，即会还本的优先股，其价值为：

$$\text{优先股价值}=PV(\text{优先股股利})+PV(\text{面值}) \tag{6-1}$$

有的优先股没有到期日。这种永久性优先股不会偿还本金，而且预期在未来每一期都会支付股利。此时，股利收入很像是永续年金，不难得出其价值为：

$$\text{永久性优先股价值}=\frac{\text{股利}}{r} \tag{6-2}$$

现在开始讨论如何评价普通股股票的价值。普通股的估值与债券的估值有很大不同，主要有两方面原因：第一，普通股股票的存在时间是无限的。对债券而言，一般总有一个到期日，但对普通股而言，由于公司可以永远存在下去，普通股也可永远存在下去，公司不必赎回。当投资者买卖股票时，其价格取决于未来预期的现金流，而这种现金流从理论上讲可以永远持续下去。第二，前面已经提到过，未来的现金流即股利并不是明确承诺其数量的，只能根据对公司未来盈利和股利政策的预期来估计股利的多少。因此，我们首先讨论普通股价值评估的通用模型，然后针对不同情形分别讨论。

（一）普通股估值的通用模型

我们知道，股票的价格完全取决于公司分配给股东的现金股利以及所采用的贴现率（即必要收益率）。当然，一般普通股的未来现金流是它的未来现金股利和未来的售价，而未来的售价又取决于出售时所预期的以后的现金股利。只要用这些更遥远的贴现现金流来取代未来售价，就可以消除未来售价这一变量。

我们用 P_0 代表现在普通股的价格。在时期 1，2，…，n 的现金股利预期分别为 D_1，D_2，…，D_n。公司刚支付了现金股利 D_0，那么 P_0 就可表示为预期未来现金股利的现值加上第 n 期时预期的售价 P_n 的现值，即

$$P_0=\frac{D_1}{1+r}+\frac{D_2}{(1+r)^2}+\cdots+\frac{D_n}{(1+r)^n}+\frac{P_n}{(1+r)^n} \tag{6-3}$$

式中，r 为该股票的必要收益率。

我们会发现这一公式与债券的定价公式很类似。这并不奇怪，因为任何金融证券的价格都等于未来现金流的现值。当然，评价股票的价值要更困难，因为未来现金流是不确定的。

股票的价值由两部分组成：一部分是股利收入；另一部分是股价的升降。股价升降部分通常称作资本利得。资本利得代表了从买入股票到卖出股票这一期间股票价值的增长情况。

在式（6-3）中，我们假设在第 n 期结束时出售股票，那时应该卖多少钱呢？对于一个在第 n 期末买入该股票并接着持有 m 期的投资者来说，该股票价值确定的方法与前面所说的方法是类似的。这位投资者打算在第 $n+m$ 期末卖出股票。我们可得出该股票对这位投资者的价值 P_n：

$$P_n=\frac{D_{n+1}}{1+r}+\frac{D_{n+2}}{(1+r)^2}+\cdots+\frac{D_{n+m}}{(1+r)^m}+\frac{P_{n+m}}{(1+r)^m} \tag{6-4}$$

此时，P_0 就可重新表示为：

$$P_0=\frac{D_1}{1+r}+\frac{D_2}{(1+r)^2}+\cdots+\frac{D_n}{(1+r)^n}+\frac{D_{n+1}}{(1+r)^{n+1}}+\cdots+\frac{D_{n+m}}{(1+r)^{n+m}}+\frac{P_{n+m}}{(1+r)^{n+m}} \tag{6-5}$$

当然，式（6-5）不过是把原来的 n 期延长到 $n+m$ 期。我们可以反复使用这一方法，从而把 P_0 表示为无限的未来现金股利支付流量的现值。

$$P_0=\frac{D_1}{1+r}+\frac{D_2}{(1+r)^2}+\cdots=\sum_{t=1}^{\infty}\frac{D_t}{(1+r)^t} \tag{6-6}$$

式（6-6）是股票价值的通用表达式，它把股票的公平价格表示为未来现金股利流量的现值，没有对未来股利如何发放做任何假定，也没有对股票将在何时卖出做任何假定，股票可以在未来任何一个时期卖出。

（二）股利固定增长模型

式（6-6）虽然是一个通用公式，但难以用于具体计算。现在，我们来介绍一种更实用的估值方法。投资者把公司（及其股票）看作不断增长的财源，因此，我们感兴趣的是公司的发展速度及其对公司股价的影响。我们可以假设未来的现金股利都是按某个平均速度 g 增长。对股利做出这种假设是很有用的：一方面，它基本适用于许多情况（这种变化率可为正，也可为负）；另一方面，它确实近似于股利发放的实际模式。这种评价股票价值的方法称为股利增长模型，下面我们将进行推导。

假设现金股利在未来从这一期到下一期永远都以速度 g 增长，那么第 t 期的股利 D_t 可表示为第 $t-1$ 期的股利 D_{t-1} 乘以（$1+g$）。以此类推，D_{t-1} 又可表示

成 D_{t-2} 的函数。因此，D_t 可以表示成从现在到时期 t 之间任何一期股利的函数，即

$$\begin{aligned} D_t &= (1+g)D_{t-1} = (1+g)^2 D_{t-2} = \cdots = (1+g)^{t-1} D_1 \\ &= (1+g)^t D_0 \end{aligned}$$

假设这一关系对未来支付的所有股利都适用。因此，未来每一期所支付的股利都可表示为第 1 期股利 D_1 的函数，即

$$D_t = D_1(1+g)^{t-1} \tag{6-7}$$

把股利的这种表示方法代入式（6-6），就可以重新得出当前价格 P_0 的表达式：

$$\begin{aligned} P_0 &= \frac{D_1}{1+r} + \frac{D_1(1+g)}{(1+r)^2} + \frac{D_1(1+g)^2}{(1+r)^3} + \cdots \\ &= D_1 \sum_{t=0}^{\infty} \frac{(1+g)^t}{(1+r)^{t+1}} \end{aligned}$$

前面我们知道，如果 $g=0$，则该股票是一个永续年金，因此 $D_1=D_2=\cdots=D_n=\cdots$，其现值为 D/r。这里出现的是一个不断增长的股利，只要增长率为正（$g>0$），使得分子大于 D，就使 P_0 要大于永久性现金流量不增长时的情况。从逻辑上看，增长率越大，股票的价值也就越大。

我们还可推出在未来任何一个时期 t 股票的价格 P_t。只要从第 $t+1$ 期起股利永远是以每期 g 的速度增长，P_t 就可以表示为 D_{t+1}，g 和 r 的函数，即

$$P_t = \frac{D_{t+1}}{r-g} \tag{6-8}$$

式（6-8）是股利增长模型最通用的公式。例如，当 $t=0$ 时，可得到

$$P_0 = \frac{D_1}{r-g}$$

在股利增长模型中，股利每期都是以速度 g 增长，因此 $D_{t+1}=(1+g)D_t$。可以用 $(1+g)D_t$ 代替式（6-8）中的 D_{t+1}，得到

$$P_t = \frac{(1+g)D_t}{r-g} = (1+g)\frac{D_t}{r-g} \tag{6-9}$$

我们发现，式（6-9）中的 $D_t/(r-g)$ 实际上就是第 $t-1$ 期时的股价 P_{t-1}。这样便有

$$P_t = (1+g)P_{t-1}$$

从这一关系式可知，若股利从第 $t+1$ 期起都以 g 的速度增长，那么从第 t 期

起股价也会以 g 的速度增长。

[例 6-3]

我们以天达公司的例子来说明如何运用股利增长模型。天达公司预期明年支付 5 元股利，必要收益率为 12%，而且股利将永远以每年 4%的速度增长。天达公司的股价应为多少？

利用式（6-8），已知 $D_1=5$，$r=12\%$，$g=4\%$，可得

$$P_0=\frac{5}{12\%-4\%}=62.5(\text{元})$$

假若天达公司预期增长率为零，那么股价又为多少？

$$P_0=\frac{5}{12\%-0}=41.67(\text{元})$$

当仔细观察式（6-8）时，不禁要提出一个问题：若 g 等于 r，股价是否为无穷大？若 g 大于 r，股价是否为负？这两种情况从经济上看都是没有道理的。增长越快的公司风险也越高，因此必要收益率也越高，即 g 越大，r 也就越大，g 永远也不会大于或等于 r。

（三）股利分阶段增长模型

在天达公司的例子中，我们预期股利将以一个稳定的速度持续增长。在多数情况下，相比较远的未来，该模型可以对较近的未来做出更准确的估计。我们可以更准确地描述出较近的未来股利的支付情况；对于较远的未来的股利，由于其现值较小，因此并不值得我们花费很大精力去求出它们的具体值。为较远未来的股利设定一个平均增长率是我们所能使用的最有效率的预测方法，这样就将股利的增长情况分成了近期和远期两个阶段。下面我们来讨论在对近期做出较具体预期时如何评价股票。

一家公司正处于股利高速增长期，而且只会持续有限的时间。在超正常增长期之后，股利将永远以正常速度增长。在计算这种股票的价格时，我们可把它分为两部分：正常增长部分，将持续到永远；超正常增长部分，是有限的。我们可用式（6-8）求出正常增长部分形成的价格 P_n。超正常增长部分是从 D_1 到 D_{n-1}。P_0 是这两部分现值之和。

案例 6-1

北方公司是一家网络开发公司，正处于高速发展时期，销售额以每年 80%的速度增长，预期股利在未来 5 年内可以以 25%的年速度增长，此后，股利将保持在 5%的增长水平。昨天刚发放了股利，每股 0.75 元。该股票的必要收益率是 22%。北方公司的股票价值多少？

首先需要求出预期的未来现金股利（见表 6-3）。

表6-3 预期的未来现金股利

时期（年）	0	1	2	3	4	5	6	…
股利（元）	0.75	0.938	1.172	1.465	1.831	2.289	2.403	…

接着，需要求出在股利增长率将变得稳定时的股价。我们选择第5期作为未来的出售时点。第5期的股价 P_5 为：

$$P_5=\frac{D_6}{r-g}=\frac{2.403}{22\%-5\%}=14.135(\text{元})$$

最后，计算出这一售价的现值，并加上从现在至出售时股利收入的现值。

$$P_0=\frac{0.938}{1+22\%}+\frac{1.172}{(1+22\%)^2}+\frac{1.465}{(1+22\%)^3}+\frac{1.831}{(1+22\%)^4}+\frac{2.289}{(1+22\%)^5}+\frac{14.135}{(1+22\%)^5}=9.266(\text{元})$$

至于出售时机选择，在同样的假设下理论模型计算出来的价格在不同时期都是相同的，但市场价格与理论价格总是存在差异，因此选择出售时机要根据市场运行来确定。

有的公司在一段有限的时间内股利增长是变化不定的，而随后会有一个正常的增长速度。在此种情况下，依然可把股利流量分成两部分。假设股利在 n 期内增长率不断变动，接着以固定速度 g 持续增长。第 $n+1$ 期的股利为 $D_n(1+g)$。将此代入式（6-8），可求出第 n 期的股价：

$$P_n=\frac{D_n(1+g)}{r-g}$$

进一步推导，得出

$$P_0=\frac{D_1}{1+r}+\frac{D_2}{(1+r)^2}+\cdots+\frac{D_n}{(1+r)^n}+\frac{D_n(1+g)}{(1+r)^n(r-g)} \tag{6-10}$$

案例6-2

意达公司正筹建一个3年期项目，在3年之内不打算增加股利。上年的股利为1元，接下来的3年仍是1元。项目完成后，销售将有大幅上升，因此紧接着2年内股利分配将以4%的速度增长。此后，股利将保持每年2%的增长速度。意达公司普通股的必要收益率是10%，现在股票值多少钱？

首先，我们还是给出预期的未来现金股利流量（见表6-4）。

表 6-4 预期的未来现金股利流量

时期（年）	0	1	2	3	4	5	6	7	…
股利（元）	1	1	1	1	1.4	1.96	1.999	2.033	…

我们发现从 D_5 起股利增长率预期会变稳定，这是最早能满足稳定增长假设的时点。利用式（6-10），由于 $D_5=1.96$，$g=2\%$，$r=10\%$，有

$$P_0=\frac{1}{1+10\%}+\frac{1}{(1+10\%)^2}+\frac{1}{(1+10\%)^3}+\frac{1.4}{(1+10\%)^4}+\frac{1.96}{(1+10\%)^5}+\frac{(1+2\%)\times 1.96}{(1+10\%)^5\times(10\%-2\%)}\approx 20.18(\text{元})$$

（四）增长机会（零股利）模型

我们还看到一种现象，有的上市公司长期不发放股利，在市场上它的股票价格却节节攀升。对于这种不发放股利的公司股票又该如何评估价值呢？我们前面用来评价普通股股票价值的股利来自公司的未来盈余，股利增长率是公司留存盈余比率与留存盈余回报率的乘积。公司盈余有两种安排：一是作为股利分配给持股人；二是留存在公司进行再投资，以便在未来可以发放更多的股利。前面的股票价值评估模型实际隐含着这样一个假设，即公司产生的盈余最终都会以股利的形式发放给股票持有人。因此，股票价值评估的股利折现模型也可以表达为每股盈余的折现模型。

$$P_0=\sum_{t=1}^{\infty}\frac{EPS_t}{(1+r)^t} \tag{6-11}$$

式中，EPS 为每股盈余。

如果公司将每股盈余全部用来派发股利，则 $EPS_t=D_t$，这类公司通常称为现金牛（cash cow）。将全部盈余都用来支付股利的决策未必是最优的。一些公司面对有利可图的项目时，就会放弃发放股利，而将盈余用来投资。假设公司在时点1不发放股利，将全部盈余投资于特定的资本预算项目，其后各期盈余全部用于发放股利，且每股盈余不变，则该公司的股票价格可表示为：

$$\begin{aligned}P_0&=NPVGO_1+\sum_{t=2}^{\infty}\frac{EPS_t}{(1+r)^t}\\&=NPVGO_1+\frac{D}{r}\end{aligned} \tag{6-12}$$

式中，$NPVGO$ 为投资项目的净现值。

如果公司不断面临好的投资项目，就可能会多年不发放股利。假定公司每年均有投资机会，采取零股息的股利政策，则公司的股票价格可以表示为：

$$P_0 = NPVGO_1 + NPVGO_2 + \cdots$$
$$= \sum_{t=1}^{\infty} NPVGO_t \qquad (6-13)$$

□ 小 结

债券是公司为了借入长期资金而发行的一种标准化契约，承诺按照债券合约中的条款支付利息和偿还本金。

债券的期望收益率可以用到期收益率来衡量，到期收益率是债券所有未来支付都能如约实现条件下投资人可以获得的收益率，也是使债券价格等于其约定未来现金流量现值的年百分比利率。

股票有两种基本类型，即普通股和优先股。普通股代表公司的剩余所有权。优先股有比普通股高但是比公司债券低的优先偿付权，同时有一个固定的现金股利发放比例。

债券的价格等于债券未来产生的全部现金流量的现值，利率变化会引起债券价格的变化，因此持有债券会产生利率风险。

优先股的股利支付类似永续年金，因此可以用永续年金现值的计算公式来估计优先股的价值。

普通股的价格取决于公司未来分配给股东的现金股利以及所采用的贴现率（即必要收益率）。

□ 重点概念

债券　票面价值　息票付款　本金　到期日　零息债券　到期收益率　普通股　优先股　股利增长模型

□ 思考与练习

1. 理解债券合约条款的主要内容。
2. 什么是到期收益率？如何计算到期收益率？
3. 简述影响债券价格的主要因素。
4. 什么是普通股和优先股？简述二者的主要区别。
5. 某公司发行面值为1 000元的债券，期限为10年，票面利率为8%，每半年支付一次利息。

(1) 当市场利率分别为8%，6%，10%时，该债券的价格分别是多少？

(2) 根据计算结果，说明债券价格与市场利率的关系。

6. 某公司债券的期限为10年，年利率为8%，面值为1 000元。若以1 150元购入该债券，则投资者持有该债券的到期收益率为多少？
7. 假设投资者持有某公司的1 000股优先股，该优先股当前的市场价格为每股40元，每年支付红利为每股3.6元。

(1) 计算该投资者的预期收益率。

(2) 如果投资者要求的回报率是10%，则以当前市价买入还是卖出？

8. 某公司的普通股上年每股红利为3.6元，预计将以5%的增长率持续增长。如果投资者要求的收益率为20%，则该公司普通股价格应为多少？

9. 某公司处于高速增长期，预期每股利润和股利未来两年的增长率为18%，第三年为15%，以后增长率恒定在6%。该公司刚支付每股1.20元的股利。如果市场要求的收益率是12%，那么该公司现在的股票价格是多少？

□ 拓展阅读

大小盘股票估值分化之谜

过去的半年以来，市场最关心也最困惑的问题就是如何看待和理解日益分化的大小盘股票的估值水平。中小市值股票的估值水平从50倍市盈率（PE）奔向100倍PE，互联网模式大行其道，而大市值蓝筹股票则从10倍PE压缩至5倍PE。以自由现金流贴现模型为股票价值的分析框架，影响股票估值水平的因素主要有三个方面：第一，未来几年的企业盈利改善或恶化预期，这影响未来企业的自由现金流状况；第二，对于长期成长空间的预期，体现在对永续增长率g的预期变化上；第三，贴现因子，反映资金成本。

首先，我们看看盈利预期的变化对估值的影响。从过去半年的情况来看，无论是中小盘还是大盘蓝筹股，企业盈利改善的预期并不明显，这与宏观环境“上有顶、下有底”的运行状况相一致。中小市值行业中，仅传媒等个别行业存在盈利超预期情况；整体来看，中小盘和大盘蓝筹股整体的盈利增速预期相近且变化不大。因此，盈利预期变化应该不是大小盘估值差距拉大的主要原因。

其次，我们观测长期成长空间对估值的影响。过去半年里，由于经济上行周期偏短且力度有限，代表大盘蓝筹股的传统周期性行业的成长性出现了天花板，而以互联网和移动互联为代表的新兴社会趋势一定程度上颠覆或者改造了传统商业模式，成为缺乏亮点的宏观数据中“结构性的亮点”。因为其亮点的稀缺性以及趋势的确定性，成为市场追捧的热点。至于新兴行业和传统行业的永续增长预期是否合理，成长空间是否与估值水平匹配则另当别论。从大小盘股票估值分化的严重情况来看，似乎这种预期存在被夸大的成分，一定程度上受投资者情绪的影响。

最后，贴现因子的影响整体是负面的。由于2013年利率市场化使得整体资金成本显著上升，无风险收益率显著上行，无论对大盘股还是小盘股的估值影响均是负面的。上述是从基本面的角度来看待大小盘股票估值分化的成因。对于成长空间的预期变化是大小盘估值分化的主要原因，但为何估值分化能够演化到匪夷所思的地步呢？

我们认为除了基本面因素之外，利率市场化背景下投资者风险偏好的变化和金融衍生工具的助推作用是估值分化变得严重的重要因素。利率市场化导致资金成本上行，股票市场整体的估值水平下行，投资者的风险偏好不但没有下降，反而快速上升了。类似的情形也发生在债券市场，因潜在对标产品的收益率提高，投资者的资产配置更倾向于高风险、高收益的标的，这也是2013年下半年国债价格大跌而信用债相对坚挺的主要原因，股票市场亦如此，中规中矩的白马蓝筹被抛弃，而故事大、切合主题的中小盘股票受到热捧。此外，融资融券工具的应用也使得中小盘股票估值提升的高度超乎想象。2013年下半年以来，中小盘龙头公司融资买入余额节节攀升，助推中小盘股票的估值提升。大小盘股票估值分化既有宏观经济转型的因素，也有利率市场化后投资者风险偏好变化和金融衍生工具推动的作用。当前阶段投资者风险偏好是驱动估值分化的核心因素，一些外在因素可能令风险偏好出现转向，须密切关注。

资料来源：曹文俊. 大小盘股票估值分化之谜. 股市动态分析，2014 (7).

M

第 3 篇

投资篇

第7章

资本预算与公司投资决策

本章要点

- 资本预算的概念和程序；
- 资本预算的主要方法；
- 各种资本预算方法的优缺点；
- 资本预算的实际应用。

引 例

内蒙古某乳品公司的投资决策

现代经济的大规模发展给人们带来前所未有的财富，然而生活水平的提高和工作节奏的加快使得各种慢性疾病逐渐增多，尤其是咽喉疾病等有明显攀升之势。内蒙古某乳品公司拥有全自动液态奶灌装生产线120条，日产各种奶制品800多吨，是内蒙古奶制品加工行业的领军企业。该公司拟投资建设保健饮料怀菊花茶饮料生产线。怀菊花是焦作一带的传统植物，具有清咽解毒、治疗咽喉肿痛等功效，是一种多功能、多用途的保健性植物，是集药用、食用为一体的重要经济植物和生物医学科学研究的好材料，市场开发价值独特。用怀菊花制成的茶及茶饮料系列产品是一种功能保健型饮料，具有医疗和保健作用。

随着生活水平的不断提高，人们的医疗保健观念也发生了明显的变化，由以治疗为主转变为以预防为主，由以药品为主转向以保健品为主，这就为怀菊花的开发利用开辟了广阔的领域和发展空间。

公司投资茶项目决策组通过考察国内外一流饮料企业，结合企业实际，提出了两种投资方案：方案一，在该市工业开发区建设一条年产10万吨怀菊花茶饮料生产线；方案二，在该市工业开发区建设一条年产5万吨的茶饮料生产线和一条5万吨的乳饮料生产线。公司对这两个投资方案进行资本预算，具体方法有：回收期法、净现值法、内部收益率法。

对方案一进行分析的结果是：项目总投资8 220万元，项目完成后，平均年销售收入48 960万元，利润6 425万元，销售利润率13%，投资回收期3.47年，财务净现值64 150万元，项目内部收益率63.09%。

方案二的分析结果是：项目总投资9 000万元，项目完成后，平均年销售收入44 064万元，利润5 287万元，销售利润率12%，投资回收期4.5年，财务净现值56 400万元，项目内部收益率57.09%。

通过比较可以看出，方案二比方案一多投资780万元，投资回收期延长近1年，销售利润率比方案一低1个百分点，财务净现值比方案一减少7 750万元，内部收益率比方案一低6个百分点。与方案二相比，方案一收益高、回收快、风险小，是两个方案中的最佳方案。

资料来源：张良财. 企业理财案例分析实训. 北京：中国物资出版社，2019.

第1节 公司的投资决策

凯恩斯在《货币论》中有这样一段论述："是公司创造和增加了这个世界的财富……如果公司在运营，无论是否节俭，财富都在聚集；如果公司停滞了，无论如何节俭，财富都会衰败。"可见，公司在促进社会财富积累和经济发展方面起到了中流砥柱的作用。任何一个公司，无论是资产规模过万亿元的大型集团公司，还是资产规模仅有几十万元的合伙制企业，要想在激烈的市场竞争中实现可持续成长，一个基本的条件就是：要不断地寻找新的投资项目，并源源不断地产生新的利润。因此，寻找可能的盈利性项目，并做出正确的投资决策，是关系到公司生死存亡的大事。

一、公司投资决策的本质

在本质上，所有的决策都是基于对备选方案的比较，要比较，就要有比较的尺度——价值标准。从这个意义上说，投资决策理论源于价值理论。任何决策都应该具备的两个必要条件是：备选方案和价值标准。具体到投资决策，就是指可能的投资项目和对这些投资项目进行评估的价值标准。对所有可能的投资项目按一定标准进行评估的过程，就是资本预算（capital budgeting）。

先来看第一个条件——备选方案。如果没有备选的投资项目，就无所谓进行决策。这个条件进一步扩展，就是投资项目不仅存在，而且能为决策者所发现，这是至关重要的。实际上，发现可能的投资项目比对投资项目进行评估更加困难，对公司的发展也更加重要。

再来看第二个条件——价值标准。用什么标准来评估投资项目的价值，取决于我们的目标。在备选方案相同的条件下，不同的目标会产生完全不同的价值标准，最终的决策也将大相径庭。例如，驾车从北京到天津有三条可行的路线，也就是说，我们有三个备选方案。但是仅仅有了备选方案，仍然无法进行决策，因为存在不同的选择标准，如距离最短、时间最短、费用最低、风景最美等。根据不同的选择标准，将会选择不同的路线。这时，必须根据自己的目标，确定选择的价值标准。如果目标是最快到达，应该选择时间最短的路线；如果目标是花费最少的金钱到达，价值标准就是费用最低。这里还有一个问题，如果我们的目标是旅途轻松愉快，是否可以把风景最美作为价值标准呢？答案是否定的。因为风景最美是靠决策者的主观感受判断的，仁者见仁，智者见智，很难达成共识。而作为价值标准，一个基本的性质就是可测性，即可以客观公正地进行测量，从而使不同的备选方案之间具有可比性。

二、公司投资决策的过程

公司的投资决策包括购置设备、投产新的生产线、改造原有生产线、兴建厂房等。寻找可能的投资项目，并按照一定的价值标准进行评估，显然不是财务部门能够独立完成的，需要公司各个部门的配合。在一家管理规范的公司，投资决策的过程大致是这样的：第一步，从战略层次开始，即由公司的高级管理层设定公司战略目标；第二步，由执行经理把这些战略目标转化成具体的执行计划；第三步，也是最为关键的一步，提出实现执行计划的可能的投资方案；第四步，也是最后一步，由财务部门对所有提出的项目进行评估，即进行资本预算。这样一个自上而下的投资决策过程如图 7－1 所示。

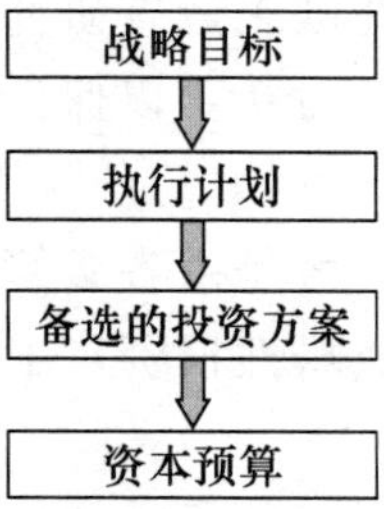

图 7－1　公司投资决策过程

虽然在本书中只关注公司投资决策的最后一步，即资本预算，但我们必须知道，发现可能的投资机会是非常关键也是非常困难的，在竞争激烈的市场上尤其如此。

三、公司投资决策的目标

如前面驾车从北京到天津的例子所示，依据不同的价值标准会做出不同的决策。那么公司在进行投资决策时，应该坚持什么样的价值标准呢？投资决策基本上是资源分配的决策，公司的管理人员和财务人员必须决定是否应该将公司的稀缺资源（资金、土地、劳动力等）分配到某一项目上。根据上面的讲解，公司投资决策的价值标准是由公司的经营目标决定的。

在第 1 章，我们已经讲过，对于公司经营的目标，有两种主要的观点：股东财富最大化和公司价值最大化。如果以前者为目标，那么投资决策的价值标准就是公司股票价格最大化。由于使公司股票价格上涨的最简单的方法是在财务报告中公布公司业绩大幅增长，因此，以股东财富最大化为目标的公司可能做出急功近利的举动，例如通过削减资本性支出和研发费用来实现短期利润最大化和股票价格上涨，甚至通过粉饰财务报表达到这一目的。

在本书中，我们假设公司的经营目标是公司价值最大化，即在一个相当长的时期内获得最大的利润，而不在乎短期股票的价格。这样，公司将平等地对待其他的利益相关者，如债权人、管理人员、员工，甚至政府。在这一目标下，评估投资项目的价值标准就是增加公司的价值。在第2篇，我们已经详细分析了现金流贴现的方法。我们知道，一个能产生一系列现金流量的投资项目，可以通过对产生的现金流贴现后的现值进行评价，也就是计算净现值，来判断是否投资净现值为正的项目以增加公司的价值。因此，公司的资本预算就是寻找净现值为正的项目。也就是说，资本预算使公司价值最大化从管理口号变成了实际决策。通过资本预算，不仅能够找出增加公司价值的项目，还可以估算出创造出的价值大小。毫无疑问，计算净现值是公司资本预算最重要的方法。尽管如此，我们也不能忽略其他的方法，它们是对净现值法有益的补充。在下一节，我们将逐一介绍资本预算的常用方法。

四、资本预算的程序

固定资产投资是公司经济活动中最重要的一个方面，因此应加强资本预算的管理工作。一旦决策失误，就会严重影响公司的财务状况和现金流量，甚至会使公司走向破产。因此，不能在缺乏调查研究的情况下轻率做决策，而必须按特定的程序，运用科学的方法进行分析，以保证决策的正确有效。资本预算的程序一般可分为以下几方面：

(1) 投资项目的提出。一般是由各级管理者提出投资申请，高层管理者提出的投资项目多数是大规模的战略性投资，中层或基层管理者则主要提出战术性投资项目。

(2) 投资项目的评价。投资项目的评价主要涉及以下几项工作：一是把提出的投资项目进行分类，为分析评价做好准备；二是计算有关项目的预期收入和成本，预测其现金流量；三是根据投资评价指标，把各项目按可行性排序；四是编写评价报告，报送上级。

(3) 投资项目的决策。投资项目经评价后，由有相应决策权的管理层做出决策。决策一般有三种结果：1) 接受；2) 拒绝；3) 重新调查。

(4) 投资项目的执行。决定对某项目投资后，要积极筹措资金，实施投资。在执行过程中，要对工程进度、工程质量、施工成本等进行控制，以使投资按预算规定完成。

(5) 投资项目的再评价。在投资项目的执行过程中应注意，一旦出现新情况，就要随时根据变化的情况做出新的评价。如果情况发生重大变化，原来的投资决策已变得不合理，就要对是否中止投资做出决定，以避免更大的损失。

对于资本预算管理，需要着重强调的是，协作是至关重要的前提条件。人际关系的协调与否会产生重要影响。不同职能部门的成员之间能否相互协作，决定着能否做出正确决策。例如，市场调查部和财务部必须相互交换信息，才能预测出项目的现金流量。不同决策层之间能否相互协作，也极为关键。例如，在多数公司中，都采用资本预算权限制度，即某一级的经理只能批准一定限额内的资本支出。但是一位经理可想出种种办法绕过这一限制：把一笔大支出分成若干笔小支出或者在较长时间内完成这笔支出等。较低层的经理往往会觉得较高层的经理远离实际，但是，他们这种实际上越权的行为可能会由于不具备更高一级决策层所具有的较宽广的视野而给公司带来损害。因此，低层经理有责任向高层经理阐述自己的观点，而高层经理有责任尽量理解下级的观点，并把这些观点和其他信息一起衡量，以确定最佳方案。当然，把所有决策权集中于最高层经理一人的极端情况，也是不合理的。

第2节 常用的资本预算方法

在对备选的投资项目进行资本预算时，我们关注的重点是投资项目可能产生的现金流量，因为是现金而不是会计利润提供了控制资源的能力。在上一节，我们已经知道，公司的资本预算就是寻找净现值为正的项目，也就是说，计算净现值是公司投资决策中最重要的方法。除此之外，常用的方法还有回收期法、盈利指数法、内部收益率法、会计收益率法。这一节，我们就来学习这几种常用的资本预算方法。注意：在本章，我们假设所有的投资项目可能产生的自由现金流量是已知的，公司的资本成本也是已知的，我们需要做的仅仅是研究如何对这些投资项目进行评估。做出这一假设，是为了降低分析的难度，同时也使我们能够集中精力关注最重要的方面。

一、回收期法

回收期（payback period）法是一种最简单的资本预算方法，它之所以简单，是因为没有考虑货币的时间价值。所谓回收期，就是指收回初始投资成本的时间。回收期法就是计算项目产生的自由现金流量，在多长时间内能够收回项目的初始投资成本。当我们用回收期法判断一个项目是否应该被采纳时，唯一的价值标准就是该项目的回收期是否在公司期望的范围内。我们通过一个例子来学习如何应用回收期法进行资本预算。

［例7-1］

东兴公司打算购建一条新的生产线，该生产线的初始投资是1 000万元，预计建成投产之后该生产线产生的现金流量如表7-1所示。如果东兴公司希望在3年内收回初始投资，那么东兴公司是否应该投资购建该生产线？

表 7-1　东兴公司新生产线预期现金流量

时期（年）	1	2	3	4	5
现金流量（万元）	200	400	300	200	200

从表 7-1 可知，新生产线建成后 3 年产生的现金流量总和是 900 万元，小于初始投资 1 000 万元。第 4 年产生的现金流量是 200 万元。假设现金流量是连续的，则投资该生产线的回收期是：

$$3+100\div200=3.5(\text{年})$$

该生产线的回收期大于 3 年，因此应该放弃。

下面，我们再来看一个例子。

[例 7-2]

东兴公司现有两个备选方案。方案一：投资购建一条新的生产线；方案二：投资改造现有的生产线。假设两个方案的初始投资都是 1 000 万元，两个方案投产后预计产生的现金流量如表 7-2 所示。如果东兴公司希望在 3 年内收回初始投资，那么应该选择哪一个方案？

表 7-2　方案一和方案二预期现金流量　　单位：万元

时期（年）	1	2	3	4	5
方案一	200	400	300	200	200
方案二	300	400	300	0	0

通过例 7-1，我们已经知道，第一个方案的回收期是 3.5 年。很容易看出，第二个方案的回收期是 3 年。显而易见，根据回收期法，东兴公司应该选择第二个方案，尽管第一个方案产生的总现金流量远远大于第二个方案。由此可见，用回收期法进行资本预算存在明显的缺陷。仅仅根据回收期法做出投资决策，甚至有可能是错误的。

回收期法最大的缺陷就在于没有考虑产生的现金流量的时间价值，毫无疑问，第 1 年产生的 300 万元现金流量和第 10 年产生的 300 万元现金流量，现值完全不一样。回收期法的第二个缺陷是完全忽略了在回收期后产生的现金流量，如例 7-2 所示，可能会导致那些产生的现金流量分布比较靠后的项目被拒绝，即使这些项目产生的现金流量的现值和终值远远大于其他项目。这显然不符合公司价值最大化的经营目标，也不符合公司资本预算的价值标准。

虽然回收期法存在诸多缺陷，但是由于它简单易行，在实践中还是广泛应用于对投资项目进行粗略的评估。在大多数情况下，初始投资收回的期限越长，项目的风险就越大，一些发展日新月异的行业（如 IT 业）尤其如此。因此，回收期作为衡量风险的尺度，在资本预算中还是有用的。

二、净现值法

在对备选项目进行资本预算时，最常用也最为科学的方法是净现值（NPV）法。净现值是投资项目产生的未来现金流量的现值与初始投资成本的差额，它可以用来测算投资项目为公司创造的价值大小。显然，净现值越大的项目，为公司创造的价值越大；净现值为负的项目，不仅不能创造价值，反而会消耗公司的财富；净现值为零的项目，既没有为公司创造财富，也没有消耗公司财富。

净现值法的运用程序可分为以下步骤：（1）估算出投资方案的预期现金流量；（2）估计项目的风险，确定资本成本；（3）计算出项目的净现值，净现值大于零则可接受该方案，净现值小于零则拒绝该方案。可表示为：

$NPV>0$，接受；

$NPV<0$，拒绝；

$NPV=0$，两可。

现在我们用一个例子来说明如何用净现值法对投资项目进行资本预算。

［例7-3］

东兴公司正在考虑是否该引进一台新的机器设备，引进这台机器之后，生产成本会大幅降低，预计产生的现金流量如表7-3所示。购买该机器需要花费4万元，假设必要收益率是12%，那么东兴公司是否该引进该设备？

表7-3　东兴公司引进新设备的预期现金流量　单位：元

时期（年）	1	2	3	4	5
现金流量	15 000	14 000	13 000	12 000	11 000

根据式（4-18），净现值的计算公式为：

$$NPV=C_0+\frac{C_1}{1+r}+\frac{C_2}{(1+r)^2}+\cdots+\frac{C_n}{(1+r)^n}$$

式中，C_0 为初始投资的投资成本，一般为负数，因为它是现金的流出。

如果用 IO 表示初始现金流出量的绝对值，FCF_t 表示整个项目回收期内的各期现金流入，n 表示项目的回收期，则净现值的计算公式可以简化为：

$$NPV=\sum_{t=1}^{n}\frac{FCF_t}{(1+r)^t}-IO \tag{7-1}$$

本例中，我们把初始现金流出和各期现金流入的数字代入式（7-1），查现值系数表，也可以利用财务计算器和一些软件（如Excel）①，计算得出

① 至于如何应用Excel或其他财务软件计算净现值等，请参见其他相关书籍，本书不予介绍。

$$NPV=\frac{15\ 000}{1+12\%}+\frac{14\ 000}{(1+12)^2}+\cdots+\frac{11\ 000}{(1+12\%)^5}-40\ 000$$
$$=7\ 674.63(\text{元})$$

引进新机器能为公司创造 7 674.63 元的价值，因此应该接受该项目。

净现值法是公司进行资本预算最常用、最科学、最有效的方法，它最大的优点就是充分考虑了货币的时间价值。同时，由于采用该方法进行资本预算，只有那些净现值大于零的项目才可能被接受，充分体现了公司价值最大化的经营目标。可惜，世界上没有完美的事情，使用净现值法最大的困难在于：必须事先估计出项目产生的预期现金流量和公司的资本成本（必要收益率）。在本章，为了降低难度，也为了集中研究重点问题，我们假设项目预期现金流量和公司的资本成本都是已知的，从而回避了这一问题，然而，实际上净现值法真正的难度恰恰在于确定相关现金流量和公司的资本成本。第 8 章和第 9 章我们将集中解决这两个问题。

三、盈利指数法

资本预算的第三种方法是盈利指数（profitability index，PI）法。盈利指数，又称收益-成本比率（benefit-cost ratio），是指投资项目未来产生的现金流量的现值与初始投资成本的比率。与净现值不同，盈利指数是个相对指标，它的计算公式为：

$$PI=\frac{\sum_{t=1}^{n}\frac{FCF_t}{(1+r)^t}}{IO} \tag{7-2}$$

根据表 7-3 中的数据，东兴公司引进新设备项目的盈利指数为：

$$PI=\frac{47\ 674.63}{40\ 000}=1.19$$

用盈利指数法进行资本预算时，判断的标准为：

$PI>1$，接受；
$PI<1$，拒绝；
$PI=1$，两可。

因此，根据盈利指数法，东兴公司应该接受引进新设备项目。可以看到，净现值法和盈利指数法使用相同的信息评价投资项目，因此，使用二者做出的资本预算决策应该是一样的。当项目产生的未来现金流量的现值高于初始投资成本时，项目的净现值为正（$NPV>0$），同时盈利指数也一定大于 1（$PI>1$）；反之亦然。既然这两种方法实际上是一回事，盈利指数还有什么存在的意义呢？这个问题我们留待下一节解决。

四、内部收益率法

内部收益率（internal rate of return，IRR）是指能使未来现金流入量现值等于初始现金流出量的贴现率，或者说是使投资方案净现值为零的贴现率。用公式表示为：

$$IO=\sum_{t=1}^{n}\frac{FCF_t}{(1+IRR)^t} \tag{7-3}$$

净现值法可以说明投资方案高于或低于某一特定的投资收益率，但没有揭示项目本身可以达到的具体收益率是多少。内部收益率是根据项目的现金流量计算得出的，是项目本身的投资收益率。因此，在利用内部收益率法做投资决策时，应掌握的原则是：如果资本预算项目的内部收益率高于该项目的资本成本，则可采纳该项目。如果用 r 表示公司的资本成本，则内部收益率法的判断标准可表示为：

$IRR>r$，接受；
$IRR<r$，拒绝；
$IRR=r$，两可。

对很多经理人员来说，IRR 远比 NPV 更直观，也更有吸引力。知道一项投资的 IRR 是 35%，比知道其 NPV 是 1 000 万元更有价值。但是，IRR 计算起来不是那么容易。如果投资项目每期产生的现金流入量都相等，即项目产生的现金流量是一种年金，则可以通过计算机软件（如 Excel）来计算内部收益率。如果每期产生的现金流入量不相等，内部收益率的计算通常要利用试错法逐步测试。首先估计一个贴现率，用它来计算项目的净现值。如果净现值为正数，说明项目本身的收益率超过估计的贴现率，应提高贴现率后进一步测试；如果净现值为负数，说明项目本身的收益率低于估计的贴现率，应降低贴现率后进一步测试。经过多次测试，找出使净现值接近零的贴现率，即为项目本身的内部收益率。我们还是通过一个例子来看一看，在每期现金流量不相等的情况下，如何计算内部收益率。

[例 7-4]

东兴公司某项投资的现金流量如表 7-4 所示，已知初始投资为 10 000 元，试计算该项投资的内部收益率。

表 7-4　东兴公司某项投资的预期现金流量　　单位：元

时期（年）	1	2
现金流量	5 000	7 000

首先，估计贴现率 $r=12\%$，则

$$NPV=\frac{5\ 000}{(1+12\%)}+\frac{7\ 000}{(1+12\%)^2}-10\ 000=44.64(\text{元})$$

净现值为正，说明项目的收益率高于12%，应进一步提高。再假设贴现率 $r=14\%$，则

$$NPV=\frac{5\ 000}{(1+14\%)}+\frac{7\ 000}{(1+14\%)^2}-10\ 000=-227.76(\text{元})$$

净现值为负，说明项目的收益率应该在12%～14%。为了精确求出内部收益率，我们可以使用内插法：

$$IRR=12\%+2\%\times\frac{44.64}{44.64+227.76}=12.33\%$$

在使用内部收益率法时，大多数情况下，我们能得到与使用净现值法一致的资本预算决策。也就是说，在大多数情况下，投资方案的 *IRR* 超过资本成本，该方案也会有正的净现值。图7-2描述了大多数情况下项目的内部收益率与净现值之间的关系，即如果内部收益率高于资本成本，则净现值为正；如果内部收益率低于资本成本，则净现值为负。内部收益率是盈亏平衡的收益率。

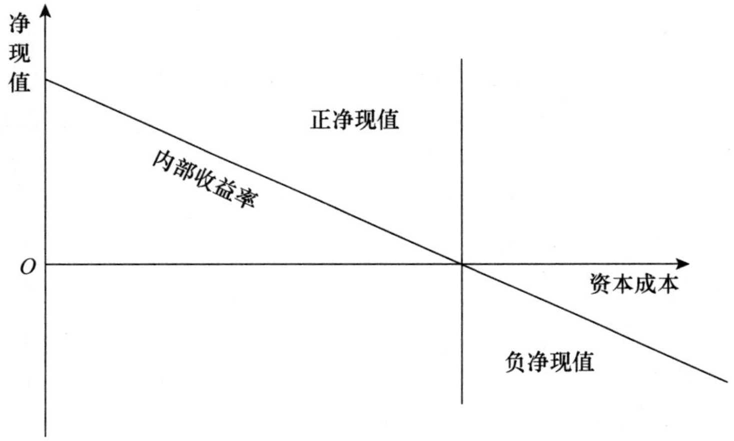

图7-2 内部收益率与净现值之间的关系

不过，图7-2描述的这种关系只适用于独立的、常规的资本预算项目。“独立”是指是否选择该项目不取决于其他项目。也就是说，采纳这一项目，既不要求有其他任何投资，也不因此排除其他任何投资。若一个项目要求进行其他投资，那么它只是一个大项目的一部分，要和其他部分一起做出分析。若进行一项投资就不能进行另一项投资，或者正相反，那么这两项投资就是互斥的。“常规”是指一个项目有初始现金流出量后，在未来各期都有现金流入量，即投资后预期未来各年的现金流量都为正值。

在遇到非常规项目时，使用内部收益率法就很难做出决策了。例如，某一项目的未来现金流量中，有的年份为正（现金流入），有的年份为负（现金流出）。

在这种情况下，根据式（7-3），可能会计算出若干内部收益率。我们还是来看一个例子。

［例7-5］

东兴公司某项投资的现金流量如表7-5所示，已知初始投资为1 600元，试计算该项投资的内部收益率。

表7-5 未来现金流量正负不一致的投资项目 单位：元

时期（年）	1	2
现金流量	10 000	−10 000

根据式（7-3），我们可以计算出两个解：25%和400%。哪一个是正确的呢？答案是，虽然这两个解都能满足内部收益率的计算公式，但没有一个是正确的。这个例子再次证明当项目产生的未来现金流量有正有负时，可能会计算出不止一个内部收益率。

内部收益率法虽然存在上述不足，但在实践中，它的运用甚至比净现值法更普遍。最重要的原因是，它简单易懂且比较客观地反映了投资项目的真实收益率，只要得出的收益率足够高，就肯定是一项好的投资，甚至无须费劲去估计资本成本。

五、会计收益率法

会计收益率（accounting rate of return，ARR）是指投资项目年平均净收益与该项目年平均投资额的比率。其计算公式为：

$$ARR=\frac{\text{年平均净收益}}{\text{年平均投资额}}\times 100\% \tag{7-4}$$

式中，年平均净收益可按项目投产后各年净收益总和简单平均计算。年平均投资额是指固定资产投资账面价值的平均数。下面我们用一个例子来说明这种方法的运用。

［例7-6］

东兴公司正在考虑是否要购置一套设备，这套设备的价格为500 000元，预计使用寿命5年，5年后将彻底报废。预计这套设备将使东兴公司每年新增的销售额与费用如表7-6所示。

表7-6 计算会计收益率所需预计的项目每年收入与成本 单位：元

年份	1	2	3	4	5
收入	433 333	450 000	266 667	200 000	133 333
支出	200 000	150 000	100 000	100 000	100 000

续表

年份	1	2	3	4	5
税前现金流	233 333	300 000	166 667	100 000	33 333
折旧	100 000	100 000	100 000	100 000	100 000
税前利润	133 333	200 000	66 667	0	−66 667
所得税（$t=0.25$）	33 333	50 000	16 667	0	−16 667
净利润	100 000	150 000	50 000	0	−50 000

根据表7-6中的数据我们可计算出年平均净收益和年平均投资额：

$$\text{年平均净收益}=\frac{100\ 000+150\ 000+50\ 000+0-50\ 000}{5}$$
$$=50\ 000(\text{元})$$

$$\text{年平均投资额}=\frac{\frac{500\ 000}{2}+400\ 000+300\ 000+200\ 000+100\ 000+\frac{0}{2}}{6-1}$$
$$=250\ 000(\text{元})$$

由此可以计算出该项目的会计收益率为：

$$ARR=\frac{50\ 000}{250\ 000}=20\%$$

利用会计收益率法衡量投资项目的标准是：如果会计收益率大于基准会计收益率（通常由公司自行确定或根据行业标准确定），则接受该项目，反之则放弃该项目。

会计收益率法的优点是简单易懂，但它也存在明显的缺陷：首先，它是采用会计账面数据计算得出的，会计账面数据容易受会计判断影响。当投资项目存在机会成本时，其判断结果与净现值等标准差异很大，有时甚至得出相反的结论，影响投资决策的正确性。其次，会计收益率法没有考虑货币的时间价值和投资的风险价值，第一年的会计收益与最后一年的会计收益被看作具有同等的价值，这与公司资本预算的价值标准不符。最后，与回收期法在选择基准回收期时存在一定的主观性一样，会计收益率法在选择基准收益率时也缺乏依据。因此，会计收益率法一般只是作为一种辅助标准来衡量投资项目的优劣。

第3节 资本预算的实际应用

在上一节，我们主要介绍了对独立、常规项目进行资本预算决策的常用方法，但现实中的资本预算问题可能更加复杂，投资预算受到资本额度限制，备选投资项目彼此排斥，对比投资项目的期限不等，这几个问题在资本预算实际应用中经常遇到。这一节我们主要介绍当资本预算面临这几个问题时的具体解决方案。

一、资本限额分配

顾名思义，资本限额分配是对公司的资本支出施加限制。在实践中，经理人员经常遇到的一个问题是，符合条件的备选投资项目不止一个，而经理人员可以支配的资金预算有一定的限额，不可能所有符合条件的投资项目都被采用。实施资本限额分配可能会导致那些净现值为正的项目被淘汰，这与公司价值最大化的经营目标相悖，但是在现实中这种情况经常出现。出现这种情况，可能是因为公司无法筹集到足够资金。这种情况在许多公司都存在，特别是那些以内部融资为经营策略或外部融资受到限制的中小公司。还有一种可能，就是公司的高层管理者根据公司的整体发展战略，有意识地控制投资规模。实施资本限额分配有两种办法：一是设定高于资本成本的贴现率；二是给资本预算设定最高金额。前一种办法的使用不及后一种普遍，因为经理人员虽以稳健为由提高贴现率，但理由似乎并不充分；第二种办法则被广泛承认，而且容易理解。

在存在资本限额的情况下，应如何进行投资决策？我们先来看一看内部收益率法在这种情况下是否适用。

根据内部收益率法的判断标准，所有内部收益率大于资本成本的投资项目都应该被公司接受。假设某公司现在有 7 个备选的投资项目，按照其内部收益率从高到低的顺序排列，如图 7－3 所示。

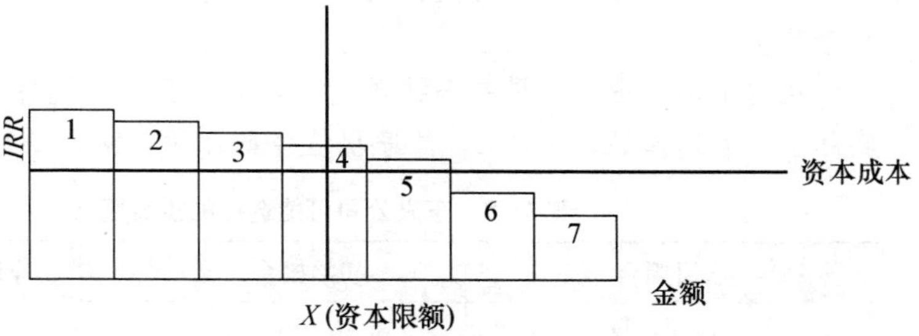

图 7－3　存在资本限额分配时内部收益率法的应用

从图 7－3 上看，排名前五的项目内部收益率都大于资本成本，按照内部收益率法的判断标准都应该被接受。设公司投资的资本限额是 X，从图 7－3 看，如果按照内部收益率法从高到低的顺序进行选择，公司应该选择前三个项目和半个第四个项目。这显然是极其荒唐的结果，因为公司只能接受或者拒绝整个项目，而不是一个项目中的一部分。如果只投资前三个项目，就会剩余一部分资金，造成资源浪费，也降低了整个投资组合的内部收益率。看来，在资本限额下寻找合适的投资项目，内部收益率法应用起来有一定的困难。

再来看看净现值法。在资本限额分配情况下，公司的投资决策很像是玩拼板游戏，必须想方设法利用每一块拼板，拼出想要的图形。公司需要选择的是最佳的一组投资项目，也就是说，公司必须拼出一组项目，其总投资成本等于或者小于可得的资本限额，同时总净现值最大。为了达到这一目的，我们可以使用盈利指数作为工具，这是因为盈利指数衡量了所投资的每元钱所能产生的净现值，而不考虑项目规模大小。我们还是通过一个例子来看看，在资本限额分配情况下，如何进行资本预算。

[例7-7]

东兴公司有五个可供选择的项目A，B，C，D，E，资本预算的限额是400 000元。按照各项目盈利指数从高到低排序，如表7-7所示。

表7-7 盈利指数法与净现值法的比较

投资项目	初始投资（元）	盈利指数	净现值（元）
A	120 000	1.56	67 000
B	150 000	1.53	79 500
C	300 000	1.04	11 100
D	100 000	1.18	18 000
E	125 000	1.17	21 000

公司的目标是选择总净现值最大的一组项目。为了达到这一目标，公司在选择时，盈利指数高的项目要优于盈利指数低的项目，因为每元钱的初始投资能创造更多的净现值。那么，是否完全按盈利指数的高低来决定取舍呢？并非如此。我们按此顺序选择时，在某一点上，可能会出现这种情况：放弃某项目而选择盈利指数较低的一个或多个项目，会带来更大的总净现值。

在这个例子中，如果完全按盈利指数做选择，应选择A，B和D，但实际上，若选择A，B和E，总净现值会更大（见表7-8）。

表7-8 东兴公司可能选择的投资组合

项目组合	初始投资（元）	净现值合计（元）
A，B，D	370 000	164 500
A，B，E	395 000	167 500

可见，在利用盈利指数选择项目时，并不能死板地依据从高到低的规则，而必须反复测试，对不同组合进行比较。当资本限额分配问题很复杂时，例如，项目众多，或者涉及好几年的资本限额时，净现值法和盈利指数法都失去了用武之地。随着计算机的广泛运用，我们有了一条解决之道："0"或"1"整数规划法。"0"或"1"整数规划是线性规划的一种特殊情况，本书对此不做详细介绍。

二、互斥项目

到现在为止，我们所讲的投资项目都是独立的。可是在很多情况下，我们遇到的问题是几个项目之间相互排斥，这种情况又该怎样进行资本预算呢？与独立项目相对应，互斥项目是指我们选择了一个项目，就不能选择其他项目。这种情况在生活中比比皆是，比如一块土地建了超市就不能用来建电影院；再比如，从北京到上海，选择了乘飞机就不能坐火车。

当备选方案是独立项目时，无论选择哪一种资本预算方法，都会得到相同的投资决策，但当备选方案是互斥项目时，净现值法、盈利指数法与内部收益率法提供的结果可能会相互冲突。例如，当两个互斥项目的规模不同时，大项目的净现值可能会高于小项目的净现值，而大项目的内部收益率却可能低于小项目的内部收益率。此时，你是想要更多的财富还是更高的内部收益率？再比如，如果两个互斥项目的期限相差很大，我们能简单地比较净现值孰大孰小就做出决策吗？我们还是通过例子来分析互斥项目所特有的问题。

[例7-8]

东兴公司现有两个备选方案。方案一：投资购建一条新的生产线；方案二：投资改造现有的生产线。由于市场容量有限，公司目前只需要一条生产线。方案一的初始投资成本是110万元，方案二的初始投资成本是52.2万元，两个方案的生命周期都是10年。预计方案一每年能产生19.5万元的现金收入，方案二每年能产生10万元的现金收入，两个方案产生的现金流量如图7-4所示。假设投资的必要收益率是10%。

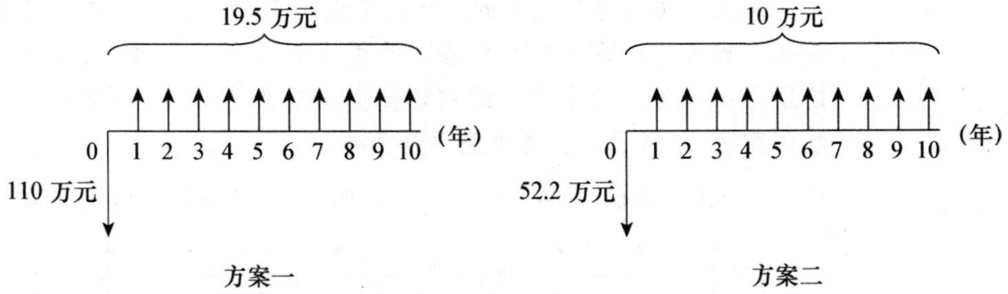

图7-4　东兴公司规模不同的两个方案的现金流量

首先，需要分别计算出两个方案的净现值、盈利指数和内部收益率，结果如表7-9所示。

表7-9　规模不同的两个方案的*NPV*，*PI*，*IRR*

方案	*NPV*（元）	*PI*	*IRR*（%）
方案一	98 275	1.09	12
方案二	92 500	1.18	14

从表7-9可以看出，方案一和方案二的净现值均大于零，盈利指数都大于1，内部收益率都大于必要收益率，根据资本预算的准则，两个方案都应该被接受；但可惜的是，方案一和方案二是互斥项目，鱼和熊掌不能兼得。如果按照净现值法，方案一的净现值大于方案二，应该选择方案一；但是如果按照盈利指数法和内部收益率法，则应该选择方案二，也就是说，依据不同的资本预算方法，会做出不同的投资决策。出现这种情

况，该如何处理？

为了解决这个难题，我们必须记住：公司的经营目标是公司价值最大化，净现值越大的项目，为公司创造的价值越大。按照这个原则，当互斥项目的规模不同时，净现值是唯一的判断标准，我们应该选择净现值最大的项目，在本例中就是方案一。

之所以会出现净现值、内部收益率和盈利指数相互不一致的现象，是因为内部收益率和盈利指数不能反映投资规模的影响。举一个极端的例子，你是愿意投资1元钱，按照100%的收益率，一年后得到2元钱，还是愿意投资100万元，按照50%的收益率，一年后得到150万元呢？只要你手头有100万元且思维正常，一定会选择后者。显然，在对互斥项目进行资本预算时，规模的因素是不能忽略的，因此，净现值法是最恰当的方法。

在例7-8中，我们假定两个方案的期限一样，都是10年，但是在实际应用中，情况并不都是这样。如果两个方案的期限不一样，仅仅简单地比较净现值的大小，就可能得出错误的结论。再来看一个例子。

[例7-9]

东兴公司打算对现有的生产设备进行更新换代，有两个备选方案可供选择。方案一：购买国产设备，使用寿命3年；方案二：购买进口设备，使用寿命6年。两个方案的初始投资成本都是1 000万元，产生的现金流量如图7-5所示，必要收益率是10%。

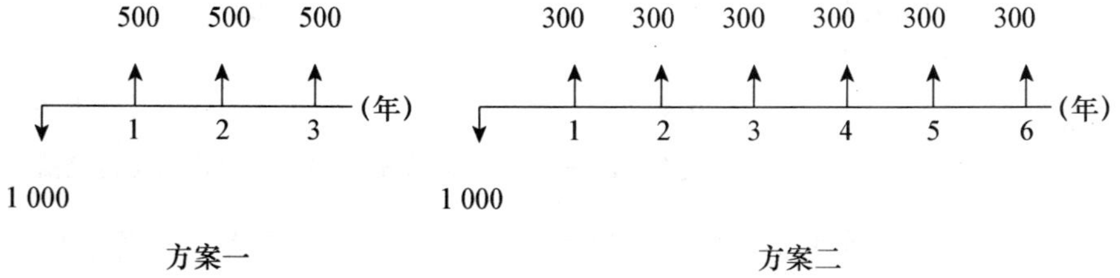

图7-5 东兴公司期限不同的两个方案产生的现金流量（万元）

首先，还是需要分别计算出两个方案的净现值、盈利指数和内部收益率，结果如表7-10所示。

表7-10 期限不同的两个方案的*NPV*，*PI*，*IRR*

方案	*NPV*（万元）	*PI*	*IRR*（%）
方案一	234.5	1.24	23
方案二	306.5	1.31	20

这两个投资方案的使用寿命相差较大，我们不能简单地把二者的*NPV*，*PI*，*IRR*进行比较。从净现值看，方案一产生的净现值比较小，但是它的期限只有3年，3年后如果进行再投资，还会产生一定的投资收

益，因此，我们不能简单地判断方案二优于方案一。对期限不同的互斥项目进行资本预算，关键就在于必须考虑未来可能的再投资收益。

解决这个问题的关键是，必须把两个互斥项目调整成同样的期限，使之具有可比性。比如例7-9，我们假设方案一到期后，还能够按照同样的收益率进行再投资，期限为3年。经过这样的调整，方案一和方案二的期限就一样长了。调整后的方案一产生的现金流量如图7-6所示，可以看作一个未来现金流量有正有负的非常规项目。计算可得，其$NPV=426.5$万元。显然，方案一是比较好的选择。

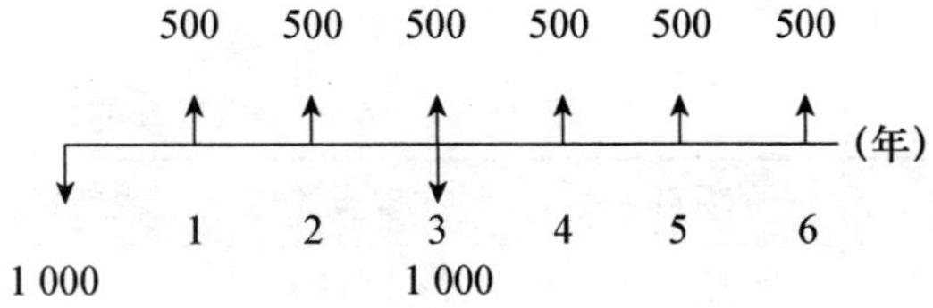

图7-6　调整后的方案一的现金流量（万元）

三、不同生命周期的投资决策：约当年均成本法

在例7-9中，两个互斥的投资项目有不同的期限，我们采取的解决办法是把两个互斥项目调整成同样的期限，使之具有可比性。在实际应用中，这一办法具有很大的局限性，因为两个项目的期限的最小公倍数也许非常大。比如一个投资项目的期限是11年，另一个是13年，要把这两个互斥项目调整成同样的期限，需要调整成143年，非常麻烦。实际上，解决两个互斥项目具有不同期限的问题，更常用的方法是约当年均成本法。

年平均成本是拥有某设备在整个使用寿命期内每年所需成本。计算年平均成本可分为两步：第一步是计算拥有某设备在整个使用寿命期内所有相关成本的现值，这些成本包括购买成本、维修成本、运行成本等。假设初始的净支出为C_0，每年的税后现金流为C_1，C_2，…，C_n，n为设备的使用年限，资本成本为r，那么总成本的现值可表示为：

$$PV_{TC}=C_0+\sum_{t=1}^{n}\frac{C_t}{(1+r)^t} \tag{7-5}$$

第二步是确定每年支付的现金流量怎样才能有同样的现值，这一现金流量就是年平均成本。实际上，这就是普通的年金计算过程。我们可给出公式：

$$\text{年平均成本}=PV_{TC}\left[\frac{r(1+r)^n}{(1+r)^n-1}\right]=\frac{PV_{TC}}{PVA_{r,n}} \tag{7-6}$$

式中，$PVA_{r,n}$为贴现率为r，期限为n的年金现值系数。

来看一个例子。

[例 7-10]

意达公司计划用A设备或B设备替换现有设备。购买安装A设备需49 000元，使用寿命为5年，按直线法计提折旧直至账面价值降为4 000元，因此5年中每年的折旧额为9 000元（(49 000—4 000)/5)。意达公司预测，在第5年年底将A设备出售，可获得10 000元。根据预期的生产水平，A设备每年的运行成本为25 000元。税率为40%，资本成本为12%。

利用约当年均成本法，首先要计算出A设备总成本的现值，计算过程如表7-11所示。

表7-11　A设备总成本的现值　　单位：元

年份	项目	税前现金流量	税后现金流量	按12%贴现
0	初始支出	(49 000)	(49 000)	(49 000)
1～5	运行成本	(25 000)	(15 000)	(54 072)
1～5	折旧抵税	0	3 600	12 977
5	残值	10 000	7 600	4 312

注：由于该设备第5年年底账面价值为4 000元，而出售产生现金流为10 000元，超过账面部分的6 000元净损益需按40%纳税，因此残值部分产生的现金流入为7 600元，其现值为4 312元。

因此

$$PV_{TC}=-49\ 000-54\ 072+12\ 977+4\ 312=-85\ 783(\text{元})$$

然后，可求出年平均成本为：

$$\text{年平均成本}=\frac{-85\ 783}{PVA_{12\%,5}}=-23\ 797(\text{元})$$

B设备的寿命为10年，购买和安装费用为72 000元，它在8年内按直线法计提折旧至零，因此前8年每年的折旧额为9 000元，后2年为零。在第6年年底将对B设备进行大修理，预计花费18 000元，作费用入账。在第10年年底处理时，预期无残值。每年的运行成本为24 000元。B设备总成本的现值为140 952元，计算过程如表7-12所示。

表7-12　B设备总成本的现值　　单位：元

年份	项目	税前现金流量	税后现金流量	按12%贴现
0	初始支出	(72 000)	(72 000)	(72 000)
1～10	运行成本	(24 000)	(14 400)	(81 363)
1～8	折旧抵税	0	3 600	17 883
6	大修理费用	(18 000)	(10 800)	(5 472)

不难求出年平均成本为：

$$年平均成本=\frac{-140\ 952}{PVA_{12\%,10}}=-24\ 946(元)$$

比较两个结果，我们发现，A设备的年平均成本更低，因此应购买A设备。注意：这里对收入忽略不计，因为我们假定两种方案产生的收入是相同的。

□ 小　结

对所有可能的投资项目进行评估的过程称为资本预算。公司资本预算就是寻找净现值为正的投资项目，资本预算需要公司多个部门的合作。

在对备选的投资项目进行资本预算时，我们关注的重点是投资项目可能产生的现金流量，因为是现金而不是会计利润提供了控制资源的能力。

净现值法是公司资本预算最重要的方法，除此之外，常用的方法还有回收期法、盈利指数法、内部收益率法、会计收益率法。

当一个资本预算项目是独立且常规的，净现值法和内部收益率法没有区别，当遇到非常规项目时，净现值法和内部收益率法会出现冲突，这时应该采用净现值法。

在资本预算的实际应用中，常常会遇到资本限额分配问题，这时通常可以采用净现值法和盈利指数法。

当备选方案是互斥项目时，净现值法、盈利指数法与内部收益率法提供的结果可能会相互冲突，这时净现值是唯一的判断标准。

□ 重点概念

资本预算　净现值法　回收期法　盈利指数法　内部收益率法　会计收益率法　资本限额　互斥项目　约当年均成本

□ 思考与练习

1. 简述投资决策的基本步骤。
2. 什么是资本预算？如何理解资本预算在投资决策中的重要性？
3. 回收期法和会计收益率法的主要优缺点是什么？
4. 简要对比净现值法、盈利指数法和内部收益率法的优缺点。
5. 什么是约当年均成本法？
6. 一项投资项目初始投资为54 000元，预计期限为5年。在这5年中，每年年末将产生20 000元现金流入；在第5年，除20 000元现金流入外，还有13 000元的设备残值收入。该项目的现金流量如表7-13所示。

表7-13　投资项目未来现金流表

年份	现金流（元）
0	−54 000
1	20 000

续表

年份	现金流（元）
2	20 000
3	20 000
4	20 000
5	33 000

如果投资者要求的收益率为 16%，计算该项目的回收期、净现值、盈利指数、内部收益率。根据计算结果，说明该项目是否值得投资。

7. 某公司正评估 A，B 两个独立的投资项目，其中，A 项目的期初现金支出是 45 000 元，B 项目的期初现金支出为 70 000 元。假设对两个项目要求的收益率为 12%，预期未来的现金流如表 7 - 14 所示。

表 7 - 14　投资项目未来现金流表

年份	项目 A 现金流（元）	项目 B 现金流（元）
0	−45 000	−70 000
1	12 000	14 000
2	12 000	14 000
3	12 000	14 000
4	12 000	14 000
5	12 000	14 000

计算每个项目的回收期、净现值、盈利指数和内部收益率，并确定是否值得投资。

8. 考虑如下两个互斥项目，其现金流如表 7 - 15 所示。

表 7 - 15　投资项目未来现金流表

年份	项目 A 现金流（元）	项目 B 现金流（元）
0	−40 000	−50 000
1	20 000	10 000
2	15 000	20 000
3	15 000	40 000

假设投资的必要收益率是 15%，你会选择哪个项目？

□ 拓展阅读

设备资产投资决策应考虑的几个因素

一、案例背景

LSJ 公司是一家生产用于保障电力、化工、钢铁等行业管道安全运行的支架系统及配件的公司。公司产品的材料均是钢铁制品。生产的主要形式是机械加工和部件装配，其中，铣工是主要工作产出单元，包括自行生产和生产旺季时委托部分外协加工。

二、案例分析

公司在 2012 年出现产能闲置，公司管理层研究投资一台铣床固定资产替代部分外协工作以增加内部产能利用。目标铣床的市场价格为 130 万元。基于管理层的投资意向，对以下相关投资因素进行分析。

1. 新投资铣床工时的预算

目标铣床预计使用年限为 8 年，年标准工时量为 3 000 小时，技术部同时测算出该铣床预计的停工维修率和正常使用下损耗导致的年效率下降程度（见表 7－16）。

表 7－16　铣床投资计划简表

预计使用年数（年）	1	2	3	4	5	6	7	8	合计
铣床年标准工时（小时）	3 000	3 000	3 000	3 000	3 000	3 000	3 000	3 000	24 000
预估年停工维修率（%）	2	4	6	8	12	16	20	24	
预估效率下降程度（%）	0	0	0	3	4	5	6	7	
铣床年产出工时（小时）	2 940	2 880	2 820	2 670	2 520	2 370	2 220	2 070	20 490

资料来源：根据 LSJ 公司技术部计划报告整理。

2. 投资回报分析——基于外包协作加工模式

如果继续将铣工加工外包协作，则可以节省投资支出，但需支付外协费用。假定市场利率为 7%，基于预估外协费用来衡量分析投资回报，如表 7－17 所示。

表 7－17　基于外包协作加工的铣床投资分析

预计使用年数（年）	1	2	3	4	5	6	7	8	合计
预估外协费用（元/小时）	80	80	84	84	88	88	93	93	
年外协铣工工时（小时）	2 940	2 880	2 820	2 670	2 520	2 370	2 220	2 070	20 490
投资回报（千元）	235	230	237	224	222	209	206	192	
净累计现金收益（千元）	－1 065	－835	－598	－374	－152	57	263	455	
投资回收期（年）	5.7								
内部收益率（IRR）	7.50%								
净现值（NPV）（千元）	2 300								

资料来源：根据 LSJ 公司计划财务部报告整理。

经表 7－17 初步计算，公司放弃投资铣床而进行委托外包协作加工的经济价值不明显，而且 5.7 年的设备投资回收期也显得过长。

3. 投资回报分析——基于投资自生产模式

我们先分析 LSJ 公司目前制造费用构成状况，得出如表 7－18 所示制造费用中固定部分（包含厂房租金、机器设备折旧、车间管理人员工资等）和变动部分（流水线员工的直接工资）的比率。

表 7－18　LSJ 公司制造费用构成简表　　单位：千元

年份	2008	2009	2010	2011	小计
制造费用	1 068	1 492	1 931	1 565	6 056
变动成本	186	305	341	275	1 107

续表

年份	2008	2009	2010	2011	小计
变动占比（%）	17	20	18	18	18
固定成本	882	1 187	1 591	1 290	4 950
固定占比（%）	83	80	82	82	82

资料来源：根据LSJ公司财务报告整理。

表7-18显示，公司属于高投资类型的制造业，在过去4年平均80%以上的制造费用为固定成本，意味着在产能存在闲置的情况下，公司必须慎重考虑外部委托加工模式。无论公司是否委托外协，公司必须补偿高比例的固定制造费用，公司若提高自身产能利用率的话，有利于降低其标准单位成本。

如果摒弃外协，改为投资生产，则需要立即支付投资款，但可以节省外协费用，同时分摊LSJ公司必须补偿或支付的固定制造费用。假定市场利率为7%，基于铣床自生产分析投资回报如表7-19所示。

表7-19 基于自生产的铣床投资分析

预计使用年数（年）	1	2	3	4	5	6	7	8	合计
预估年铣工工时（小时）	2 940	2 880	2 820	2 670	2 520	2 370	2 220	2 070	20 490
预估外协费用（元/小时）	80	80	84	84	88	88	93	93	
补偿产能分摊（元/小时）	68	68	68	68	68	68	68	68	
投资回报（千元）	435	426	429	406	393	370	357	333	
净累计现金收益（千元）	−865	−439	−10	396	789	1 159	1 516	1 849	
投资回收期（年）	3.1								
内部收益率（IRR）	27%								
净现值（NPV）（千元）	1 088								

资料来源：根据LSJ公司计划财务部报告整理。

单纯从经济性计算结果来看，加入制造费用固定部分作为补偿的铣床投资计划相比外协加工模式的情形，其经济价值优势更为明显。

三、案例小结

生产型企业经常面临是外包协作加工还是自行投资生产的决策问题。通常企业必须考虑的因素有：

（1）成本/经济性因素：通过量化衡量的方法来比较最有经济性的选择。

（2）产能设计/利用因素：设备投资会影响生产企业产能结构，不同企业设计产能的出发点并不相同，而且在不同时期产能利用会受到管理层的短期经营目标的影响。因此，设备投资必须考虑给企业产能规划以及现有整体产能带来怎样的影响。

（3）竞争性因素：应当考虑投资的设备为企业带来怎样的竞争优势或弥补了怎样的竞争缺陷。

（4）学习曲线因素：绝大多数投资的设备需要配备相关人员，因此应当考虑人员招聘、培训投入以及非熟练操作所带来的次品率上升等问题。

（5）批量生产因素：外包协作加工从经济上讲极有可能不如自行投资生产有优势，

但企业进行设备投资时，也应当考虑到外协加工通过集中生产所具有技术、批量、高效等优点。

(6) 方法论因素：投资收益成本计算有很多种方法。通常单一方法只是体现某一方面的指标，即选择的方法本身存在局限性。建议企业将不同方法相结合（如净现值法和内部收益率法），多角度地分析投资成本和收益的关系。

资料来源：赵斌. 浅谈设备资产投资决策应考虑的几个因素. 金融经济，2014 (14).

第8章 资本预算中现金流量的估算

本章要点

- 资本预算中相关现金流量的种类；
- 确定相关现金流量的两个原则；
- 增量现金流量的概念；
- 确定相关现金流量可能出现的错误；
- 估算相关现金流量。

引例

跻身全球500强的京东是如何进行现金流管理的

"我觉得所有互联网的商业模型都跟三件事情有关：用户体验、成本、效率。我们做所有事情都强调价值创造，前端比拼用户体验，后端比拼成本、效率。"京东集团CEO刘强东曾这样阐述京东的运营理念。

如果根据净利润和经营性现金流的盈亏来划分企业发展类型，京东显然属于蓄势待发型，即处于前期战略布局阶段，净利润小于0，但现金储备与现金流表现健康。作为国内规模最大的自营式电商企业，已跻身《财富》全球500强的京东，其体量增速以及战略性亏损都让人印象深刻，京东是如何实现精细化现金流管理，并有效提升资金使用效率的？

1. 营业收入高速增长 高效运营保障充裕现金流

近年来，京东集团长期保持着远高于行业平均增速的高增长态势，营业收入从2013年的693亿元猛增至2015年的1 813亿元。收入的快速增长和高效的运营为京东带来了充沛的经营性现金流及充足的现金储备。2016年第一季度，京东的经营性现金流达到23.6亿元，现金储备达到345亿元。而据国际评级机构穆迪预测，2016年和2017年京东零售业务将产生经营性现金流200亿～250亿元，基于京东核心零售业务的稳定财务状况、规模不断扩大、现金流强劲、运营资本管理高效以及良好的净现金状况，穆迪在此前债券评级报告中给出了投资级的理想评级。

京东实现健康的现金流及充沛的现金储备，一方面得益于其持续快速增长的营业收入，另一方面则由于京东商城良好的运营管理能力。京东2015年在库房管理的产品品种数已经超过了200万种，远超传统零售商，而存货管理效率也远超友商。2015财年，京东存货周转天数仅为37天，同期国美电器存货周转天数为67天。这意味着京东在保证顾客订单需求的前提下，存货周转顺畅，极大降低了对自身资金的占用。

2. 重视运营效率 账期表现优于行业平均水平

值得强调的是，京东现金流的充裕主要来自提高自身运营效率，而非简单粗暴地拉长账期去占用供应商资金。根据公开财报数据，京东商城2015财年应付账款周转天数（账期）仅为45天，同期国美电器应付账款（含应付票据）周转天数（账期）为132天。这意味着京东较少占用供应商的资金，使供应商伙伴可以更迅速地回笼资金。2016年初，京东家电还宣布了“战略合作品牌三年不涨合同点位”的供应商战略，与供货商建立了良性的合作关系。“从商业来讲，我永远不希望把京东做成一个王国或者帝国，所以我们永远不会搞王者联盟，不管我们多大了，依然跟合作伙伴是平等的，”刘强东表示。

3. 合理管理现金流 快速布局新产业

根据财报，2013—2015年京东的自由现金流分别达到了23.5亿元、8.6亿元、70.6亿元（自由现金流量即企业产生的、在满足了再投资需要之后剩余的现金流量）；2016年第一季度京东GAAP下经营性亏损为8.65亿元（Non-GAAP下2.96亿元），然而经营性现金流达到23.6亿元。近年来，京东逐步从一家大型综合型电商平台向全产业链延伸，在金融、O2O、物流等领域持续发力。快速布局新产业的背后，精细化现金流管理起到了保驾护航的作用。

以京东金融为例，2013年10月，京东金融开始独立运营，大力发展供应链金融服务和消费金融服务。众所周知，金融业务（例如，赊销给用户和贷款给供货商）的激增会给京东的现金流带来不小的考验，贷款的增加将会减少当期现金的流入。而目前，京东金融已实现自筹自支，并且在2016年初，完成A轮融资66.5亿元，交易后估值为466.5亿元。在京东金融实现自筹自支后，京东未来的现金流表现会更加理想。京东集团正在用高效精细的现金流管理平稳地度过战略布局阶段，未来前景值得期待。

资料来源：魏京婷. 跻身全球500强的京东是如何进行现金流管理的. 中国经济网，2016-07-28.

第1节　资本预算中的相关现金流量

估算相关现金流量是资本预算的前提和准备。在进行资本预算时，估算投资项目预期产生的相关现金流量，实际上是最重要、最困难的步骤。下面我们先来看看投资项目产生的相关现金流量包括哪些部分。

一、相关现金流量的种类

在计算投资项目产生的相关现金流量时，现金流量的构成有两种表述方法：第一种是按现金流量发生的时间来表述；第二种是按现金的流入、流出来表述。

1. 按现金流量发生的时间来表述

按现金流量发生的时间，可把现金流量划分为以下三个部分。

（1）初始现金流量。初始现金流量是指开始投资时发生的现金流量，一般包括如下几部分：

- 在固定资产上的投资，包括固定资产的购入或建造成本、运输成本和安装成本等；
- 在流动资产上的投资，包括对材料、在产品、产成品及现金等流动资产的投资；
- 其他投资费用，指与长期投资有关的注册费、培训费等；
- 原有固定资产的变价收入，主要指固定资产更新时变卖原有固定资产所得的现金收入。

（2）经营现金流量。经营现金流量是指投资项目投入使用后，在其寿命期内由生产经营所带来的现金流入和流出的数量。这种现金流量一般以年为单位计算。这里，现金流入一般指经营现金收入，现金流出指经营现金支出和缴纳的税金。如果一个投资项目每年的销售收入等于经营现金收入，经营成本（指需要付出现金的成本，不包括折旧在内）等于经营现金支出，则年经营现金流量可表示为：

$$经营现金流量=销售收入-经营成本-所得税 \tag{8-1}$$

（3）期末现金流量。期末现金流量是指投资项目完结时所发生的现金流量，主要包括固定资产的残值收入或变价收入、原有垫支在各种流动资产上的资金的收回、停止使用土地的变价收入等。

2. 按现金的流入、流出来表述

任何一个投资项目都会涉及未来一定时期内现金流入与现金流出的数量，可以通过现金流入、流出的数量来计算每年的净现金流量。

（1）现金流入量。一个投资项目的现金流入量通常包括：

- 投资完成后每年可增加的经营现金收入（或减少的经营现金支出）；
- 固定资产报废时的残值收入或中途的变价收入；
- 项目使用期满时，原有垫支在各种流动资产上的资金的收回。

（2）现金流出量。一个投资项目的现金流出量通常包括：

- 在固定资产上的投资；
- 在流动资产上的投资；

- 经营现金支出。

（3）现金净流量。现金净流量是指一定期间内现金流入量和现金流出量的差额。每年的净现金流量可表示为：

$$年净现金流量=年现金流入量-年现金流出量 \tag{8-2}$$

在实际应用中，我们通常用正负号来表示某一笔现金流量是流入还是流出。通常现金流入量用正号（可省略）表示，现金流出量用负号表示。

二、确定相关现金流量的原则

估计资本预算项目所需的资本支出，以及该项目每年能产生的净现金流量，会涉及很多变量，并且需要公司有关部门的参与。财务部门应与销售部门、产品开发和技术部门、生产和成本部门展开密切合作，相互配合与协调，力求比较准确地估算出项目的相关现金流量。在确定投资项目产生的相关现金流量时，必须坚持以下两个基本原则。

（一）实际现金流量原则

和其他投资一样，资本预算项目的成本和收益的测算使用的也是现金流量，而非利润。投资项目的价值大小取决于其产生的现金流量而不是会计利润，这里的"现金"是广义的现金，不仅包括各种货币资金，而且包括项目需要投入的公司拥有的非货币资源的变现价值（或重置成本）。公司理财课程和财务会计课程最大的不同就在于：公司理财课程强调的是现金流量，而财务会计课程强调的是会计利润。现金流量和会计利润的主要不同在于：会计利润是按照权责发生制核算的，而现金流量是按照收付实现制核算的。在现实的经营活动中，遵循权责发生制核算的收入的增加并不必然引起现金流量的增加，而遵循收付实现制核算的现金的流出也不一定等于成本或者费用的增加。比如公司今天以10万元的价格购买了一套机器设备，则今天的现金流出量是10万元，如果这套机器设备按照直线法在10年内提取折旧，则体现在当年会计支出上的费用只有1万元。

可见，利润的计算会反映某些非现金项目，但是最终只有现金流量才能用于支付股利和偿还债务。没有足够的现金流量来偿还债务，公司会陷入麻烦，甚至走向破产；而且利润的计算受折旧方法等人为因素的影响，容易受人操纵，不能保证客观性。在现实经济活动中，我们常常会看到这样一些情况，尽管公司账面上显示丰厚的利润，但因为无力支付和清偿到期债务而陷入财务困境，甚至破产清算；相反，有些公司可能账面利润并不出色，但是其现金流量充足、支付能力强。

由于货币具有时间价值，并且现金流量和会计利润往往发生的时间不一致，在资本预算时，我们仅仅考虑现金流量。只有现金流量才能正确地反映投资项目的成本和收益发生的时间，才能准确地衡量投资项目产生的价值。

（二）增量现金流量原则

现金流量必须是在增量基础上测算所得，即在资本预算时我们仅仅考虑投资项目产生的增量现金流（incremental cash flows）。增量现金流是指公司接受一个项目而引起的现金支出和现金收入的变化量。显然，在计算投资项目的净现值时，只有增量现金流才是有意义的。也就是说，只有那些由于投资某个项目引起的现金流入增加额，才是该项目的现金流入；只有那些由于投资某个项目引起的现金支出增加额，才是该项目的现金流出。

例如，某公司两年前打算开发某产品，曾支付10万元的咨询费，但由于种种原因项目未能继续下去。现在旧事重提，在进行投资分析时这笔费用是不是相关成本呢？答案是否定的。在任何一个阶段，以前支付的费用都是沉没成本，因此，在决策过程中的每一阶段，只有未来的成本和收入才是与决策相关的。

增量现金流的概念听起来很容易理解，但在实际计算中很容易出错。一种简单的办法是，假设可能出现两种情况：第一种情况是项目被采纳；第二种情况是项目被拒绝。在这两种情况下都会发生的现金流量是不相关的现金流量，与投资决策无关；只有在第一种情况下才会发生的现金流量就是增量现金流，与决策有关。

三、确定相关现金流量可能出现的错误

（一）现金流量转移

当我们评价一个项目时，要考虑投资方案对公司其他项目的影响。如果销售只是从本公司的一种产品转到另一种产品，则实质上没有给公司带来任何收益。如果销售是从其他竞争对手处抢来或保持本来会被竞争对手抢走的市场份额，则会给公司带来相关的增量现金流。假设麦当劳公司正在论证是否应该投资建设一家新的连锁店，这家新的连锁店建成后，将会从相邻的一家连锁店中分流一部分客人，也就是说，原有的那家连锁店的收益会减少，那么当麦当劳的财务人员进行资本预算时，测算新店产生的相关现金流量就不能不考虑原有门店现金流量的减少。根据增量现金流量的定义，我们关注的是公司接受一个项目而引起的现金支出和现金收入的变化量。在测算增量现金流量时，我们应该把公司作为一个整体来考虑，而不是仅仅着眼于某一独立的项目。回到麦当劳的例子，从原有的连锁店转移过来的现金流量显然应该被扣除。

（二）沉没成本

沉没成本是过去已经发生而且与现在决策无关的成本。由于沉没成本是过去发生的，接受或者拒绝某个新的投资项目对它不会产生丝毫的改变，在计算增量现金流量时应该对沉没成本忽略不计，“过去的就让它过去吧”。不过，人们往往在心理上很难接受对沉没成本视而不见，比如在一年前你一时头脑发热买进了一只股票，每股价格是100元，现在，这只股票已经跌到了每股40元，并且从该公司目前的经营状况来看，再涨到100元的概率非常小，这时你是该卖出这只股票还是继续持有？实际上，你买进时的100元已经成为沉没成本，对你现在的决策不应该产生任何影响，但是有多少人能够正视错误，并不受过去错误的影响呢？

（三）机会成本

资源总是稀缺的，公司把有限的资源投入某一项目，就不能再投入其他项目，也就失去了投资其他项目可能产生的收益，这就是投资一个项目的机会成本。例如，某公司打算投产一种新产品，需要一间仓库来储存原材料。如果公司恰好有一间空仓库，那么使用这个空仓库的成本是否应该计入投产新产品的成本呢？答案是应该。这是因为如果这间空仓库用来储存新产品的原材料，就不能用于出租或者出售，也就是说，仓库的使用不是免费的，它存在机会成本。在计算投资新项目可能产生的成本时，应该把机会成本计算在内。

（四）日常管理费用

增量现金流是否应该包括公司的管理费用？如水电费、管理人员的工资、复印机和打印纸的费用等。这个问题乍看起来有些棘手，因为这些费用，如总裁的薪水、财务部门的费用、水电费等，看起来和新投资的项目没有什么关系。这些与新项目投资没有直接关系的管理费用是否与决策有关，取决于采纳新项目之后它们是否会发生变化。当采纳新项目之后，它们发生了变化，变化的那一部分就应该计入增量现金流量；如果没有发生变化，就不予考虑。

（五）融资成本

在确定增量现金流量时，可能遇到的最后一个问题是：为了投资新项目而进行融资所发生的融资成本，如利息成本、承销费等，是否应该视为现金流出量？答案是否定的。如果投资一个新的项目，公司必须对外融资，如发行债券或者发行股票，那么利息成本以及其他的一些融资成本，完全是因为投资新项目产生的，根据增量现金流量原则，似乎应该计算在内，但问题的关键是，融资成本与投资决策确实有关系，但是它们已经体现在资本成本中。在上一章，我们介绍了几种资本预算的方法，无论是哪一种方法（回收期法除外），都需要用到资本成本作为现金流量的贴现率。正如第 10 章将要讲到的，这个贴现率就取决于公司的融资成本。如果从一项投资产生的现金流量中扣除了融资成本，并且希望该项投资产生高于资本成本的收益，显然是重复计算。因此在资本预算时，正确的做法是，以贴现率（资本成本）反映融资成本，在确定相关现金流量时忽略所有的融资成本。

第 2 节　估算相关现金流量

投资项目的相关现金流量就是该项目所产生的自由现金流量（请回顾第 3 章自由现金流的概念）。准确识别和估算投资项目的相关现金流量是一项十分重要的工作，它直接影响项目决策的质量。在估算项目的自由现金流量时，我们要时刻牢记增量现金流量原则，避免上面列出的可能出现的错误。下面我们通过两个典型案例，对长期投资决策中识别和估算现金流量的难点问题进行深入分析，以提高现金流量预测的准确度。

一、确定相关现金流量：一个案例

案例8-1

红光公司的资本预算项目

红光日用化工品公司主要生产波浪牌洗衣粉，该产品有大量忠诚的消费者。在激烈的市场竞争和快速的技术革新面前，该公司在过去的4年中投入巨资开发了一种新的高浓缩液体洗涤剂——洁净液，它相比传统洗衣粉有明显的优点。洁净液的初始成本包括5万元的市场测试费用，这项活动已结束，还包括200万元的专用设备和包装设备购置费，打算采用借债方式来融资，这些设备预计使用寿命为15年，期末无残值。

该公司资本成本为10%，波浪牌洗衣粉的生产能力只利用了55%，而这些设备也适合生产洁净液，故生产洁净液不必新建厂房和添置其他设备。据估计，生产洁净液只占用公司现有生产能力的10%。若将公司闲置的厂房和设备出租给其他公司，将获得200万元的收益，但公司又有规定严禁将厂房和生产设备出租。另外，这个项目需要追加20万元的营运资金，这些资金会一直在公司内部流动。洁净液项目预计产生的现金流量如表8-1和表8-2所示。

表8-1 洁净液项目预计现金流量（不考虑对公司现有产品销售的影响）

年	第1～5年/每年	第6～10年/每年	第11～15年/每年
现金流量（元）	280 000	350 000	250 000

表8-2 洁净液项目预计现金流量（考虑对公司现有产品销售的影响）

年	第1～5年/每年	第6～10年/每年	第11～15年/每年
现金流量（元）	250 000	315 000	225 000

在该案例中，涉及红光日用化工品公司投资新项目的各项收支。在进行资本预算时，关键的问题是判断和识别哪些现金流量属于增量现金流量。

1. 市场测试费用的处理

在上一节，我们已经知道，在决策时已经发生的现金流通常称为沉没成本，它不受项目被接受还是拒绝的影响。按照增量现金流量原则，沉没成本不是相关成本。本案例中5万元的市场测试费用属于沉没成本，因为不管该项目是否上马，市场测试环节中的现金流出已经发生，与该新产品决策没有关系，故不应包括在洁净液项目的现金流量中。

2. 营运资金的处理

在第3章，我们已经知道，营运资金＝流动资产－流动负债。许多投资，尤其是对新产品的投资，需要增加流动资金项目，如存货和应收账款。同时，应付账款、应计工资、应交税费等短期债务也相应增加，故对营运资金的需求增加。根据增量现金流量原则，投资决策的结果所产生的营运资金变动与决策有关，属于相关成本，尽管这些资金没有离开公司。营运资金需求在项目的存续期内持续，当项目终止时，营运资金可以收回，作为现金流入，即营运资金在项目投产时作为现金流出，在项目终结时作为现金流入。

3. 机会成本的处理

项目的机会成本是指由于投资项目消耗有经济价值的资源而失去的现金流，如果拒绝这个项目，这些资源会产生现金流入，该现金流入量就是项目的机会成本。有时，企业的投资项目要利用现有的资源，如土地、厂房等，在这种情况下，是否考虑机会成本，取决于这些资源的未来计划。若现在或将来这些资源没有备选的用途，则使用它们不涉及机会成本。在本案例中，红光公司规定，严禁将闲置的厂房和生产设备出租，同时又未提到其他用途，故把闲置的厂房和生产设备看作没有备选用途的资源，即本案例中使用公司现有闲置的厂房和设备不应考虑机会成本。

4. 现金流量转移

在本案例中，新产品洁净液与现有产品构成竞争，并可能减少现有产品的销售量。根据增量现金流量原则，新项目产生的现金流应扣除所减少的公司现有产品的现金流。当然，也可能发生相反的情况，新产品上市后会促进公司现有产品的销售，这时新项目的现金流除了自身的现金流外，还包括促进公司现有产品销售所增加的现金流。本案例中，应使用表 8-2 中的现金流量评价该项目。

5. 融资成本的处理

若采用借债融资方式为洁净液项目融资，新债务的利息支出不应包括在现金流中。在评价新项目和确定现金流时，往往将投资决策和融资决策分开，即从全部资本角度来考虑。此时，利息费用和项目的其他融资现金流不应看作该项目的增量现金流。也就是说，即使接受项目时不得不靠借债来筹资，与筹集的债务资金相关联的利息支出及债务本金的偿还也不是相关的现金流出。因为在用公司要求的收益率作为贴现率来贴现项目的增量现金流时，该贴现率中已经隐含该项目的融资成本。在实际操作中，通常是先确定项目的期望收益率，然后寻求最佳融资方式。

二、估算自由现金流量：一个案例

下面我们通过一个案例①来详细地介绍如何估算项目的自由现金流量。

案例 8-2

好孩子公司的资本预算项目

好孩子公司是一家专门生产婴幼儿用品的大型公司，公司的玩具部最近提交了一份有关新建一条儿童电动车生产线的项目策划报告，在这之前，他们已经花

① 案例数据来自 Keown，A. J.，et al. Foundations of Finance：The Logic and Practice of Financial Management（Fourth Edition），p. 289，“A Comprehensive Example：Calculating Free Cash Flows”，有改动。

费2年时间研发这种新型智能电动车，研发费用为30万元。根据市场调研，玩具部认为这种电动车的生命周期大概是5年，投放市场之后第1年的销量约为5万辆，第2年、第3年销量约为10万辆，随着替代产品的出现，销量开始逐年降低，预计第4年的销量为7万辆，第5年的销量为5万辆。同时他们预计，前4年电动车的市场售价为每辆150元，第5年的市场售价为每辆130元。

已知好孩子公司的所得税税率是34%，资本成本是15%。建设这条生产线的初始投资为1 000万元，生产电动车的变动成本是80元/辆，每年的固定成本是50万元。如果公司接受了该项目，则需要占用公司现有的一个空仓库储存原材料，如果出售该仓库，市场价格为20万元。好孩子公司采用直线折旧法，假设5年以后该条生产线的残值为零，初始投资1 000万元在5年内平均提取折旧。表8-3是玩具部提交的一份有关电动车项目的收益和成本的分析表。

表8-3 电动车项目的成本和收益分析 单位：万元

年份	0	1	2	3	4	5
初始投资	−1 000					
机会成本（仓库）	−20					
销售收入		750	1 500	1 500	1 050	650
变动成本		400	800	800	560	400
固定成本		50	50	50	50	50
折旧		200	200	200	200	200
息税前利润		100	450	450	240	0
所得税（34%）		34	153	153	81.6	0

其中

$$息税前利润(EBIT)=销售收入-经营成本-折旧$$

销售收入和变动成本的计算明细见表8-4。

表8-4 销售收入和变动成本的计算明细

年份	销售量（万辆）	单价（元）	销售收入（万元）	单位成本（元）	变动成本（万元）
1	5	150	750	80	400
2	10	150	1 500	80	800
3	10	150	1 500	80	800
4	7	150	1 050	80	560
5	5	130	650	80	400

好孩子公司的财务人员接到上面的项目策划报告之后，需要做的第一件事情就是测算电动车项目预期产生的自由现金流量。测算项目产生的自由现金流量，大致需要经过以下几步。

1. 测算经营现金流量

由式（8-1），我们知道：

$$经营现金流量=销售收入-经营成本-所得税$$

上式可以进一步变形为：

$$经营现金流量=EBIT-所得税+折旧 \quad (8-3)$$

这里需要特别强调，虽然在计算息税前利润时，需要从销售收入中扣除折旧，但折旧是一种非现金费用，因此在计算现金流量时，需要把折旧再加回去。实际上，折旧除了会影响税收之外，与现金流量的计算无关。

根据式（8－3），可以计算出电动车项目的经营现金流量如表8－5所示。

表8－5 电动车项目的经营现金流量 单位：万元

年份	0	1	2	3	4	5
免税前利润		100	450	450	240	0
减：所得税		34	153	153	81.6	0
加：折旧		200	200	200	200	200
经营现金流量		266	497	497	358.4	200

2. 测算净营运资本的变化

净营运资本（net working capital）指流动资产与流动负债之差。在第3章，在把净利润调整为经营活动产生的现金流量时，需要做一个重要的调整，就是经营性项目的调整。所谓净经营性项目的增加，就是净营运资本的增加。实际上，公司投资一个新的项目，一般情况下会引起营运资本的变化。比如，公司在生产和销售产品之前，必须购买原材料，这就引起了存货的增加；公司还必须为项目不可预见的支出保留一部分现金，这就导致了现金的增加；公司的赊销政策还将产生应收账款等。存货、现金、应收账款都属于公司的流动资产（经营性资产项目）。一些流动负债（经营性负债项目）的增加，如应付账款，可能在一定程度上抵消流动资产项目的增加。一段时间内，流动资产的变化量与流动负债的变化量之差，就是净营运资本的变化量。显然，净营运资本增加，意味着公司把一部分现金用于投资营运资本，在测算自由现金流量时应该从中扣除。净营运资本减少，意味着一部分流动资产变现，在测算自由现金流量时应该加回。

因此，公司财务人员需要对电动车项目引起的净营运资本的变化进行估计。经过与玩具部协商，公司的财务人员估算在项目最初投产时，需要投资10万元购买原材料，以后每年净营运资本预计为销售收入的10%，在第5年年末，所有的净营运资本都将变现，即第5年年末的净营运资本为0。根据上面的估算，电动车项目的净营运资本的变化量如表8－6所示。

表8－6 电动车项目的净营运资本变化 单位：万元

年份	0	1	2	3	4	5
销售收入		750	1 500	1 500	1 050	650
净营运资本	10	75	150	150	105	0
净营运资本变化量	10	65	75	0	－45	－105

3. 测算项目的自由现金流量

根据式（8－3）和第3章自由现金流量的计算公式，我们给出下面的计算公式：

$$\frac{\text{项目的自由}}{\text{现金流量}}=\frac{\text{经营}}{\text{现金流量}}-\frac{\text{净营运}}{\text{资本变化量}}-\frac{\text{项目的}}{\text{资本性支出}} \tag{8-4}$$

式（8－4）可以进一步分解成：

$$\frac{\text{项目的自由}}{\text{现金流量}}=\text{EBIT}-\text{所得税}+\text{折旧}-\frac{\text{净营运}}{\text{资本变化量}}-\frac{\text{项目的}}{\text{资本性支出}} \tag{8-5}$$

在好孩子公司电动车的项目中，项目的资本性支出就是初始投资 1 000 万元，外加仓库的机会成本 20 万元。至于公司的研发费用 30 万元由于是沉没成本，对投资决策没有影响。综合上面的分析，根据式（8－4），电动车项目产生的自由现金流量如表 8－7 所示。

表 8－7　电动车项目的自由现金流量　　单位：万元

年份	0	1	2	3	4	5
经营现金流量		266	497	497	358.4	200
减：净营运资本变化量	10	65	75	0	－45	－105
减：项目的资本性支出	1 020	0	0	0	0	0
项目的自由现金流量	－1 030	201	422	497	403.4	305

如果用现金流量图表示，则如图 8－1 所示。

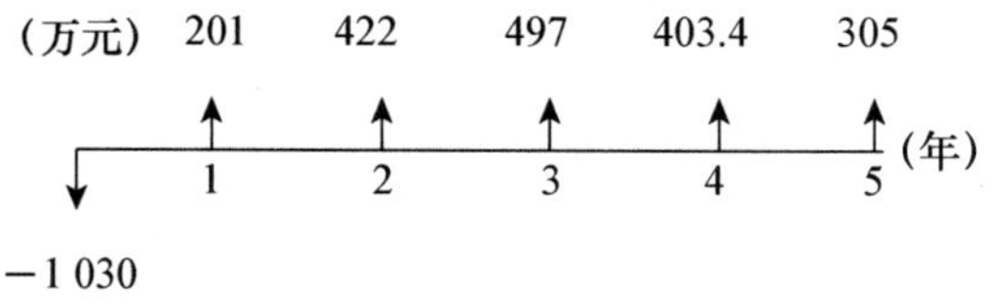

图 8－1　电动车项目的自由现金流量

已知好孩子公司的资本成本是 15%，在测算出电动车项目产生的自由现金流量之后，就可以用第 7 章讲过的方法来进行资本预算了。我们可以很容易地计算出该项目的 *NPV*，*PI* 和 *IRR*，然后根据资本预算的判断准则，最终做出正确的投资决策。从这个案例可以看出，测算项目的自由现金流量是整个资本预算过程中最重要、最困难的一步，确定了相关现金流量，剩下的问题就是确定项目的资本成本，我们将在第 10 章学习资本成本的相关知识。

□ 小　结

在计算投资项目产生的相关现金流量时，现金流量的构成有两种表述方法：第一种是按现金流量发生的时间来表述；第二种是按现金的流入、流出来表述。

在确定投资项目产生的相关现金流量时，必须坚持以下两个基本原则：首先，资本预算项目的成本和收益的测算使用的是现金流量，而非利润；其次，在资本预算时仅仅考虑投资项目产生的增量现金流量。

确定增量现金流量时，容易出现的错误有：现金流量转移、沉没成本、机会成本、日常管理费用、融资成本。

□ 重点概念

初始现金流量　　经营现金流量　　期末现金流量　　增量现金流量　　沉没成本　　净营运资本

□ 思考与练习

1. 为什么资本预算决策中考虑的是现金流量，而不是利润？

2. 简述投资项目相关现金流量的构成。

3. 为什么在资本预算时仅仅考虑投资项目产生的增量现金流量？

4. 什么是沉没成本、机会成本？它们如何影响现金流？

5. 什么是净营运资本？

6. 某公司有一投资项目，该项目投资总额为 6 000 元，其中 5 400 元用于设备投资，600 元用于流动资金垫付，预期该项目当年投产后可使销售收入增加为：第 1 年 3 000 元，第 2 年 4 500 元，第 3 年 6 000 元。每年追加的付现成本为：第 1 年 1 000 元，第 2 年 1 500 元，第 3 年 1 000 元。该项目有效期为 3 年，项目结束收回流动资金 600 元。该公司所得税税率为 40%，固定资产无残值，采用直线法计提折旧，公司要求的最低报酬率为 10%。

（1）计算确定该项目的税后现金流量；

（2）计算该项目的净现值；

（3）如果不考虑其他因素，你认为该项目是否应接受。

7. 公司原有设备一台，购置成本为 15 万元，预计使用 10 年，已使用 5 年，预计残值为原值的 10%，该公司用直线法计提折旧，现该公司拟购买新设备替换原设备，以提高生产率，降低成本。新设备购置成本为 20 万元，使用年限为 5 年，同样用直线法计提折旧，预计残值为购置成本的 10%，使用新设备后每年的销售额可以从 150 万元上升到 165 万元，每年付现成本将从 110 万元上升到 115 万元，公司如购置新设备，旧设备出售可得收入 10 万元，该企业的所得税税率为 33%，资本成本为 10%。

通过计算说明该设备应否更新。

□ 拓展阅读

关于项目投资决策的营运资金现金流量算法解析

一、项目投资及现金流量的构成

1. 项目投资

项目投资属于资本性支出，是指企业对厂房、机器设备等固定资产新建、扩建或购置的投资。一般来说，项目投资决策程序包括：估计项目预期现金流量→评价预期现金流量的风险→确定项目投资的必要收益率→贴现预期未来现金流量→比较预期现金流量现值与项目资本性支出现值→判断方案取舍。从项目投资决策程序来看，估计项目预期现金流量是资本预算的首要环节，现金流量估计的准确程度直接决定项目投资决策的结果。

2. 现金流量的构成

投资项目的现金流量一般由三个部分组成：初始建设期现金流量、经营期现金流量、终结期现金流量。其中，初始建设期现金流量包括固定资产投资、营运资金投资和其他投资费用；经营期现金流量即营业现金流量，是指项目建成投产后，由于正常的生产经营活动所引起的现金流量，包括经营期内现金流入量和现金流出量；终结期现金流量是指项目终结（报废）时所发生的现金流量，包括固定资产残值或变价收入、垫支营运资金的收回等。

二、基于项目投资决策的营运资金现金流量核算

1. 为什么要垫支营运资金

项目投资决策时，企业需要考虑对项目的营运资金投资。一般情况下，企业项目投产后，存货和应收账款等流动资产对资金占用需求也会增加，公司除了项目的固定资产投资外，还必须筹集新的资金满足这部分资金占用需求。另外，公司扩大经营规模，导致应付账款等流动负债也同时增加。这样一来，通过使用供应商等的商业信用扩大了企业短期的资金来源，进而部分满足了对流动资金占用的实际需要。因此，项目带来的流动资金占用，并不是全部由企业自身垫支，只需垫支营运资金。

根据表8-8的信息，由于新项目投资，企业应收账款和存货会增加流动资产的资金占用1 300万元，但同时由于企业可利用的商业信用也增加了400万元，因此，企业在项目初始投产期只需垫支900万元的营运资金。

表8-8 单位：万元

项目	项目投产前	项目投产后	变动
应收账款	1 000	1 500	500
存货	1 000	1 800	800
应付账款	1 000	1 400	400
净营运资金	1 000	1 900	900

2. 为什么经营期内不考虑营运资金

营运资金是流动资产与流动负债的差额。根据流动资产与流动负债的性质可知，流动资产是企业一年内变现的资产，流动负债是企业一年内需偿付的负债。项目投资决策中，企业的营运资金通常在经营期内每年年初投资垫支，年末就能收回，即营运资金每年都要投入，同时每年年末都能收回。因此，在初始投产时垫支的营运资金900万元，在经营期第1年年末收回。由于营运资金每年都要投入，在经营期第2年年初企业又需垫支营运资金900万元，第1年年末收回的营运资金（现金流入）正好满足第2年年初需垫支的营运资金（现金流出），在项目经营期内第1年年末营运资金（现金流入＝现金流出）为零，不需要考虑垫支的营运资金。因此，正常经营期内每年的垫支营运资金都不会对项目的现金流量产生任何影响，不需要考虑。

3. 终结期营运资金的收回

在项目投资的寿命周期结束时，企业将与项目有关的存货出售，应收账款收回，应付账款和其他应付费用偿付，此时，营运资金恢复到原有水平。在项目终结时，企

业的存货与应收账款变现获得现金流入量1 300万元，同时偿还供应商的商业信用，形成现金流出400万元，企业获得900万元净现金流入，即营运资金垫支的收回。

4. 营运资金投资内容的扩展

企业在项目投资决策中，营运资金投资内容更复杂。通常企业每年垫支的营运资金数与企业的生产和销售规模同向变化。因此，在估算项目现金流量时，企业应每年根据销售规模不断调整营运资金需求量。假设H公司正在考虑投资一个新项目，项目有效寿命期为8年。新项目投产后，产品销售情况如表8-9所示。

已知该项目需初始垫支营运资金20 000元，此后，每年的营运资金是全年销售额的15%，则该企业每年的净营运资金（NWC）对现金净流量的影响如表8-9所示。

表8-9

单位：元

年份	0	1	2	3	4	5	6	7	8
销售量	—	3 000	5 000	6 000	6 500	6 000	5 000	4 000	3 000
销售单价	—	120	120	120	110	110	110	110	110
净营运资金	−20 000	−34 000	−36 000	−18 000	750	8 250	16 500	16 500	16 500

表8-9中，净营运资金增加是指企业需要垫支的资金部分。用负号表示企业当年需要增加的营运资金投资额，属于现金流出。正号表示企业当期营运资金需要量减少，代表企业营运资金收回，属于现金流入。

资料来源：赵澄．关于项目投资决策的营运资金现金流量算法解析．财会月刊，2012（8）．

第9章

风险背景下的资本预算

本章要点

- 风险对投资决策的影响；
- 公司投资决策面临的主要风险；
- 资本预算中的不确定性分析；
- 风险背景下资本预算的主要方法。

引例

青岛市天然气分布式能源项目投资分析

国家鼓励发展天然气分布式能源，青岛市出台了相应的支持政策，近两年批准了2个大型燃气发电项目和2个分布式能源项目，但还未开工建设。青岛能源集团主要负责青岛市区燃气、热力供应，参与了部分项目投资或其他合作。下面站在投资者的角度，从政策理解、风险认识、项目选择等方面，对青岛市天然气分布式能源项目投资进行分析。

一、地方政策宽松、补贴力度大

1. 山东上网电价政策最宽松

鲁价格一发〔2015〕39号文件指出："凡在我省投资建设的天然气热电联产发电项目，上网电价最高每千瓦时在我省同期燃煤发电上网标杆电价基础上加价不超过0.35元。具体电价水平，待机组投产后综合考虑天然气发电成本、社会效益和用户承受能力核定。"

我们知道，电价改革从最初的按成本定价，到确定标杆电价，再逐步过渡到通过招标等市场化方式确定，价格逐步降低。《关于贯彻发改价格〔2016〕2729号文件调整光伏风电标杆上网电价及管理方式的通知》（鲁价格一发〔2017〕17号）规定，纳入财政补贴年度规模管理的，执行光伏风电标杆上网电价，光伏电站每千瓦时从

0.98元降低到0.85元，陆上风电每千瓦时从0.61元降低到0.57元。其余的通过招标等市场化方式确定。天然气上网电价按成本核算，因此这是最宽松的政策。

山东省目前标杆电价：燃煤0.345 9元、沼气发电0.594元、垃圾发电0.65元，天然气发电最高电价可近0.7元，也说明这是最宽松的政策。

2. 装机容量空间大

《加快推进天然气利用发展的指导意见》（鲁发改能源〔2017〕84号）指出，到2020年，天然气发电装机达到400万千瓦左右，较前期预测的200万千瓦左右大幅增加；同时提出力争到2018年，省内天然气发电装机实现“零”的突破。

3. 青岛市建设和运行补贴力度大

《关于印发青岛市加快清洁能源供热发展若干政策的通知》（青政办发〔2014〕24号）确定：

（1）分两部分给予建设补贴。一是对利用清洁能源供热的新建项目，从其所缴纳供热配套费（每平方米115元）中安排资金，给予清洁能源供热建设投资补助，最高不超过其所缴纳的供热配套费。二是对新建天然气分布式能源供热项目，按照1 000元/千瓦的标准给予设备投资补贴，年平均能源综合利用效率达到70%及以上的再给予1 000元/千瓦的补贴。每个项目享受的补贴金额最高不超过3 000万元。

（2）运行补贴方面。天然气分布式能源供热项目气价最高为每立方米3.13元，政府确定的非居民类管道天然气销售价格高于该价格部分，由政府补贴，但每年度最多承担22立方米/平方米。

二、投资风险大、项目开工难

尽管山东的政策非常好，青岛的补贴也很到位，但是不确定因素仍然很多，投资风险较大，因此青岛分布式能源建设很少。目前核准的分布式能源仅青岛能源集团高新区2台40兆瓦机组完成主机招标。主要风险如下。

1. 政策不确定性较大

一是电价补贴没有来源。天然气发电的上网电价高于燃煤标杆电价，增加部分补贴暂时没有确定来源。二是沼气发电上网每千瓦时0.594元，难以期望天然气发电有更高的电价，而且分布式发电较大型燃机的发电效率低（近20%），参照目前燃煤发电厂和热电联产项目上网电价差2分钱的比例，分布式发电上网的经济性较差。三是无论是青岛核准的大唐、华电各2台400兆瓦燃机，还是分布式能源，都以满足区域冬季采暖需求、非采暖季制冷和电力调峰作为立项依据。但青岛冬季对电力总量没有什么需求，凭什么要求电网收购高价的电力呢？且山东发电机组年运行时间较低，天然气机组年运行时间难提高。

2. 天然气气价较高

山东省天然气有管网公司，因此国家发改委确定的各省价格，山东省为到省界的价格，目前非民用为每立方米1.98元（发改价格〔2015〕2688号），但到青岛天然气门站价格为每立方米2.25元（鲁价格一发〔2015〕90号）。且各地方政府为保障民生，采用非民用气盈利补贴民用气亏损的畸形价格政策，进一步推高了天然气分布式能源用气价格。

3. 发展前景堪忧

尽管天然气分布式能源的利用效率较高，目前到岸天然气价格也有所降低，但是每千瓦的发电成本依然高于0.7元。除应急调峰的优势外，与光伏、风电相比，天然气分布式能源的发展优势较小。

光伏发电的成本中，建设成本占比较大；目前，在国家的引导下，通过将设备逐步国产化来大幅降低投资，从而降低发电成本。2015年1月，国家发改委、能源局等8个部门发布了《能效领跑者制度实施方案》，光伏发电的竞价上网电价已经跌到每千瓦0.52元，根据协鑫集团的预测，采用光伏发电的上网电价在未来可能不需要补贴。风电也和光伏发电类似，上网电价也逐步降低；目前山东每千瓦时为0.57元。

目前天然气分布式能源发电的主要成本为天然气。中国天然气依赖进口，国产天然气成本也较高，很难大幅下降。设备的国产化率非常低，特别是燃气轮机。即使通过政府补贴引导，加大国产化力度，目前也很难有逐步降低的成本时间表，与光伏、风电等清洁能源竞争缺少优势。

表9-1 协鑫集团光伏发电上网电价

目标进度	2016年	2017年	2018年	2019年
光伏发电系统造价（元/W）	6.89	6.15	5.82	5.47
组件成本（元/W）	3.42	2.8	2.6	2.4
其他配套建设成本（元/W）	3.47	3.35	3.22	3.07
加权度电成本（元/W）	0.528	0.462	0.422	0.381

资料来源：韩晓平. 中国的天然气时代或被逾越. 中国能源网，2016-12-28.

三、投资分布式能源的策略

发展天然气分布式能源是利用天然气的最佳方式，青岛能源集团的投资策略是寻找有电、热（冷）负荷需求的区域，因地制宜投资。

1. 充分考虑电力的需求，发电主要上网

无论是分布式能源还是燃机发电，电力是最主要的产品，比重一般超过70%。必须首先考虑电力的需求，充分发挥分布式能源调峰的优势。

我国电力改革的趋势和国外大多数市场经济国家一样，生产者和消费者可直接交易，电网根据基础设施建设和运行成本收取相应费用。不应只想就近用户直接交易，获得区域供电或直供电的好处，少量甚至不承担电网成本；也不应过度强调电网应该接纳分布式能源的高价电。

应充分发挥电网接入和市场消纳优势，按照“自发自用、余量上网、电网调节”的原则，因地制宜地投资建设天然气分布式能源，接入各电压等级的配电网络和终端用能系统，通过各种类型储能技术与风能、太阳能等间歇性可再生能源的系统集成与互补利用，探索适合可再生能源发展的新模式。

2. 选择用户业态比较丰富的区域建设有一定规模的天然气分布式能源

选择区域供应，一是较容易实现电、冷、热的平衡，可以通过互补降低投资和运行成本，降低用户波动的风险；二是尽量不在燃煤集中供热区域，这样冷、热可按比能源（电或天然气）价格出售；三是尽量提高规模，降低单位投资和运行特别是人力资源的成本，充分挖掘余热综合利用优势，缩小与大型燃机项目成本差距。

比如，青岛能源集团在青岛高新区投资的2台40兆瓦机组，区域就这一个电厂，有电力调峰的需求；区域有稳定的民用采暖和常年的工业用户，也有非采暖季蒸汽溴化锂等用户，分布式能源的产品比较容易达到平衡；项目投产后，该区域全部由清洁能源供应，冷、热的溢价能力较强。

再比如，青岛市已经取消不少燃煤供热锅炉房，还准备再取消一部分，青岛能源集团拟根据周边用户情况，建设燃气内燃机分布式能源。一是这些燃煤锅炉房周边均已经商业开发，电力供应相对薄弱，发电可利用燃煤锅炉房的供电线路上网，满足区域电力调峰需求，提高区域供电安全；周边用户热（冷）的需求多元化。二是目前10兆瓦级的内燃机，机组每千瓦总投资可控制在1万元以下；发电效率超过45%，与普通联合循环机组类似，周边有宾馆等用热水的用户，可进一步提高余热利用效率。三是可适应老城区天然气供应压力较低的现状；利用现有锅炉房，可解决分布式能源建设场地和噪音问题；场地相对较大，可布置脱硝装置，更好地解决排放问题。

综上所述，平衡的电、热（冷）需求是天然气分布式能源发挥优势的核心，在此基础上的分布式能源才是天然气利用的最佳方式。

资料来源：中国天然气行业联合会，2020.

第1节　投资决策中的风险

前面讨论的投资策略都是在假定现金流量确定的条件下进行的，即我们假设现金流量发生的时间和金额是已知的。实际上，现实世界变化多端，充满了不确定性，每个投资项目都有一定的风险。由于各种客观条件及有关因素的变动和决策者主观预测能力的局限，投资项目的实施结果不一定符合决策者所做的预测和估计，这种现象称为投资项目的不确定性或者风险。投资的风险主要来自两个方面：一是信息不完全，决策者不能掌握全面的信息，特别是长期投资项目涉及的时间长，投资支出、每年的现金流量、投资回收期、最低的投资收益等都是根据已有的信息预测和估计的，并不是对未来的准确反映，因此有一定的主观性和风险性。二是未来的变化不可预测，所谓计划赶不上变化，决策者既不能预知也不能控制事情的未来发展变化。如政府政策的改变、科学技术的迅猛发展、顾客需求的变化等。如果一项投资决策面临的风险比较大，足以影响投资方案的选择，那么在资本预算时，就需要进行风险调整，以保证投资决策的正确性。风险条件下的资本预算又称为风险投资决策。

一、投资风险的类别

在西方学术界，有些人认为风险与不确定性略有区别。一种意见认为，应把投资实际结果偏离预测的情况统称为不确定性，把投资亏损或低于预定收益水平的情况称为风险；另一种意见认为，应把投资经济效益可做概率估计的情况称为风险，把无法进行概率估计的情况称为不确定性。大多数人认为，风险与不确定性没有明显的界限，二者的含义相同，可相互通用。本书采取最后一种观点，即风险和不确定性含义相同。正如第5章讨论过的，从个别投资主体的角度看，投资风险可以分为市场风险和公司特有风险。

（一）市场风险

市场风险是指那些影响所有公司的因素引起的风险，如战争、经济衰退、通货膨胀、高利率等。

市场风险虽然影响所有的公司，但影响程度不同，这种风险的影响程度可以用β系数来衡量。β系数是个别公司的资产或股票相对于市场平均风险资产或风险股票的变异程度。其简化计算公式如下：

$$\beta=\frac{\text{某企业资产的风险报酬率}}{\text{所有企业平均风险报酬率}} \tag{9-1}$$

β系数可按如下原则确定：若投资方案的风险与公司现有资产的风险相同，则β系数不变；若投资方案的风险与公司现有资产的风险不同，则需要重新计算β系数。

（二）公司特有风险

公司特有风险是指发生于个别公司的特有事件造成的风险，如罢工、新产品开发失败、没有争取到重要合同、诉讼失败等。

导致公司特有风险的市场因素主要有：出现同质的竞争性产品、出现创新性替代产品。同质的竞争性产品挤压了投资项目的市场份额，引发价格和服务竞争，使公司在销售量和销售收入上都遭受损失。例如，现有项目投资收益率为20%，如果新的竞争者进入，则销售量、销售价格都会受到影响，投资收益率将会下降到10%，甚至更低。这方面的经典案例是万燕VCD公司。1994年，万燕公司在我国最早推出VCD产品，但是很快就有很多公司开展VCD项目；到了1995年已经有近600家公司推出了VCD产品。多番价格、营销大战之后，如今在市场上已经见不到万燕公司。比出现同质竞争性产品风险更大的是出现创新性替代产品，这会使现有的主导技术以“自由落体”方式退出，它可以使一个国家输掉整个产业，如瑞士的钟表业、德国的照相机业、美国的视频业，也可以使公司从市场的中心退出，如美国的凡士通轮胎公司、王安电脑公司。

二、风险对投资决策的影响

投资的一个重要特点是回报在未来，而未来是不确定的，因此，风险情况下投资决策的基本问题是如何处理不确定性。我们先来看一个案例。

案例 9-1

风险对投资决策的影响

安达公司面临三个项目可供选择，预计它们的未来收益情况如下：

项目 A：现金流入 40 万元，概率 95%；现金流出 500 万元，概率 5%。

项目 B：现金流入 10 万元，概率 50%；现金流出 8 万元，概率 50%。

项目 C：现金流入 500 万元，概率 5%；现金流出 40 万元，概率 95%。

为简化分析，假设三个项目当期投资现金流出均为 5 万元，不考虑投资期限。则

项目 A 的 $NPV=40\times95\%-500\times5\%-5=8$(万元)

项目 B 的 $NPV=10\times50\%-8\times50\%-5=-4$(万元)

项目 C 的 $NPV=500\times5\%-40\times95\%-5=-18$(万元)

在这三个备选项目中，项目 A 可以尝试，但是失败的损失很惨重；项目 C 的投资收益很有吸引力，但是失败的概率很高。之所以出现决策困境，是因为不确定性在其中扮演着重要角色，不确定性具体体现在概率上。按照净现值法，项目 A 是首选，但这一分析把项目 A 等同于现金流入 8 万元，概率 100%。事实上，项目真实的结果是现金流入 40 万元或者现金流出 500 万元，二者根本无法等同。通过概率把不确定性转化为确定性分析，存在很多弊病，它可能导致公司放弃最优的项目，选择不好的或者次优的项目。一方面有可能使公司失去高收益的机会；另一方面有可能使公司承担巨大风险。

从案例 9-1 可以看出，风险的存在使得完美市场假设下的资本预算方法不能适用于投资风险决策。风险的存在是客观的，不以决策者的主观意志为转移。我们必须正视其存在，进而研究其客观规律，为公司在风险情况下的决策行为提供理论依据和可行方法。承认和承担风险，一方面可以促使公司为了实现预期目标，努力加强投资管理，增强竞争力；另一方面可以促使公司不断提高应变能力，抓住获利乃至成功的机会。实践证明，若公司不敢承担风险，则会失去大量机会，若不善于承担风险，也很有可能会遭受重大损失；反之，公司敢于并善于承担风险，就有可能获得丰厚的超额利润，取得经营成功。

第 2 节　风险背景下的资本预算方法

由于风险的存在，我们对投资项目的资本预算可能会因一些外部因素变化或影响而发生变化，对投资项目受到各种事前无法控制的外部因素变化与影响所进行的研究和估计即不确定性分析就变得非常重要。在资本预算中常用的不确定性分析方法主要有以下几种。

一、盈亏平衡分析法

盈亏平衡分析也称保本点分析，它是通过对投资项目成本与收益的平衡关系进行分析，找出影响项目方案取舍的临界值即盈亏平衡点，来判断投资方案对不确定因素变化的承受能力。传统的盈亏平衡点是盈利为零的销售量或销售额。这种盈亏分析没有考虑资金的时间价值，是一种静态分析。将资金的时间价值纳入分析的盈亏平衡点称为动态盈亏平衡点，它是净现值等于零的状态下的销售量或销售额。下面我们以实例来说明这两种盈亏平衡点的计算。

[例 9-1]

琳达公司拟投资生产某智能机器人。该投资项目的生命期为5年，有关的数据如表9-2所示。

表 9-2　不同销售量假设下的项目收入和成本　　单位：万元

初始投资	年销售量（台）	销售收入	变动成本	固定成本	折旧	税收（t=34%）	净利润	经营性现金流量	净现值
1 500	0	0	0	−1 791	−300	711	−1 380	−1 080	−5 120
1 500	1 000	2 000	−1 000	−1 791	−300	371	−720	−420	−2 908
1 500	3 000	6 000	−3 000	−1 791	−300	−309	600	900	1 517
1 500	10 000	20 000	−10 000	−1 791	−300	−2 689	5 220	5 220	17 004

注：在前两行中，项目发生亏损，可以抵减公司其他项目的收益，从而节约税收成本。

从表9-2中的数据我们可以看到，当智能机器人的销售价格为2万元/台时，无论是从净利润的角度还是从净现值的角度分析，琳达公司的盈亏平衡点均在年销售量1 000～3 000台之间。

计算盈亏平衡点并非难事。我们首先来计算静态盈亏平衡点。由于智能机器人的销售价格为2万元/台，单位变动成本为1万元/台，因此，每台智能机器人的边际贡献为：

单位边际贡献＝(销售价格－单位变动成本)×(1－税率)
＝(20 000－10 000)×(1－0.34)
＝6 600(元)

这里假设税率为34%。

6 600元为单位边际贡献，体现了每台智能机器人对税后利润的额外贡献。

由于固定成本为1 791万元，折旧为300万元，则

税后总成本＝(固定成本＋折旧)×(1－税率)
＝(17 910 000＋3 000 000)×(1－0.34)
＝13 800 600(元)

13 800 600 元为税后固定成本总额，是公司不论销售多少产品都要花费的成本。由于每台智能机器人的边际贡献为 6 600 元，销售量必须达到以下水平才能弥补上述成本。

$$\frac{13\ 800\ 600}{6\ 600}=2\ 091(\text{台})$$

2 091 台就是琳达公司生产智能机器人的静态盈亏平衡点的销售量，即从会计利润的角度计算琳达公司生产智能机器人实现盈亏平衡的销售量为 2 091 台。静态盈亏平衡点销售量的计算公式为：

$$\text{静态盈亏平衡点销售量}=\text{税后总成本}\div\text{单位边际贡献}$$

由于净现值的经济实质是项目在整个经济计算期内可以获得的、超过基准收益水平的、以现值表示的超额净收益，因此净现值等于零意味着项目刚好获得了基准收益水平的收益，实现了资金的基本水平的保值和真正意义上的盈亏平衡。

寻找动态盈亏平衡点也很简单。企业的初始投资为 1 500 万元，将初始投资除以对应的年金系数（$PVIFA_{15\%,5}$，即折现率为 15%，期数为 5 年），将其平均分摊到 5 年内得到等值年成本（EAC）。

$$EAC=\frac{\text{初始投资}}{PVIFA_{15\%,5}}=\frac{15\ 000\ 000}{3.352\ 2}=4\ 475\ 000(\text{元})$$

无论产量多少，税后总成本均为：

$$\begin{aligned}\text{税后总成本}&=EAC+\text{固定成本}\times(1-\text{税率})-\text{折旧}\times\text{税率}\\&=4\ 475\ 000+17\ 910\ 000\times0.66-3\ 000\ 000\times0.34\\&=15\ 280\ 000(\text{元})\end{aligned}$$

由于每台智能机器人对税后利润的贡献为 6 600 元，因此弥补上述成本所需的销量是：

$$\frac{15\ 280\ 000}{6\ 600}=2\ 315(\text{台})$$

琳达公司需要销售 2 315 台智能机器人才能达到动态盈亏平衡点，即现值视角的盈亏平衡。动态盈亏平衡点销量高于静态盈亏平衡点销量，这是因为净利润视角的盈亏分析没有考虑初始投资的机会成本。

二、敏感性分析法

敏感性分析法考察投资项目预期结果对主要因素发生变化的敏感程度。敏感性分析法广泛运用于各种决策支持分析，它是分析在其他条件不变的情况下投资方案中某个因素发生变动时，对该投资方案的经济结果产生的影响。应用此方法时，首先要对投资方案允许可能变动的因素变动的临界值做出估计，确定其可能的变动范围；然后根据该因素的变动，确定其如何影响投资方案的经济结果。经济结果受投资方案变动因素变化的影响越大，其敏感性越强，反之越小。若某因素较小范围的变动，就会影响原投资方案的经济结果，则表明该因素的敏感性强；若某因素只有在较大范围内变动时，才会影响原投资方案的经济结果，则表明该因素的敏感性弱。对投资方案进行敏感性分析时，可以以净现值或内部收益率为基础，观察各因素变动对净现值或内部收益率产生的影响，进而对其敏感性做出评价。

[例9-2]

某公司拟购置大型新设备，财务主管担心竞争对手的市场竞争会影响公司的实际销售量。因此，财务主管模拟了实际销售量可能出现的几种情况，并分别计算了各种情况下的净现值和内部收益率，如表9-3所示。

表9-3 某公司销售量的敏感性分析

项目	实际销售量占预测销售量的比例（%）				
	70	80	90	100	110
净现值（万元）	−9 932	71	10 074	20 076	30 080
内部收益率（%）	9.3	12	14.7	17.3	19.8

结果显示，假如实际销售量低于预测销售量的80%，那么该投资项目是不成功的。只要实际销售量高于或等于预测销售量的80%，那么该投资项目将产生收益。通过敏感性分析，可以使决策者对投资方案能在多大程度上适应未来各种因素的变化做到心中有数，预先考虑好措施和对策，并且针对敏感性程度不同的因素，采取不同的措施，例如，对不敏感的因素可一般注意，采取一般措施，而对敏感性强的因素，需要密切注意，必要时调整相应决策，以保证决策的有效性。但是，敏感性分析并不完美，它只能判断投资项目评价指标对不确定因素的敏感程度，并不能反映不确定因素发生变化的可能性大小（用概率表示），以及在各种可能情况下对评价指标的影响程度，因此在实务中应结合概率分析。

三、情景分析法

敏感性分析法孤立地考察单个参数变化的后果，事实上，某些因素可能影响不止一个参数。情景分析法考察特定情景下多个参数发生变化对项目净现值的影响。如分析航空事故这一情景出现对某新型太阳能发动机项目的影响，或分析进口牛奶污染这一情景出现对某奶制品项目的影响。

[例9-3]

云海公司拟在A地区推出某新型智能家用电器项目。决策者对A地区发生家电爆炸事故这一情景进行分析。决策者认为，家电爆炸事故可能会影响公众对家电的需求，从而导致家电市场规模缩小，即使爆炸家电不是智能家电，公众也可能会因此对所有创新的、有争议的技术产生排斥心理，最终导致云海公司的市场份额降低。在正常情况下，这类家电的市场规模是 10 000 台，云海公司的市场份额为 30%。假设家电爆炸事故发生后，市场规模缩小为原来的 70%，即 7 000 台，云海公司的市场份额下降为原来的 2/3 即 20%，这就导致第 2～6 年项目收入由 60 亿元降到 28 亿元，变动成本由 30 亿元降到 14 亿元。其他变量不变，云海公司新型智能家用电器项目的现金流量预测如表 9-4 所示。

表 9-4　家电爆炸情景下智能家用电器项目的现金流量预测

单位：百万元

项目	第 1 年	第 2～6 年
收入		2 800
变动成本		1 400
固定成本		1 791
折旧		300
税前利润		−691
所得税（税率为 34%）		235
净利润		−456
现金流量		−156
初始投资成本	−1 500	

在 15%的折现率下，根据表 9-4 中的数据可以计算出家电爆炸情景下该智能家用电器项目的净现值为：

$$NPV = -150\,000 - 15\,600 \times PVIFA_{15\%,5} = -203\,000(\text{万元})$$

这一数值较正常情况下 151 700 万元的净现值相差甚远。

四、决策树法

决策树法是在风险条件下，公司进行长期投资决策时经常使用的一种技术方法。这种方法是将公司的决策及各种可能结果出现的概率在一张图上标出，然后计算各种决策变量的预测值。由于图示看起来像一棵树的枝丫，因此把这种方法称作决策树法。

[例 9-4]

决策人员对一种新产品的销路进行分析，认为今后 10 年内该产品销路好的概率为 0.7，销路差的概率为 0.3。决策人员提出两个方案，各方案的总投资及在不同情况下的预计收益如表 9-5 所示。

表9-5　不同投资方案可能的净现值　　单位：万元

方案	投资	预计收益	
		销路好（概率为0.7）	销路差（概率为0.3）
A	200	700	−150
B	180	580	100

采用决策树法进行决策（见图9-1）。

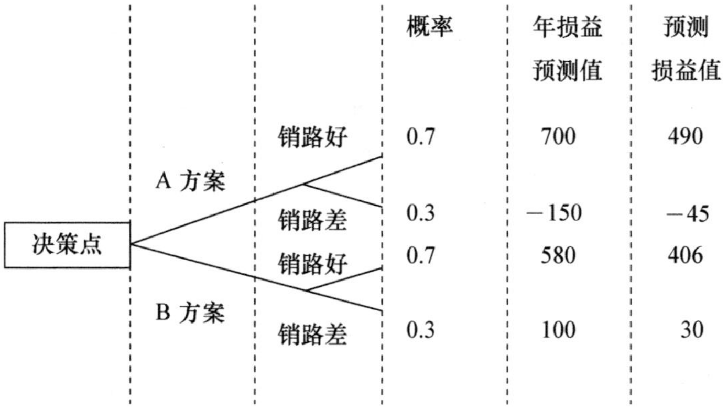

图9-1　决策树法

A方案的预计收益＝445－200＝245(万元)

B方案的预计收益＝436－180＝256(万元)

由此看出，B方案优于A方案。

五、实物期权分析法

在运用上面的各类分析方法进行风险投资方案决策时，我们都忽略了这样一个问题，公司在项目启动之后仍能做出战略决策的调整，这些调整就是公司拥有的实物期权。传统的净现值法没有考虑这些实物期权，从而低估了项目的真实价值。实物期权分析法就是充分考虑公司拥有实物期权条件下对投资项目价值的评估。常见的实物期权有扩张期权、放弃期权和择时期权。下面我们用例子来对这三种实物期权的分析方法进行说明。首先从扩张期权开始。

［例9-5］

秋韵公司拟开设创意体验茶社，预计一家茶社需投入600万元，每年收回的现金流量为100万元。考虑到新创企业的风险，决策人员采用20%的折现率。假设现金流是永续的，则项目的净现值为：

$$NPV = -6\ 000\ 000 + \frac{1\ 000\ 000}{0.2} = -1\ 000\ 000(\text{元})$$

决策人员认为，每年收回的 100 万元现金流量是一个期望估计值，更多的情况是，项目年现金流入量为 150 万元和 50 万元的概率各占一半，即均为 50%。这样，在乐观情况下，项目的净现值为：

$$NPV_{乐观}=-6\ 000\ 000+\frac{1\ 500\ 000}{0.2}=1\ 500\ 000(元)$$

在悲观情况下，项目的净现值为：

$$NPV_{悲观}=-6\ 000\ 000+\frac{500\ 000}{0.2}=-3\ 500\ 000(元)$$

这两种预测结果的平均净现值仍为－100 万元。若现实情况符合乐观预期，秋韵公司就会采取扩张的投资决策，在全国开设 10 家创意体验茶社。则项目的净现值实际上为：

$$\begin{aligned}NPV_{扩张期权}&=0.5\times10\times1\ 500\ 000+0.5\times(-3\ 500\ 000)\\&=5\ 750\ 000(元)\end{aligned}$$

图 9－2 体现了选择期权的基本逻辑。如果项目试点成功，公司具有进一步扩张经营的期权。

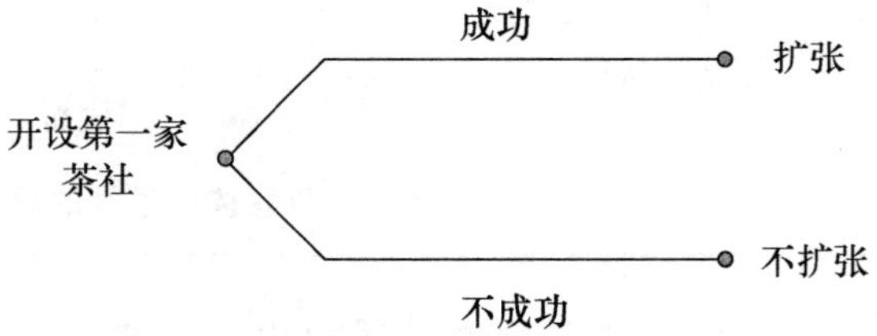

图 9－2　创意体验茶社的决策树

公司也有放弃现有项目的期权。现实中常常有这样的项目，它们的运作可以分阶段进行，如电影制片至少可以分为三个阶段：制作剧本、生产拍摄和发行影片。每一阶段是否应该继续运作，可依据上一阶段的运营结果决定。如果前期的运营结果表明项目是失败的，那么公司就可以放弃项目，避免其后因投资亏损导致的资金流出。放弃项目看似懦弱，但往往能为公司节省大量资金，因此，放弃期权实际上增加了项目的潜在价值。

[例 9－6]

沿用上例来说明公司拥有放弃现有项目期权的情况。假设决策人员认为，项目年现金流入量为 300 万元和－100 万元的概率均为 50%。这样，在乐观情况下，项目的净现值为：

$$NPV_{乐观}=-6\ 000\ 000+\frac{3\ 000\ 000}{0.2}=9\ 000\ 000(元)$$

在悲观情况下，项目的净现值为：

$$NPV_{悲观}=-6\ 000\ 000+\frac{-1\ 000\ 000}{0.2}=-11\ 000\ 000(元)$$

这两种预测结果的平均净现值仍为-100万元。

再假设秋韵公司只打算开设一家茶社，即不存在扩张期权问题。项目运作一期之后，如果结果与乐观预测一致，项目就会保留；若结果与悲观预期一致，秋韵公司就会放弃项目。考虑公司拥有的放弃期权，则项目的净现值实际上为：

$$NPV_{放弃期权}=0.5\times9\ 000\ 000+0.5\times\left(-6\ 000\ 000-\frac{1\ 000\ 000}{1.2}\right)$$
$$=-1\ 083\ 333(元)$$

图9-3体现了放弃期权的基本逻辑。项目试点失败后，公司可以放弃项目，避免了往后数年因投资失败导致的现金流出。

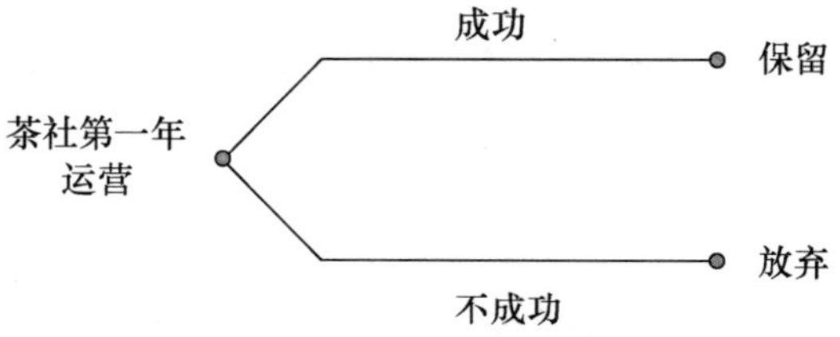

图9-3 创意体验茶社的放弃期权

择时期权出现在完整的项目决策可以分为两个阶段的时候，如是否购置土地建造办公大楼，是否卖出矿产放弃开采等。以建造办公大楼为例，建造大楼的总建筑成本预计为100 000万元，目前每年扣除所有费用后的净租金约为9 000万元，折现率为10%。拟建大楼的净现值为：

$$NPV=-100\ 000+\frac{9\ 000}{0.1}=-10\ 000(万元)$$

由于净现值为负，土地所有者不会建造这栋大楼。现假设政府要建设一条地铁通过这片土地，随着交通的改善，这个地方的办公楼租金将会上涨。在这种情况下，土地所有者可能会产生建造大楼的需求。如果没有地铁规划或租金上涨预期，土地所有者就不会建造大楼。因此，我们说土地所有者拥有择时期权，他可以根据外界因素的变化选择项目投资的时机。择时期权的存在也解释了存在税收成本、持有成本等的空置土地或矿井为什么具有价值。

六、按风险调整贴现率法

按风险调整贴现率法的基本思路是：高风险的投资项目要求有比较高的收益率，因此应采用比较高的贴现率去计算净现值，然后根据净现值等指标来选择投资方案。使用这种方法，第一步需要对投资方案进行风险分析，确定风险程度，然后按风险程度大小调整贴现率，即把与特定投资项目有关的风险溢价加入资本成本中；第二步是根据风险调整后的贴现率，进行投资决策分析，计算出各主要投资指标，如净现值等；第三步是根据投资指标值，选择投资方案。按风险调整贴现率法主要有以下两种。

（一）根据资本资产定价模型来调整贴现率

用资本资产定价模型估算一个投资项目的贴现率的方法是：以无风险收益率加上一个风险溢价，作为投资项目的贴现率，即

$$\text{期望收益率}=\text{无风险收益率}+\text{风险溢价} \tag{9-2}$$

从式（9-2）可以看出，投资的期望收益率包括两个部分：一部分是无风险收益率，在实践中，无风险收益率常用与投资项目期限相同的国库券利率代替；另一部分是风险溢价，它与风险大小有关，是风险的函数，风险越大，要求的收益率越高。这样问题就简化成只需要估算投资项目的风险溢价。根据资本资产定价模型，任何一种资产的风险溢价应该等于该资产的β乘以市场组合的风险溢价，即

$$r_i=\beta_i(r_m-r_f) \tag{9-3}$$

式中，r_i为资产i的风险溢价；β_i为资产i的β系数；r_m为市场投资组合的必要收益率；r_f为无风险收益率。

我们可以把公司的某一投资项目视为一种资产，把式（9-3）代入式（9-2），则可以推导出某一项目的期望收益率（即资本成本）为：

$$R_i=r_f+\beta_i(r_m-r_f) \tag{9-4}$$

式中，R_i为公司某一投资项目的期望收益率，即资本成本。其他符号的含义同式（9-3）。

（二）根据投资项目风险等级调整贴现率

这种方法是在对影响投资项目风险的各因素进行分析的基础上，由销售、生产、技术、财务等部门组成专家小组进行评分，根据评分来确定风险等级，并根据风险等级调整贴现率的方法。下面以一个案例来进行说明。

案例9-2

安达公司的投资决策

安达公司拟开发一种新产品，需要引进一条新的生产线。公司相关人员对所有可能影响该项目的风险因素（以标号1～5代替）进行了分析，并按照1～10的风险等级评分标准给出了分数，如表9-6所示。

表 9-6　各因素的风险等级确定

因素	状况	分数
1	弱	10
2	较弱	8
3	一般	5
4	较强	3
5	很强	1

说明：分数越高，风险越高。

根据公司拟定的贴现率调整标准（见表 9-7），该项目按风险等级调整后的贴现率应该是 14%。

表 9-7　风险等级与贴现率对照表

分数	风险等级	调整后的贴现率（%）
32 分以上	1	17
20～32 分	2	14
12～20 分	3	11
8～12 分	4	8
8 分以下	5	6

按风险等级调整贴现率法简单明了、便于理解，它把风险大小与贴现率高低结合考虑，高风险高贴现率，低风险低贴现率，具有一定的科学性；而且风险程度以及相应的贴现率调整是通过经验确定的，因此比较灵活，可随公司对风险认识的改变而改变，具有广泛的实用性。但它不是永远正确的，因为据此对现金流量进行贴现，即把时间价值和风险收益加在一起，这意味着时间越长，风险就越大，但有些行业，如某些农业项目、餐饮业，情况并非如此。另外，它依赖于一次预测，而一次预测的准确性往往难以保证。

七、按风险调整现金流量法

该方法的基本思想是：先对投资项目进行风险分析，按风险程度对各项目未来现金流量进行调整，然后据此对长期投资决策方案进行评价。常用的方法有现金流量概率法和肯定当量系数法。

（一）现金流量概率法

该方法是利用历史数据和经验，估算各种不同市场状况下，投资项目寿命期内各年现金流量可能发生的数量和概率，并通过计算期望现金净流量和期望净现值来评价长期投资决策方案的一种方法。其具体计算步骤如下：

第一步，确定各年可能的现金净流量 NCF_{ti}；

第二步，确定可能发生的现金净流量的概率分布 P_{ti}；

第三步，计算各年的现金净流量期望值，计算公式如下：

$$\overline{NCF_t}=\sum_{t}^{m_t}NCF_{ti}P_{ti} \quad (9-5)$$

式中，$\overline{NCF_t}$ 为第 t 年期望现金净流量；NCF_{ti} 为第 t 年第 i 种结果的现金净流量；P_{ti} 为与 NCF 相对应的概率。

第四步，计算投资项目寿命期内的期望净现值：

$$\overline{NPV}=\sum_{t}\frac{\overline{NCF_t}}{(1+K)^t}-I \quad (9-6)$$

式中，K 为资本成本；I 为投资额；$\overline{NCF_t}$ 为第 t 年期望现金净流量。

现金流量概率法一般适用于各年现金流量相互独立的投资项目。

（二）肯定当量系数法

该方法的基本思想是：把不确定的现金流量按照一定的系数折算为大约相当的确定的现金流量的数额，然后用无风险的贴现率评价风险投资项目，这个系数就称为肯定当量系数。这一方法可用公式表示为：

$$\overline{NCF_t}=\sum_{i=1}^{n}\frac{d_tA_t}{(1+i)}-A_0 \quad (9-7)$$

式中，d_t 为第 t 年现金净流量的肯定当量系数；A_t 为第 t 年有风险的现金净流量期望值；i 为无风险的贴现率；A_0 为期初投资额。

肯定当量系数是肯定的现金流量对与之相当的不肯定的期望现金流量的比值，它在 0～1 之间，其取值与现金流量的不确定性相关。肯定当量系数与各年现金流量风险的大小成反比，风险越大，肯定当量系数越小；风险越小，肯定当量系数越大。肯定当量系数法的主要问题是如何确定合理的肯定当量系数。可根据各年现金流量风险的大小，选用不同的肯定当量系数。当现金流量确定时，d_t 为 1；风险很小时，可取 $1>d_t>0.8$；当风险较大时，可取 $0.8>d_t>0.4$；当风险很大时，可取 $0.4>d_t>0$；当风险极大时，可取 d_t 为 0。由于当量系数的确定取决于决策者对风险的认识，肯定当量系数法带有较强的主观性。

[例 9-7]

南方公司准备进行一项投资，各年的现金流量和分析人员确定的肯定当量系数如表 9-8 所示，无风险贴现率为 10%，试判断此项目是否可行。

表 9-8 现金流量与肯定当量系数表 单位：元

年份	0	1	2	3	4
现金流量	−100 000	40 000	40 000	40 000	40 000
肯定当量系数	1	0.9	0.8	0.8	0.7

净现值可计算如下：

$$NPV=-100\,000+40\,000\times0.9\times0.909+40\,000\times0.8\times0.826$$

$$+40\ 000\times0.8\times0.751+40\ 000\times0.7\times0.683$$
$$=2\ 312(元)$$

该项目按风险程度对现金流量进行调整后，计算出来的净现值为正，故可以进行投资。

□ 小　结

由于各种客观条件及有关因素的变动和决策者主观预测能力的局限，投资项目的实施结果不一定符合决策者所做的预测和估计，这种现象称为投资项目的不确定性或者风险。在资本预算时，需要进行风险调整。

公司面临的投资风险可以分为市场风险和公司特有风险。市场风险是指那些影响所有公司的因素引起的风险，这类风险涉及所有投资项目，不能通过多元化投资达到分散风险的目的，因此，又称为不可分散风险或系统风险。公司特有风险是指发生于个别公司的特有事件造成的风险，这类风险可以通过多元化投资分散，因此，又称为可分散风险或非系统风险。

在资本预算中常用的不确定性分析方法主要有盈亏平衡分析法、敏感性分析法、情景分析法、决策树法和实物期权分析法。

风险条件下的资本预算，又称为风险投资决策，其主要方法有：按风险调整贴现率法和按风险调整现金流量法。

□ 重点概念

市场风险　公司特有风险　盈亏平衡分析法　敏感性分析法　情景分析法　决策树法　实物期权分析法　按风险调整贴现率法　按风险调整现金流量法

□ 思考与练习

1. 公司的投资风险有哪几类？如何衡量？
2. 试分析导致投资不确定性的原因。
3. 试比较按风险调整贴现率法和按风险调整现金流量法的优缺点。
4. 简要阐述敏感性分析法的基本原理。
5. 某巧克力公司估计要投资90 000美元购置一台加工设备，各年的预计现金流量和分析人员确定的肯定当量系数如表9-9所示，无风险贴现率是10%，试判断该项目是否可行。

表9-9　各年的预计现金流量和肯定当量系数

年份	0	1	2	3	4
预计现金流量（元）	−90 000	15 000	40 000	38 000	36 000
肯定当量系数	1	0.9	0.8	0.7	0.6

□ 拓展阅读

不确定性和代理问题对资本预算方法及方案选择的影响

一、不确定性和代理问题对资本预算方法选择的影响

1. 不确定性对资本预算方法的影响

不确定性既源于企业外部环境的不可预期，也产生于企业内部各种因素的不断变化。资本预算之所以会面临不确定性，是由于项目的投资一般都涉及比较长的周期，决策者在进行投资决策时需要对项目未来获取的现金流量进行估计，才能做出评价。

资本预算项目评价中所使用的方法，通常可以分为复杂的资本预算方法和简单的资本预算方法。复杂的资本预算方法通常需要对投资项目的未来现金流量进行折现(DCF)，如净现值（NPV）法和内含报酬率（IRR）法。随着经济环境的不确定性增强，对资本预算项目未来现金流量的预测日益困难，不确定性因素没有在传统的现金流量折现法中得以充分体现，引发了学术界对不确定环境下资本预算方法的探讨。阿罗和费希尔（Arrow and Fisher，1974）首先认识到在不确定性环境下延迟投资是有价值的，从而提出了实物期权的思想。迈尔斯（Myers，1977）认为，企业面对不确定性做出的初始投资不仅给企业直接带来现金流，而且赋予企业对有价值的增长机会进一步投资的权利。维比滕（Verbeeten，2005）认为不确定性影响资本预算方法的选择，随着不确定性的增强，实物期权方法的使用越来越重要。因此，在不确定性较强的情况下，实物期权的观点是将不确定性视为投资机会，可以看成一种期权。那么对项目进行投资决策时，就不仅要看其净现值是否大于零，还要综合考虑投资项目的净现值和实物期权的价值。

鉴于上述理论分析，可以得出，当投资项目的环境稳定时，采用现金流量折现的方法较为合适，而当投资项目的环境不确定性较高时，比较适合采用实物期权方法。

2. 代理问题对资本预算方法的影响

资本预算过程中另一个不容忽视的问题是代理问题。当经理人员本身就是企业资源的所有者时，他们拥有企业全部剩余索取权，经理人员会努力为自己工作，这种环境下不存在代理问题；而当经理人员通过其他途径（如发行股票或者举债）获取可支配资源时，就产生了代理问题。此时资源的委托人与代理人（经理人员）会存在利益冲突，主要体现在四个方面（Lambert，2001）：一是代理人不愿意努力付出劳动；二是代理人可能将资源运用到他的私人利益消费上；三是代理人不太关心现在采取的行动对未来造成的影响；四是不同的风险规避。

马里诺和松阪（Marino and Matsusaka，2005）从代理问题和信息问题的角度分析了不同资本预算程序对资本预算方案的影响，并且推测实务中很多公司采用投资回收期的方法而不是净现值法进行决策，可能是由于它们没有受到代理问题的影响。

解决代理问题的方法之一是对代理人采取激励机制。经济增加值（EVA）的方法在理论上被认为是解决代理问题的有效方法之一（Rogerson，1997；Reichelstein，1997；Reichelstein，2000），EVA可以作为业绩评价指标，解决委托人与代理人的目标一致性问题。EVA法将业绩度量指标与激励机制相结合，既可用于评估企业业绩，也可用于资本预算决策。EVA考核的是投资项目扣除资本成本后的经济利润，而不是

会计利润，因而它是资本的所有者（委托人）评价资本决策的较好工具。当企业的代理问题较弱时，项目的投资者（委托人）和管理者（代理人）利益基本一致，因此更愿意选择EVA法，这样可以进行投资项目的业绩评价，从而反映出投资效果的优劣。当企业的代理问题较大时，项目的投资者和管理者利益分离严重，如果没有事先为项目管理者设计一个较好的薪酬激励计划且缺少必要监督，项目代理人出于自身利益的需要并凭借其所拥有的信息优势可能并不一定愿意选择这种方法对自己进行业绩评价，反而更倾向于使用传统的现金流量折现的方法。

二、不确定性和代理问题对资本预算方案选择的影响

1. 不确定性对资本预算方案的影响

有许多文献阐述了不确定性与资本预算的关系，如不确定性对资本预算方法、程序的影响等。单纯研究不确定性对资本预算方案影响的文献比较少，这或许是因为资本预算的方法和程序最终决定了资本预算方案。迪克特和平代克（Dixit and Pindyck，1994）指出，在不确定性条件下，企业可以通过延迟投资来获得未来更多的信息。因此投资是可以延迟的，这就是一种投资机会。这种投资机会类似于期权，它对企业的投资决策有重要影响。维比滕（Verbeeten，2005）认为，在不确定性较强的情况下，项目的决策者利用高级的资本预算方法（如实物期权或博弈论）进行最终的决策。因此，在不确定性较强的情况下，哪种投资方案更有利于股东价值最大化是一个较为复杂的决策，特别是在互斥的方案中做出抉择的难度更大，决策者是借助于资本预算方法的桥梁来决定资本预算方案。因此，不确定性对资本预算方案的影响是间接的而不是直接的。

2. 代理问题对资本预算方案的影响

马里诺和松阪（Marino and Matsusaka，2005）从代理问题和信息问题的角度分析了不同资本预算程序对资本预算方案的影响，认为代理问题不仅影响资本预算的程序，也影响预算的规则。当资本预算项目的决策权被授予项目代理人（管理者）时，会产生过多投资项目被通过的情形。兰伯特（Lambert，2005）分析了经理人员的努力与风险项目的选择问题。研究表明，即使在最佳的激励契约下，项目的委托人与代理人对项目的选择也会出现分歧。此外，项目代理人拥有私人信息的优势，项目的未来现金流量的高低可能很大程度上取决于项目代理人的努力程度。在项目方案的选择上，项目代理人会选择难度较小、容易实现的项目，从而避免自己付出过多的努力，这就产生了管理者的卸责行为，选择投资项目时不是从企业价值最大化（或股东价值最大化）的角度而是从自利性的角度出发。

资料来源：黄俊荣，郑石桥．环境不确定性与代理问题对资本预算方法及方案选择的影响．现代财经，2015（9）．

M

第 4 篇

融资篇

第10章

资本成本与公司融资决策

本章要点

- 公司的融资渠道和主要融资方式；
- 公司融资决策的基本规则；
- 资本成本的概念；
- 资本成本的影响因素；
- 加权平均资本成本的计算方法；
- 加权平均资本成本可能的误用。

引例

华为的融资途径

与众多追求实现IPO的企业不同，华为选择了一条与众不同的发展之路。在由一家小型民营企业发展成为全球第二大通信设备制造商的过程中，华为很少利用资本市场融资。它主要通过以下三种途径来为其发展扩张提供资本。

1. 将旗下资产“养大”再出售

依靠技术将旗下产品“养大”再出售是华为最主要的资金来源。华为2012年年报显示，华为研发费用支出为300.9亿元，占收入的13.7%。截至2012年12月31日，华为累计申请中国专利41 948件，申请国际PCT专利12 453件，申请外国专利14 494件，累计共获得专利授权30 240件。重视研发和雄厚的技术实力为华为的这一融资方式提供了保证。2001年，华为以7.8亿美元出售电源和机房监控业务给艾默生公司；2005年，华为以8亿美元出售H3C企业网和数据通信业务给3Com公司。这一系列的例子表明，依靠专利和技术换资本已经成为华为不可或缺的融资手段。

2. 全民持股

华为在创办初期融资很难，因此华为采用了内部员工持股融资的方式。20世纪90年代末，华为启动员工持股计划，每股价格1元。从2001年开始，华为实行期权改革，改革完成后，员工获得的股票转化为虚拟受限股，即所谓的期权。公司通过工会实行员工持股计划，员工持股计划参与人数为74 253人（截至2012年12月31日），全部由公司员工构成。全体在职持股员工选举产生持股员工代表，并通过持股员工代表行使有关权利。员工持股计划将公司的长远发展和员工的个人贡献有机地结合在一起，形成了长远的共同奋斗、分享机制。截至2015年12月31日，任正非作为公司个人股东，在公司出资比例为1.18%；同时，任正非参与员工持股计划出资占公司总股本的0.21%，以上累计任正非总出资占公司总股本的比例将近1.4%。全民持股使得任正非的股权被稀释，一旦上市，控股局面可能会失控，这可能也是华为不上市的原因之一。

3. 应收账款转让

应收账款转让是指银行为解决客户因应收账款增加而造成的现金流量不足，及时向客户提供的应收账款转让的融资便利。在受让期间，银行委托转让人（销售商）负责向购货商催收已转让的应收账款，如在规定期限内银行未能足额收回应收账款，则由转让人无条件回购未收回的部分。据了解，近年来华为一直在开展应收账款转让业务，将巨额应收账款转让给银行等金融机构，从而达到曲线融资的目的。公开资料显示，2004年华为与国家开发银行曾签订一项协议，根据这项协议，国家开发银行在未来5年向华为提供合计100亿美元的融资额度。将应收账款提前转变成企业真正的现金流，解决企业的资金问题也是华为很重要的一项融资手段。

随着业务规模扩大和国内手机市场竞争加剧，华为也开始借助外部融资来推动公司的业务扩张。2011年8月，华为与银行签署12亿美元的5年期贷款协议，最高综合收益为165个基点，利率为伦敦银行间拆放款利率加码140个基点。2013年，华为再次通过银行获得5年贷款，筹资7亿美元用作经营资本。2016年4月21日，据国外媒体报道，华为公司计划发行10年期美元债券融资20亿美元，支持旗下的手机业务扩张。面对众多主张其上市的呼声，创始人任正非仍坚持公司不公开发行股票的观点。他表示："我们都听过传统经济学中的大量理论，这些理论都宣称股东具备长远视野，他们不会追求短期利益，并且会在未来做出十分合理、有据可循的投资，但事实上，股东是贪婪的，他们希望尽早榨干公司的每一滴利润。"

第1节　公司融资决策

在第3篇我们讲过，发现盈利性的投资项目、做出正确的投资决策，是关系到公司生死存亡的大事。资本预算的实质就是对投资项目进行评估，并找出能增加公司价值的项目。到现在为止，我们一直忽略了一个非常重要的问题：公司要投资，钱从哪里来？巧妇难为无米之炊，公司即使有非常好的投资项目和非常专业的人才，没有资本，一切都无从谈起。因此，对公司而言，另一个与投资决策同等重要的财务决策就是融资决策。

一、公司融资决策

融资决策是公司为了满足生产经营活动的需要，选择一定的方式，从国内外有关渠道获得资金的过程。融资决策是公司理财中几乎与投资决策同等重要的另一件大事，融资决策的优劣也会直接影响公司的成败。来看一个案例。

案例 10-1

张欣看好欣欣向荣的 IT 产业，打算开发计算机语音识别系统。他计算了一下，从研制开发到形成产品约需一年时间，一年后可以销售产品并获得收入。这一年的研制费用大约需要 50 万元。于是，融资成了张欣实现创业理想的第一步。在策划融资方案时，张欣想到了银行和创业投资基金（风险投资）。前者只允诺 12 个月的期限，后者可以考虑 3 年，但要求进行股本投资。张欣面临的选择是：向银行借款 50 万元，利息 10%，期限 12 个月，这个来源尽管有还债压力，但利率不高，且不影响股权的集中性；从创业投资基金处融资虽然无还债压力，但注定要让出一部分甚至大部分股权，其间自己可能丧失管理权。思前想后，张欣选择了向银行借款。

由于设计思路的问题，张欣一年后未能拿出成功的研制成果，而且市场上已经出现数种同类产品，银行不同意贷款展期，创业投资基金也不愿意对张欣的企业投资，张欣的公司破产。

在该案例中，如果张欣当初选择的是风险投资，而不是银行贷款，可能最终的结果就截然不同了。在下一章，我们将介绍不同融资方式的特点，在这里我们只要知道，融资决策和投资决策一样，关系到公司的生死存亡。

融资决策也会影响投资决策。例如，当融资的最低成本等于投资项目的收益率时，说明投资将无利可图；若融资成本远远高于投资收益率，投资将亏本，这时，公司明智的举措是放弃该项目；若公司能够降低融资的成本，那么可以选择的投资方案就会大大增加。

公司在筹措资金时，都有哪些融资渠道？怎样才能获得最合适且最便宜的资金？对这些问题，我们将在本章及下章逐步回答。

二、公司的融资渠道与方式

融资渠道是指公司取得资金的途径，体现了资金的来源。融资方式则是指公司筹集资金时所采取的具体方法和形式，体现了资金的属性。随着金融市场的迅速发展，现代社会中公司的融资渠道很多，且越来越多。按照不同的标准，可以划分出几大类。在本书中，我们以资金是否来自公司内部为分类标准。按照这一标准，公司的融资渠道分为内部融资和外部融资两种类型。每一种融资渠道下，都存在着多种融资方式。

（一）内部融资

内部资金来源主要是公司的留存利润，即属于股东但未以股利形式发放，而是作为资本金保留在公司的资金。按我国法律规定，留存利润包括盈余公积金（分为法定盈余公积金和任意盈余公积金）、公益金和未分配利润。公司的留存利润实际上是普通股东对公司的再投资。股东虽然没有以股利形式分得这部分利润，但可以从股票市价的提高中得到补偿。除留存利润以外，公司职工持股也是一项内部资金来源，这部分资金数额的多少取决于公司内部职工持股计划的有关规定。

（二）外部融资

外部融资是公司向社会筹集资金，外部资金来源的种类和规模取决于金融市场的发育程度和资金供应的宽裕程度。若不考虑市场发育不全、资金供应不足等约束条件，公司外部融资的方式主要有商业信用、银行借款、租赁、发行股票和债券等。

在图 10－1 中，我们可以清楚地看出各种融资渠道与融资方式之间的关系。

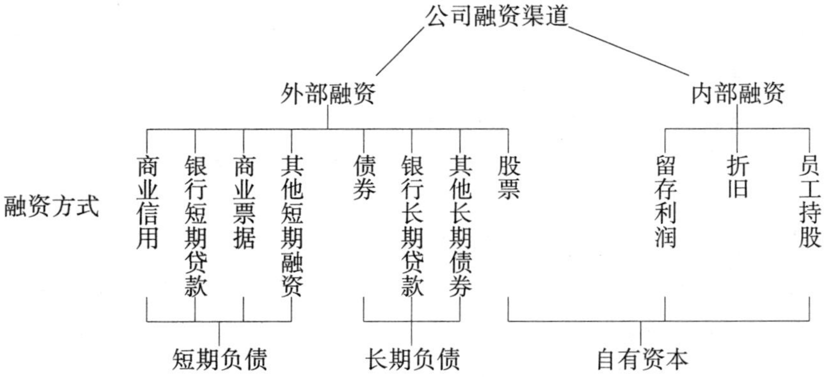

图 10－1　公司的融资渠道与融资方式

三、公司融资决策的基本规则

公司在制定融资决策时要考虑各种因素，按照一定的规则进行。

（一）制定融资计划

公司融资的目的是筹集保证生产经营所必需的资金，因此无论通过何种渠道和方式融资，都应该预先确定合理的资金需求量，并制定合理的融资计划。这样，既能避免因为资金筹集不足而影响生产经营活动的正常进行，又可以防止资金筹集过多而降低资金的利用率。同时，公司还可以根据资金的投放时间来合理安排融资，使资金的筹集和使用在时间上相互衔接，避免因融资超前造成资金闲置，或者因为融资滞后而错失投资机会。

（二）融资决策和投资决策相结合

公司融资主要是为了满足投资的需要，因此，投资项目是是否需要融资以及融资规模大小的决定性因素之一。只有明确了投资目标，规划了资金的使用安排之后，公司才能根据需要选择适当的融资渠道、融资方式，确定融资规模，提高融资效率。

（三）选择最优融资组合，拟定融资方案

公司融资的渠道和方式不同，其难易程度和资金成本也不相同。资金成本，又称资本成本，是公司从外部筹集资金支付给资金所有者的补偿。公司在做出融资决策时，要综合研究各种融资渠道和融资方式，选择最优的融资组合，以降低资本成本，实现公司的财务目标。在合理估算资本成本和投资收益的基础上，公司需要对最优融资组合的可行性进行研究，然后制定可行的融资方案。

（四）合理安排自有资金比例

在公司经营利润率高于借入资金利息率的条件下，自有资金比例越小，借入资金比例越大，自有资金的利润率就越高。由于公司的经营活动受到很多因素的影响，公司的经营利润率很难保持在一个稳定的水平，从而形成一定的经营风险。通常负债比例过高，会导致公司的财务风险过大，偿债能力过低，甚至丧失偿债能力，面临破产危险。因此，公司应该控制融资风险，合理安排自有资金和借入资金之间的比例，适度负债。

第 2 节 资本成本

公司进行投资，资金的来源不外乎两条渠道：内部积累和外部融资。由于内部积累的资金规模有限，而市场上的投资机会转瞬即逝，公司要抓住发展机遇获得快速发展，往往需要依靠外部融资。在第 2 章，我们已经知道，公司外部融资的资金来源是金融市场和金融中介机构，融资方式可以分为债务融资和权益融资两种。无论是股东还是债权人，购买公司的股票或者借钱给公司，都是为了获得投资收益。因此，公司获得外部融资是要付出成本的，这个成本就是资本成本（cost of capital）。

一、资本成本的概念

简单地说，资本成本就是公司为了筹集和使用资金而付出的代价。我们可以把资本成本看作一种机会成本，公司把资金投资于某个项目，就放弃了投资于其他项目或者金融产品的机会。在一个完美的资本市场上，资本成本就是资本预算项目的贴现率，也是投资者投资该项目所能接受的最低收益率。换句话说，资本成本是投资者投资该项目的必要收益率。公司的资本成本越高，投资决策的门槛就越高；反之，公司的资本成本越低，可以选择的投资项目就越多。因此，资本成本是连接公司投资决策和融资决策的纽带。

融资决策涉及资产负债表的右方，简单地说，这类决策就是在公司负债和所有者权益之间做出选择。投资决策涉及资产负债表的左方，它是公司对资产的选择。资产负债表必须平衡这一事实有助于我们理解资本成本（融资）和公司对资产的选择（投资）之间是如何相互联系的。图10-2说明了公司投资决策和融资决策与公司价值的关系。与投资决策一样，公司的融资决策也要符合公司的发展战略。一方面，公司的价值取决于投资产生的未来现金流量的大小；另一方面，融资决策直接决定了资本成本的大小，而资本成本又会对公司的价值产生影响。

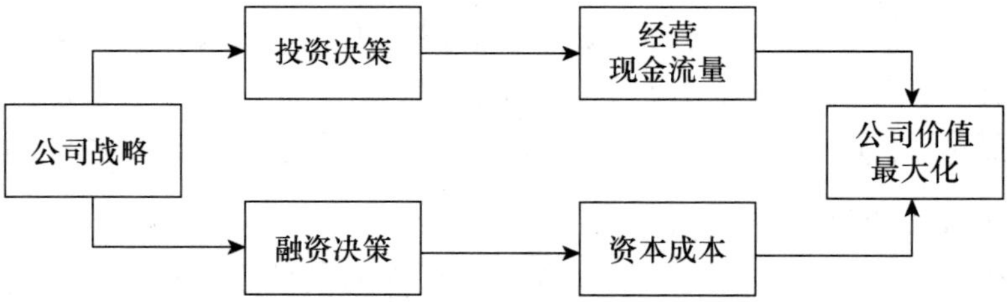

图10-2　公司的投资决策和融资决策与公司价值的关系

二、资本成本的影响因素

公司的资本成本受到多方面因素的影响，概括而言，影响资本成本的因素主要包括以下几个方面。

（一）宏观经济环境

宏观经济环境包括经济周期、国家产业政策、货币政策和通货膨胀水平等方面。公司所处的宏观经济环境决定了资金的可获得性和资本成本的高低。比如在紧缩的货币政策环境下，银行的信贷资金控制得比较严格，公司融资的难度就会加大。在金融市场上，资金的供求关系集中体现在市场利率的变化上。当资金供给很充裕时，市场利率就会下降，公司能够以比较低的成本融资；相反，当资金供给很紧张时，市场利率就会上升，公司的融资成本就会大大增加。宏观经济环境是公司无法改变的外部因素。

（二）资本市场效率

资本市场效率表现为资本市场上的资本商品的市场流动性。资本商品的市场流动性高，表现为容易变现且变现时价格波动较小。如果资本市场缺乏效率，证券的市场流动性低，投资者投资风险大，要求的期望收益率高，那么通过资本市场筹集的资本，其资本成本比较高。

（三）企业经营状况和融资状况

企业内部经营风险是企业投资决策的结果，表现为资产报酬率的不确定性；企业融资状况导致的财务风险是企业筹资决策的结果，表现为股东权益资本报酬率的不确定性。两者共同构成企业总体风险，如果企业经营风险高，财务风险大，则企业总体风险水平高，投资者要求的期望收益率高，企业筹资的资本成本相应就高。

（四）融资条件

融资条件包括融资规模、融资期限、融资方式等。在一定时期内，国民经济体系中资金供给总量是一定的，资本是一种稀缺资源，公司一次性需要筹集的资金规模越大、占用资金时间越长，资本成本就越高。再者，公司筹集资金的使用期限越长，未来的不确定性因素越多、风险越大，投资者要求的收益率也就越高，相应资本成本也就越高。融资方式也会影响公司的资本成本。债务融资的利息成本可以计入财务费用，在税前抵扣，降低融资成本。同时在负债融资中，银行贷款的程序要比发行债券或者发行股票简单，使得融资效率提高。相比之下，股利是通过税后利润支付的，享受不到税收优惠，相对而言其成本高于负债融资。

公司的信用评级以及在负债融资时能提供的担保情况也是影响公司资本成本的重要因素。公司的信用等级越高，投资者的投资风险越小，其要求的风险收益越低，筹资费用和使用费用亦相应降低，反之则越高。

公司在负债融资时若能提供足够的抵押、质押、保证等形式的融资担保，就会降低债权人的信用风险，也就会降低其风险收益要求，并提高筹资效率，最终降低资本成本。

三、降低资本成本的对策

通过上述分析可知，公司资本成本的高低是各种主客观因素综合作用的结果。因此，要达到降低资本成本的目的，必须在对上述因素进行分析的基础上寻求相应的对策。一般而言，公司可从以下几方面入手：第一，认真研究国家产业政策的变化趋势，适时调整生产方向，以期获得包括利率在内的各种政策优惠；第二，科学预测市场利率，尽量利用市场利率变化趋势，或者通过固定利率或浮动利率策略来降低成本；第三，按照项目实际情况合理安排融资期限，在减少闲置资金的情况下，进一步降低不必要的资本成本，科学安排，以短养长，这是降低资本成本的最佳途径；第四，加强公司经营管理能力，提高公司资信水平，降低资本成本；第五，科学运用财务杠杆原理，合理利用负债经营，通过提高杠杆效益来降低资本成本。

第 3 节　加权平均资本成本

由于受多种因素的制约，公司不可能只使用某种单一的筹资方式，往往需要通过多种方式筹集所需资金。为进行融资决策，就要计算确定公司全部长期资金的平均成本。平均成本一般是以各种资金占全部资金的比重为权数，对单一资金成本进行加权平均确定的，故又称为加权平均资本成本（weighted average cost of capital，WACC）。加权平均资本成本可视为一种平均融资成本，即项目融资组合中各种资金来源成本的加权平均值。例如，一个融资组合可以包括 20%的债务和 80%的权益，或者 55%的债务和 45%的权益，还可以是 30%的 30 年期债券、10%的 180 天期债券、10%的优先股、15%的 20 年期可转债及 35%的普通股。

一、单一资本成本的计算

计算加权平均资本成本首先要知道单一资金来源的融资成本。我们知道，融资成本是指公司为筹集和使用资本而付出的代价，包括资本筹集费和资本占用费两部分。资本筹集费指在资本筹集过程中支付的各项费用，如发行股票、债券支付的印刷费、律师费、发行手续费、广告费等。资本占用费是指因占用资金而向投资者支付的补偿，如股票的股息、债券的利息等，可视为一种机会成本。与资本占用费不同，资本筹集费通常在筹集资金时一次性发生，因此在计算资本成本时可作为一项融资成本予以扣除。

（一）债务融资资本成本

公司债务融资的两个主要渠道是银行贷款和发行债券。无论是银行贷款还是发行债券，公司的融资成本主要是指利息成本。由于债务利息计入税前成本费用，可以起到抵税作用，因此债务融资资本成本的计算公式为：

$$r_d=\frac{I_d(1-T-F_d)}{D(1-F_d)} \tag{10-1}$$

式中，r_d为债务融资资本成本；I_d为债券年利息；T为所得税税率；D为债券筹资额；F_d为债务融资费用率。

［例10-1］

南方公司拟发行100万份债券来筹措资金，该债券的面值为1 000元，票面利率为10%，南方公司拟平价发行债券，且规定每年支付一次利息。假如债券的发行费用为发行额的4%，公司的所得税税率为30%。根据式(10-1)，南方公司的债务融资资本成本为：

$$r_d=\frac{1\,000\times10\%\times(1-30\%-4\%)}{1\,000\times(1-4\%)}=6.88\%$$

（二）优先股资本成本

优先股是介于债券和普通股之间的一种混合证券，它需要定期支付股利，但没有到期日。如果优先股股利每年相等，那么它可以视为一项永续年金。在第6章，我们已经知道：

$$优先股价值=\frac{优先股股利}{r}$$

因此，优先股资本成本为：

$$r_p=\frac{D_F}{P_0\times(1-F_F)} \tag{10-2}$$

式中，r_p为优先股资本成本；D_F为优先股股利；P_0为优先股价值；F_F为优先股融资费用率。

由于优先股没有税收优惠，因此不用考虑税收因素。

[例 10 - 2]

南方公司拟发行 100 万股优先股来筹措资金，该股的每股面值为 25 元，年股利为每股 1.937 5 元，且每年支付一次。假设市场上投资者对同类优先股要求的收益率为 8%，优先股的发行费用为发行额的 4%。南方公司发行该优先股的资本成本是多少？

根据投资者对同类优先股的收益率要求，可计算出该优先股的市场价格为：

$$P_0=\frac{1.937\ 5}{8\%}=24.22(\text{元})$$

则南方公司的优先股资本成本为：

$$r_p=\frac{1.937\ 5}{24.22\times(1-4\%)}=8.33\%$$

例 10 - 2 中，我们是以投资者对市场同类优先股的要求收益率估算的该优先股价格作为基础来计算其资本成本。若公司采取定价包销或以面值发行的方式，则可直接运用公式。比如，若南方公司拟以每股 28 元的价格发行该优先股，在其他条件不变的情况下，该优先股的资本成本为 7.2%。这也表明，优先股的资本成本与股价成反比，股价上升则资本成本降低，反之亦然。

（三）普通股资本成本

普通股资本成本属于权益资本成本。权益资本的资金占用费是向股东分派的股利，而股利是以所得税税后净利支付的，不能抵减所得税，因此计算时不能扣除所得税。计算普通股资本成本，有两种模型可供选择：股利增长模型和资本资产定价模型。

根据第 6 章的股利增长模型，普通股资本成本的计算公式为：

$$r_e=\frac{D_1}{P_0(1-F_e)}+g \tag{10 - 3}$$

式中，r_e为普通股资本成本；D_1为下一年的预期股利；P_0为当前股价；F_e为普通股筹资费用率；g 为普通股股利年增长率。

[例 10 - 3]

南方公司流通在外的普通股 800 万股，每股面值为 20 元，目前市场价格为每股 23.25 元，股利支付额为每股 0.425 元，预计以后每年按 15% 增长，融资费率为发行价格的 4%。南方公司普通股资本成本是多少？

根据式（10-3），南方公司的普通股资本成本为：

$$r_e=\frac{0.425\times1.15}{23.25\times(1-4\%)}+15\%=17.19\%$$

根据股利定价模型计算普通股资本成本的最大优点就是简单。只需要知道公司下一年的股利、现在的股价和股利年增长率就可以。股利增长模型最大的问题在于假设太强，在现实中很少有公司的股利能够按照一个固定的比例持续增长。因此，在实践中常用另一种方法，即根据资本资产定价模型，计算普通股的资本成本，公式为：

$$r_e=r_f+\beta(r_m-r_f) \tag{10-4}$$

式中，r_f为无风险收益率；β为股票的β系数；r_m为市场投资组合的收益率。

[例10-4]

仍以南方公司为例，假定目前的国库券利率为6%。历史数据表明，在过去的5年里，市场风险溢价在6%～8%之间变动。据分析，8%的市场风险溢价比较符合当前市场环境。运用过去5年南方公司的股票收益率与市场收益率进行回归分析，得出南方公司股票的β系数为1.2。假设南方公司普通股的融资费率为4%。南方公司发行普通股的资本成本是多少？

运用资本资产定价模型，我们可以计算出南方公司的普通股资本成本为：

$$r_e=6\%+1.2\times8\%=15.6\%$$

15.6%是不考虑融资费用情况下南方公司的普通股资本成本。若考虑融资费用，则其普通股资本成本为：

$$r_e=\frac{23.25}{23.25\times(1-4\%)}\times15.6\%=16.25\%$$

二、加权平均资本成本的计算

如果我们把公司的资金来源视为一个融资组合，就可以根据各种资金来源的单一资本成本，来计算融资组合的加权平均成本。资本成本是投资者对项目承担一定的风险所要求的收益率，投资者之间可以以任何一种协议的方式来分担风险。在完美资本市场环境下，每一位投资者都会根据所承担的风险要求得到一个相对公平的收益率。不管风险是如何分担的，收益率的平均值应该是不变的。资本市场无疑有不完善的地方，如税收因素、信息不对称以及交易成本等，这些不完善的地方肯定会影响平均资本成本，这个问题我们留待以后再讨论，目前最重要的事情是理解每个参与者的必要收益率取决于所承担的风险。

假设公司的融资组合仅包括负债和权益。我们用L代表全部投资价值中债务

融资的比例，有

$$L=\frac{D}{D+E}$$

式中，D 为债务的市场价值；E 为权益的市场价值；$D+E$ 为公司的全部市场价值（公司全部资产的市场价值）。

需要注意的是，L 并不取决于该项目的初始成本，而取决于该项目的全部价值。

［例 10－5］

假设一个项目的初始成本是 8 000 元，净现值是 2 000 元，项目总价值是 10 000 元。该项目的股东出资 4 000 元，通过债务融资筹得 4 000 元，那么 L 应该怎样计算呢？

$$L=\frac{D}{D+E}=0.4$$

股东投资 4 000 元，收回 6 000 元，其中 2 000 元是正的净现值。因此，尽管股东只提供了 50%的资金（8 000 元中的 4 000 元），却拥有该项目 60%的价值。应该说该项目所筹资金中 40%为债务，60%为权益，因为这个比例反映了该项目的市场价值在各投资者之间的分配。初始成本的构成比例由于忽略了项目的净现值，在这里用不上。

现在我们可以给出加权平均资本成本的计算公式了。公司的加权平均资本成本可以用权益的必要收益率 r_e 和债务的必要收益率 r_d 的加权平均数来表示。权重由公司的权益和债务的市场价值决定。

$$\begin{aligned} WACC &=\frac{E}{D+E}r_e+\frac{D}{D+E}(1-T)r_d \\ &=(1-L)r_e+L(1-T)r_d \end{aligned} \tag{10-5}$$

式中，L 为债务融资所占市场价值的比例；T 为该项目中公司的边际所得税税率。

注意，加权平均资本成本是一个税后概念，这是因为权益投资者在公司纳税后才能进行分配，所以 r_e 是税后的收益率，而 r_d 是税前的，必须乘以（$1-T$）转换成税后收益率。

［例 10－6］

太平洋公司的融资方式是发行长期公司债券和普通股，无论是公司债券还是普通股，都在证券交易所上市交易，请计算太平洋公司的资本成本。

有关资料如下：

普通股市价（流通股500万股）	33.25元
预计明年现金股利	每股2.83元
预期股利增长率	6%
公司债券市价（流通债券70 000份，息票利率7.10%，期限17年）	800元
公司债券到期收益率	9.5%
公司边际税率	34%

根据上述资料，我们可以用第6章的股利增长模型来估计 r_e。根据式（10-3）可得：

$$r_e=\frac{D_1}{P_0}+g=\frac{2.83}{33.25}+0.06=0.145$$

长期债券的到期收益率9.5%可以看作 r_d 的近似值。①

太平洋公司权益的市场价值＝33.25×500＝16 625(万元)
太平洋公司债券的市场价值＝800×7＝5 600(万元)
太平洋公司的全部市场价值＝16 625＋5 600＝22 225(万元)

债务融资的比例为0.252（即5 600/22 225）。根据式（10-5）可以计算出太平洋公司 *WACC* 为：

$$\begin{aligned}WACC &=(1-L)r_e+L(1-T)r_d\\ &=0.748\times0.145+0.252\times0.66\times0.095=12.4\%\end{aligned}$$

三、加权平均资本成本可能的误用

资本成本很容易被理解成一种历史成本，这是错误的。资本成本并不是由公司各种资金的历史成本（如现有公司债券的利息）决定的，而是投资者在当前的市场利率水平下，提供资金所需要获得的最低收益率。如果用公司资本的历史成本去评价资本预算项目，那么在市场利率发生变化的情况下，分析结果必然是错误的。观察一下资本市场，很快会发现市场利率不是一成不变的。然而在有效资本市场上，在某一时点，相对于给定的风险水平只有一个收益率。套利行为将使得可比较的投资项目收益率之间的差别，或者同一个投资项目期望收益率和必要收益率之间的差别很快消失。

把资本成本视为历史成本的另一个问题是忽略了风险差异。资本成本不是公司所有现有（历史）项目的必要收益率，这是因为公司当前的资本成本反映了公司所有现存资产的平均风险，但是新增项目的风险可能与这个平均水平相差很大。因此，简单地用公司的资本成本替代项目的资本成本，可能导致做出错误的投资决策。

① 考虑到税收因素，到期收益率只能是 r_d 的近似值。

正是由于我们很容易错误地把资本成本当成历史成本，加权平均资本成本可能被误用。

（一）账面价值和市场价值

在计算加权平均资本成本时，我们要特别注意区别账面价值和市场价值。不能按照债务和权益的账面价值来计算平均资本成本，而应该按照市场价值计算，否则，当账面价值与市场价值差别较大时，计算结果会有较大差距，导致决策失误。例 10-7 可以说明这一点。

[例 10-7]

表 10-1 是安达公司的资产负债简表。

表 10-1　安达公司资产负债简表

资金来源	账面价值（万元）	比例（%）
长期负债	300	30
优先股	100	10
普通股	600	60
合计	1 000	100

假设公司长期负债的资本成本为 8%，优先股的资本成本为 10%，普通股的资本成本为 15%，按照账面价值，我们得到该公司的加权平均资本成本为：

$$WACC=30\%\times8\%+10\%\times10\%+60\%\times15\%=12.4\%$$

假设安达公司目前长期债券的市价为 200 万元，优先股市价为 150 万元，普通股市价为 800 万元。按照市场价值，计算出加权平均资本成本为：

$$\begin{aligned}WACC&=\frac{200}{200+150+800}\times8\%+\frac{150}{200+150+800}\times10\%\\&+\frac{800}{200+150+800}\times15\%\\&=13.13\%\end{aligned}$$

可以看出，这两个结果是不同的，后一个结果更接近于市场实际情况。

（二）项目的资本成本和公司的资本成本

我们已经讲过一个项目的资本成本必须反映它自身的风险，而不是公司目前的经营风险。如果公司不考虑项目本身的风险大小，错误地使用公司目前经营的加权平均资本成本来估计所有项目的资本成本，会出现什么情况呢？图 10-3 显示了一些资本预算项目的风险（以 β 系数表示）和内部收益率之间的关系。

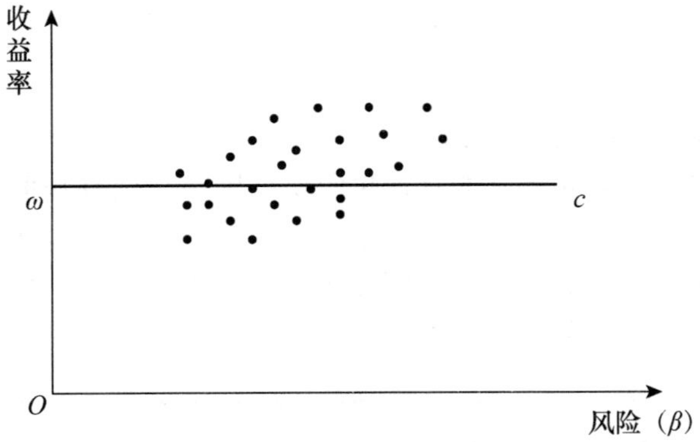

图 10-3　资本预算项目的风险和内部收益率的关系

假设公司目前的经营风险等于各项目的平均风险，反映当前公司经营风险的加权平均资本成本是 w。图 10-3 中水平直线 wc 表示的 $WACC$ 用来为公司所有项目估值，于是内部收益率大于 w 的项目被接受，内部收益率小于 w 的项目被拒绝。

如果遵循这个决策原则，公司采纳的新投资项目的风险可能会高于公司目前的经营风险。因为按照这个决策原则，那些被接受的项目可能比没有被接受的项目风险大（估计一下直线 wc 上下两部分的中点，并且比较一下这两个点，就可得出上述结论）。因此，遵循这个决策原则，会导致公司在采纳新项目后的经营风险不断增加。当然，公司的加权平均资本成本也会随着投资风险的增加而提高。错误使用公司目前的加权平均资本成本评价新项目，可能使一些低经营风险的公司采纳一些高风险的项目。用错误的、偏低的收益率计算出来的错误的净现值，会使这些项目看上去很有吸引力，而实际上这些项目的净现值很可能是负的。

实践中公司在处理不同风险水平的项目时，经常用一个资本成本系列来区分资本预算项目之间的风险差异。每个资本成本对应一个特定的风险等级（risk class）。例如，有些公司对不同的部门使用相同的资本成本，或者对不同的项目使用同样的资本成本（如维持现状、扩张、生产新产品）。如果使用 5 个风险等级基本上可以消除使用单一资本成本所引起的所有问题，超过 5 个就是一种资源浪费，但至少要用 3 个不同的风险等级。

[例 10-8]

安达公司的财务经理使用 3 个风险等级来筛选项目投资计划。风险等级 A 适用于风险水平最低的项目，如设备的替换和更新，必要收益率是 12%；风险等级 B 适用于风险水平高一些的项目，适用范围较广，必要收益率是 14%；风险等级 C 对应于风险水平最高的项目，适用于新产品和新业务的项目投资，必要收益率是 16%。

公司现有 7 个资本预算项目，大体情况如表 10-2 所示。

表 10－2　安达公司的备选项目和风险等级

项目编号	项目 IRR（%）	风险等级	资本成本（%）	决策
1	15	A	12	接受
2	11	A	12	拒绝
3	13	B	14	拒绝
4	16	B	14	接受
5	19	B	14	接受
6	15	C	16	拒绝
7	26	C	16	接受

通常只要一个项目的内部收益率超过了它所对应的风险等级的必要收益率，就会被接受。从表 10－2 中可以看到，按照这个标准，有 4 个项目被接受，3 个项目被拒绝。在这里，正确划分项目的风险等级是关键，比如编号 4 的项目如果被划分到风险等级 C 组就会被拒绝，同样，编号 6 的项目如果被划分到风险水平低一些的等级就会被接受。

□ 小　结

融资决策是公司为了满足生产经营活动的需要，选择一定的方式，从国内外有关渠道获得资金的过程。公司在制定融资决策时要考虑各种因素，按照一定的规则进行。

融资渠道是指公司取得资金的途径，体现了资金的来源。融资方式是指公司筹集资金时所采取的具体方法和形式，体现了资金的属性。公司的融资渠道可以分为内部融资和外部融资，每一种融资渠道下都存在着多种融资方式。

资本成本就是公司为了筹集和使用资金而付出的代价。我们可以把资本成本看作一种机会成本，公司把资金投资于某个项目，就放弃了投资于其他项目或者金融产品的机会。在一个完美的资本市场上，资本成本是投资者投资该项目的必要收益率。

加权平均资本成本可以视为一种平均的融资成本，即项目融资组合中各种资金来源成本的加权平均值。在计算时，首先计算单资本成本，然后根据不同资金来源在总资本中的权重，求得加权平均资本成本。

在计算加权平均资本成本时，要特别注意区别账面价值和市场价值，应该按照市场价值计算资本成本。实践中公司在处理不同风险水平的项目时，经常用一个资本成本系列来区分资本预算项目之间的风险差异。每个资本成本对应一个特定的风险等级。

□ 重点概念

融资决策　　融资渠道　　融资方式　　资本成本　　加权平均资本成本

□ 思考与练习

1. 什么是融资渠道？什么是融资方式？二者的联系和区别是什么？

2. 什么是资本成本?

3. 为什么要计算加权平均资本成本?

4. 税收和证券发行成本对资本成本有何影响?

5. 公司可以采取什么措施降低资本成本?

6. 某公司发行的债券面值为1 000元，市值为970元，票面利率为10%，期限为10年，发行成本为债券市值的5%，公司税率为33%。计算该单一资本成本。

7. 某公司发行的新股上年派发的红利为每股2.8元，预计每股红利增长率为8%。当前股票市场价格为50元。如果要再发行新股，每股发行成本预期为4元。计算该单一资本成本。

8. 某公司的资本结构如表10-3所示。

表10-3　某公司的资本结构　　单位：万元

债券	1 500
普通股	3 500
合计	5 000

公司保持现有资本结构不变。如果公司的税后负债成本为5%，普通股成本为15%，求该公司的加权平均资本成本。

9. 某公司的资本结构如表10-4所示。

表10-4　某公司的资本结构　　单位：万元

债券	1 100
优先股	250
普通股	3 600
合计	4 950

公司保持现有资本结构不变。如果公司的税后负债成本为5%，优先股成本为12%，普通股成本为15%，求该公司的加权平均资本成本。

□ 拓展阅读

资本成本估算技术的理论分析

资本成本是投资者理性的、与其所承担风险相对称的报酬率要求，也是企业为保护股东利益、增加股东财富所必须实现的投资报酬率的最低水准。这一概念构成了现代公司资本成本理论的基础，但并没有清晰地告诉人们到底是哪些因素决定了企业资本成本的水平。正是基于对于资本成本影响因素的不同认识，人们设计并应用不同的方法或模型来估算企业的资本成本。从根本而论，认识的不同主要出现在如下三个方面：(1) 是企业内部因素还是外部因素（比如市场因素）决定了资本成本?(2) 到底是哪些内部因素或者外部因素决定了资本成本? (3) 是历史数据还是预测数据与资本成本的估算更相关? 事实上，对这些问题的解释极有可能会动摇现有的资本成本理论。

还有一个认识上的不同也是不容忽视的，那就是到底是投资者决定资本成本，还是企业的董事会和管理层决定资本成本。在公司理财实务中，管理层对于资本成本的调整无疑是一种多年来存在的正常现象，比如，提高 1～3 个百分点以作为企业层面风险规避的措施等。

杰克·布罗伊勒斯（Jack Broyles）认为，可以把估算股权资本成本的方法划分为两类：第一类是基于股利或现金流折现值等于股票价格的内含报酬率方法；第二类则是风险补偿方法。然而在公司理财实务中，还有一种方法被普遍采用，那就是以历史报酬率作为资本成本的一种替代，这可谓第三类方法。

一、内含报酬率方法

所有类似的估算方法都是基于如下观点：将股票价格看作股东财富的一个最佳替代品，股东财富或者股票价格取决于未来时期股东所获得报酬的折现值。

$$P_0=\sum_{t=1}^{\infty}\frac{EPS_t}{(1+r_e)} \tag{10-6}$$

式中，P_0 为当前的股票价格；EPS_t 为 t 年度的每股利润；r_e 为股权资本成本。

假设股利支付率为 100%，且不考虑股东个人收益的所得税，即股利税率和资本利得税率均为 0。

按照这种估算技术的思路，最关键的问题就是如何确定属于股东的报酬。从目前学者们所设计的估算技术来看，在这个问题上存在着重大的差异。

20 世纪 80 年代以来，在公司评价甚至是国民经济分析中，资本成本概念所发挥的作用越来越大，人们对于资本成本尤其是股权资本成本水平高低的问题尤为关注，引发了新一轮的研究。在这一时期的资本成本估算技术研究中，最为重要的估算模型有 GLS 剩余收益模型（2001）、Easton 模型（2004）、Ohlson-Juettner 模型（2005）等。这些估算模型可以理解为股利折现模型的变化形式。

以 GLS 剩余收益模型和 Ohlson-Juettner 模型为代表的基于未来盈利预测的资本成本估算技术能否获得合理的估算结果，在很大程度上取决于对未来盈利如净收益、每股盈利等的预测质量。这种技术的优势在于可以充分利用大量的财务会计数据，利用股票市场方面的长期数据积累。在美国，股票市场经历了近百年的稳定发展，数据非常齐全，各类信息（包括历史数据信息和预测数据信息）的质量较高，预测分析师的工作水准也非常稳定，为这种估算技术的使用奠定了极为扎实的数据基础，但考虑到我国股票市场以及上市公司的现状，考虑到我国会计信息质量的现状，使用这类估算技术需要格外审慎。

从目前的资料来看，这类基于未来盈利预测的内含报酬率估算技术主要应用于学术界，企业界普遍采用的仍然是以风险补偿为主的估算方法。这一方面可能是因为前者比后者在估算技术上更加复杂，需要更多的企业外部信息（比如预测分析师的预测数据）；另一方面在技术上至今也没有一个公认的简单易行的估算模型。风险补偿方法毕竟经历了数十年的发展，在数据的积累、技术的熟识度等方面都远远超过前者。

二、风险补偿方法

站在公司财务理论的角度，最符合逻辑的风险补偿方法应该是在公司债报酬率的基础上加上风险补偿来估算股权资本成本。股东与公司债权人是公司的两类投资者，也是仅有的两类投资者。股东除了承担经营风险之外，还要承担由于使用负债而增加的财务风险，因此，股东的要求报酬率肯定要高于公司债投资者的要求报酬率。董事会、高层管理者应当对股东与债权人报酬率之间的差异有理性的认识，这是科学地组织理财行为的前提和基础。

$$r_e = \text{公司债报酬率} + \text{风险补偿} \tag{10-7}$$

20世纪50年代以来，资产定价理论获得了重大突破，为资本成本的科学估算提供了强大的技术支持，与此同时，资本成本估算的决定性因素也从企业内部转向了资本市场。这一转向为资本成本的估算提供了大量的数据支持，为资本成本理念的普及应用奠定了一个很好的基础。按照以资本资产定价模型（CAPM）为代表的资产定价模型，股权资本成本是在无风险报酬率的基础上加上风险补偿确定的，即

$$r_e = \text{股权资本成本} = \text{无风险报酬率} + \text{风险补偿} \tag{10-8}$$

CAPM是基于资本市场的定价模型，无论是无风险报酬率还是风险补偿都是以资本市场数据为基础来确定的。股票价格的波动成为该类模型中决定资本成本水平的最重要的风险因素之一。在无风险报酬率的基础上，如何确定风险补偿成为估算资本成本的关键环节。风险补偿取决于哪些因素？是公司内部因素还是市场因素？宏观因素比如行业因素、经济增长等对风险补偿有没有影响？这些问题引起了人们的争论，至今并没有获得普遍认可的结论。

三、历史报酬率方法

在很多情形下，人们往往习惯于将历史数据作为对未来的一种有效的替代，这种替代虽然存在很多理论上的缺陷，但在企业界长期以来一直是被普遍采用的预测技术。早在1982年吉特曼（Gitman）和默丘里奥（Mercurio）在调研中发现，有35.6%的样本使用“投资者期望报酬率”来估算资本成本，有1/3的被调查公司采用债务资本的历史成本作为未来时期的债务资本成本。美国杜克大学（Duke University）的格雷厄姆（Graham）和哈维（Harvey）就资本成本、资本预算、资本结构等公司理财行为对美国公司进行了问卷调查。这项研究显示了21世纪初企业界在估算资本成本方面的基本情形：(1) 估算股权资本成本的方法使用率最高的是CAPM（73.49%），其余的分别是历史报酬率法（39.41%）、多贝塔CAPM（34.29%）、股利折现模型（15.74%）、投资者期望报酬率（13.93%）与其他方法（7.04%）。与以往的调研相比，这项研究所发现的一个重大变化就是20年前被广泛采用的股利折现模型如今已经让位给资本资产定价模型。客观来讲，这是一个充满理性的变化。(2) 考虑到股权资本成本估算技术的复杂性，在实务中，可能同时采用几种方法进行估算，综合各种结果加以确定。(3) 非常重要的一点是，公司内部估算资本成本所采取的方法均是较为简单的，且主要的依据是历史数据。尤其需要注意的是，直接将历史报酬率和投资者期望报酬率作为对股权资本成本的估算值的做法，在企业界仍然是极为普遍的。

历史报酬率方法下股权资本成本的估算公式为：

r_e＝历史报酬率＋调整报酬率　　(10-9)

站在投资者的角度来讲，已获得的报酬是自身财富的增加，也是对以往报酬率要求的回报。能否实现以往的报酬率要求，不仅关系到投资者尤其是股东的利益是否得到了保护，而且关系到投资者下一步的投资决策。在这个过程中，历史报酬水平就成为投资者进行理性决策的一个重要标杆，也成为投资者调整报酬率要求的一个重要基础。

面对同样的对象，不同的估算方法必然导致不同的结果，有的甚至差异很大。资本成本估算的直接目的是确定投资者的要求报酬率，为企业的投资决策提供报酬率标准，进而为保护股东利益奠定基础。客观上，在任何一个特定时期，资本成本都应当有一个客观的标准，有一个明确的、合理的界域存在。

资料来源：汪平，袁光华，李阳阳．我国企业资本成本估算及其估算值的合理界限．投资研究，2017 (12).

第11章

公司的主要融资方式

本章要点

- 短期融资的特点及其管理原则；
- 公司短期融资工具；
- 股票发行的方式、价格与成本；
- 首次公开发行股票及再融资的条件；
- 长期借款的条件、成本与还本付息；
- 债券的概念、种类和特征；
- 债券发行的程序；
- 认股权证的概念、特征和估值；
- 可转换债券的概念、特征和估值；
- 租赁融资的概念、类型与租金支付。

引例

基于财务灵活性对阿里巴巴80亿美元债券融资的案例分析

1. 案例介绍

阿里巴巴于美国时间2014年11月20日正式发售80亿美元高级无抵押信用债券，此时距其9月纽交所（NYSE）IPO过去仅两个月，此次融资打破了中国银行65亿美元债券的纪录，成为中国企业海外发债规模之最，同时也是世界第三大规模债券融资。阿里巴巴此次共发行了6种不同期限，共计80亿美元的债券（见表11-1）。

表11-1　阿里巴巴80亿美元债券种类

期限（年）	金额（亿美元）	利率（%）
3	3	浮动利率
3	10	1.625

续表

期限（年）	金额（亿美元）	利率（%）
5	22.5	2.5
7	15	3.125
10	22.5	3.6
20	7	4.5

由表11-1可知，此次债券融资中，规模最大的3期（5年期、7年期、10年期）债券融资总额为60亿美元，占总融资额的75%。另外3期包括中短期3年和最长期20年，总共占25%。由于浮动利率风险性较高，尤其在预期未来利率将上涨的情况下，会增加融资企业融资成本，此次债券中浮动利率债券仅有3亿美元，占总融资额的3.75%。

债券利率的制定一般要参考发行国当地的国债利率，在此基础上再根据企业自身条件适当加成。表11-2反映了此次债券各期限债券利率与同期限国债利率的比较。

表11-2　阿里巴巴各期限债券利率与美国国债利率比较

期限（年）	债券利率（%）	比国债利率高（%）
3	0.97	0.66
5	1.64	0.86
7	2.05	1.08
10	2.34	1.26
20	2.78	1.72

值得注意的是，阿里巴巴在发债的两个月之前的2014年9月19日才刚刚在纽交所上市，共募集资金250亿美元，成为全球最大的IPO项目。根据阿里巴巴公布的招股计划书，在此次IPO中，共有320 106 100股美国存托股票（ADS）（阿里巴巴1股ADS相当于1股普通股）提供给投资者，其中，阿里巴巴集团只提供123 076 931股。此外，阿里巴巴的IPO承销商还拥有购买额外48 015 900股ADS的选择权，这48 015 900股股票中，阿里巴巴新发行了2 614万股，其余股票则来自雅虎、马云、蔡崇信等原股东。由于承销商行使了超额认购权，由阿里巴巴提供的股票共计149 216 931股，按挂牌价68美元计算，归属于阿里巴巴的融资金额共计101.5亿美元。如此大额融资后还要继续发债，阿里巴巴的用意值得我们思考。

2. 案例分析

一般研究将债券融资看作“硬债务”，主要是由于与银行贷款相比，债券融资的再谈判难度较大（几乎不可能），如果到期企业无法履行支付承诺，将会进入破产程序或者产生控制权转移；而银行贷款由于牵涉的债权人少，契约调整和修改的再谈判难度低，使得贷款融资具有“软债务”的性质，但相应也会产生银行以再谈判继续提供资金相诱惑或者停止资金供给、提前收回贷款相威胁榨取企业租金，即“敲竹杠”问题，这会增加公司的融资成本。因此，公司的融资决策是在综合权衡风险与成本的基础上做出的。其实，债券融资除了具有到期日固定、需按期支付利息的硬约束外，还具有优于银行贷款的软约束或者灵活性，包括融资使用方向，对再融资的约束，利率、期限、结构的自我掌控以及保持财务灵活性等比较优势。

阿里巴巴此次发行债券的章程中说明，80亿美元融资的使用方向将主要是偿还银团贷款和日常使用，但如果遇到某些外界形势的变化，也不排除将其用在其他方面。因此，债券融资的使用方向并不像银行贷款限制得那么严格，有一定的自由性。

银行贷款的使用一般要受到银行的监督，用于特定的约定使用项目，银行还会要求保持一定的资产负债率、流动比率等。2013年，阿里巴巴获得80亿美元银团贷款的条款包括总杠杆比率最高为3倍和利息保障倍数最低为4倍；另外，境内贷款规模也限制在约95亿元。因债券只是按约定的利息定期支付，又因债权人比较分散很难实施监督，故阿里巴巴如果未来有扩张计划，其再融资方面的自由度会大得多。

在债券期限、利率和结构的自我掌控方面，阿里巴巴于2013年获得的这笔80亿美元银团贷款包括25亿美元3年期定期贷款、15亿美元3年期循环信贷和40亿美元5年期定期贷款。3年期贷款利率较伦敦银行间拆放款利率（LIBOR）加码225个基点；5年期贷款利率为LIBOR加码275个基点。按照2014年7月17日协议签署时的伦敦银行间同业拆借的年利率，3年期和5年期贷款的融资成本分别为2.93%和3.43%。此次债券融资5年期、7年期、10年期发行额最高总计达60亿美元，显著延长了债务的期限，而相对应的利率分别为2.5%，3.125%，3.6%，显著降低了公司融资成本和财务压力。

企业的短期负债与长期负债应与企业发展战略相配合，适应公司发展的需要，增强资产负债的结构匹配度。由于债券的发行较之银行贷款的审核和放款要快速得多，阿里巴巴此次发行债券替换银行贷款可以增强企业未来资金紧急需求时的快速再融资能力，增加财务灵活性。

资料来源：孙晓东，张伟．基于财务灵活性和择时理论的海外债券融资案例分析——以阿里巴巴80亿美元债券融资为例．海南金融，2015（6）.

第1节 短期融资

一、短期融资管理

所谓短期融资，就是指期限在一年以下的流动资金的筹集。从社会平均水平来看，短期融资占了公司外部融资总量中的绝大部分。公司要保持正常运营，必须对短期融资进行管理。公司进行短期融资管理主要有两个原因：第一个原因不言而喻，即满足公司流动资产所需的资金来源。一般来说，公司的流动资产占资产总额的比重约为40%。如果对这部分资产融以长期资金，显然成本太高，也不需要。保证以尽可能低的成本满足流动资产的资金需求，是短期融资管理的重要目标。第二个原因是规避利率风险。利率变化可以给债务人带来损失，也可以带来利益。如果通货膨胀率上升，使利率有上行的趋势，那么减少短期融资比重，增加长期融资份额，就会减少一部分因利率上升增加的成本；相反，如果利率有下降的趋势，及时将长期融资改为短期融资，也会减少不必要的利息开支。灵活地进行短期融资管理，对一个公司的生存与发展往往起到十分重要的作用。

案例 11-1

20 世纪 70 年代，美国中短期利率猛涨到史无前例的水平，许多实行大规模短期融资策略的公司由盈转亏，一些公司被迫宣告破产。全美人寿保险公司（Trans America Corporation）的董事长感慨地说："过去，当市场利率涨到创纪录水平时，由于本公司几乎完全使用短期浮动利率负债，负债利息大幅上升，盈余猛降。现在，公司负债高于 10 亿美元，但其中长期固定利率负债约占 65%，公司的利息成本得以控制。"

（一）短期融资管理的原则

公司的生产经营规模一般是有波动的。概而论之，形成波动的原因主要有季节性循环和经济周期两个方面。在经营旺季，厂商会迅速扩大经营规模，对短期资金的需求上升；在经营淡季，厂商对短期资金的需求会下降。此外，当经济周期进入高涨期时，所有行业均提高营运资金量；当经济进入萧条期时，短期资金需求也随之减少。无论公司经营规模怎样波动，对短期资金的需求依然有一个稳定不变的量，这是保证公司经营的最低需求量。

因此，从生产经营的角度看，公司对短期资金的需求有波动性与稳定性两个特征。根据公司短期资金需求的特征，短期融资管理的原则有中庸型、积极型和稳健型三个类型。

1. 中庸型融资原则

公司的资产按照是否有规律性变化的特点，可以分为波动性资产和永久性资产。永久性资产包括固定资产和一部分流动资产。属于永久性资产的流动资产的数量多少，取决于公司经营处于低谷时的流动资产规模。波动性资产是流动资产中扣除属于永久性资产的流动资产后剩余的部分。

中庸型融资原则的特点是，对波动性资产采用短期融资的方式筹资，对于永久性资产则采用长期融资的方式筹资。这种融资原则可以避免因资金来源期限太短引起的还债风险，也可以减少由于过多地借入长期资金而支付的高额利息。

案例 11-2

安达公司以 8% 的利率借入 200 万元，期限 1 年。公司用这笔资金建造一幢厂房和购买生产设备，对这项投资的预期税后利润率为 16%。依据税法，假定公司第 1 年平均折旧率为 12%。公司第 1 年的现金流量如表 11-3 所示。

表11-3　安达公司现金流量简表　　单位：万元

年初		年末	
借款	+200	税后投资收益	+32
投资	-200	折旧	+24
		还借款本金	-200
		还借款利息	-16
合计	0	合计	-160

从现金流量上看，公司年末投资收益加折旧不过56万元，但必须归还的借款本息是216万元，有160万元的差额，公司不得不申请贷款展期或重新举债。若申请不允或重新举债失败，公司将陷入资金周转不灵的困境甚至破产。若公司根据投资的回收期延长借款期限，使现金流入量与流出量有很好的匹配，就不至于出现上述问题。

中庸型融资原则的基本思想可以从图11-1（a）直观地看出。

2. 积极型融资原则

积极型融资原则的特点是，公司以长期资金来源满足永久性资产的一部分资金需求，余下的永久性资产和全部波动性资产全部靠短期资金来融通。例如，某公司在经营低谷时仍有200万元永久性的流动资产和500万元固定资产，但公司持有的长期负债与权益只有600万元，那么约有100万元永久性资产的资金来源是靠短期融资实现的，这时，公司采取的融资原则是积极型的。

如前面安达公司的案例所示，积极型融资具有较大的风险，除了旧债到期可能借不到新债以外，还有利率上升的风险。当然，高风险也可能有高收益。如果公司融资的环境比较宽松，或者公司正赶上利率下调的好时机，那么在利率成本上会受益很多。这也是一些企业采取积极型融资原则的原因。积极型融资的基本思想如图11-1（b）所示。

3. 稳健型融资原则

稳健型融资原则的特点是，公司不但用长期资金融通永久性资产，还融通一部分甚至全部波动性资产。从图11-1（c）可以看出，当公司处于经营淡季时，一部分长期资金用来满足波动性资产的需求；在经营旺季时，波动性资产的另一部分资金需求可以用短期资金来解决。稳健型融资的基本思想如图11-1（c）所示。

一般来说，如果利率不变，短期融资成本要低于长期融资成本，因此，采取激进型的融资策略，可以比较有效地降低成本，但是一旦利率水平发生变化，这个结论就不绝对成立了。在预期未来利率水平将下降的情况下，缩短融资期限将有助于降低融资成本；相反，若预期未来利率水平将上升，延长融资期限则是明智之举。因此，在利率波动的环境下，公司的融资期限策略不应当是一成不变的，应当根据利率变化趋势调整融资期限结构，以降低融资成本。

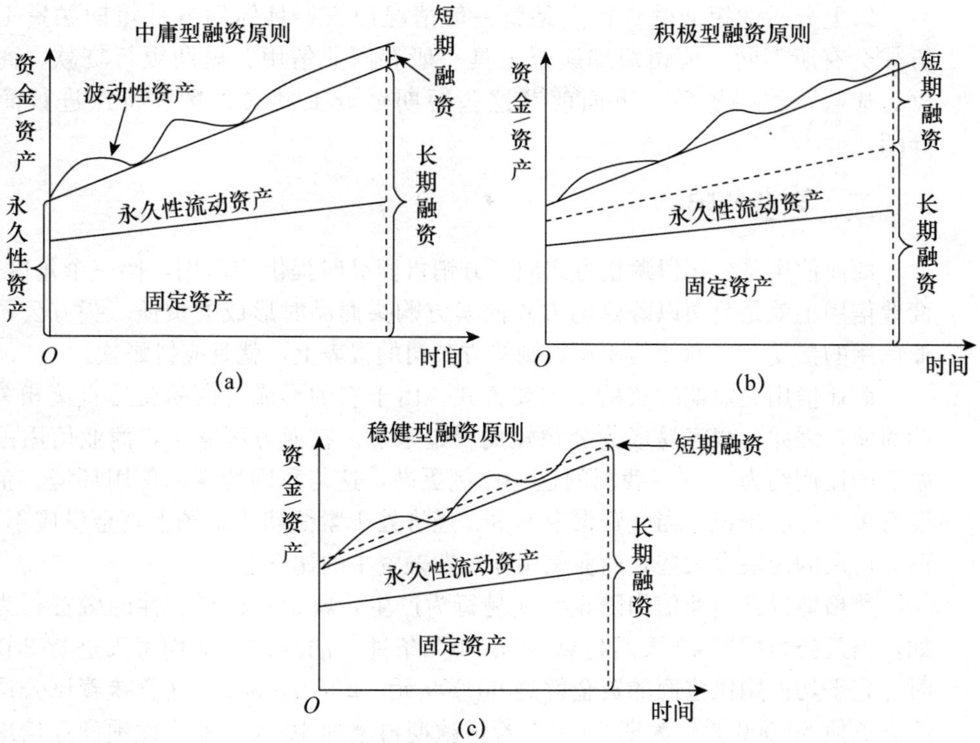

图 11－1　三种类型融资原则

（二）短期融资的特点

虽然短期融资的风险比长期融资高，但短期融资也有许多长处是长期融资不可比拟的。全面分析短期融资的各种特点，有助于公司财务管理人员做出正确的融资决策。短期融资与长期融资相比有以下三个比较突出的特点。

（1）融资速度较快。这一特点可以从长短期借款的比较中看出。当公司申请长期借款时，往往需要履行较多的手续，接受比较彻底的财务审查。由于长期借款期限可以长达 10～20 年，其间可能会发生很多导致公司经营失败的情况，债权人为了保证投资安全，必须做详尽调查，这需要花费较长的时间。此外，债权人出于安全的考虑，可能在贷款协议中加入一些限制性条款。因此，如果公司急需一笔资金，有时可能是用于长期项目投资，也只好到短期市场中筹措。

（2）相对成本较低。此处所言的相对成本，是指相对于长期资金的短期资金利率。一般来说，长期投资的风险高于短期投资，因此，长期资金的风险补偿高于短期资金，长期资金的利率高于短期资金利率。在正常情况下，如果公司使用短期负债而非长期负债来满足资金需求，那么在得到资金那一年，公司负担的利息费用会较低。

（3）借款风险较高。如果公司利用短期融资来筹措长期资金，就会面对不断还旧债举新债的不确定环境。在这个过程中，公司会遇到的不确定性（风险）有两个：利率波动的风险和再借款能否成功的风险。利率提高或者资金供给不足，均会使公司陷入困境。

以上分析的短期融资特点是就一般情况而言，具体到各种短期融资工具或方式会有所不同。公司短期融资工具一般有商业信用、短期银行贷款、商业票据、应收账款融资等。下面就对这些短期融资工具的含义和特点进行简要的介绍。

二、商业信用

商业信用是公司以赊销方式向买方销售商品时提供的信用，换一个角度来说，商业信用也就是公司以赊账的方式向卖方购买商品时形成的负债。买方公司是商业信用的接受方。商业信用反映到买方公司的报表上，就是应付账款。

商业信用是短期融资的最主要方式。由于它的形成与商品交易直接相关，手续简便，因此，很容易成为公司短期资金来源。在西方国家中，商业信用占短期融资的比例约为40%。我国的这一比例更高，这与我国特殊的信用环境、企业制度有关。一般来说，当融资渠道不多、经济处于紧缩期或市场上资金供应不足时，商业信用的规模会大些，商业信用在短期融资中的比例会高些。

严格地说，商业信用随正常交易行为产生，属于一种自发性的融资行为。例如，当某公司按照30天后付款（“n/30”条件）的约定，平均每天进货2 000元时，它平均占用供应商的资金就是60 000元（2 000×30）。这意味着该公司对供应商负债60 000元，为期30天。若付款期再增加10天，那么此项商业信用的额度就是80 000元（2 000×40）。

（一）商业信用的成本

在规范的商业信用行为中，债权人为了控制应收账款的期限和额度，往往向债务人提出信用政策。信用政策包括：信用期限，如“n/30”，表示商业信用期限为30天；给予买方的购货折扣与折扣期，如“2/10，n/30”，表示客户若在10天内付款，可享受2%的购货折扣，若10天以后付款，则不享受购货折扣优惠，商业信用期限最长不超过30天。

在商品信用政策中给予购货折扣和折扣期限的目的是促使客户尽早付款，以控制卖方公司的应收款数额。至于买方是否接受折扣优惠并提前付款，需要考虑放弃这笔现金折扣所形成的隐含利息成本是否太高。下面举例说明什么是隐含的利息成本，即商业信用成本。

案例11-3

通达电脑公司每年都从皮特电脑公司购买6 000万元的零件，皮特电脑公司给予通达电脑公司的商业信用条件为“2/10，n/30”。通达电脑公司若扣除2%的购货折扣后，平均每天的进货额为：

$$60\ 000\ 000\times(1-2\%)\div 360=163\ 333.33(\text{元})$$

如果通达电脑公司接受折扣并于第10天付款，则应付款为：

$$163\ 333.33\times 10=1\ 633\ 333.30(\text{元})$$

即通达电脑公司可以从皮特电脑公司得到1 633 333.30元商业信用。

如果通达电脑公司不打算享受 2% 的购货折扣，那么它可以得到的商业信用就是：

163 333.33×30＝4 900 000(元)

也就是说，放弃折扣，通达电脑公司可以多出约 3 266 667 元（4 900 000－1 633 333.30）的商业信用资金。这些钱可以用来归还银行贷款，也可以用来购买原材料、添置固定资产等。

但是，通达电脑公司获得 3 266 667 元的额外信用是以放弃 2% 的购货折扣为代价的，这相当于放弃了 1 200 000 元的价格优惠。如果用放弃的折扣额除以因放弃折扣换来的信用资金增加额，就可以计算出放弃折扣的成本：

$$放弃折扣成本=\frac{放弃的折扣金额}{由于放弃折扣增加的额外信用} \tag{11-1}$$

具体到本案例：

$$放弃折扣成本=\frac{1\ 200\ 000}{3\ 266\ 667}=36.73\%$$

放弃折扣的成本若比银行贷款利率高，通达电脑公司放弃折扣而增加商业信用就是不合算的。至于用放弃折扣而增加的商业信用归还银行贷款，则更是不明智之举。正是基于这些原因，才将放弃折扣成本称为商业信用的隐含利息成本。

放弃折扣的成本还可以用另一种方法计算：

$$放弃折扣成本=\frac{折扣率}{1-折扣率}\times\frac{360}{信用期-折扣期} \tag{11-2}$$

利用式（11－2）计算本案例的放弃折扣成本：

$$放弃折扣成本=\frac{2\%}{1-2\%}\times\frac{360}{30-10}=36.73\%$$

根据式（11－2），我们可以计算出不同信用政策下，通达电脑公司的隐含利息成本（见表 11－4）。

表 11－4　不同信用政策的隐含利息成本

信用政策	隐含利息成本
1/10，n/20	36%
1/10，n/30	18%
2/10，n/20	73%
2/10，n/30	37%

（二）免费商业信用与有偿商业信用

所谓免费商业信用，是指公司在折扣期内享受的商业信用，如通达电脑公司在 10 天折扣期内可以享受 1 633 333.30 元的免费商业信用。有偿商业信用是指放弃折扣时公司能享受的额外商业信用，如通达电脑公司享受的3 266 667元的商业信用，这部分信用的代价就是隐含利息成本。一般而言，如果公司可以取得银行贷款，最好只利用免费的商业信用。

有时公司也可以通过拖账的方式降低隐含利息成本。例如，通达电脑公司可能会在第15天而不是第10天付款，并且按照折扣价付款，这时，通达电脑公司既拿到了折扣，又取得了5天的额外商业信用。当然，这完全是在单方拖账的情况下实现的，有点儿无理取闹的意思。如果皮特电脑公司十分珍惜这一客户，也许就容忍了。另一种方法是买方公司在信用政策最长期限以后付款，这种做法更会降低隐含利息成本。例如，通达电脑公司是在第60天而非第30天付款，它的隐含利息成本会由36.73%降至14.69%，即

$$\text{放弃折扣成本}=\frac{2\%}{1-2\%}\times\frac{360}{60-10}=14.69\%$$

显然，这种违规行为能够成功的前提是卖方可能有大量存货积压，急于把货物卖出去。

三、短期银行贷款

在公司可利用的短期资金来源中，银行贷款的重要性仅次于商业信用。与商业信用相比，公司争取银行贷款时具有更大主动性。银行可以根据自己对公司情况的了解，决定接受或者拒绝公司的借款申请。

短期银行贷款的特点、方式根据不同国家及不同的银行信用发达程度有所区别。一般来说，公司向银行贷款，都需要与银行签订一份契约，约定贷款的金额、成本、用途、到期日等要素。这份契约就是我们所说的贷款合同，在西方国家，又称期票（promissory note，P/N）。期票是借款人经贷款人同意，给贷款人开出的一张借据。期票上记录的事项有：借款金额、利率、借款期限、借款担保品、还款方式、其他借贷双方认可的条件。借款人在期票上签字后，银行才履行贷款协议，将资金存入借款人账户。

（一）银行短期贷款的分类

一般来说，可以根据贷款的保障程度把银行短期贷款分为三类：信用贷款、担保贷款和抵押/质押贷款。信用贷款无须任何担保，也无须将固定资产或者有价证券抵押给银行，公司只需要向银行申请一个信用额度，就可在信用额度内获得银行贷款。担保贷款，顾名思义，就是公司需要寻找一个资信状况良好的法人或者自然人作为担保人，银行才能向公司提供贷款。相对于信用贷款，担保贷款对银行而言风险较小。除了信用贷款和担保贷款以外，还有一种贷款形式，即抵押/质押贷款。公司以固定资产或者金融资产作为抵押品抵押给银行，银行按照抵押品价值的一定比例向公司提供贷款。在实践中，作为短期银行抵押/质押贷款抵押品的资产，通常为公司的应收账款，稍后将对此做详细介绍。

下面重点介绍信用贷款。我们已经知道，对于信用贷款，公司无须向银行提

供任何担保，也无须把任何资产抵押给银行，只要向银行申请一个信用额度，就可以获得贷款。显然，对银行而言，信用贷款是要承担较大风险的。因此，一般来说，银行对信用贷款审批得非常严，仅限于那些信誉好、与银行有长期合作关系的公司。信用额度由银行确定，并根据公司的经营状况进行调整。所谓信用额度，是公司与银行之间签订的正式或非正式协议中关于借款人最高借款额度的规定。按照这种规定，借款人可以在规定的期限内向银行借入不高于这个金额的资金。

在实践中，一种常见的信用贷款是循环信贷额度贷款，即在一定时期内，银行为公司核定一个信用额度，在不超过限额的前提下，公司可以随时获得和偿还贷款。这种循环信贷额度贷款与一般信用贷款不同的是，借款人必须向银行支付一笔承诺费以保证履行借入规定额度资金的责任。如果借款人在规定期限内不能如数借款，承诺费将归银行所有。这是因为银行为了应付公司随时可能提出的贷款需求，必须要有一部分资金保持很强的流动性，这部分资金的收益就比较低。收取承诺费的目的是保证银行不致因借款人不履约而形成资金闲置、利息损失的结果。

以案例 11-3 为例，若皮特电脑公司与商业银行签订一份未来 4 年内借款 10 亿元的周转信用协定，承诺费率为尚未被公司借用的信用额度的 0.25%，那么如果皮特电脑公司在 4 年中没有借入这笔资金，它需要支付 250 万元（10 亿元×0.25%）的承诺费；如果它借入 4 亿元，还有 6 亿元未借，则需要支付 150 万元（6 亿元×0.25%）的承诺费。

（二）银行短期贷款的成本

银行短期贷款的成本一般是指利息成本。银行贷款利率的高低视公司的信誉、借款期限、借款金额以及经济环境而定。一般来说，借款人的资信度越高、借款期越短、借款金额越少、经济环境越好，利率就越低，因为这些条件的存在使银行贷款损失的风险较低。

除利息成本外，还可能有一些隐含成本，如补偿性余额等。所谓补偿性余额（compensating balances），是指银行发放贷款时，要求借款人留存在银行的一定比例（如 10%～20%）的贷款额。这种做法的目的主要是保证贷款的安全。由于有补偿性余额，借款人的实际负债成本要比名义成本高。例如，某公司借入 8 万元清偿债务，银行要求必须保留贷款额的 20%作为补偿性余额，为此，公司必须借入 10 万元才能满足资金需求。如果名义利率为 8%，那么对公司来说，实际负担的利率就是 10%，即

$$\frac{100\ 000\times8\%}{100\ 000\times(1-20\%)}=10\%$$

四、商业票据

商业票据（commercial paper）是由大公司发行的无担保短期商业票据。商业票据的期限较短，一般为 2～6 个月，其票面金额很高，通常在 10 万元以上。在

美国的商业票据市场上，往往以10万美元为一个交易单位。商业票据的利率较低，通常比银行流动贷款利率低1～2个百分点，但又比相同期限的国债利率要高。

商业票据具有这些特点主要是因为发行人多为资信水平很高的知名大公司。一般来说，商业票据的发行人信誉高，商业票据的期限短、金额大，因此商业票据市场的流动性很强。

商业票据是不是一种有效的短期筹资工具，主要取决于商业票据市场的流动性。美国存在一个很发达的商业票据市场，这使一定级别的公司能够很容易地在这个市场上筹集资金，而商业票据较低的风险和一定的收益率，也吸引许多大的机构，如银行、共同基金、养老基金、保险公司等，将其作为资产组合的一个重要部分。

作为货币市场一部分的商业票据市场在我国还处于初级发展阶段。目前已有一些效益好的大企业经允许发行类似于商业票据性质的短期融通票据，但此类票据的购买人多为银行，商业票据市场交易以及流通还未开始。在政府与企业协力开发多种融资渠道的努力下，商业票据市场的发展以及商业票据发行规模扩大将是一个必然的趋势。

五、应收账款融资

一些信誉水平较低、财务状况较差的公司，往往需要提供担保或者抵押品才可以得到资金。在前面我们讲过，公司短期融资的抵押品多是应收账款和存货。以存货为担保的短期融资比较直观易懂。下面将专门分析以应收账款为抵押品的短期融资。

应收账款融资（accounts receivable financing）就是以应收账款为抵押品，向银行或者其他金融机构申请短期资金融通。应收账款融资还可以进一步分为应收账款抵押和应收账款保理这两种形式。

（1）应收账款抵押（pledging of accounts receivable）。按照这种方式，借款人将应收账款作为取得贷款的抵押品，贷款人拥有应收账款的受偿权和对借款人的追索权。追索权是在商品买方无力支付货款时由贷款人向借款人要求还款的权利。因此，在应收账款抵押的融资方式下，借款公司要承担应收账款的违约风险。借款人通常没有必要将“应收账款已被用作贷款担保品”的事项通知客户。

以应收账款抵押融资的程序是，借款人与银行签订一份有法律约束力的协议，明确规定借贷双方必须遵守的程序与法律义务。协议签订以后，借款人定期将来自商品买方的购货发票送交银行，银行审查发票开出方的资信状况，进行信用评估，将不符合信用标准的发票退还给借款人，借款人不能以此发票作为贷款担保。过程如图11-2所示。

在应收账款抵押贷款中，银行有一系列手段用于保护自身利益。银行在借款人送来的发票中进行严格挑选，只对出票人为资信很好的公司的应收款提供贷款，以降低不履约风险；如果买方公司不履行付款责任，银行可向借款人行使追索权。

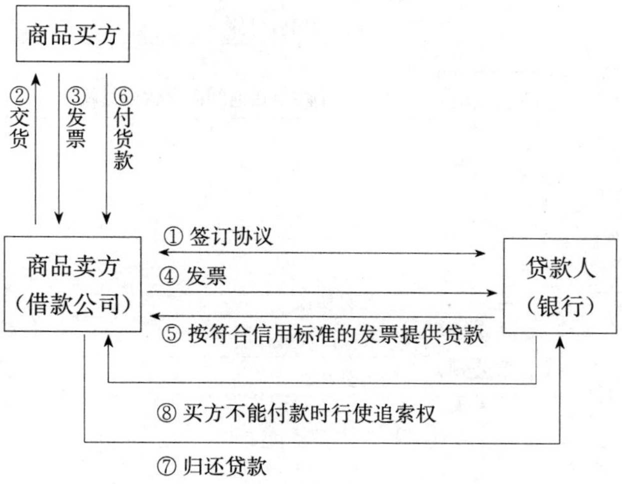

图 11-2 应收账款抵押流程图

（2）应收账款保理（factoring of accounts receivable）。应收账款保理是指借款人将应收账款卖给贷款人，从而将买方公司不履约风险转移给贷款人的一种短期融资方式。在这种方式下，贷款人不具有对借款人的追索权。借款人需要将"应收账款的所有权已转移给贷款人"的事项通知买方公司，让其直接向贷款人付款。

应收账款保理的程序是：首先，借贷双方签订协议。然后，当借款人得到买方的订货单时，需要送交贷款银行审核，请银行进行信用评估，如果银行认为买方信用没有问题，则通知借款人发货，并在借款人送来的发票上签写"货款请付×××"字样，通知买方直接付款给银行，同时，按发票所列金额扣除银行应收取的利息及预扣款后的余额，转到借款人存款账户上；如果银行经审核认为买方信用有问题，就会通知借款人，并拒绝购买这笔应收账款。最后，借款人根据银行的审查结果自行决定是否对买方发货。显然，如果借款人依旧向银行认为信用不好的买方发货，风险完全由借款人承担。应收款到期后，买方直接向银行付款。

银行从借款人处买入应收款时，一般要在付出金额中扣除预扣款。预扣款是银行为保护自身利益采取的一种措施，其目的是当借款人与买方公司之间就货物损坏、退回等事项发生争执，以致买方拒绝付款或延迟付款时，银行可用这笔资金补偿损失。如果到期买方如数付款，银行则将预扣款退给借款人。应收账款保理的融资过程如图 11-3 所示。

在应收账款融资中，借款公司可以在很大程度上借助银行的力量完成对买方客户的资信审查，这一方面降低了公司的相关成本，另一方面提高了审查质量，因此适当减少了应收账款损失的风险。

应收账款融资是一种比较普遍的公司短期融资方式，具有十分突出的优点：

（1）融资弹性高。这是指融资金额可以自动地随公司销售量的变化而增加、减少，公司可以很方便地将大量应收账款转为现金。

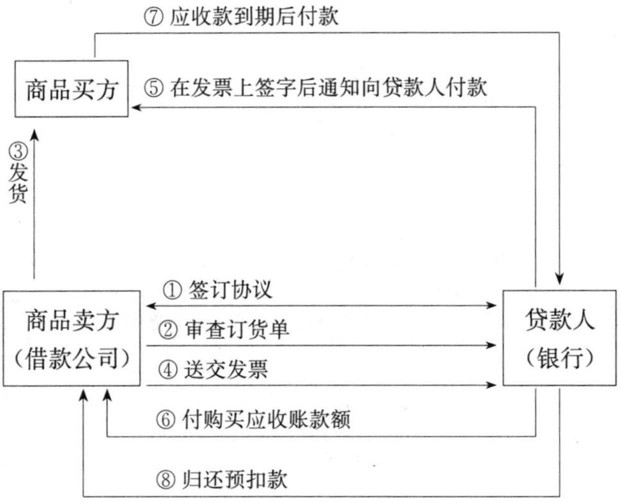

图 11－3　应收账款保理流程图

（2）利率较低。由于这种借款有应收款做抵押，其利率要比其他同样期限的无担保贷款利率低。

（3）可享受附加服务。通过应收账款融资方式，公司可以享受到银行提供的高质量的信用审核服务，从而降低了成本。如果一家销售规模很大、销售客户很多的公司，要依靠自己的力量逐一进行应收账款的信用审查，需要设置一个庞大的机构，这将是一笔不小的开支。

与优点相对应，应收账款融资的缺点也很明显：由于银行收取的信用审核和风险承担费率占应收账款金额的1%～3%，并可能因客户信用度不高而提高，因此，使用这种方式融资的成本较高。

但是，无论应收账款融资有怎样明显的缺点，随着计算机及网络技术的广泛应用，银行信用审核的成本将会不断降低，这将会进一步促进公司扩大运用应收账款融资的规模。

第2节　公司长期融资：股票融资

一、股票的基本知识

股票是股份有限公司派发给股东，以证明其进行投资并拥有公司所有者权益的有价证券。

股票如果是公开发行的，可以在股票二级市场上交易。股票的交易价格可以与其账面价值和内在价值有差异。交易价格的变化取决于市场供求关系。

股票的价值有账面价值与内在价值之分。股票的账面价值（book value）是按照股东权益的账面总值，扣除优先股总价值，再扣除各种留存收益，然后除以发行在外的普通股股数后得出的，即等于股本减去优先股面值再除以流通在外的普通股股数：

$$普通股账面价值=\frac{股本-优先股面值}{流通在外的普通股股数} \tag{11-3}$$

股票的内在价值是与公司财务状况、公司盈利潜力相联系的。股票的内在价值是股票市场价格变化的轴心，也就是说，股票的内在价值决定了股票价格变化的长期趋势。新股票发行时，其价格的确定依据就是股票内在价值。

股票的种类很多，最重要的类别是普通股与优先股。普通股与优先股的划分标准是股票所代表的股东权益。普通股股票是指每一股份对公司财产都拥有平等权益，股东享有平等权利，不加以特别限制的股票。普通股股票的收益随公司盈利变化而变化。优先股股东有优先于普通股股东获取公司盈利的权利，但是优先股股东不可以行使股东表决权，优先股的收益往往是固定的，不随公司盈利变化而变化，因此，优先股事实上具有长期债券的性质。

股票的收益也称股息或红利。股息是指股票持有者以票面资本额为依据，定期从公司取得的利润。股息一般在公司有盈余时才可以分到。分配给股东的利润占公司净利润的比重称派息率，派息率的高低是由董事会提出方案，交由股东大会通过确定的。普通股股息是在优先股股息派发后，根据剩余股息的多少派发的。红利是股东得到的超过股息部分的利润。按照我国的《公司法》，公司的税后利润分配必须遵循以下顺序：

(1) 弥补亏损。

(2) 扣除第 1 项以及支付财产损失与缴纳各类罚款后的余额，按 10%提取法定公积金，当公积金超过实收资本的 50%后可不再提取。

(3) 按税后利润的 5%～10%提取法定公益金。

(4) 支付优先股股息。

(5) 提取任意公积金。

(6) 支付普通股股息。

股息的支付形式主要有现金股息和股票股息两种。股息发放一般按年进行，也有按季进行的，但不多见。

二、股票发行概述

公司发行股票，可以从社会募集到长期资金。但是，发行股票对公司来说也不是没有坏处。首先，发行股票会使公司股权分散，为其他对本公司有兴趣者提供了收购、兼并的市场环境。其次，股票上市要求公司必须对社会公布相当详尽的内部信息，这种信息公开化往往为竞争对手提供了便利。最后，股票筹资的成本高于负债筹资成本，较多地依靠发行股票筹资会降低公司价值（关于这一点在第 10 章中有详尽的说明）。在这部分，我们希望通过对股票发行的种类、程序、价格、成本等问题进行系统的介绍，使读者对发行股票融资的效果有尽可能全面的认识。

（一）股票发行的方式

公司股票发行有公募与私募两种方式。采用公募方式发行股票，意味着公司股票可以被任何法人或者自然人认购，并在公开市场进行交易，公开发行股票的公司叫上市公司。股票公募发行，要求发行公司对其财务状况、重大事项等信息有较高的公开程度。至于信息公开到何种程度，各个国家都有详尽的规定。公司以公募方式发行股票，必须经过证券管理机构许可。

采用私募方式发行股票，意味着股票的持有人是特定的法人或者自然人，而非社会公众。私募的股票不可以进入证券交易所内上市交易，因此流动性较差。我国目前正大力建设二级股权市场以推动私募发行的股票的二级交易。正是由于私募发行股票是限制范围、限制交易的，政府对发行公司信息披露的要求就比较宽松，发行成本也比公募方式低。对于公司来说，私募发行的优点是信息公开程度低，股票不可以流通或流通性较低，在一定程度上降低了被兼并的威胁程度，并且股权相对集中，缺点是发行范围有限、资金来源有限。

公司是采取公募方式还是私募方式发行股票，取决于公司根据自身情况及上述两种发行方式特点的综合考虑。由于股票公募发行比私募发行更普遍，以下的分析将专门针对公募发行。

（二）股票发行的价格

股票发行价格是指发行公司将股票出售给投资人时的价格。股票发行价格的确定对发行人是至关重要的。发行价格越高，公司的发行收入就越高，发行成本也相应降低。发行价格定得太高，可能会使投资人望而生畏，导致发行失败；发行价格过低，将无法满足发行人的资金需求，并损害原有股东的利益。因此，确定一个合理的发行价格，是保证发行成功的关键。

一般来说，确定股票发行价格时需要考虑以下三方面的因素：

（1）法律规定。按照我国《公司法》的规定，股票不得以低于票面金额的价格发行。由此形成两种发行价格：面值发行与溢价发行。发行价格是否溢价，取决于社会对公司投资价值的承认程度，一般来说，绩效好的公司，股票发行往往可以取得较高的溢价。

（2）公司盈利状况及增长潜力。有较高盈利能力和增长潜力的公司可以取得较高的发行价格。预测公司盈利增长潜力需要考虑的因素较多，包括公司产品的销售情况、市场占有率、销售价格的上升空间、成本变化趋势、所在行业发展前景、募集资金用途等。

（3）股票二级市场状况。二级市场状况对于股票发行价格的定位也有很重要的影响。当股市处于牛市时，发行价格可以定得高些；当股市处于熊市时，发行价格需要定低些。因此，选择合适的上市时机十分重要。

在计算发行价格时，实践中通常用市盈率法，即用计算得出的公司每股收益乘以发行市盈率，得出发行价格。

$$\text{发行价格}=\text{每股收益}\times\text{发行市盈率} \tag{11-4}$$

其中，每股收益的测算是确定发行价格的一个关键。在发行市盈率确定的情况下，每股收益高，发行价格就高。每股收益一般采用发行前3～5年平均每股收益作为依据，参考发行后盈利增长潜力进行修正后得出。

发行市盈率是根据与发行公司同类型、同行业的上市公司当前市盈率确定的。市盈率是股票市场价格与每股收益的比值。

$$市盈率=\frac{股票市场价格}{每股收益} \tag{11-5}$$

计算出的发行价格还不是最终使用的发行价格。发行价格的最后确定可以通过两种方式实现：

(1) 竞价。这是我国目前使用的一种股票发行价格确定方式。按照竞价方式，投资者在指定时间内通过交易柜台或交易网络，以不低于发行底价的价格提出申购，申购数量一般有所限制。申购期满，有关交易所按照申报价格优先、同价位申报按时间优先的原则，将申报委托由高价位向低价位排队，并累计认购量。发行价格确定在累计数量达到或超过发行量对应的价位上。如果在发行底价上的申报量依然不能满足发行量，则发行底价为发行价。

(2) 协商。股票发行一般是通过承销商运作的。承销商根据发行人的经营业绩、盈利潜力、股票二级市场状况、市盈率、投资人需求情况等，确定一个认为合适的价格与发行人商量。承销商与发行人协商后，确定双方满意的发行价格。在这个过程中，承销商与发行人的利益有不尽一致的地方。由于承销商多采取包销的方式承销股票，即股票发行剩余全数由承销商认购，因此，承销商承担股票发行失败的风险。为避免损失，承销商倾向于压低发行价格至市场可以接受的程度，但发行人希望尽可能抬高发行价格。另外，在对公司盈利增长的预测方面双方也会出现分歧。发行人往往对公司前景十分乐观，较高估计增长潜力，承销商则相对冷静。因此，通过协商寻找合适的发行价格，也不是简单的事情。

(三) 股票发行的成本

股票的发行成本通常指与股票发行相关的费用。股票发行成本主要包括股票承销费、印制费、其他中介费用等。

承销费用是股票发行中的主要成本开支。此费用是向帮助办理股票发行的金融中介机构支付的费用。承销费的多少取决于发行规模、发行人信誉和发行方式。由于承销商在承销中关于通信、交通、人员工资等成本是相对固定的，因此，发行规模越小，费用率就越高；发行人的信誉决定了承销商推销股票的难易程度，发行人信誉越好，推销股票就越容易，费用也越低；发行方式对发行成本也有很大影响，由于承销商承销中用包销的方式比代销要承担更大的风险，因此承销费就要高一些。

其他中介费用是指发行人在股票发行准备过程中向必须聘请的律师、会计师和资产评估师所支付的费用。

此外，股票印制的费用、股票发行的宣传广告费用等也构成发行成本的内容。

三、首次公开发行股票

首次公开发行股票（initial public offerings，IPO）是指一家企业第一次将它的股份向公众出售。不同的证券市场对证券发行的管理、发行条件、发行程序、上市规定不同。目前我国公司股票首次发行的法律依据是修订后的《公司法》、《证券法》、2006年5月18日施行的《首次公开发行股票并上市管理办法》和2014年5月14日施行的《首次公开发行股票并在创业板上市管理办法》等。下面结合我国证券市场的相关政策法规简要介绍我国首次公开发行股票的一些知识。

（一）发行条件

《首次公开发行股票并上市管理办法》主要从以下几个方面约定了首次公开发行股票的条件：

（1）主体资格。要求发行人应当是依法设立且合法存续的股份有限公司，持续经营时间应当在3年以上；生产经营符合法律、行政法规和公司章程的规定，符合国家产业政策；发行人最近3年内主营业务和董事、高级管理人员没有发生重大变化，实际控制人没有发生变更；发行人的股权清晰，控股股东和受控股股东、实际控制人支配的股东持有的发行人股份不存在重大权属纠纷等。

（2）独立性。要求发行人应当具有完整的业务体系和直接面向市场独立经营的能力，要求发行人的资产完整、人员独立、财务独立、机构独立、业务独立，在独立性方面不得有其他严重缺陷。

（3）规范运行。要求发行人已经依法建立健全股东大会、董事会、监事会、独立董事、董事会秘书制度，相关机构和人员能够依法履行职责；发行人的董事、监事和高级管理人员已经了解与股票发行上市有关的法律法规，知悉上市公司及其董事、监事和高级管理人员的法定义务和责任。

（4）财务与会计。要求发行人资产质量良好，资产负债结构合理，盈利能力较强，现金流量正常；发行人的内部控制在所有重大方面是有效的；发行人会计基础工作规范；发行人编制财务报表应以实际发生的交易或者事项为依据等。同时要求最近3个会计年度净利润均为正数且累计超过人民币3 000万元，净利润以扣除非经常性损益前后较低者为计算依据；最近3个会计年度经营活动产生的现金流量净额累计超过人民币5 000万元；或者最近3个会计年度营业收入累计超过人民币3亿元；发行前股本总额不少于人民币3 000万元；最近一期末无形资产（扣除土地使用权、水面养殖权和采矿权等后）占净资产的比例不高于20%；最近一期末不存在未弥补亏损。

（5）募集资金运用。要求募集资金应当有明确的使用方向；募集资金数额和投资项目应当与发行人现有生产经营规模、财务状况、技术水平和管理能力等相适应；募集资金投资项目应当符合国家产业政策、投资管理、环境保护、土地管理以及其他法律法规和规章的规定等。

根据《首次公开发行股票并在创业板上市管理办法》，在创业板上市发行股票的条件略低于2006年规定的在主板上市发行股票的条件，主要体现在两个方面：

1）主体资格上，要求发行人最近两年内主营业务和董事、高级管理人员均没有发生重大变化，实际控制人没有发生变更。

2）财务与会计上，要求发行人最近两年连续盈利，最近两年净利润累计不少于 1 000 万元；或者最近一年盈利，最近一年营业收入不少于 5 000 万元，净利润以扣除非经常性损益前后孰低者为计算依据；最近一期末净资产不少于 2 000 万元，且不存在未弥补亏损；发行后股本总额不少于 3 000 万元。

(二) 发行程序

在我国首次公开发行股票大体经历如下程序：(1) 发行人董事会对首次公开发行股票事宜做出决议，并提请股东大会批准。(2) 发行人股东大会就本次发行股票做出决议。(3) 发行人应当按照中国证券监督管理委员会（以下简称中国证监会）的有关规定制作申请文件，由保荐人保荐并向中国证监会申报。(4) 中国证监会收到申请文件后，在 5 个工作日内做出是否受理的决定。(5) 中国证监会受理申请文件后，由相关职能部门对发行人的申请文件进行初审，并由发行审核委员会审核。中国证监会在初审过程中，将征求发行人注册地省级人民政府是否同意发行人发行股票的意见，并就发行人的募集资金投资项目是否符合国家产业政策和投资管理的规定征求国家发展和改革委员会的意见。(6) 中国证监会依照法定条件对发行人的发行申请做出予以核准或者不予核准的决定，并出具相关文件。(7) 自中国证监会核准发行之日起，发行人应在 6 个月内发行股票（在创业板申请上市发行股票的应在 12 个月内发行股票）；超过 6 个月（创业板 12 个月）未发行的，核准文件失效，须重新经中国证监会核准后方可发行。(8) 发行申请核准后、股票发行结束前，发行人发生重大事项的，应当暂缓或者暂停发行，并及时报告中国证监会，同时履行信息披露义务。影响发行条件的，应当重新履行核准程序。

(三) 股票上市

所谓股票上市，是指证券在依法设立的证券交易市场内采用公开竞价的方式进行证券交易。根据《证券法》规定，股份有限公司申请股票上市，应当符合下列条件：

(1) 股票经国务院证券监督管理机构核准已公开发行。

(2) 公司股本总额不少于人民币 3 000 万元。

(3) 公开发行的股份达到公司股份总数的 25%以上；公司股本总额超过人民币 4 亿元的，公开发行股份的比例为 10%以上。

(4) 公司最近 3 年无重大违法行为，财务会计报告无虚假记载。

证券交易所可以规定高于前款规定的上市条件，并报国务院证券监督管理机构批准。

股份公司申请股票上市交易，应当向证券交易所报送申请文件；股票上市交易申请经证券交易所审核同意后，股份公司应与交易所签订上市协议；签订上市协议的公司应当在规定的期限内公告股票上市的有关文件，并将该文件置备于指定场所供公众查阅。经批准的上市公司股票，依照法律法规规定上市交易。

四、上市公司再融资

根据《公司法》《证券法》《上市公司证券发行管理办法》等规定，上市公司再融资发行股票，包括上市公司公开发行股票和非公开发行股票两种情形。

上市公司公开发行股票，又包括向原股东配售股份（简称配股）和向不特定对象公开募集股份（简称增发）。

非公开发行股票是指上市公司采用非公开方式，向特定对象发行股票的行为。

（一）上市公司公开发行股票的条件

上市公司公开发行股票的条件，包括一般规定以及对配股和增发的特别规定。

（1）上市公司公开发行股票的条件的一般规定。主要包括：上市公司的组织机构健全、运行良好；上市公司的盈利能力具有可持续性；上市公司的财务状况良好；上市公司最近36个月内财务会计文件无虚假记载。同时要求上市公司不得存在以下行为：1）本次发行申请文件有虚假记载、误导性陈述或重大遗漏；2）擅自改变前次公开发行证券募集资金的用途而未作纠正；3）上市公司最近12个月内受到过证券交易所的公开谴责；4）上市公司及其控股股东或实际控制人最近12个月内存在未履行向投资者做出的公开承诺的行为；5）上市公司或其现任董事、高级管理人员因涉嫌犯罪被司法机关立案侦查或涉嫌违法违规被中国证监会立案调查；6）严重损害投资者的合法权益和社会公共利益的其他情形。

（2）配股的特别规定。向原股东配售股份的，除符合前面的一般规定外，还应当符合下列规定：1）拟配售股份数量不超过本次配售股份前股本总额的30%；2）控股股东应当在股东大会召开前公开承诺认配股份的数量；3）采用《证券法》规定的代销方式发行。

（3）向不特定对象公开募集股份，除符合前面的一般规定外，还应当符合下列规定：1）最近3个会计年度加权平均净资产收益率平均不低于6%。扣除非经常性损益后的净利润与扣除前的净利润相比，以低者作为加权平均净资产收益率的计算依据。2）除金融类企业外，最近一期末不存在持有金额较大的交易性金融资产和可供出售的金融资产、借予他人款项、委托理财等财务性投资的情形。3）发行价格应不低于公告招股意向书前20个交易日公司股票均价或前一个交易日的均价。

（二）非公开发行股票的条件

（1）非公开发行股票的特定对象应当符合下列规定：1）特定对象符合股东大会决议规定的条件；2）发行对象不超过10名。发行对象为境外战略投资者的，应当经国务院相关部门事先批准。

（2）上市公司非公开发行股票，应当符合下列规定：1）发行价格不低于定价基准日前20个交易日公司股票均价的90%；2）本次发行的股份自发行结束之日起，12个月内不得转让，控股股东、实际控制人及其控制的企业认购的股份，36个月内不得转让；3）募集资金使用符合《上市公司证券发行管理办法》第十条的规定；4）本次发行将导致上市公司控制权发生变化的，还应当符合中国证监会的其他规定。

（3）上市公司存在下列情形之一的，不得非公开发行股票：1）发行申请文件有虚假记载、误导性陈述或重大遗漏；2）上市公司的权益被控股股东或实际控制人严重损害且尚未消除；3）上市公司及其附属公司违规对外提供担保且尚未解除；4）现任董事、高级管理人员最近 36 个月内受到过中国证监会的行政处罚，或者最近 12 个月内受到过证券交易所公开谴责；5）上市公司或其现任董事、高级管理人员因涉嫌犯罪正被司法机关立案侦查或涉嫌违法违规正被中国证监会立案调查；6）最近一年及一期财务报表被注册会计师出具保留意见、否定意见或无法表示意见的审计报告，保留意见、否定意见或无法表示意见所涉及事项的重大影响已经消除或者本次发行涉及重大重组的除外；7）严重损害投资者合法权益和社会公共利益的其他情形。

五、未上市公司股权融资

未上市公司寻求股权融资的主要途径是吸收风险创业资本（venture capital）或私募股权投资（private equity，PE）。

风险创业资本在我国也称为“风险投资”或“创业投资”，是由专业投资机构投资到新兴的、迅速发展的高科技企业的一种股权投资。

风险创业资本一般以风险投资基金形式存在，由风险投资机构进行管理，它通过对初创企业进行投资，促进初创企业资产的增长来获取长期的资本收益。风险投资基金会选择在何时向企业注资呢？通常寻求风险投资的企业可分为种子阶段、创建阶段、扩展阶段、发展阶段、杠杆式买入阶段和公开上市阶段。在种子阶段，企业仅有产品构想，还未见产品原型。创建阶段的企业虽已完成产品原型和企业经营计划，但产品还未上市，资金主要用于购置生产设备、产品的开发及营销等。扩展阶段的公司已成功开发出在市场上有生命力的产品或服务，但尚未达到盈亏平衡点。发展阶段的公司已越过盈亏平衡点，急需追加投资。杠杆式买入是指企业的管理者借助投资基金买下该企业。到公开上市阶段，企业的经营规模与财务状况均接近上市公司审查的要求条件，并计划安排上市。因此，越处于早期阶段，企业的风险越大，但给风险投资基金带来的报酬也会越高。一般来说，风险投资基金会考虑自身的能力与经验、投资策略、分散风险等因素，投资不同比例、数量资金于各个阶段。对于同一个项目，风险投资基金往往是分阶段投资的。

风险投资基金的投资过程可分为选择、协议、辅导、退出四个阶段。

一旦企业被风险投资基金选中，在签订了投资合同并注入资金后，风险投资基金就会与受资企业结为利益共同体。多数风险投资基金具有金融领域的专长和关系网，并积累了大量对创业企业有用的经验，这对于很多发明家出身且只具有技术领域的经验的创业者来说，风险投资基金对企业的辅导很有意义。通常风险投资基金要求参与决定主要政策，按时收到准确的财务报表，按时召开董事会或投资者会议，及时沟通有关市场、人事、财务等方面的重要问题。当受资企业处于困境时，风险基金会视情况选择追加投资、卖出股权、让企业强制破产或出卖企业资产等。许多有技术潜力的创业者之所以失败，原因在于缺乏经营管理经验与市场知识。若风险投资基金在相关领域也无过硬经验，则可以通过招聘人才，甚至招聘合适的首席执行官派往受资企业的方法来帮助公司解决问题。

风险投资基金为获取收益或减少损失会退出受资企业，推动受资企业公开上市、在投资合同中设置卖出期权、进行股权转让、将股权出售给受资企业管理层、使受资企业被其他公司并购或清算公司等是风险投资基金退出受资企业的常见途径，其中，公开上市是风险投资基金最重要的、最佳的退出途径。例如，1992—1995年英国通过风险基金支持、培育与辅导后在伦敦股票交易所上市的公司占新上市公司总数的40%以上。风险投资基金的退出安排也会对受资企业起到激励作用。

私募股权投资也称产业投资、直接股权投资，是指通过私募基金对非上市公司进行的权益性投资。广义上的私募股权投资为涵盖企业首次公开发行前各阶段的权益投资，即对处于种子期、初创期、发展期、扩展期、成熟期和首次公开发行股票前（Pre-IPO）的各个时期的企业所进行的投资，相关资本按照投资阶段可划分为创业投资、发展资本（development capital）、并购基金（buyout/buyin fund）、夹层资本（mezzanine capital）、重振资本（turnaround）、首次公开发行股票前资本（如桥式融资（bridge finance）），以及上市后私募投资（private investment in public equity，PIPE）、不良债权（distressed debt）和不动产投资（real estate）等。狭义的私募股权投资主要指对已经形成一定规模并产生稳定现金流的成熟企业的私募股权投资部分，主要是指创业投资后期的私募股权投资部分。私募股权投资的投资期限较长，一般可达3～5年或更长。与风险投资类似，私募股权基金的投资过程也包括选择项目、签订协议、投资合作和实施退出四个环节，在投资后除了在董事会层面参与企业的重大战略决策外，一般不参与企业的日常管理和经营，在必要时也可能会给企业带来管理、技术、市场和其他需要的专业技能等增值服务。与风险投资基金偏向于初创企业不同，私募股权投资基金比较偏向于已形成一定规模和产生稳定现金流的成形企业。

风险投资与私募股权投资为未上市企业的发展开辟了新的融资渠道，尤其是风险投资解决了企业创业发展阶段的融资难题，打破了企业发展初期的资金瓶颈，为培育具有发展潜力的创新科技型企业做出了贡献。寻求风险投资或私募股权投资的企业在选择投资机构时，除了资金需求外，也需将机构的投资风格、拥有的社会资源和退出策略考虑在内，这样才会在获得投资后实现企业价值的最大提升。但是，风险投资与私募股权投资对投资对象的选择比较严格，条件比较苛刻，一般企业较难获得这类资金。

第3节 公司长期融资：长期债务融资

一、长期借款

长期借款（long-term loans）是公司筹措长期债务资金的主要方法之一，它是指公司向银行或其他金融机构借入的期限在一年以上（不含一年）的各项借款，一般用于固定资产的购建、改扩建工程、大修理工程、对外投资以及保持长期经营能力等方面。提供长期借款的金融机构包括商业银行、政策性银行、财务公司和投资公司等。长期借款的种类很多，各公司可根据自身的情况和各种借款条件选用。目前我国各金融机构提供的长期借款主要有固定资产投资借款、更新改造借款、科技开发和新产品试制借款等。这些借款按照有无担保分为信用借款和抵押借款。对于信用借款，公司不需提供抵押品，仅凭其信用或担保人信誉而借款。抵押借款则需要公司以抵押品作为担保，常用的抵押品是房屋、建筑物、机器设备、股票、债券等。

（一）长期借款条件

长期借款需由公司提出申请，经金融机构审批，借贷双方签订借款合同后才能获得。通常公司申请借款一般应具备以下条件：(1) 独立核算、自负盈亏、有法人资格；(2) 经营方向和业务范围符合国家产业政策，借款用途属于银行贷款办法规定的范围；(3) 借款企业具有一定的物资和财产保证，担保单位具有相应的经济实力；(4) 具有偿还贷款的能力；(5) 财务管理和经济核算制度健全，资金使用效益及企业经济效益良好；(6) 在银行立有账户，办理结算。具备上述条件的公司在向银行提出申请时，要陈述借款原因与金额、用款时间与计划、还款期限与计划。

银行根据企业的借款申请，针对企业的财务状况、信用情况、盈利的稳定性、发展前景、借款投资项目的可行性等进行审查。银行审查同意贷款后，再与借款企业进一步协商贷款的具体条件，明确贷款的种类、用途、金额、利率、期限、还款的资金来源及方式、保护性条件、违约责任等，并以借款合同的形式将其法律化。借款合同生效后，企业便可取得借款。

保护性条件是由于长期借款的期限长、风险大，银行对借款公司提出的有助于保证贷款按时足额偿还的条件。根据国际惯例，这些条件写进借款合同中，形成了合同的保护性条款。保护性条款主要有以下几类：

1. 一般性保护条款

一般性保护条款是对借款公司资产的流动性及偿债能力等方面做出要求的条款，适用于大多数借款合同。主要包括以下几条：对借款企业流动资金保持量的规定，其目的在于保持借款企业资金的流动性和偿债能力；对支付现金股利和再购入股票的限制，其目的在于限制现金外流；对净经营性长期资产总投资规模的限制，其目的在于减小企业日后不得不变卖固定资产以偿还贷款的可能性，仍着眼于保持借款企业资金的流动性；限制其他长期债务，其目的在于防止其他贷款人取得对企业资产的优先求偿权。

2. 例行性保护条款

例行性保护条款是指大多数借款合同中固定不变地列示的条款。主要包括以下几条：借款企业定期向银行提交财务报表，其目的在于及时掌握企业的财务情况；不准在正常情况下出售较多资产，以保持企业正常的生产经营能力；如期缴纳税费和清偿其他到期债务，以防被罚款造成现金流失；不准以任何资产作为其他承诺的担保或抵押，以避免企业负担过重；不准贴现应收票据或出售应收账款，以避免或有负债；限制租赁固定资产的规模，其目的在于防止企业负担巨额租金以致削弱其偿债能力，还在于防止企业以租赁固定资产的办法摆脱对其净经营性长期资产总投资和负债的约束。

3. 特殊性保护条款

特殊性保护条款是指为了全面保证贷款的安全，针对贷款的特定情况而特别规定的条款。特殊性保护条款仅在部分借款合同中出现，并在特殊情况下才能生效。主要包括以下几条：贷款专款专用；不准企业投资于短期内不能收回资金的项目；限制企业高级职员的薪金和奖金总额；要求企业主要领导者在合同有效期间内担任领导职务；要求企业主要领导者购买人身保险；等等。

（二）长期借款成本

长期借款成本包括借款利息和筹资费用。

长期借款的利率一般高于短期借款，但信誉好或抵押品流动性强的借款企业仍然可以争取到较低的长期借款利率。长期借款利率有固定利率和浮动利率两种。

1. 固定利率

在贷款合同签订时，即设定好固定的利率，不论贷款期内市场利率如何变动，借款人都按照固定的利率支付利息，不会随行就市。

2. 浮动利率

浮动利率是指随市场利率的变动而调整的利率。借款公司在借入贷款时一般均开出期票，即浮动利率期票，票据规定期限，但利率按优惠利率（又称主要利率）加成计算。通常将市场上信誉最好的公司的借款利率或商业票据利率定为优惠利率，并在此基础上加0.5～2个百分点作为浮动利率。浮动利率票据到期按面值还本，平时按规定的付息期定期按浮动利率付息。

对于借款公司来说，若预测市场利率上升，应与银行签订固定利率合同；反之，则签订浮动利率合同。

除了利息之外，银行还向借款公司收取其他费用，如银行与公司签订周转信贷协定所收取的承诺费、要求借款企业在本银行中保持补偿性余额所形成的间接费用等。这些费用增大了长期借款的成本。与发行债券等其他长期筹资途径相比，长期借款不涉及行政审批和发行事宜，筹资费用相对较低，通常只占筹资额度的千分之几。

（三）长期借款的还本付息

公司以长期借款筹集的资本属于借入资本，需要按期还本付息。长期借款的偿还方式不一，通常有以下几种：一次性偿付法、等额利息法、等额本金法、等额本息法和气球式偿还法。

（1）一次性偿付法是指在借款到期时一次性偿还本金和利息。这种方法对于贷款机构来说风险较大，且会加大借款公司最后还款的压力，因此在长期借款中较少运用。

（2）等额利息法是指在借款期内根据借款利率定期支付利息、到期一次偿还本金。

(3) 等额本金法是指在借款期内定期偿还固定本金及按借款余额计算的利息。在这一还款方式下，每期偿还的本金数额相等，但每年支付的利息数额随着每期剩余本金数额的减少而逐年降低。

(4) 等额本息法是指借款期内每期偿还相等数额的款项。在这种还款方式下，每期偿还的本金和利息总额相等，但每年偿还的利息和本金各不相等。随着本金的不断偿还，每期剩余的未偿还本金逐步减少，从而每期偿还额中所包含的利息逐步减少，而每期偿还额中所包含的本金逐年增加。

(5) 气球式偿还法是指在借款期内等额偿还小额本金和利息，到期末再偿还余下的大额部分的方式。

还本付息方式不同，借款公司实际承担的利息成本也不同。

二、发行债券

(一) 债券的类型

公司发行债券融资时多为发行长期债券，以下对公司债券的分析仅就长期债券而言。

债券是由债务人发行的、由债权人持有的债权债务证明。发行债券一般都签订债券契约。债券包含的基本要素在第 6 章已做详细介绍，本节不再赘述。

公司债券的种类繁多，按不同的标准有不同的分类。我国《公司法》确认了两种分类方法：一是按债券上是否记有持券人的姓名或名称，分为记名债券与无记名债券；二是按能否转换为公司股票，分为可转换债券和不可转换债券。若公司债券能转换为本公司股票，为可转换债券；反之为不可转换债券。一般来讲，前者的利率低于后者。对于可转换债券，将在下一节进行更详细的论述。

除此之外，按照国际通行做法，公司债券还有另外一些分类：

(1) 担保债券。这是指公司以某类财产为发行担保的债券。根据担保财产的不同，担保债券又可分为抵押债券、抵押信托债券和设备信托债券。抵押债券的担保财产一般是不动产及其他实际资产；抵押信托债券一般是以实际资产之外的证券类资产做担保品，如子公司的股票等；设备信托债券一般是为购买大型设备而发行的，借款人只有在偿还债务后才取得设备的所有权。

(2) 无担保债券，亦称信用债券。它没有特定资产做担保，只凭发行人的总体信用。一般只有信用良好的公司才可以发行此类债券，其利率通常高于担保债券。信用债券可分为不同等级。次级信用债券在本息的偿还、公司破产时对其资产的求偿权方面都处于优先信用债券之后。次级信用债券使贷款人承担更高的风险，因此其收益率比优先信用债券高。

(3) 收益债券。这是为特定项目融资而发行的债券，故其承诺的偿还期限一般在项目取得收益以后。只有当公司取得了收益，才支付利息。因此，投资者承担的风险较大，收益也相应较高。

(4) 浮动利率债券。其利率是可以定期调整的，如 3 个月或 6 个月调整一次。利率调整一般以无风险利率作为基准，如政府债券利率，加上一定的风险差价。对债权人来说，浮动利率可以减少通货膨胀的风险；对债务人来说，可以在市场利率下降时减少债务成本。不过，若利率变化方向与期望的相反，债权人或债务人会遭受利益损失。

随着全球经济一体化的发展，公司选择到国外发债的情况日益普遍。其中，欧洲债券市场的兴起格外引人注目，因此，我们有必要了解一下欧洲债券。

欧洲债券是在其标价货币的发行国以外的国家发行的债券。现在，几种主要货币都有欧洲债券发行，以美元发行的欧洲债券占到整个欧洲债券市场的一半以上。

欧洲债券市场给公司提供了又一个可选择的融资手段。欧洲债券对公司的吸引力在很大程度上取决于汇率的变化。例如，若美元对其他主要货币升值，投资者就会增加购买以美元标价的欧洲债券，这一行为会使美元欧洲债券的收益率低于美国国内债券的收益率，从而为美国公司创造一个富有吸引力的借款机会。此外，欧洲债券市场基本上未受到管制，是一个名副其实的国际市场，而且欧洲债券的收益率与国内债券的收益率相比，较少受政府影响，不过，套利行为会使欧洲债券收益率紧跟国内债券市场收益率。

（二）债券的发行

债券的发行方式有公募和私募两种，发行程序与股票基本相同。

公司在发行债券时，首先需要选择发行何种类型的债券，然后确定债券的主要特征。当然，公司的选择范围是受到限制的，对具有某种特征的债券，投资者必定要求得到适当的收益。公司考虑的因素一般有以下几方面：

（1）债券期限的选择。公司所选择的债券期限应能使公司用于偿债的现金流出量刚好与其预期的现金流入量相匹配。也就是说，债券期限应使公司总的偿债流量与预计的经营现金总流量大体一致。把债务集中安排在较短时期内偿还，要比在较长时期内履行偿债义务更容易使公司陷入入不敷出的困境。当然，这种匹配并不一定要非常严格。一家公司若正迅猛发展，则可以借入短期债务，这样当公司财务状况改善后可用更优厚的条件筹借新债。

对设有偿债基金的债券而言，其实际期限被缩短了。我们可以用债券的持续期这个概念来衡量债券的实际期限。其计算公式为：

$$持续期=\frac{1}{P}\sum_{t=1}^{S}\frac{tCF_t}{(1+y)^t} \qquad (11-6)$$

式中，P 为债券价格；CF_t 为 t 时期债券的现金总流量（即利息加本金）；t 为收到 CF_t 的时间；S 为计息期；y 为债券年到期收益率，若债券每半年付息一次，则 y 为年到期收益率除以 2。

［例 11－1］

假设一张债券票面金额为 1 000 元，票面利率为 10%，每年付息一次。偿债基金规定第 4 年和第 5 年年底每年偿还 500 元，到期收益率为年利率 9%，计算债券持续期。

首先计算现金流量。一共有 5 个计息期，在前 3 期只付息，因此 $CF_1=CF_2=CF_3=100$ 元；在第 4 期期末偿还 500 元本金，则 $CF_4=500+100=600$ 元；还剩 500 元，则 $CF_5=500+500\times10\%=550$ 元。债券价格为：

$$P=\sum_{t=1}^{5}\frac{tCF_t}{(1+9\%)^t}=1\ 035.65(\text{元})$$

运用公式可得债券持续期为：

$$\begin{aligned}\text{债券持续期}&=\frac{1}{P}\times\sum_{t=1}^{5}\frac{tCF_t}{(1+y)^t}\\&=\frac{1}{1\ 035.65}\times\left[\frac{100}{1+9\%}+\frac{2\times100}{(1+9\%)^2}+\frac{3\times100}{(1+9\%)^3}\right.\\&\quad\left.+\frac{4\times100}{(1+9\%)^4}+\frac{5\times100}{(1+9\%)^5}\right]=3.84(\text{年})\end{aligned}$$

---

(2) 设定票面利率。多数债券发行时选择的票面利率能使债券平价发行，不过，有时不对称税负或不对称信息使票面利率低于市场利率或让债券利率浮动更加有利。

我们可以选择固定利率或浮动利率为例来讨论。银行或财务公司的资产收益通常是随利率变动而波动的，因此这类公司最好是发行浮动利率的长期债券。其他类型公司发行长期债券时多选择固定利率，它们靠调整浮动利率短期债务和固定利率长期债务的构成比例来调节其固定利率债务和浮动利率债务的总体构成。

(3) 设定选择性赎回条款。选择性赎回条款即发行人有权提前赎回债券。发行人必须弄清楚是否应该设立该条款，如果是，应采取什么形式。不过，近些年，多数公司债券都是不可提前赎回的。在完善的资本市场环境中，设立这样的条款并不会使发行人获利，因为投资者会要求一个足够的收益率溢价来完全补偿早赎的风险，但是税负不对称、代理成本和交易成本等市场不完善之处使在某些情况下设立早赎条款是有利的。

(4) 发债的频率和时机。规模经济使大批量的发债相对更有吸引力。债券发行量大还会使债券的二级市场更富流动性，因此，公司通常精心计划发行若干次大批量债券。

当公司计划发债时，进行短期管理可能会使交易成本有所下降。公司不应在市场剧烈波动或暂时很糟的情况下发债。例如，银根很紧或利率剧烈波动时，对非投资级债券的市场需求会萎缩。大量发行国债时，债券市场也会暂时受到压制。因此，发行人应在发行时机上保持灵活性，以防止暂时因素对借款成本造成不利影响。

按照我国《企业债券管理条例》规定，企业发行企业债券，应当由证券经营机构承销。承销的方式有包销、代销两种。

《公司法》对公司发行债券的资格有一系列规定，包括：股份有限公司净资产额不低于3 000万元，有限责任公司净资产额不低于6 000万元；公司累计债券总额不超过净资产的40%，最近3年平均可分配利润足以支付公司债券的年利息；债券利率不得超过国家限定的水平等。

除符合以上有关法律规定外，准备发行债券的公司还必须争取到公司债券的发行额度。按照规定，发改委、中国人民银行、财政部、证监会每年共同拟定企业债券的发行规模，总规模确定后，再分配给各行政区划的企业。

从目前来看，我国公司债券的发行数量还十分有限。由于公司债券的交易市场还很不完善，限制了债券的流动性，因此阻碍了市场对企业债券的需求。随着市场建设的完善，我国公司债券的发行管理制度不断改进，必将促进我国公司债券市场的发展。

（三）债券评级

一般来说，公司发行的债券风险较高，并且不同公司的风险也不相同。面对多家公司的债券，究竟哪家公司债券更有投资价值，需要投资人做广泛的比较和深入的调查，当然也需要付出时间、精力与资金。由权威的机构对公司债券的质量进行综合分析、比较、排序，无疑可以为投资人选择可投资的债券提供极大的方便，因此，专门给债券评级、打分的机构应运而生。目前国际知名的债券评级机构有穆迪和标准普尔两家公司。

按照穆迪和标准普尔的标准，公司债券从优到劣可以分为A～C或A～D几个等级。凡处在3个B以上等级的债券是投资级债券，在2个B以下的债券为高风险债券或垃圾债券（junk bond）。两家机构的评级等级如表11-5所示。

表11-5　穆迪与标准普尔债券评级标准

标准	投资等级				高风险等级			
穆迪	Aaa	Aa	A	Baa	Ba	B	Caa	C
标准普尔	AAA	AA	A	BBB	BB	B	CCC	D

评价债券级别时，主要考虑以下几个因素：

（1）公司的财务比率，如负债率、利息倍数、流动比率等。这些比率可在一定程度上反映公司偿还债务的付现能力。

（2）债券有无担保。

（3）债券索赔权（求偿权）的次序。索赔权越优先，债券的级别也越高。

（4）有无偿债基金、偿还期限。

（5）公司的经营稳定性。

债券评级十分重要，其重要性体现在：第一，债券级别是债券利率（公司债务成本）确定的依据；第二，债券的级别在很大程度上决定了债券的价格和收益率。因此，所有已发行或准备发行债券的公司都十分重视自己的债券等级，希望提高级别以提高融资能力。

被评为2个B以下的债券称为垃圾债券，但这并不意味着无人理睬它们。垃圾债券具有高风险、高收益率的特征，一些冒险家会发现它的投资价值。

20世纪70年代毕业于美国沃顿商学院的米尔肯发现，高风险的垃圾债券在收益率上比低风险的优质债券高出很多，而且似乎收益率之差远远高于实际发生的违约风险之差，也就是说，被认为高风险的债券实际的风险并不像人们认为的那样大；他坚信机构投资者购买垃圾债券肯定会获益很大。在一家公司的协助下，米尔肯开发出了垃圾债券市场，垃圾债券的发行量和需求量日增。后来，由于米尔肯证券欺诈行为东窗事发，迅速膨胀的垃圾债券市场逐渐冷却收缩。

从美国垃圾债券的发展过程可以看出，垃圾债券是一种可以迅速筹集大量资金的金融工具，它填补了优质公司债券发行量少、筹资有限的空白，是公司并购与重组的一个十分有效的融资工具。因此，垃圾债券被广泛运用于公司并购中，如并购公司通过发行大量垃圾债券募集资金购买目标公司股票，迅速完成杠杆收购，但是以这种方式并购的公司会形成高额负债，这加大了公司的风险。事实也证明，许多并购后破产的公司均是运用发行垃圾债券实现杠杆收购的。

第 4 节　公司长期融资：另类形式

一、认股权证

（一）概念与特征

认股权证（warrants）是公司发行的、持有者可以按规定价格购买特定数额股票的权利证书。认股权证通常和公司长期债券一起发行，以吸引投资人购买利率低于正常水平的公司长期债券。

认股权证的特征主要有以下几个方面：（1）认股权证是公司授权持有人优先购买一定数额普通股股票的证件，如一张认股权证可以购买 30 张普通股股票。（2）认股权证规定股票的购买价格，该价格也称行使价格。行使价格一般高出该种股票当前市场价格的 10％～30％，行使价格可以是固定的，也可以随时间推移逐渐提高。（3）认股权证有规定的购股期限。持有人可以行使认股权利，也可以放弃认股权利。（4）认股权证一般随公司债券发行。债券与认股权证可以分离，也可以不分离。当债券与认股权证可分离时，意味着持有人可以分开出售债券与认股权证，例如，持有人保留债券，售出认股权证，或者相反；当债券与认股权证不可分离时，持有人只能同时持有或者售出债券与认股权证。

（二）认股权证的意义

认股权证是一种特殊的公司融资手段，它使投资者可以抓住公司蓬勃发展的机会来分享公司利润，同时也使公司有机会以较低成本筹措资金。另外，它有助于公司在最需要资金时较容易地筹措资金。当公司快速成长时，往往需要大量资金，而这时公司盈利增长迅速，股票市价上涨，会吸引认股权证持有人行使认股权利。

促使认股权证持有人行使认股权利主要有三个方面的因素：（1）股票市价超过认股权证的行使价格；（2）公司有较高的增长速度，因此有较好的盈利前景；（3）公司提高派息率。

在认股权证到期以前，公司可以采取一定措施调整持有人认股规模。

（三）认股权证与买入期权的区别

我们会发现，对于持有人来说，认股权证相当于拥有了一份买入期权，可以在未来按规定价格买入一定数量的股票，也可以放弃该权利或将其转让。与买入期权略有不同的是，由于认股权证往往与债券一起发行，因此最初得到认股权证的投资者好像并没有直接付费（实际上他还是付出了成本），而购买期权的投资者则直接付出期权费。

对公司而言，认股权证与买入期权有很大区别。当持有人行使认股权证时，公司将增加普通股发行量，增加股东权益，会有一笔现金流入；而买入期权的并不一定是公司，当持有人行使期权权利时，只是期权卖方将股票转卖给期权买方，期权卖方取得现金收入，公司与该笔交易并未发生直接联系。

实质上，认股权证就是一种具有期权性质的金融工具，它充分利用期权的特性来为公司融资提供服务。

（四）认股权证的估值

认股权证的价值取决于附认股权证的债券发行价格和纯负债部分的价值。

$$\text{认股权证价值}=\text{附认股权证债券发行价格}-\text{纯负债价值} \qquad (11-7)$$

纯负债价值是指附认股权证债券扣除认股价值后的净负债价值。这部分价值的计算涉及其他条件相同但不附认股权证的普通债券利率（净利率）、附认股权证债券利率和债券期限。

[例11-2]

某航空公司打算发行价值为5 000万元的20年期债券，利率为14%。在与承销商商议后，承销商认为14%利率太低，债券不易推销，考虑到公司无力承担更高的负债利率，该承销商建议公司发行面值为1 000元，每张债券附有30张认股权证的债券，认股权证的行使价格定在22元，高出当时公司股票市价10%，行使认购股票的权利在认股权证和债券发行后第10年开始。如果这样，公司债券的利率可以降到10.375%。这个条件意味着投资人将以1 000元价格购入航空公司债券，拥有20年期的年利率为10.375%的债券和30张认股权证的投资组合。对投资人来说，纯负债价值应当是：

$$\sum_{t=1}^{20}\frac{103.75}{(1+14\%)^t}+\frac{1\ 000}{(1+14\%)^{20}}=760(\text{元})$$

式中，贴现率选择净利率14%。

因此，公司的认股权证价值为：

1 000－760＝240(元)

由于每张债券附 30 张认股权证，因此，每张认股权证的价值为：

240÷30＝8(元)

以上认股权证的价值是根据已经发生的事例推算出来的。现实生活中，往往需要先确定认股权证价值，然后确定附认股权证债券的票面利率。因此，认股权证价值的确定是一个相对主观的过程。当然，有很多因素制约认股权证价值不能太高或太低。太高会使债券推销有难度，太低会使债权人获得额外利润，公司股东利益受到影响。因此，合理确定认股权证价值十分重要。遗憾的是，到目前为止，还没有找到能事先准确确定认股权证价值的办法，其价值确定依然主要依靠公司经理的经验和判断。

二、可转换债券

（一）可转换债券的定义与特点

可转换债券（convertible bond）是由公司发行的，可以在规定的期限、按规定条件转换成本公司普通股票的债券。

可转换债券的特点是：(1) 可转换债券授予持有人在未来某个时间成为股东的选择权利；(2) 可转换债券售出后，通常都要随股票拆细而调整转换比例和转换价格；(3) 可转换债券和认股权证一样，均是公司给予持有人成为股东的选择权。

可转换债券与认股权证也存在不同点，主要表现在：(1) 当认股权证持有人行使权利时，公司可以得到一笔额外的资金，并使股本扩大；可转换债券持有人行使权利时，不会增加公司的资金来源，仅仅改变了公司的资本结构，使负债率下降。(2) 认股权证持有人行使权利后，公司较低票面利率的债券依然流通，但可转换债券持有人行使权利后，债券被公司收回，公司不再拥有低资本成本的优势。

（二）可转换债券的意义

可转换债券同认股权证一样，可以为公司提供一个十分灵活的融资工具。它对公司筹资的贡献主要体现在：(1) 能够使公司出售利率较低的债券，降低资本成本；(2) 由于可转换债券转换为股票时，转换价格一般按规定高出当前市场价格 10%～30%，因此，当公司按这种方式发行债券时，在筹集资金一定的条件下，可比发行新股的股数减少 10%～30%。

但是，发行可转换债券也会为公司带来一些不利的因素。例如，当普通股价格大幅上涨时，可转换债券持有人行使权利，会使公司股东利益的一部分转移给新股东；若股价下降，公司又可能处于负债过度的困境。同时，转换发生时，也会降低公司低利融资的优势。

（三）可转换债券的转换比率与转换价格

可转换债券最重要的条款就是对转换比率的规定。转换比率是指当可转换债券持有人行使权利时，能够获得的普通股股数。转换价格则是指当转换发生时每股普通股的价格。

$$转换价格=\frac{债券面值}{转换比率} \tag{11-8}$$

当然，如果知道转换价格和债券面值，也可计算出转换比率：

$$转换比率=\frac{债券面值}{转换价格} \tag{11-9}$$

［例 11-3］

某公司发行期限为 20 年的可转换债券，面值 1 000 元，转换比率为 20，即每张债券可以转换成 20 股普通股。因此，转换价格为：

$$\frac{1\ 000}{20}=50(元)$$

当公司因送股而使普通股稀释时，也要相应调整转换比率和转换价格。如果上述公司将原来的 1 股分割为 2 股，那么转换比率应自动调到 40，转换价格也下降至 25 元。

（四）可转换债券的价值

可转换债券的价值涉及原始债券价值、转换价值和选择权价值三部分内容。

（1）原始债券价值（straight bond value）。原始债券价值是假设可转换债券不能被转换为股票时的价值，它是按照考虑偿债风险的利率计算得出的。

［例 11-4］

假定长兴公司发行的原始债券被评为 A 级，而 A 级债券的到期收益率为 10%，因此，长兴公司的可转换债券若不能转换为股票，投资者可以接受的报酬率必须是 10%。将 10% 作为贴现率，并假定长兴公司发行的债券期限为 25 年，票面利率为 6%，票面值为 1 000 元，该原始债券的价值为：

$$V_{SB}=\sum_{t=1}^{25}\frac{60}{(1+10\%)^t}+\frac{1\ 000}{(1+10\%)^{25}}=636.9(元)$$

原始债券价值是可转换债券的最小价值，也就是说，可转换债券的价值不可以低于这个下限，但具体为多少，还需要考虑另外两个因素。

原始债券价值与公司价值的关系是十分密切的。当公司陷于困境时，债券价值会随含有风险补偿内容的贴现率（必要收益率）上升而下降；当公司价值为零时，其原始债券价值也为零；当公司价值提高时，原始债券价值在到期以前至多为无风险利率债券价值。

（2）转换价值（conversion value）。转换价值是可转换债券价值确定的第二个因素。转换价值是指可转换债券按当前市场价格转为公司普通股股票时的价值。

$$转换价值=转换比率\times股票市场价格 \quad (11-10)$$

例如，长兴公司可转换债券可以转为 21.62 股普通股，当前该股票市价为 38 元，因此，转换价值就是 821.56 元（21.62×38）。

可转换债券的价值不可能低于其转换价值，因为一旦这种情况发生，套利行为就会将可转换债券的价值重新拉回到高于或等于转换价值的水平上。例如，长兴公司以低于 821.56 元的价格出售可转换债券，投资者就会大量买入可转换债券，再转换成股票并在市场上出售。投资人追逐利润的套利行为使可转换债券的价值必须等于或高于转换价值。

因此，可转换债券取得了两个价值支撑点：原始债券价值与转换价值。转换价值的高低受公司普通股价值的影响，股票价值又是公司价值的决定因素之一，因此，转换价值与公司价值之间存在密切关系。

（3）选择权价值（option value）。由于可转换债券赋予持有人未来行使或者放弃将债券转换为公司普通股票的权利，因此，持有人可以等待时机，根据原始债券价值与转换价值孰高孰低决定是否行使权利。选择权增加了投资人盈利的机会，选择权应当是有价值的。选择权价值的存在提高了可转换债券的价值，使之略高于原始债券价值或者转换价值，高出的部分就是选择权价值。

到目前为止，我们依然没有明确地知道可转换债券的价值究竟是多少。事实上，这是在两个价值（原始债券价值与转换价值）之间择其高的事情，即可转换债券的价值确定为原始债券价值与转换价值中较高者，再加上选择权价值：

$$可转换债券价值=\max(原始债券价值,转换价值)+选择权价值 \quad (11-11)$$

当公司价值降低时，可转换债券价值为相关的原始债券价值加上选择权价值。当公司价值上升时，可转换债券价值为转换价值加上选择权价值。

三、租赁融资

（一）租赁的定义与类型

租赁是指在约定的期限内，出租人将资产使用权租让给承租人以获取租金的一种契约行为。经营租赁和融资租赁是两种最基本的租赁类型。

经营租赁是一种短期租赁形式，是指出租人向承租人短期出租设备，并提供设备保养服务。租赁合同可中途解约，出租人需反复出租才可收回对租赁设备的投资。经营租赁没有转移与资产所有权有关的全部风险和报酬。

融资租赁又称金融租赁，也称设备租赁，是指租赁的当事人约定，由出租人根据承租人的决定，向承租人选定的第三者（供货人）购买承租人选定的设备，以承租人支付租金为条件，将该设备的使用权转让给承租人，并在一个不间断的长期租赁期间内，出租人通过收取租金的方式，收回全部或大部分投资。融资租赁实质上转移了与资产所有权相关的全部风险和报酬，是通过融物来达到融资的目的，是现代租赁的主要形式。

融资租赁的表现形式多样，主要的形式有以下几种：

（1）简单融资租赁。简单融资租赁是指由承租人选择需要购买的租赁物件，出租人在对租赁项目风险评估后出租租赁物件给承租人使用。在整个租赁期间承租人没有所有权但享有使用权，并负责维修和保养租赁物件。出租人对租赁物件的好坏不负任何责任，设备折旧在承租人一方。

（2）杠杆融资租赁。杠杆租赁的做法类似银团贷款，主要是由一家租赁公司牵头，为一个超大型的租赁项目融资。牵头的租赁公司作为出租人提供项目总金额20%～40%的资金，其余部分资金则主要是吸收银行和社会闲散游资。其做法与融资租赁基本相同，出租人购买承租人所欲使用的资产，并交由承租人使用；承租人使用租赁资产后，定期支付租赁费用。对以租赁的方式来融资的公司来说，杠杆融资租赁与简单融资租赁并无不同。杠杆融资租赁中使用杠杆的是出租人，而不是承租人。

（3）委托融资租赁。第一种方式是拥有资金或设备的人委托非银行金融机构从事融资租赁，第一出租人同时是委托人，第二出租人同时是受托人。出租人接受委托人的资金或租赁标的物，根据委托人的书面委托，向委托人指定的承租人办理融资租赁业务。在租赁期内租赁标的物的所有权归委托人，出租人只收取手续费，不承担风险。这种委托融资租赁的一大特点就是让没有租赁经营权的企业可以“借权”经营。电子商务租赁即依靠委托租赁作为商务租赁平台。第二种方式是出租人委托承租人或第三人购买租赁物，出租人根据合同支付货款，又称委托购买融资租赁。

（4）项目融资租赁。承租人以项目自身的财产和效益为保证，与出租人签订项目融资租赁合同，出租人对承租人项目以外的财产和收益无追索权，租金的收取也只能以项目的现金流量和效益来确定。出卖人（即租赁物品生产商）通过自己控股的租赁公司采取这种方式推销产品，扩大市场份额。通信设备、大型医疗设备、运输设备甚至高速公路经营权都可以采用这种方法。

（5）售后租回融资租赁。售后租回融资租赁，又称返还式租赁，是指设备的所有者先将设备按市场价格卖给出租人，然后以租赁的方式租回原来设备的一种方式。回租租赁的优点在于：承租人既拥有原来设备的使用权，又熟悉设备的使用，可以节省时间和培训费用；承租人可将出售设备所得资金的大部分用于其他投资，把资金用活，而少部分用于缴纳租金。

（6）融资转租赁。融资转租赁又称转融资租赁，是指租赁公司从其他租赁公司融资租入相关资产，再转租给下一个承租人使用的租赁。

（二）融资租赁租金的计算与支付

融资租赁租金的数额和支付方式对承租企业的未来财务状况具有直接的影响，

也是租赁筹资决策的重要依据。

(1) 融资租赁租金的构成。通常情况下，出租人消耗在租赁物上的价值构成租金。主要包括三部分：

1) 租赁物的成本。包含租赁物的买价、运输费、保险费、调试安装费等。

2) 利息。出租人为购买租赁物向银行贷款而支付的利息，该利息按银行贷款利率的复利计算。

3) 手续费用和利润。手续费用是指出租方在经营租赁过程中所支出的费用，包括业务人员工资、办公费、差旅费等，因手续费用通常较少，一般不计利息。

融资租赁每期租金的多少取决于以下几个因素：1) 设备原价及预计残值，包括设备买价、运输费、安装调试费、保险费等，以及该设备租赁期满后出售可得的市价；2) 利息，指租赁公司为承租企业购置设备垫付资金所应支付的利息；3) 租赁手续费，指租赁公司承办租赁设备所发生的业务费用和必要的利润。

(2) 租金的计算。我国融资租赁实务中，租金的计算大多采用平均分摊法和等额年金法。

平均分摊法是先以商定的利率和手续费率计算租赁期间的利息和手续费，然后连同设备成本按支付次数进行平均。

每次支付租金=[(租赁设备购置成本－租赁设备的预计净残值)
＋租赁期间的利息＋租赁期间的手续费]÷租期　(11-12)

等额年金法就是利用年金现值的计算公式经变换后计算每期支付租金的方法。

(3) 租金的支付方式。融资租赁的租金支付方式通常有以下几种：

1) 按支付间隔期的长短，分为年付、半年付、季付和月付等方式。

2) 按在期初和期末支付，分为先付租金和后付租金。

3) 按每次支付额，分为等额支付和不等额支付。实务中，承租企业与租赁公司商定的租金支付方式大多为后付等额年金。

[例 11-5]

长兴公司于 2014 年 1 月 1 日从租赁公司租入一套设备，价值 50 万元，合同规定租期 5 年，租赁期满时预计残值为 8 万元，归承租人。租金每年年末支付一次，年利率 6%；租赁手续费单独按设备成本的 2%计算，分 5 次与租金同时支付。每期支付的租金额为：

$$\frac{500\ 000}{(P/A,6\%,5)}+\frac{500\ 000\times 2\%}{5}=120\ 697(\text{元})$$

□ 小　结

短期融资是指期限在一年以下的流动资金融资，其突出特点是融资速度较快、相对成本较低和借款人风险较高。根据公司短期资金需求的特征，短期融资管理的原则有中庸型、积极型和稳健型。公司短期融资工具一般有商业信用、短期银行借款、商业票据、应收账款融资等。

股票是股份有限公司派发给股东，以证明其进行投资并拥有公司所有者权益的有价证券。公司股票发行方式有公募与私募两种。首次公开发行股票是指一家公司第一次将它的股份向社会公众出售。上市公司再融资发行股票，有公开发行和非公开发行两种方式。其中，上市公司公开发行股票包括向原股东配售股份（简称配股）和向不特定对象公开募集股份（简称增发）。

未上市公司寻求股权融资的主要途径是吸收风险创业资本或私募股权投资。风险创业资本是由专业投资机构投资到新兴的、迅速发展的高科技企业的一种股权投资。私募股权投资是指通过私募基金对非上市公司进行的权益性投资。广义的私募股权投资为涵盖企业首次公开发行前各阶段的权益投资；狭义的私募股权投资主要指对已经形成一定规模并产生稳定现金流的成熟企业的私募股权投资部分。

长期借款是公司筹措长期债务资金的主要方法之一，它是指公司向银行或其他金融机构借入的期限在一年以上（不含一年）的各项借款，一般用于固定资产的购建、改扩建工程、大修理工程、对外投资以及保持长期经营能力等方面。

债券是由债务人发行的、由债权人持有的债权债务证明，可以按照不同的标准划分为不同的类型。债券的发行有公募和私募两种方式。

认股权证是公司发行的、持有者可以按照规定的价格购买特定数量的某种股票的权利证书。对持有人来说，认股权证相当于拥有了一份买入期权。认股权证的价值取决于附认股权证的债券发行价格和纯负债部分的价值。

可转换债券是由公司发行的，可以在规定的期限、按规定的条件转换成本公司普通股票的债券。可转换债券的价值涉及原始债券价值、转换价值和选择权价值三部分内容。

租赁是指在约定的期限内，出租人将资产使用权租让给承租人以获取租金的一种契约行为。经营租赁和融资租赁是两种最基本的租赁类型。

□ 重点概念

短期融资　商业信用　短期银行借款　商业票据　应收账款融资　长期融资　股票　首次公开发行股票（IPO）　长期借款　风险创业资本　私募股权投资　债券　信用评级　认股权证　可转换公司债券　融资租赁　经营租赁

□ 思考与练习

1. 公司融资模式主要有哪些？
2. 简述短期融资的主要类型及特点。
3. 什么是股票？股票的特点是什么？
4. 如何确定股票发行价格？
5. 简述我国对公司首次公开发行股票的一些基本规定。
6. 简述我国对上市公司再融资的一些规定。

7. 未上市公司股权融资的主要途径是什么？各有什么特点？

8. 什么是长期借款？长期借款的保护性条款有哪些？

9. 什么是债券？债券有哪些特点？

10. 简述我国对公司债券发行的基本规定。

11. 什么是债券评级？债券评级要考虑的主要因素有哪些？

12. 什么是认股权证？认股权证有哪些特点？

13. 什么是可转换债券？可转换债券的特点有哪些？

14. 什么是融资租赁？它有哪些形式？租金包括哪些内容？

15. 某公司认股权证在市场上交易，5 年后到期。按约定，每一份认股权证可以按每股 10 元购买 0.25 股公司的普通股。

（1）如果公司目前的股票市场价格是每股 8 元，分别求出认股权证的上限和下限。

（2）如果公司目前的股票市场价格是每股 12 元，分别求出认股权证的上限和下限。

16. 某公司发行了利率为 10%的可转换公司债券 100 万元，债券面值为 1 000 元，在债券到期前的任意时刻，每一份债券可以转换成 28 股公司普通股。

（1）如果债券的市场价格为 1 180 元，股票市场价格为 31.25 元，分别计算转换比率、转换价格和转换溢价。

（2）债券的转换价值是多少？

□ 拓展阅读

上市公司配股融资与增发融资的比较

20 世纪 50 年代以前，国外上市公司在进行股权再融资时主要选择的方式是配股融资。到了 80 年代，一种新兴的股权再融资方式——公开增发新股（简称增发）开始逐渐替代配股融资，其中以美国和日本为代表。随着我国证券市场的稳定和完善，上市公司在考虑股权再融资时，不得不担心配股融资方式是否会被增发方式替代。同时，股权再融资后会直接增加上市公司的现金持有量和流动性，但按规定企业应依据招股说明书的要求将再融资金投入已承诺项目中，那么其经营业绩理当在投资过程中有所提高。然而诸多学者研究发现，我国上市公司在进行股权再融资后的 3～5 年内通常会出现业绩下滑。部分学者将这种现象归结为上市公司非理性融资的结果，也有学者认为其原因是上市公司再融资金使用不当。本文对配股融资方式和增发融资方式进行系统比较，为我国上市公司股权再融资的方式选择提供参考。

一、股权再融资现状

（一）股权再融资总体规模较大

随着国内证券市场的成熟与完善，股权再融资所占比重也在逐渐增加。现阶段国内证券市场主要有配股、增发和发行可转换债券三种股权再融资方式。由表 11－6 可知，1997—2016 年我国证券市场股权再融资金额逐年升高，2011 年开始发生较大波动，但总体而言我国目前的股权再融资规模较大，其中某些年份出现的较大幅度波动会对上市公司的融资活动产生影响，进而影响企业的业绩。

表 11-6 1997—2016 年 A 股上市公司股权融资状况表 单位：亿元

年份	一级市场融资总额	IPO 融资总额	再融资总额	配股	增发	可转换债券
1997	276.68	194.83	81.85	81.85	0.00	0.00
1998	99.78	49.62	50.16	50.16	0.00	0.00
1999	85.51	22.68	62.83	62.83	0.00	0.00
2000	294.34	224.45	69.89	69.89	0.00	0.00
2001	825.92	655.06	170.86	170.86	0.00	0.00
2002	778.02	409.09	368.93	334.97	30.46	3.50
2003	893.60	497.88	395.72	320.97	59.75	15.00
2004	1 527.03	812.37	714.66	519.46	166.70	28.50
2005	1 182.13	534.29	647.84	430.63	217.21	0.00
2006	779.75	516.96	262.79	56.61	164.68	41.50
2007	819.56	453.51	366.05	74.79	110.66	180.60
2008	835.71	353.42	482.29	104.54	168.72	209.03
2009	338.13	56.74	281.39	2.62	278.77	0.00
2010	2 463.70	1 572.24	891.46	4.32	847.10	40.04
2011	7 771.08	4 682.88	3 088.20	227.68	2 754.04	106.48
2012	3 852.22	1 351.64	2 500.58	151.57	2 271.80	77.21
2013	4 996.15	1 831.38	3 164.77	105.97	3 012.19	46.61
2014	9 588.01	4 882.63	4 705.38	1 438.25	2 549.83	717.30
2015	5 456.78	2 825.07	2 631.71	421.96	1 796.55	413.20
2016	9 957.97	7 707.70	2 250.27	121.00	1 972.22	157.05
合计	52 822.07	29 634.44	23 187.63	4 750.93	16 400.68	2 036.02

（二）上市公司更偏好增发融资

根据表 11-6 计算不同股权再融资方式所筹集到的资金额在股权再融资总额中所占比重可知，1997—2016 年增发融资额比例高达 71%，可见增发是上市公司的一条重要融资渠道。同时配股融资额比例较小，仅占 20%，次于增发，比例最小的是仅占 9%的可转换债券，说明我国上市公司偏好增发和配股融资方式，也表明现阶段我国债券市场还不发达。表 11-6 列出了 1997—2016 年我国 A 股上市公司股权再融资状况。1997—2016 年共有 1 062 家上市公司进行了配股融资，所筹集的资金额累计为 4 750.93 亿元，2002—2016 年共有 1 069 家公司进行增发新股再融资，所筹集资金额累计 16 400.68 亿元。可见，我国上市公司更偏好增发融资的再融资方式。

二、上市公司配股融资与增发融资的比较

（一）发行条件

我国证监会对上市公司股权再融资的条件进行了严格限定。上市公司进行股权再融资的一般条件是：组织机构健全、运行状况良好、盈利能力可持续、财务状况良好且无虚假财务会计信息记载和重大违法行为等。除一般条件外，拟进行股权再融资的

公司还应满足其他条件，如从盈利性要求和资本状况要求来看，增发的条件明显比配股苛刻，对配股的上市公司，证监会更关注其能否取得配股股东的承诺认配。在此情形下，虽然增发的条件比配股更加严苛，但上市公司依然可以合理利用盈余管理提高自身条件，创造机会进行增发。因此在我国，发行条件并非构成上市公司增发融资的门槛。

（二）发行费用

笔者对 2000—2012 年 A 股市场上配股与增发的融资费用进行统计（见表 11-7）。数据表明，随着市场经济的发展和国内资本市场的逐渐完善，国内企业普遍青睐增发再融资方式，而原来占主导地位的配股方式逐渐被代替。同时可看到配股有上扬趋势，没有被增发完全替代并退出资本市场。从单位发行费用角度来看，增发的成本普遍高于配股。2012 年以前，增发的成本平均是配股的两倍左右，但之后配股单位费用上涨，甚至达到历史最高 5 108.06 万元/家。这说明随着国内资本市场的逐步完善，增发与配股的发行费用基本持平。

表 11-7 2000—2012 年 A 股上市公司增发与配股的发行费用对比

年份	增发家数	增发总费用（万元）	配股家数	配股总费用（万元）	增发单位费用（万元/家）	配股单位费用（万元/家）
2000	25	70 744.25	176	143 692.4	2 829.77	816.43
2001	13	33 142.11	84	86 802.74	2 549.39	1 033.37
2002	31	65 180.58	20	19 754.21	2 102.60	987.71
2003	15	32 396.02	25	28 732.27	2 159.73	1 149.29
2004	13	41 994.39	23	38 528.89	3 230.34	1 675.17
2005	3	22 847.64	0	0	7 615.88	0
2006	21	43 078.66	2	2 150.667	2 051.36	1 075.33
2007	88	228 978.9	7	16 794.94	2 602.03	2 399.28
2008	43	138 794.5	8	29 930.31	3 227.78	3 741.29
2009	86	309 711.53	10	21 629.71	3 601.30	2 162.97
2010	118	435 991.72	18	91 945.14	3 694.85	5 108.06
2011	135	389 342.3	12	42 647.22	2 884.02	3 553.94
2012	97	371 823.04	7	16 350.26	3 833.23	2 335.75

（三）财务效应

再融资后的一段时间内公司经营绩效会不同程度地受到配股与增发的影响。为此，本文以 2008—2016 年国内 A 股市场上进行股权再融资的企业为对象，对其净资产收益率进行比较。表 11-8 描述了 2008—2016 年每年进行股权再融资的上市公司数量，并对其后一年的平均净资产收益率进行对比。数据显示，增发后企业的净资产收益率普遍高于配股，增发融资后企业绩效明显好于配股融资。国内上市公司在进行股权再融资时，很大程度上会受到政府相关融资政策的影响，如现阶段证监会要求上市公司最近 3 年的加权平均净资产收益率不得低于 6%，才能采用增发方式再融资，这无疑提高了融资门槛，让达不到此条件的公司不得不放弃。此外，上市公司配股与增发后的净资产收益率变化并非仅因为融资方式的不同，也可能与企业自身的具体情况有关。

表 11-8　A股上市公司股权再融资后的净资产收益率对比

年份	增发		配股	
	公司数	增发后平均净资产收益率（%）	公司数	配股后平均净资产收益率（%）
2008	13	9.60	23	9.75
2009	3	16.09	0	0
2010	21	17.12	2	8.69
2011	88	11.85	7	8.91
2012	43	10.65	8	9.59
2013	86	10.09	10	8.92
2014	118	11.23	18	12.04
2015	135	9.44	12	7.44
2016	97	8.08	7	10.39

由图 11-4 可以看出，上市公司增发融资后的平均净资产收益率在 2008—2010 年有一个明显上升阶段，2011 年后逐渐回归到较为稳定的水平，而配股融资后企业的平均净资产收益率在 2009 年开始出现稳步上升的局面。笔者认为，如果上市公司在选择增发时考虑公司再融资后的经营表现，从长期来看，似乎配股类的业绩表现与增发类差距不大，而一家上市公司对具体再融资方式的选择也极有可能与其自身具体情况有关。

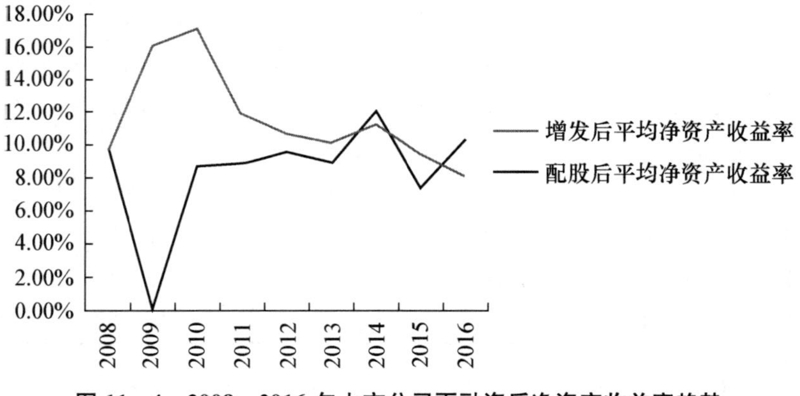

图 11-4　2008—2016 年上市公司再融资后净资产收益率趋势

三、结论

本文分别从发行条件、成本及再融资后公司财务绩效三方面对配股与增发进行对比。我国证监会对股权再融资的监管较严苛，特别是对发行条件的要求，但这种高条件形成的高门槛会因公司的盈余管理而失效。同时，发行费用也是在股权再融资过程中必须考虑的重要因素。近年来通过非公开发行再融资的上市公司增多，而且其发行费用相对较低，这无疑改变了增发费用比配股费用高的局面，因此，单从发行费用的角度而言，增发似乎比配股更为有利。再融资后的财务绩效虽然都有一定的降低，但总体上，增发类的绩效普遍高于配股类。笔者认为，配股的发行条件限制较少且费用较低，更适合中小型上市公司；非流通股比例较高的公司更适合增发，因为其对再融资后的公司财务绩效的正面效应更大。在进行股权再融资的过程中，上市公司应同时避免融资不足和融资过度的情况，只有正确把握融资的度，才能达到再融资的期望。

资料来源：王东升，刘立涛，伦崇宁. 上市公司配股融资与增发融资比较. 财会通讯，2018(29).

第12章

资本结构理论与决策

本章要点

- 资本结构的定义；
- 早期的资本结构理论；
- MM理论的发展脉络和主要内容；
- 杠杆的种类和作用；
- 最佳资本结构的含义和计算方法。

引例

为什么资本结构至关重要?

40年前，商业刊物都声称以货币交易为中心的大银行将会失败，并引述投资人士的说法："我再也不会拥有股票了。"与此同时，一些地方政府和公用事业似乎处于崩溃边缘。公司债务往往被低价出售，而盈利的成长型公司难以募集资金。

尽管这一切在今天听起来很熟悉，但值得记住的是，这在1974年也是一个转折点。随着金融机构被经济衰退削弱，公共和私人市场开始取代银行，成为大多数企业融资的来源。债券在1975—1976年强劲反弹，为股票市场75%的增长提供基础。一些高收益基金实现了非杠杆收益，为期两年的回报率接近100%。

自1974年以来，通过资本市场筹资的可行性和便利程度不断增加。企业对银行的依赖降低，而当今的银行对始发贷款的持有率不足1/3。在2009年第1季度，许多企业利用绝对低水平的利率在全球债券市场筹集到8 400亿美元，这超过2008年第1季度的100%，这是在这个阶段的市场周期中典型的增长。正如1974年经济衰退危机减缓后，具有投资潜力的公司开始重新活跃。一旦出现这种情况，市场将开始为低评级债券开放，BB和B级公司通过新发行的股票、债券和可转换证券进行融资。

2019 年出现的这种循环现象似乎正如 1975 年初，当资产负债表开始好转时，具有雄厚资本结构的公司开始收购其他公司。罗氏公司在公开市场筹得超过 400 亿美元的资金，用以投入与遗传技术公司的合并计划中。其他公司如奥驰亚（Altria）、HCA、史泰博（Staples）和都乐食品（Dole Foods），都用债券收益还清短期银行债务，加强其资产负债表并帮助银行恢复流动性。当其他资产组衰退时，这些新的企业债券发行给投资者提供了积极的回报。

我与已故的诺贝尔经济学奖得主默顿·米勒是好友，但我们也经常就管理资本结构是不是企业领导者最重要的工作展开讨论。米勒认为，资本结构对于评估一家公司的证券或投资风险并不重要。

然而，我相信资本结构对价值和风险都有显著的影响。早在 40 年前，我在毕业论文中就提到过这一看法，之后我的经历也证实了这一点。理想的资本结构不断演化，成功的企业领导者必须不断考虑 6 个因素——企业及其管理、行业动向、资本市场的状态、经济发展情况、政府监管和社会发展趋势。如果这 6 个因素表明经营风险上升，甚至 1 美元的债务都可能毁掉一个公司。

过去 40 年，许多企业挣扎于错误的资本结构。在信用扩张周期，企业往往未能建立足够的流动资产以应对不可避免的收缩。而最容易受到打击的是那些收入不稳定的公司，总是在市场衰退期以高债务而告终。这样的事 40 年前发生了，20 年前发生了，现在仍在发生。

过度杠杆化产生于 20 世纪 60 年代末，尤其是航空航天和技术行业。70 年代，人们认为这些企业的投资风险增长，它们的债券交易价格就会大幅下降。但是通过资本市场来去除杠杆效应，也就是凭借免税的股权与债权、债权与债权、资产与债权及现金与债权的等多种复杂交易，以较低的成本偿清债券，大多数公司避免了违约拖欠，保住了就业机会。（美国国会事后对债务计税基准和清偿折扣价之间的差额征了税。）

资料来源：南方财富网，2019.

第 1 节　资本结构理论

一、资本结构的定义

（一）资本结构

当我们分析一家公司的资金来源时，可能会有这样一些问题：这样的负债与股东权益比例是否合适？怎样的股东权益与负债比例对公司才是最理想的？事实上，这些问题就是有关资本结构的问题。

所谓资本结构（capital structure），是指公司的资金来源中负债与净资产或者说股东权益的对比关系。如果将公司负债看作债权人权益，那么公司的资本结构就是指公司的股东权益与债权人权益在公司总权益中如何分配的问题；如果将公司的资金来源总额看作对公司的资产求偿权，那么资产求偿权相当于股权与债权之和。

（二）资本结构与公司价值

对公司所有的股东来说，最关心的事情莫过于公司价值。公司价值提高意味着股东财富增加。在第9章，我们知道公司价值可以用公司资产求偿权的价值来表示。也就是说，公司价值可以用它的全部负债和股东权益的市场价值来表示：

公司价值＝负债＋所有者权益

即公司价值应该等于公司债务的市场价值与公司股权的市场价值之和，如果用V表示公司市场价值（公司价值），B表示公司债务的市场价值，S表示公司股权的市场价值，则上式可以表示为：

$$V=B+S \tag{12-1}$$

因此，公司的价值和公司资本结构是紧密联系的。在以下论述中我们将会发现，公司的资本结构与公司价值之间的关系可能十分复杂，不是负债越多则公司价值越高或自有资本越多则公司价值越高的简单联系，而是需要考虑一系列的因素。公司财务主管的一项重要工作就是适当调整资本结构，使公司价值最大，以吸引更多的投资者。

关于资本结构与公司价值关系的讨论，是公司理财学中十分深奥、复杂的部分，也是理论研究中十分活跃的部分。自20世纪初以来，资本结构理论的研究颇有进展，形成了一些很有价值的观点和流派。在接下来的论述中，我们将专门介绍一些重要理论的主要观点。在介绍这些理论之前，有必要申明：无论各种理论如何博大精深，永远没有尽善尽美的理论。实践不断提出新问题，有关的理论也需要不断修正和完善。理论是灰色的，而实践之树长青。资本结构理论产生和发展的土壤是社会经济和资本市场发达的西方社会，对于经济发展落后、市场机制不完善的国家和地区来说，理论是否适用以及该怎样应用，都值得进一步探讨。

二、早期的资本结构理论

早期的资本结构理论有两个极端的观点：一种观点认为，在资本结构中，债务越多，公司的价值就越大；另一种观点认为，资本成本与资本结构没有关系，因此资本结构与公司价值无关。

（1）净收入观点（net income approach，NIA）。这种观点认为，债务比例越高，公司价值越高。持这种观点的学者认为，公司在获取资金的数量和来源方面不受限制，并且负债成本与股东权益成本都是固定不变的，不受财务杠杆的影响。由于债权的收益率固定，债权人比股东有优先求偿权，债权风险比股权风险低，公司的债务成本一般低于股东权益成本。因此，公司负债越高，资本加权平均总成本就越低，公司价值就越大。按照这一说法，只有傻瓜才不会百分之百地进行负债经营，现实生活中如果公司真的这样做了，公司的风险会很高，公司的价值也会随风险上升而下降（见图12-1）。

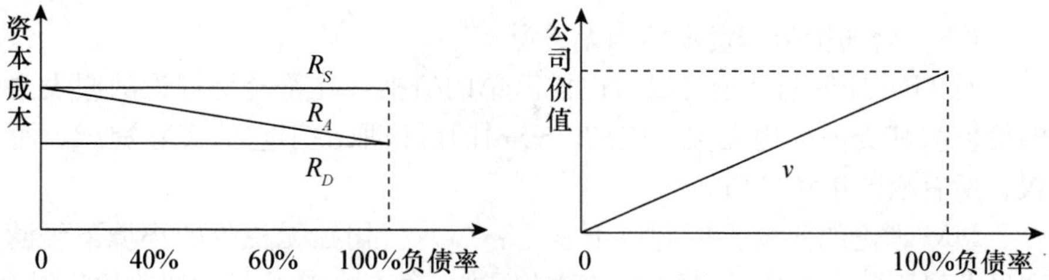

图 12-1　净收入观点下资本结构与公司价值的关系

说明：R_S——股权成本；R_D——债务成本；R_A——平均成本。

(2) 净营业收入观点（net operating income approach，NOIA）。这种观点认为，资本结构与公司价值无关。按照这一理论，假定债务成本是一个常数，但股东权益的成本不会是固定不变的，公司负债越多，风险越大，股东权益成本也就越高，平均下来，公司的资本成本不变，是一个常数。因此，资本结构与公司价值无关，决定公司价值高低的真正要素应该是公司的净营业收入（见图 12-2）。

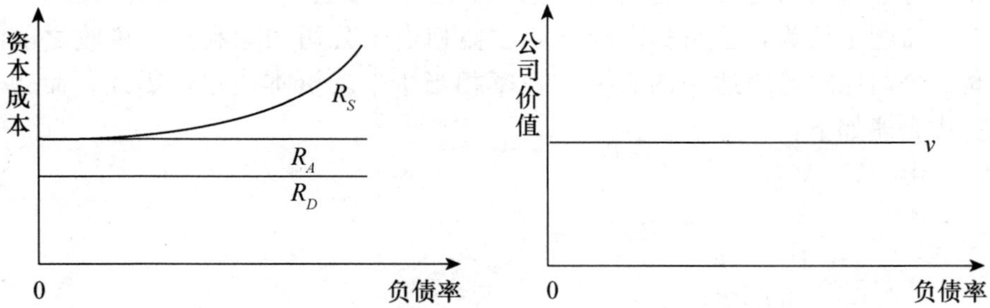

图 12-2　净营业收入观点下资本结构与公司价值的关系

说明：R_S——股权成本；R_D——债务成本；R_A——平均成本。

(3) 传统解释。除了对资本结构的两种极端解释以外，还有一种居于两者之间的观点，称为传统解释。按照这种理论，债务增加对公司价值提高是有利的，但必须适度。如果公司负债过度，资本成本只会提高，并使公司价值下降。传统解释与以下将介绍的理论有类似之处。

早期资本结构理论实际上是对资本结构问题的一些初级讨论，真正使之成为一种十分系统、有理论深度的理论，还是自 MM 理论出现以后。

三、MM 理论

MM 理论是莫迪利亚尼-米勒定理的简称，两个 M 取自两位学者姓氏的第一个字母。1956 年，美国的莫迪利亚尼教授与米勒教授合作发表了《资本成本、公司财务与投资管理》一文，深入探讨了公司资本结构与公司价值的关系，开创了资本结构理论研究的新时代，两位作者也因此荣获诺贝尔经济学奖。自 MM 理论发表后，迄今为止，几乎所有的资本结构理论研究均是围绕它进行的。

（一）公司价值与资本结构无关说

对MM理论的结论可以做这样简单的概括：在符合该理论的假设之下，公司的价值与其资本结构无关。因此，公司的价值取决于它的实际资产，而非各类债权、所有权的市场价值。

MM理论的假设主要有以下9个：（1）公司在无税收的环境下经营；（2）公司经营风险的高低由其息税前利润的标准差衡量，公司经营风险决定其风险等级；（3）投资人对所有公司未来盈利及风险的预期相同；（4）投资人不支付证券交易成本，所有负债利率相同；（5）公司为零增长公司，即每年盈利额不变；（6）个人与公司均可以以无风险利率发行无风险债券；（7）公司无破产成本；（8）公司的派息政策与企业价值无关，公司发行新债时不会影响已有债务的市场价值；（9）存在高度完善和均衡的资本市场。这意味着资金可以自由流动，充分竞争，预期收益率相同的证券价格相同，有充分信息，利率一致。

MM理论在上述假设下得出两个重要的命题。

命题Ⅰ：无论公司有无负债，其价值（股东权益与债权人权益的市场价值之和）等于公司所有资产的预期收益除以适用于该公司风险等级的收益率。

命题Ⅰ认为，公司资产的预期收益相当于公司扣除利息、税收之前的预期利润；公司风险等级适用的必要收益率相当于平均资本成本，因此，命题Ⅰ可以用公式表述如下：

由 $V=V_U=V_L$

$$V=\frac{\overline{x}}{P}$$

$$V_U=\frac{EBIT^*}{R_{SU}}$$

$$V_L=\frac{EBIT^*}{R_A}$$

有

$$V_U=V_L=\frac{\overline{x}}{P}=\frac{EBIT^*}{R_{SU}}=\frac{EBIT^*}{R_A} \tag{12-2}$$

式中，V为公司价值；V_U为无负债公司的价值；V_L为负债公司的价值；$\overline{x}$为公司所有资产的预期收益；P为与公司风险等级适应的必要收益率；$EBIT^*$为预期的息税前利润；R_{SU}为无负债公司的普通股必要收益率；R_A为有负债公司的加权平均资本成本。

命题Ⅰ的含义是：公司的价值不会受资本结构的影响；有负债公司的加权平均资本成本等同于与它风险等级相同但无负债公司的权益成本，即$R_A=R_{SU}$；R_A或R_{SU}的高低视公司经营风险而定。

对命题Ⅰ进行证明是一个十分有趣的过程。假设有负债公司L与无负债公司U除资本结构不同外，其他均一样。L公司负债的市场价值为500万元，利率为8%；U公司没有负债。两家公司风险等级相同，预期息税前利润为100万元，普通股的必要收益率都是10%。

按照零增长的假定，公司股票价值可以用下列公式计算：

$$S=\frac{(EBIT^{*}-R_{D}D)(1-T)}{R_{S}} \tag{12-3}$$

式中，R_S 为普通股的必要收益率；R_D 为债务利率；D 为债务市场价值；T 为税率。按照 MM 理论，假定 $T=0$，因此，两家公司的普通股市场价值、债务市场价值分别为：

$$V_U=\frac{(100-0)\times(1-0)}{10\%}=1\ 000(\text{万元})$$

$$V_L=S_L+D=\frac{100-8\%\times 500}{10\%}+500=600+500=1\ 100(\text{万元})$$

我们发现 $V_L>V_U$，似乎是 L 公司因负债而提高了其价值。在市场环境中，这种情况会存在吗？不会。因为投资者可以进行无风险套利活动，仿制出与 L 公司相同的负债率，而取得的收益却比投资于 L 公司要高。投资者可以卖出 L 公司的股份，假设卖出 20%股份，然后按 8%利率借入 100 万元，于是，他手头有 220 万元，可把其中的 200 万元用于购买 U 公司 20%股份，剩下的 20 万元按 8%利率贷出。在做这番套利活动前，投资者的收益是 12 万元 [(100－8%×500)×20%]，在进行套利活动后，收益变为 13.6 万元（100×20%＋20×8%－100×8%）。投资者的自有投资金额没有改变，在两种情况下都为 120 万元，承担的风险也相同，获取的利润却不一样。众多投资人当然会纷纷效仿，卖出 L 公司股票，买进 U 公司股票。最终，L 公司股票价值因抛售而下降，U 公司股票价值因需求旺盛而提高。两家公司普通股价值的一升一降，最终会形成两家公司的市场价值趋于一致。此时，套利活动会停止，市场处于均衡状态。

投资人的套利行为可以用表 12－1 表示。

表 12－1　投资人的套利行为与收益

	投资于 L 公司	投资于 U 公司	现金流
投资方案	卖出 20%股份，相当于获得 120 万元	借款 100 万元，利率为 8%	120＋100＝220（万元）
		购买 20%股份	－200 万元
		贷出 20 万元，利率 8%	－20 万元
投资收入	－12 万元	13.6 万元	1.6 万元
其中：股息收入	－12 万元	20.0 万元	8.0 万元
利息收入		1.6 万元	1.6 万元
利息支出		－8.0 万元	－8.0 万元

命题Ⅱ：有负债的公司权益成本等于无负债公司的权益成本加上风险溢价。风险溢价（风险补偿）的高低视公司负债率高低而定，用公式表示为：

$$R_{SL}=R_{SU}+(R_{SU}-R_D)\left(\frac{D}{S_L}\right)=R_A+(R_A-R_D)\left(\frac{D}{S_L}\right) \quad (12-4)$$

式中，$(R_A-R_D)\left(\frac{D}{S_L}\right)$即为风险溢价部分。

命题Ⅱ的含义是，使用财务杠杆的负债公司，其股东权益成本是随融资金额增加而增加的。因此，公司的市场价值不会随负债率上升而提高，便宜的负债带给公司的利益会被股东权益成本的上升抵消，最后，使负债公司的平均资本成本等于无负债公司的权益成本。命题Ⅱ实际上是从另一个角度证实了公司价值与资本结构无关的论点。

命题Ⅱ的意义可以从图12－3中直观地看出。

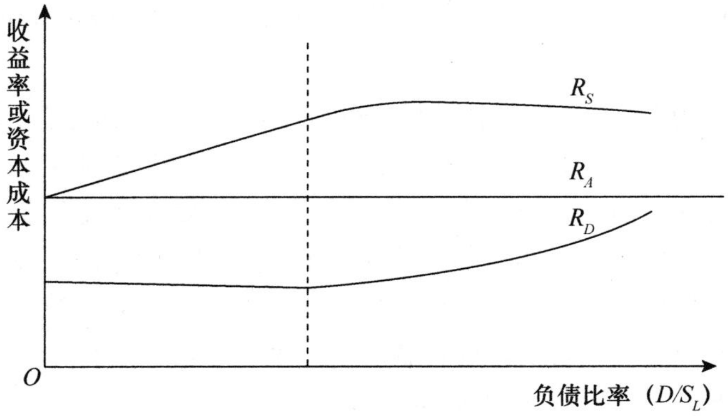

图12－3　公司价值与资本结构关系图

命题Ⅱ的证明相对简单，可以在命题Ⅰ成立的基础上单纯用数学公式推导出来。

根据式（12－4），当$T=0$时：

$$R_{SL}=\frac{EBIT^*-R_DD}{S_L} \quad (12-5)$$

由命题Ⅰ知，$V_U=V_L=\frac{EBIT^*}{R_{SU}}$，且$V_L=S_L+D$。

因此，$S_L+D=\frac{EBIT^*}{R_{SU}}$，有

$$EBIT^*=(S_L+D)\times R_{SU} \quad (12-6)$$

将式（12－6）代入式（12－5），得

$$\begin{aligned}R_{SL}&=\frac{(S_L+D)\times R_{SU}-R_DD}{S_L}\\&=R_{SU}+R_{SU}\left(\frac{D}{S_L}\right)-R_D\left(\frac{D}{S_L}\right)\\&=R_{SU}+(R_{SU}-R_D)\left(\frac{D}{S_L}\right)\end{aligned}$$

至于负债公司加权平均资本成本 R_A 等于无负债公司股东权益成本 R_{SU} 的证明过程则是：

$$\begin{aligned} R_A &= R_A\left(\frac{D}{V_L}\right)+R_{SL}\left(\frac{S_L}{V_L}\right) \\ &= \left(\frac{D}{V_L}\right)R_D+\left(\frac{S_L}{V_L}\right)\left[R_{SU}+(R_{SU}-R_D)\left(\frac{D}{S_L}\right)\right] \\ &= R_{SU}\left(\frac{S_L+D}{V_L}\right) \\ &= R_{SU} \end{aligned}$$

到目前为止，我们比较系统地介绍了 MM 理论的基本内容及论证过程。MM 理论的逻辑是严谨和成功的，结论是简洁、有说服力的。然而，在现实生活中，似乎没有哪一家公司不在意资本结构，并且公司资本结构有十分明显的行业特征，如资本密集型的制造业、公用事业、金融业等有很高的负债率，而有些行业，如广告业、制药业的负债率都很低。如何解释理论与现实的矛盾？一个符合逻辑的推断是，MM 理论是在高度抽象的前提下得出的。如果去掉这些假设前提，结论可能会发生变化。事实的确如此。在莫迪利亚尼和米勒共同发表的另一篇论文（1963）中，取消公司所得税 $T=0$ 的假定，得出的结论与以前有很大区别。

（二）取消公司所得税为零的假定后的 MM 理论

莫迪利亚尼与米勒在 1963 年的论文中提出，若考虑公司所得税的因素，公司的价值会随财务杠杆程度的提高而增加。道理很简单，因为债务利息可以抵税。

修正的 MM 理论同样提出两个命题。

命题Ⅰ：负债公司的价值等于有相同风险但无负债公司的价值加上负债的节税利益，即

$$V_L=V_U+T_C D \tag{12-7}$$

式中，T_C 为公司所得税税率；$T_C D$ 为公司负债的节税利益。

当公司负债后，负债利息可以计入成本，形成抵税收益，由此节约下来的钱可以增加公司资本，提高公司价值。这部分增加的价值量就是节税利益，相当于节税额的现值。假定公司负债是永久性的，并且假定节税额取决于税率和公司债务的获利能力①，节税额现值相当于：

$$\begin{aligned} \text{节税额现值} &= \frac{\text{公司所得税税率}\times\text{预期利息支付额}}{\text{预期债务收益率}} \\ &= \frac{T_C\cdot R_D D}{R_D}=T_C D \end{aligned}$$

① 公司债务获利能力低，就会减少负债，从而减少节税额。

如果公司甲有 50 万元债务，税率是 45%，公司乙没有债务，公司乙的价值是 100 万元，那么公司甲的价值就是：

$$1\ 000\ 000+0.45\times 500\ 000=1\ 225\ 000(\text{元})$$

命题Ⅰ表示，如果公司有所得税，那么负债公司的价值会比未负债时增加 $T_C D$。若公司负债接近 100%，公司的价值也就接近最大。

命题Ⅱ：负债公司权益成本等于无负债公司权益成本加上风险补偿，而风险补偿的多寡则视负债率和公司所得税税率而定，用公式表示为：

$$R_{SL}=R_{SU}+(R_{SU}-R_D)(1-T_C)\frac{D}{S_L} \tag{12-8}$$

由于（$1-T_C$）小于 1，因此，尽管考虑公司所得税后权益成本还会随负债率提高而上升，但上升速度明显比不考虑公司所得税时要慢，而且若加上节税利益的因素，公司负债越多，其加权平均资本成本会越低，公司价值也会越高。

按照修正的 MM 理论，公司资本结构不是与公司价值无关，而是极大相关，并且公司价值与公司负债率成正相关关系。这个结论与早期资本结构理论的净收入观点完全一致，但 MM 理论与净收入观点的一大区别是，MM 理论假设无破产成本。如果加入破产成本，MM 理论的结论又会怎样呢？显然，应当更加接近现实。

（三）取消 MM 理论中无破产成本假设的平衡理论

现实生活中很少有企业为追求价值最大化而进行百分之百的负债经营。直觉告诉我们，负债越高，公司风险越大，用平衡理论的术语来说就是公司的财务危机和破产成本越高。

平衡理论认为，制约公司无限追求节税利益的关键因素是随债务增加而上升的公司风险。公司负债越多，陷入财务危机甚至破产的可能性也越大，这会增加公司的额外成本，降低价值。因此，公司最佳的资本结构应当是在节税利益和债务上升带来的财务危机与破产成本之间选择最佳点（见图 12-4）。

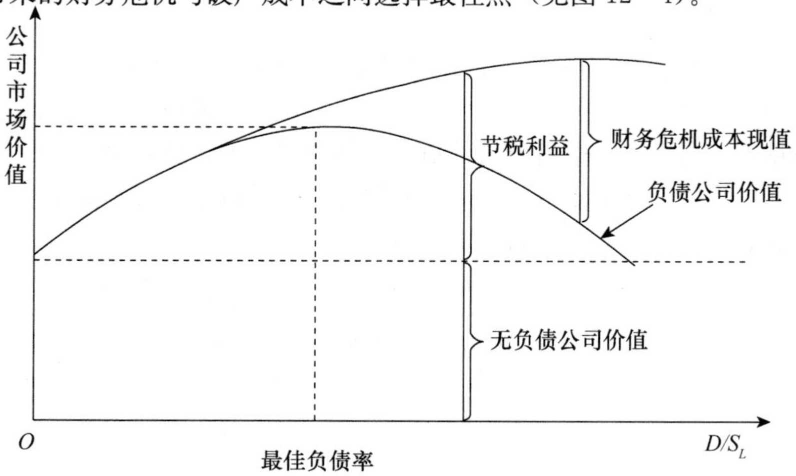

图 12-4　最佳资本结构决策

财务危机是债务人对债权人的许诺不能兑现，或兑现有困难。财务危机在某些情况下会导致债务人破产。由于投资人深知债务人财务危机存在的可能性，当这种担心反映到负债公司的证券价格上时，公司的价值就成为：

$$V_L = V_U + T_C D - PVCFD \qquad (12-9)$$

式中，$PVCFD$ 为财务危机成本现值。

财务危机成本取决于危机发生的概率和危机的严重程度。根据破产发生的可能性，财务危机成本可以分为有破产成本的财务危机成本和无破产成本的财务危机成本。

当公司的债务价值大于公司市场价值时，公司面临破产，这时的公司财务危机成本是有破产成本的财务危机成本。公司的破产成本有直接破产成本和间接破产成本两种。直接破产成本包括支付律师、会计师、资产评估及拍卖商等人的所有费用。这些费用实际上是由债权人负担的，即从应向债权人支付的本息中扣除。因此，债权人必须要求较高的与破产风险相适应的投资收益率，公司债务价值和公司市场价值也因此降低。间接破产成本包括破产后采取重组方式而增加的管理成本，以及破产清理时由于资产以低于其经济价值的价格拍卖而形成的损失，间接破产成本同样会降低公司价值。

当公司出现危机但还不至于破产时，也同样存在财务危机成本并影响公司的价值，这时的财务危机成本是无破产成本下的财务危机成本。这种财务危机成本对公司价值的影响是通过股东为保护自己的利益，在投资决策时以股票价值最大化代替公司价值最大化的目标形成的。当代表股东利益的公司管理者按此做出决策并执行时，会使公司的节税利益下降并降低公司价值。这种成本的另一种说法是次优决策成本。

当破产的可能性提高时，公司股东和债权人的利益开始发生越来越大的冲突。冲突的原因主要是一旦破产发生，股东的收益将为零，并且股东要履行有限清偿的责任，而债权人具有求偿权，因此，债权人比股东承担的风险和损失要小得多。面对破产的威胁，股东往往倾向于减少负债，甚至放弃有盈利的投资机会。这时，股东是以股东权益价值最大化代替了公司价值最大化。一旦公司经理人员按照股东的愿望行事，就可能降低公司价值。

因此，由负债带来的公司财务危机成本抑制了公司通过无限借债来增加公司价值的冲动，使公司负债率保持在适度的区间内。

根据美国经济学家迈尔斯的分析，公司经营性质的资产类型与财务危机成本的高低密切相关。如果公司拥有大量的有形资产，如房屋、土地等，其破产时成本较低，因为这些有形资产拍卖时价值损失有限；如果公司拥有很少的有形资产，而有大量的无形资产，如技术与人力资本等，那么破产成本会相对较高，因为无形资产在破产拍卖时往往难以售出。正因为如此，一些高科技公司和其他无形资产较多的公司，往往很小心地维持低负债率，这在一定程度上解释了医药业、广告业负债率较低的原因。

我们已经用不少篇幅介绍现代金融理论中的资本结构理论。如前所述，到目前为止，对这个理论的探讨依然十分活跃。20世纪80年代以后，又有一些新的理论出现，包括将不稳定因素、非对称信息理论引入资本结构的研究中，但到目前为止，究竟什么因素决定公司的资本结构这一核心问题的最佳答案仍未找到，这也促使越来越多的学者从不同的角度继续探讨资本结构理论。

第2节 杠杆及其作用

亚里士多德曾经说过："给我一个支点，我可以撬起整个地球。"这是对杠杆作用的生动表述。在公司理财领域，也存在杠杆作用，我们可以把杠杆作用理解为：用少部分资金，创造巨额社会财富。

初创一家公司尤其是制造业公司时，创始人均会遇到这样两个问题：第一，需要多少资金投入，以及形成多大的产量和销量，才可以使公司有盈利；第二，在既定的资金需求金额下，自己出多少钱、借入多少钱，能够使公司的价值最大。解决这两个问题的过程，实际上就是公司领导者确定杠杆支点的决策过程。支点确定得越好，杠杆作用就越大。

上面的两个问题分别对应两种杠杆：经营杠杆（operating leverage）和财务杠杆（financial leverage）。我们先来看看经营杠杆。

一、经营杠杆

（一）经营杠杆的作用

公司未来营业利润存在着不确定性，这种不确定性称为经营风险。经营杠杆与经营风险紧密相关，它是指公司的固定成本在全部成本中所占的比重，用以衡量销售量变动对营业利润的影响程度。公司生产产品或者提供服务有多种方式，有的固定成本较高，可变成本较低，有的则恰好相反。一家公司经营杠杆的高低，主要取决于该公司的经营性质。比如，发电厂的固定成本占比显然高于杂货店的固定成本占比，而投资银行的经营杠杆会远远低于钢铁公司的经营杠杆。但是，即便是对一家经营性质已经确定的公司，也可能有不同的生产方案供其选择，比如，有不同的设备投入，从而有不同的经营杠杆。这时，如何选择正确的方案，使公司获得尽可能高的收益，就是十分重要的问题。

这种例子在现实生活中是很多的。比如，一家电力公司如果可以在建核电站和建普通火力发电站这两个方案中选择，建核电站的固定成本明显高于建火力发电站。究竟选择哪个方案为佳，电力公司需要在对销售量增长潜力的准确测算基础上做出正确决策，但销售量的预测并非易事。经营杠杆效益所要讨论的问题是，不同水准的固定成本会在多大程度上影响公司的盈利以及公司的经营风险。

[例 12－1]

长城公司生产白醋，公司需要从两种备选方案中选择一种：A 方案需要 80 000 元的固定成本，生产一瓶白醋的单位变动成本是 0.4 元；B 方案需要 18 000 元的固定成本，生产一瓶白醋的单位变动成本是 1.4 元。已知每瓶白醋的售价是 2 元，长城公司应该选择哪种方案？

我们首先用盈亏平衡点的方法观察公司销售量与固定成本、利润之间的关系。

方案 A：

$$\text{总成本}=80\ 000+0.40N$$

式中，N 为销售量。

如果公司产品全部销售后不亏不赚，那么在这个盈亏平衡点上的销售数量应该使总成本＝总销售收入，即 $80\ 000+0.40N=2N$，解之得

$$N=\frac{80\ 000}{1.6}=50\ 000(\text{瓶})$$

也就是说，假设长城公司采取方案 A，白醋销量达到 50 000 瓶时，可以做到不亏不赚。要想盈利，销售量必须大于 50 000 瓶。方案 A 在不同销售量上形成的营业利润（毛利润）可以从表 12－2 看出。

表 12－2　长城公司方案 A 的营业利润　　单位：万元

销售量（万瓶）	总变动成本	固定成本	总成本	销售收入	营业利润
0	0	8	8	0	−8
2	0.8	8	8.8	4	−4.8
3	1.2	8	9.2	6	−3.2
4	1.6	8	9.6	8	−1.6
5	2	8	10	10	0
6	2.4	8	10.4	12	1.6
7	2.8	8	10.8	14	3.2
8	3.2	8	11.2	16	4.8
10	4	8	12	20	8

在以上计算方案 A 盈亏平衡点的销售量的过程中，分母上的数字 1.6 实际上是用每件产品销售价格扣除每件产品变动成本后得出的，这个差额也称边际贡献（contribution margin）。

$$\text{边际贡献}=\text{单位产品售价}-\text{单位产品变动成本} \tag{12-10}$$

$$\text{盈亏平衡点的销售量}=\frac{\text{固定成本}}{\text{边际贡献}} \tag{12-11}$$

根据式（12－10），方案B的边际贡献为0.6元（2－1.4）；根据式（12－11），方案B盈亏平衡点的销售量为30 000瓶（18 000÷0.6）。方案B在不同销售量上形成的营业利润（毛利润）可以见表12－3。

表12－3　长城公司方案B的营业利润　　单位：万元

销售量（万瓶）	总变动成本	固定成本	总成本	销售收入	营业利润
0	0.0	1.8	1.8	0	－1.8
2	2.8	1.8	4.6	4	－0.6
3	4.2	1.8	6.0	6	0.0
4	5.6	1.8	7.4	8	0.6
5	7.0	1.8	8.8	10	1.2
6	8.4	1.8	10.2	12	1.8
7	9.8	1.8	11.6	14	2.4
8	11.2	1.8	13.0	16	3.0
10	14	1.8	15.8	20	4.2

为了便于比较，我们把两个方案的销售量与营业利润的关系用一张图来表示（见图12－5）。

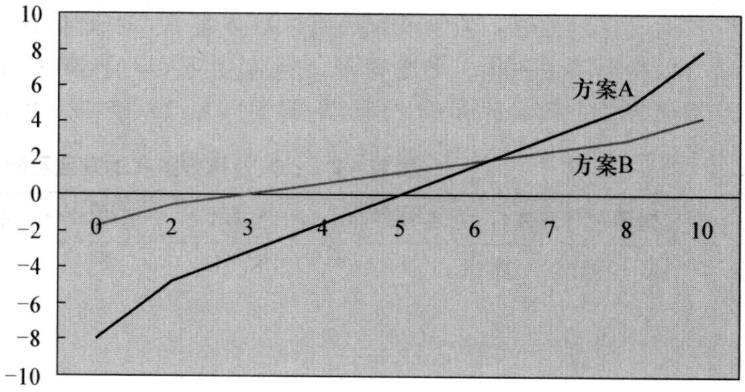

图12－5　长城公司方案A和方案B的比较

公司应该选择哪一个方案，显然取决于白醋的销售量。可以从上面的讨论中推导出方案A有较高的经营杠杆（固定成本较高，可变成本较低）。方案A的利润折线更为陡峭。如果销售量超过了6.2万瓶（两个利润函数相交的那一点，即$0.4N+8=1.4N+1.8$中的N值），那么方案A是更好的选择。显而易见，如销售量大幅波动，或者预计低于6.2万瓶，那么方案B可能会更好一些。

从图12－5看，单位产品的变动成本越小，边际贡献就越大；边际贡献越大，公司利润对销售量变动幅度的敏感性越强，也就是说，销售量的微小变化会引起利润较大的变化。在这种情况下，固定成本的增加就提高了公司的经营杠杆。经营杠杆越高，利润对销售量变化的敏感程度就越高。

与之相对应，单位产品的变动成本越大，边际贡献就越小；边际贡献越小，由销售量引起的利润变化幅度越小。这是因为单位产品变动成本的增加意味着公司的固定成本减少，这会降低公司利润对销售量变化的敏感程度。

经营杠杆是非常重要的，因为它放大了销售量或单位成本变动对营业利润的影响，会对公司经营风险产生影响。然而，一个公司对经营杠杆的选择受到现有的生产产品或者提供劳务可选方式的限制，在一些情况下，公司根本就没有选择的余地，因为只有一种生产方法。

关于经营杠杆需要记住两点：第一，公司的经营杠杆各不相同，也就是说每一项投资一般来说都有自己的经营杠杆；第二，经营杠杆本身并不是经营风险的来源，它只是放大了销售和成本水平的变动所引起的营业利润的变化，也就是放大了公司的经营风险。

（二）经营杠杆的衡量

经营杠杆的高低是用经营杠杆系数（degree of operating leverage，DOL）来衡量的。经营杠杆系数越高，表示公司营业利润对销售量变化的敏感度越高，经营风险也越大；经营杠杆系数越低，表示公司营业利润受销售量变化的影响越小，经营风险也越小。

经营杠杆系数有两种计算方法。第一种计算方法的计算公式为：

$$DOL=\frac{\text{营业利润变化的百分比}}{\text{销售量变化的百分比}} \tag{12-12}$$

我们来计算一下例 12 - 1 的经营杠杆系数。当产品销售量从 6 万瓶增加到 8 万瓶时，方案 A 与方案 B 的经营杠杆系数分别为：

$$\text{方案 A 的 }DOL=\frac{\dfrac{4.8-1.6}{1.6}\times 100\%}{\dfrac{8-6}{6}\times 100\%}=6$$

$$\text{方案 B 的 }DOL=\frac{\dfrac{3-1.8}{1.8}\times 100\%}{\dfrac{8-6}{6}\times 100\%}=2$$

第二种计算方法的计算公式为：

$$DOL=\frac{\text{销售量}\times\text{边际贡献}}{\text{销售量}\times\text{边际贡献}-\text{固定成本}} \tag{12-13}$$

还是用例 12 - 1 的数据，当销售量是 6 万瓶时：

$$\text{方案 A 的 }DOL=\frac{6\times 1.6}{6\times 1.6-8}=6$$

$$方案B的 DOL=\frac{6\times 0.6}{6\times 0.6-1.8}=2$$

例12-1的经营杠杆系数说明，当销售量变化1个百分点时，采用高经营杠杆的方案A，营业利润可以有6%的变化，而采用低经营杠杆的方案B，营业利润只有2%的变化。由于影响公司产品销售量的因素很多，也很不确定，因此，相对于方案B来说，方案A的经营风险更大。

由式（12-12）和式（12-13）可以看出，销售量、单位价格、单位变动成本和固定成本总额是影响经营杠杆系数的四个因素，它们也是影响营业利润的基本因素。其中销售量与单位价格与经营杠杆系数呈反方向变动，与营业利润呈正方向变动，即在其他因素一定的情况下，销售量越高或价格越高，经营杠杆系数就越小，营业利润就越大。单位变动成本和固定成本总额与经营杠杆系数呈正方向变动，与营业利润呈反方向变动，即在其他因素一定的情况下，单位变动成本越高或固定成本总额越大，经营杠杆系数就越大，公司的经营风险越大，营业利润就越小。

二、财务杠杆

（一）财务杠杆的作用

负债对于公司也有很多好处。十分明显的是，股东的收益可以因负债比例增加而提高。由于债务利息支出在税前利润中扣除，股东可以因此增加税后可分配的利润。因此，一些对经营前景看好或善于捕捉机会的公司，往往甘冒风险，实行高负债经营。例如，许多经营房地产的企业的全部资产都来自借贷，自有资金几乎为零。这在市场看好的情况下，资本收益可以说是无穷大，但是公司负债比例越高，陷入财务危机甚至破产的概率就越高。由于公司负债引起的风险就是财务风险，一般用财务杠杆来表示财务风险的大小。所谓财务杠杆，是指公司在制定资本结构决策时对债务融资的利用。

公司负债占资产总额的比重越大，财务杠杆越高；反之，负债率越低，财务杠杆越低。财务杠杆的高低对于公司利润的影响，称为财务杠杆作用。我们可以用一个例子说明财务杠杆作用是怎么一回事。

[例12-2]

长城公司需要融资50万元，它有两种可选择方案（见表12-4）。假设长城公司发行新股的发行价是每股10元，公司的税率是15%。在不同的营业利润下，公司采取两种融资方案对每股盈利的影响如表12-5所示。

表12-4 长城公司可选择的融资方案 单位：万元

项目	方案A	方案B
负债（利率8%）	40（利息3.2）	10（利息0.8）
股东资本	10	40
总资产	50	50

表 12-5　长城公司不同的融资方案对每股盈利的影响　单位：万元

项目	方案 A	方案 B
①营业利润	0	0
利息	32 000	8 000
税前利润	(32 000)	(8 000)
税金	(4 800)	(1 200)
税后利润	(27 200)	(6 800)
股票上市数（股）	10 000	40 000
每股盈利	(2.72)	(0.17)
②营业利润	30 000	30 000
利息	32 000	8 000
税前利润	(2 000)	22 000
税金	(300)	3 300
税后利润	(1 700)	18 700
股票上市数（股）	10 000	40 000
每股盈利	(0.17)	(0.47)
③营业利润	40 000	40 000
利息	32 000	8 000
税前利润	8 000	32 000
税金	1 200	4 800
税后利润	6 800	27 200
股票上市数（股）	10 000	40 000
每股盈利	0.68	0.68
④营业利润	50 000	50 000
利息	32 000	8 000
税前利润	18 000	42 000
税金	2 700	6 300
税后利润	15 300	35 700
股票上市数（股）	10 000	40 000
每股盈利	1.53	0.89
⑤营业利润	75 000	75 000
利息	32 000	8 000
税前利润	43 000	67 000
税金	6 450	10 050
税后利润	36 550	56 950
股票上市数（股）	10 000	40 000
每股盈利	3.66	1.42
⑥营业利润	100 000	100 000
利息	32 000	8 000
税前利润	68 000	92 000
税金	10 200	13 800
税后利润	57 800	78 200
股票上市数（股）	10 000	40 000
每股盈利	5.78	1.96

从表12-5中可以看出，当公司经营状况不好，营业利润为负时，采用低财务杠杆的方案B比采用高财务杠杆的方案A更稳妥，股东每股亏损相对少。随着公司盈利增加，高财务杠杆开始显示优势。如公司营业利润达到100 000元时，方案A的每股盈利为5.78元，比方案B的每股盈利1.96元高出1.95倍。因此，如何灵活地运用财务杠杆，实现股东收益最大化，还在于正确地审时度势，把握商业机会，以尽可能小的风险取得尽可能高的收益。

学习财务杠杆有三点需要记住：第一，公司对于财务杠杆的选择在很大程度上是基于整个公司而非每一个投资项目；第二，财务杠杆对各类投资者（债权人、股东等）承担的风险会产生影响，但是在完美的资本市场上，它不会影响资本的成本；第三，公司可以在相当大的范围内选择杠杆。

（二）财务杠杆的衡量

衡量财务杠杆高低的指标是财务杠杆系数（degree of financial leverage，DFL）。计算公式是：

$$DFL=\frac{\text{营业利润}}{\text{营业利润}-\text{利息支出}} \tag{12-14}$$

根据式（12-14），计算例12-2中公司营业利润为50 000元时两种融资方案的财务杠杆系数：

$$\text{方案 A 的 } DFL=\frac{50\ 000}{50\ 000-32\ 000}=2.78$$

$$\text{方案 B 的 } DFL=\frac{50\ 000}{50\ 000-8\ 000}=1.19$$

与经营杠杆相比较，财务杠杆对于公司管理人员来说有更高的主观调整和决策程度。经营杠杆系数在某种程度上是受公司经营性质限定的，公司可调整、操作的余地较小，而财务杠杆系数的高低在很大程度上取决于公司管理者的决策。因此，准确把握适宜的财务杠杆系数，减少风险并增加盈利，是十分重要的。必须补充说明，以上分析是假定资本市场上资金供给充裕，较少额度分配和其他行政干预。如果资本市场上资金供给不足，或者融资渠道不畅通，那么公司的财务杠杆系数的高低在较大程度上是客观环境所致，而非公司主动调整所致。例如，我国目前金融环境和经济体制因素决定了大部分公司有很高的财务杠杆系数。随着资本市场逐渐完善，公司上市不再受较多的行政限制，公司灵活运用财务杠杆实现经营目标的主动性会提高。

三、综合杠杆

综合杠杆作用是指将经营杠杆和财务杠杆综合考虑运作所产生的作用。如果说经营杠杆表明的是销售量或者销售收入对营业利润的影响，财务杠杆表明的是负债比例对每股盈利的影响，那么综合杠杆表明的是销售量或者销售收入对每股盈利的影响。用图 12-6 来表达，会更形象一些。

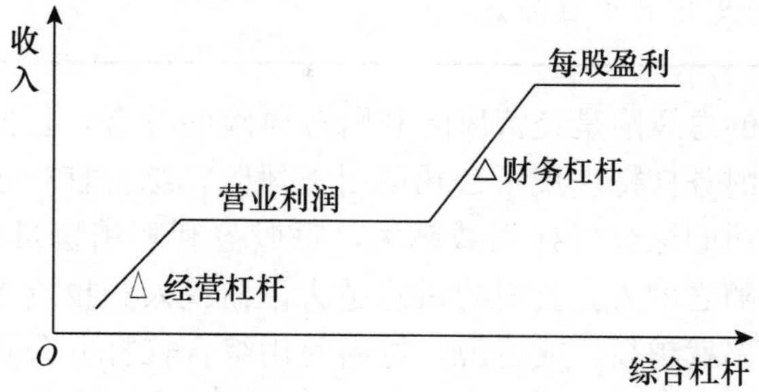

图 12-6　综合杠杆作用

综合杠杆高低的衡量指标称为综合杠杆系数（degree of combined leverage, DCL）。综合杠杆系数的计算公式为：

$$DCL=\frac{每股盈利变动率}{销售收入变动率} \tag{12-15}$$

[例 12-3]

长城公司生产白醋，售价是每瓶 2 元，固定成本为 80 000 元，变动成本为每瓶 0.40 元，公司负债 400 000 元，利息支出 32 000 元（利率 8%）。假设公司流通在外的股票有 10 000 股，税率是 15%。计算公司的综合杠杆系数。

当公司的销售量分别为 80 000 瓶和 100 000 瓶时，销售收入和每股盈利如表 12-6 所示。

表 12-6　综合杠杆系数示例

销售量（瓶）	80 000	100 000
销售收入（元）	160 000	200 000
固定成本（元）	80 000	80 000
变动成本（元）	32 000	40 000
营业利润（元）	48 000	80 000
利息支出（元）	32 000	32 000
税前利润（元）	16 000	48 000
税金（元）	2 400	7 200
税后利润（元）	13 600	40 800
股票上市数（股）	10 000	10 000
每股盈利（元）	1.36	4.08

$$DCL=\frac{\frac{4.08-1.36}{1.36}\times 100\%}{\frac{200\,000-160\,000}{160\,000}\times 100\%}=8$$

综合杠杆系数为8，这表示销售收入每变化1个百分点，每股盈利就会变化8个百分点。

公司的总风险是经营风险和财务风险的综合，正如经营杠杆表现了公司的经营风险，财务杠杆表现了公司的财务风险，综合杠杆表现了公司的总风险。一般来说，公司的综合杠杆系数越大，每股盈利随销售量增长而增加的能力就越强，但风险也随之增大。公司的风险越大，债权人和投资者要求的贷款利率和预期的投资收益率就越高。或者说，过高使用综合杠杆的公司将不得不为此支付较高的固定成本，而较高的固定成本支出反过来又在一定程度上抵消了普通股股东因公司发挥财务杠杆和经营杠杆作用而获得的收益。在实践中，公司通过对经营杠杆和财务杠杆的不同组合来达到或维持某种适度的综合杠杆系数。

第3节 资本结构决策

资本结构决策就是寻求最佳的资本结构。当我们对公司资本成本与公司价值、资本结构与公司价值以及财务杠杆等问题有了比较系统和深入的了解后，最佳资本结构问题就比较容易掌握了。所谓最佳资本结构（optimal capital structure），就是能使公司的加权平均资本成本最低、公司价值最大的资本结构。根据前面的分析，在存在公司所得税、破产成本的现实环境中，使用财务杠杆有助于降低资本成本，提高公司价值，但过度使用财务杠杆，又会给公司造成较大的财务风险，降低公司价值。因此，确定最佳资本结构的核心问题是确定合理的杠杆比例。

一、确定最佳资本结构的方法

在财务理论和实践中，一般可以采用以下两种方法确定公司的最佳资本结构：财务杠杆分析法和比较公司价值法。

（一）财务杠杆分析法

财务杠杆是否合理，可以通过每股盈余的变化来衡量，即能够提高每股盈余的财务杠杆就是合理的。财务杠杆分析法（又称无差别点分析法）是指通过寻找能够使不同资本结构下每股盈余相同的息税前利润确定最佳资本结构的方法。下面通过一个例子来演示这种方法。

[例12-4]

安达公司的主要财务指标如表12-7、表12-8所示。

表12-7 安达公司主要财务指标（无负债）

（1）资产负债表　　　　单位：元

流动资产	10 000 000	负债	0
固定资产净值	10 000 000	普通股（100万股）	20 000 000
资产总计	20 000 000	负债与股东权益	20 000 000

(2) 利润表　单位：元

销售收入	20 000 000
固定成本	−4 000 000
变动成本（60%）	−12 000 000
息税前利润（*EBIT*）	4 000 000
利息（*I*）	0
所得税（*T*）（40%）	−1 600 000
净利润	2 400 000

(3) 其他财务指标　单位：元

每股盈余（*EPS*）	2.4

注：$EPS=(EBIT-I)(1-T)/N$，其中 N 是股份数。

表 12-8　安达公司主要财务指标（负债率为 50%）

(1) 资产负债表　单位：元

流动资产	10 000 000	负债	10 000 000
固定资产净值	10 000 000	普通股（50 万股）	10 000 000
资产总计	20 000 000	负债与股东权益	20 000 000

(2) 利润表　单位：元

销售收入	20 000 000
固定成本	−4 000 000
变动成本（60%）	−12 000 000
息税前利润（*EBIT*）	4 000 000
利息（*I*）（12%）	−1 200 000
所得税（*T*）（40%）	−1 120 000
净利润	1 680 000

(3) 其他财务指标　单位：元

每股盈余（*EPS*）	3.36

注：$EPS=(EBIT-I)(1-T)/N$，其中 N 是股份数。

在税率不变的条件下，每股盈余主要受到财务杠杆的影响。只要能找到每股盈余无差别点，就可以计算出该点的息税前利润。所谓每股盈余无差别点，就是指不受融资方式影响的每股盈余。根据每股盈余无差别点，可以判断出在什么样的息税前利润下应采取何种资本结构，进而可以据此推断出在预计的销售收入水平下，应该采取什么样的资本结构。

根据定义，在每股盈余无差别点上，无论采用债务融资还是权益融资，每股盈余都是一样的。假设 EPS_1 代表负债率为 50%时的每股盈余，EPS_2 代表无负债时的每股盈余，则在每股盈余无差别点上 $EPS_1=EPS_2$，即

$$\frac{(EBIT-I)(1-T)}{N_1}=\frac{EBIT(1-T)}{N_2}$$

根据表12-7、表12-8中的数据，上式为：

$$\frac{(EBIT-1\ 200\ 000)\times 0.6}{500\ 000}=\frac{EBIT\times 0.6}{1\ 000\ 000}$$

最后计算可得，在每股盈余无差别点，$EBIT=240$ 万元。

此时 $EPS_1=EPS_2=1.44$ 元。

我们也可以把不同 *EBIT* 值对应的 *EPS* 值绘制成一张 *EBIT-EPS* 分析图，如图12-7所示。

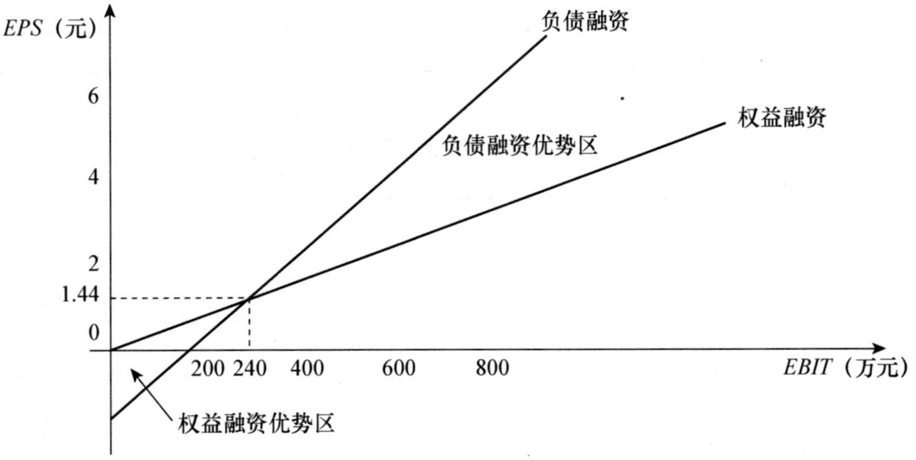

图12-7 *EBIT-EPS* 分析图

从图12-7中可以看出，当 *EBIT* 低于240万元时，完全用权益融资可以获得的每股盈余更高；当 *EBIT* 高于240万元时，运用50%负债融资可以使每股盈余更高。*EBIT-EPS* 分析图清晰地显示了可供选择的融资方式对每股盈余的影响，财务人员可以确定每股盈余无差别点，并根据预测的销售收入和息税前利润，为确定公司最佳资本结构提供准确的依据。

（二）比较公司价值法

比较公司价值法是综合考虑公司的加权平均资本成本、公司总价值等因素，进行资本结构决策的一种方法。这种方法的步骤是：

第一，计算公司的单项资本成本；

第二，计算公司的总价值；

第三，计算公司的加权平均资本成本。

第四，比较不同资本结构下公司的加权平均资本成本。

我们还是通过一个例子来演示这种方法。

［例12-5］

为了简化分析，假设某公司处于零增长时期，留存利润为零。因此，该公司的普通股市值为：

$$S=\frac{(EBIT^{*}-R_{A}D)(1-T)}{R_{S}}$$

其平均资本成本为：

$$R_{A}=\frac{D}{V}\cdot R_{D}(1-T)+\frac{S}{V}\cdot R_{S}$$

其市场总价值为：

$$V=\frac{EBIT^{*}(1-T)}{R_{A}}$$

显然，上述公式来自 MM 理论。

现在假定公司没有负债，并且 $D=0$，$T=30\%$，$EBIT^{*}=40$ 万元，$R_{S}=12\%$，因此该公司的价值为：

$$V=V_{U}=\frac{400\ 000\times(1-30\%)}{12\%}=2\ 333\ 333(\text{元})$$

现又假定公司决定借债 100 万元，利率 8%。若将债务市值等同负债额，有

$$V_{L}=V_{U}+DT_{C}=2\ 333\ 333+1\ 000\ 000\times 30\%=2\ 633\ 333(\text{元})$$

由于 $V_{L}=S_{L}+D$，因此公司负债后的股票市值为：

$$S_{L}=V_{L}-D=2\ 633\ 333-1\ 000\ 000=1\ 633\ 333(\text{元})$$

公司股东权益的成本为：

$$\begin{aligned}R_{SL}&=\frac{(EBIT^{*}-R_{A}D)(1-T)}{S_{L}}\\&=\frac{(400\ 000-8\%\times 1\ 000\ 000)\times(1-30\%)}{1\ 633\ 333}\\&=13.71\%\end{aligned}$$

可见，当公司负债后，股东权益成本随公司风险提高而上升。公司的平均资本成本为：

$$\begin{aligned}R_{A}&=\frac{EBIT^{*}(1-T)}{V_{L}}\\&=\frac{400\ 000\times(1-30\%)}{2\ 633\ 333}\\&=10.63\%\end{aligned}$$

由于负债成本 8%远低于负债后股东权益成本 13.71%，并且有节税利益，负债后公司的平均资本成本 10.63%比无负债时的 12%降低了 1.37 个百分点。

二、影响公司资本结构的主要因素

尽管从理论上讲，每个公司都存在最佳的资本结构，并且在一定的严格假设前提下，公司可以采用定量分析方法确定最佳资本结构，但由于最佳资本结构是一个动态的、相对的概念，在现实中要想准确地确定最佳资本结构几乎是不可能的。在公司理财实践中，公司资本结构的形成是一个复杂的过程，要受许多因素的影响，公司财务经理人员必须从定量和定性两个方面综合考虑，才能确定适合本公司实际的最佳资本结构。一般来说，在确定公司最佳资本结构时，不仅要考虑负债的财务杠杆收益和财务风险，还必须考虑以下因素。

（一）金融系统的构成和效率

由于经济发展以及历史文化等因素的影响，各国金融系统的构成和效率有较大的差异。从金融系统的构成角度分类，可以将金融系统粗略地分成两大类：银行主导型和市场主导型。在银行主导型金融系统中，传统的商业银行是公司融资的主要渠道，因此公司的负债比例比较高。银行主导型金融体系以德国、日本为代表。在市场主导型的金融系统中，公司主要通过金融市场直接融资，即权益融资的比例相对比较大。市场主导型的金融体系以英美为代表。此外，一国金融系统的效率和流动性充裕程度，也会对公司的资本结构有影响。

（二）行业差异

不同行业的平均负债率有很大差异。一般来说，在有充分未来投资机会的高增长行业，负债的比例比较低。诸如金属采矿、纺织业等基础行业，投资机会较少，增长空间也较小，因此，这些行业的公司倾向于有较高的负债水平。当公司所处的行业整体平均杠杆水平比较高时，公司的负债率也可以高些；当公司所处的行业整体平均杠杆水平比较低时，公司的负债率也应该与行业平均水平差不多。

（三）公司资产结构和质量

资产结构和质量以多种方式影响公司的资本结构。当公司拥有的资产较多地适用于进行担保时，公司趋向于高负债，因此拥有大量固定资产的公司倾向于通过长期负债融资，而拥有较多流动资产和存货的公司，则更多地依赖短期借款来融资。如果公司资产的质量高、流动性强，则公司的偿债能力比较强，在其他条件不变的情况下，可以适当提高负债比例。

（四）公司股东、管理者和债权人态度

公司股东和管理者的态度对公司的资本结构有重要的影响，因为他们是公司资本结构的决策者和执行者。就公司股东而言，通常情况下，由于他们不愿意分散对公司的控制权，在决策时倾向于避免普通股融资；对公司管理者而言，一般来说，管理者为了保证其个人利益不受影响，会尽量降低财务风险。不过，不同的管理者对风险的态度不同，因此公司可能选择的资本结构也不同。债权人从自身利益出发，会尽量控制负债的比例和规模，以降低财务风险。

（五）税率和利率

由于公司利用债务融资可以获得税收收益，一般来说，所得税税率越高，负

债带来的节税收益就越大，公司债务融资的冲动就越强；相反，资金利率越高，负债的成本就越高，公司倾向于降低负债比例。公司还可以对市场利率进行科学的预测，当预期利率上升时，公司应当在现在较多地利用长期债务融资；当预期利率下降时，公司应当在现在较多地利用短期债务融资。

□ 小　结

资本结构是指公司资金来源中负债与净资产（股东权益）之间的对比关系。早期的资本结构理论有两个极端的观点：净收入观点认为，债务比例越高，公司价值越高；净营业收入观点认为，资本结构与公司价值无关。

MM 理论对资本结构和公司价值之间的关系进行了深入的探讨，在一系列假设条件下提出了两个重要的命题。后面的学者不断放松假设条件，对 MM 理论进行修正。

经营杠杆是指公司固定成本在全部成本中所占的比重，它会对投资风险产生影响。经营杠杆的高低用经营杠杆系数来衡量。经营杠杆系数越高，表明公司营业利润对销售量变化的敏感度越高，经营风险越大，反之则相反。

由于公司负债而形成的风险是财务风险，一般用财务杠杆来表示财务风险的高低。衡量财务杠杆高低的指标是财务杠杆系数。在存在公司所得税、破产成本的现实环境中，使用财务杠杆有助于降低资本成本，提高公司价值，而过度使用财务杠杆，又会给公司造成较大的财务风险，降低公司价值。

□ 重点概念

资本结构　　净收入观点（NIA）　　净营业收入观点（NOIA）　　MM 理论　　MM 理论命题Ⅰ　　MM 理论命题Ⅱ　　最佳资本结构　　财务危机成本　　破产成本　　财务杠杆　　经营杠杆

□ 思考与练习

1. 什么是资本结构？资本结构影响公司价值吗？
2. 简述净收入观点和净营业收入观点对资本结构与公司价值的解释。
3. 简述 MM 理论的基本假设和主要结论。
4. 如何证明 MM 理论的两个重要命题？
5. 有公司所得税的情况下，负债对公司价值有何影响？
6. 有破产成本的情况下，资本结构与公司价值的关系如何？
7. 什么是财务杠杆和经营杠杆？它们对资本成本有何影响？
8. 什么是最佳公司资本结构？它受哪些因素影响？
9. 某公司的融资全部来自普通股，公司的部分财务数据如下：普通股股数为 100 万股，普通股价格为每股 22 元，息税前利润为 475 万元，红利支付比率为 100%。假设不对公司收入征收所得税。要求：

(1) 按照该资本结构，公司的总价值是多少？

(2) 普通股股权资本成本是多少？公司总成本是多少？

10. 接第 9 题，如果该公司以 9%的利率发行了 100 万元的长期债券融资，用于回购公司的普通股。

（1）计算公司资本结构改变以后的普通股股权资本成本。

（2）计算公司总资本成本。

□ 拓展阅读

宏观经济因素对公司资本结构影响的理论分析

一、经济周期对资本结构影响的分析

经济上行时，资金市场上各类主体（包括资金供给主体和需求主体）对经济前景充满乐观情绪，市场摩擦减少，资产价格上升，营业收入、盈利和现金流增加，信用等级提高，对资金的需求和举债能力同时上升，资金提供者也愿意提供各种类型的资金。经济下行时，市场悲观气氛浓厚，摩擦加大，公司资产价格下跌，利润和经营现金流减少，破产风险加大，信用等级下降，资金供给主体对资产安全性要求增加，“惜贷”“惜投”相对严重，市场资金供应紧张，同时，除少数逆势扩张的公司之外，绝大多数公司的举债意愿和举债能力下降。

根据权衡理论，经济上行时，由于所有杠杆类型公司预期破产风险降低，公司对成本相对较低和弹性较大的债务融资意愿较强，银行或债权投资者也愿意提供较多的债务资金，公司的负债水平上升。经济下行时，由于所有杠杆类型公司的财务风险增加，举债能力和资金需求下降，市场资金供给也减少，公司的负债水平下降。因此，根据权衡理论，经济周期对于公司资本结构变化的影响是顺周期的。但是，经济周期对于不同杠杆公司的影响程度可能不同。经济上行时，低杠杆公司由于举债能力较强，负债率可以随资金需要量上升，而高杠杆公司尽管破产风险下降，但举债能力提升的程度有限，负债率的上升幅度要小于低杠杆公司，而且由于在经济上行时权益资金供给也相对充足，部分风险意识较强的高杠杆公司可能会通过股权融资降低负债比例，因此高杠杆公司总体负债率上升幅度有限。经济衰退时期，资金供给者风险厌恶程度增加，对资产的安全性要求提高。根据安全资产转移（flight to quality）模型，针对低杠杆公司的债务资金供给减少有限，低杠杆公司负债率的下降主要与其资金需求下降有关，而针对高杠杆公司的债务资金供给会有较大幅度减少，而且高杠杆公司因风险升高和投资需求减少，举债意愿和资金需求都会下降，因此，高杠杆公司在经济下行时会受到债务资金供给和需求双重紧缩的影响，负债率下降得可能更明显。总体来说，根据权衡理论，经济周期无论对于低杠杆公司还是高杠杆公司，影响都是顺周期的，但对高杠杆公司的影响可能是非线性的：经济上行时负债率上升较慢，经济下行时负债率下降会较快。

根据优序融资理论，由于公司管理层和外部投资者之间信息不对称，公司具有“内部资金-债务-股权”的融资需求偏好。当宏观经济上行时，公司的净经营现金流增加，愿意优先使用内部资金满足资金需求，因此负债率下降；当宏观经济下行时，公司的净经营现金流减少，只能依赖外部融资，此时公司将优先考虑债务融资，导致财务杠杆上升。由此可见，根据优序融资理论，经济周期对于公司资本结构的影响是逆周期的，即经济上行时，公司负债率下降；经济下行时，公司负债率上升。这种影响

对于不同杠杆类型公司的影响是相同的，因为优序融资理论不涉及负债率水平对公司举债能力的影响。

二、信贷周期对于资本结构影响的理论分析

在信贷总量扩张时，公司获得债务资金的难度和成本下降，可获得的债务资金数量增加。在信贷总量紧缩时，公司获得债务资金的难度和成本上升，获得增量债务资金数量有限或需要偿还部分债务资金。

虽然无法从信贷周期的变化判断公司破产风险和盈利的变化（信贷扩张或收缩可能造成的经济波动和资产价格变化在经济周期和股市表现中说明），但信贷周期对外部资金供给市场松紧状况的影响是显而易见的。根据权衡理论，在其他条件不变的情况下，高杠杆公司为降低财务风险需要通过权益融资向下调整资本结构，低杠杆公司为了获取负债收益需要通过债务融资向上调整资本结构。信贷扩张（收缩）时，外部债务资金供给比较宽松（紧张），可以满足（不能满足）低杠杆公司负债融资需求，低杠杆公司负债率上升（下降），因此，信贷周期对低杠杆公司资本结构变化会产生顺周期的影响。由于信贷扩张（紧缩）也会造成资金市场上其他类型资金的供给相对宽松（紧张），在信贷扩张（紧缩）时，高杠杆公司可以较易（较难）获得外部权益资金，信贷周期对高杠杆公司的资本结构变化会产生逆周期影响，即信贷扩张时，高杠杆公司外部权益融资增加，负债率下降；信贷紧缩时，高杠杆公司外部权益融资减少，负债率上升。

根据优序融资理论，信贷扩张时，由于市场上信贷资金总量供给宽松，公司在内源融资不够时，外部债务资金供给一般可以满足公司的资金需求，公司没有必要进行外部权益融资，负债水平会上升。信贷紧缩时，由于市场上信贷资金总量供给相对紧张，债务融资可能很难满足公司的外部资金需求，需要通过股权融资加以解决，公司的负债率可能下降。根据优序融资理论，公司不存在目标资本结构，信贷扩张和收缩对资本结构产生的影响对于不同类型的杠杆公司来说应该是相同的。总体来说，按照优序融资理论，信贷周期对公司资本结构变化的影响是顺周期的。

三、股市表现对资本结构影响的理论分析

股市表现较好时，投资者持有股票的收益率和公司股票市盈率上升，股票市场的摩擦减少，公司容易在股票市场上获得权益资金。股市表现较差时，投资者持有股票收益率下降或为负，公司股票市盈率降低，股票市场的摩擦加大，公司较难在股票市场上获得权益资金。

虽然无法从股市表现的好坏分析公司财务风险的变化，但股市表现好会使得资金市场权益资金供给相对宽松。根据权衡理论，高杠杆公司为降低财务风险偏好于权益融资。股市表现好（坏）时，高杠杆公司获得权益资金的难度和成本下降（上升），高杠杆公司的负债率水平会下降（上升），因此，股市表现对于高杠杆公司资本结构变化的影响是逆周期的。对于低杠杆公司来说，由于股市表现一般不会对债务融资和公司财务风险产生较大影响，在其他条件不变的情况下，股市表现对低杠杆公司的资本结构应该无影响。根据市场择机理论，经理人在融资方式选择上具有机会主义行为，即在股市表现好且股价大幅上行时增发新股，降低公司的负债水平，在股市低迷时回购股票或进行债权融资，提高公司财务杠杆，因此股市表现与资本结构呈负相关关系。

表12－9总结了上述理论分析。

表12－9　三种资本结构理论对于宏观经济影响公司资本结构的解释

理论与假说	宏观经济状态	宏观经济周期		信贷周期		股票市场表现	
		高杠杆	低杠杆	高杠杆	低杠杆	高杠杆	低杠杆
权衡理论	好	上升	上升	下降	上升	下降	无影响
	坏	下降	下降	上升	下降	上升	无影响
	总体	顺周期	顺周期	逆周期	正影响	逆周期	无影响
优序融资理论	好	下降	下降	上升	上升		
	坏	上升	上升	下降	下降		
	总体	逆周期	逆周期	顺周期	顺周期		
市场择机理论	好					下降	下降
	坏					上升	上升
	总体					逆周期	逆周期

注：宏观经济状态中经济周期好（坏）是指经济上行（下行），信贷周期的好（坏）是指信贷扩张（收缩），股市表现好（坏）是指股市收益上升（下降）。

资料来源：吕峻，石荣．宏观经济因素对公司资本结构影响的研究——兼论三种资本结构理论的关系．当代经济科学，2014（11）．

M

第 5 篇

管理篇

第13章

公司股利政策

本章要点

- 公司利润的分配顺序；
- 股利支付的各种形式；
- 公司经常采用的股利政策；
- 影响公司股利政策的因素；
- 股利政策对公司发展的作用。

引例

如何看待上市公司的股利政策？

最近全球股市刮起了一股高分红风，江铃汽车10派23.7元，非常豪爽。如何看待上市公司的分红政策？沃伦·巴菲特有话说。

一般公司都会向股东报告股利政策，但通常不会对此做详细解释，有的公司会说我们的目标是发放40%～50%的盈余，至少是按消费者物价指数的增长率发放股利，不会有任何分析解释为何这类政策对股东有利。然而，资金的配置对于企业与投资管理来说是相当重要的一环，我们认为经理人与所有权人应该要好好想想，在什么情况下，将盈余保留或加以分配是对股东最为有利的。

首先要了解的是，并非所有的盈余都会产生同样的效果，许多企业尤其是那些资本密集（资产获利比例高）的公司，通货膨胀往往会使得账面盈余变成假象，这种受限制的盈余往往无法被当作真正的股利来发放，必须保留再投资以维持经营，要是勉强发放，将会使得公司在以下几方面失去竞争力：(1) 维持原有产品销售数量的能力；(2) 维持长期竞争优势；(3) 维持原有财务实力。所以，不论其股利发放比率如何保守，长此以往都将会使其面临淘汰，除非一再投入更多的资金。

对公司老板来说，受限制的盈余也并非毫无价值，但它们的折现值通常少得可怜，不管它们可产生的经济效益有多差，企业也非用它们不可。这种不管前景多么不乐观一律保留利润再投资的情况，在十年前由联合爱迪生电力公司（Consolidated Edison）无意间提出而后令人难以置信地广泛流传。在当时，一项惩罚性的规范政策是使得公司的股价以远低于账面价值的价格交易的主要原因，有时甚至以25%的账面价值交易。也就是说，当每一美元的盈余再投入公司中时，这一美元就变成了25美分的市场价值。尽管这种由金变成铅的故事一再发生，大部分的盈余还是持续地被保留下来进行再投资，而不是派发给公司的所有者。与此同时，该公司在纽约某个建筑工地上亮出的牌子却标榜说："我们必须挖掘利润。"这真是令人啼笑皆非。

对于受限制的盈余不再多谈，让我们将话题转到更有价值的不受限制的部分。所谓不受限制的盈余，顾名思义可以加以保留，也可以予以分配。我们认为，分配与否主要取决于管理层判断何者对公司股东较为有利。

上述原则并未为大家所接受，出于多种原因，管理层偏好将盈余予以保留以扩大企业版图，同时使公司的财务环境更为优越。但我们仍然相信，将盈余保留只有一个理由，即每一美元的收益至少可以为所有者产生一美元的市场价值，且必须要有过去的成绩佐证或是对未来有精辟的分析，确定能够产生大于一般股东自行运用所产生的效益。

具体而言，我们假设一位投资者拥有一种10%无风险永久债券，这种债券有一个非同寻常的特征：投资人每年有权选择领取10%的债息或将此10%债息继续买进同类型的债券，也就是有永久的持续期并提供相同现金或再投资机会的息票。在任何给定的年份，如果长期无风险债券的普遍利率是5%，投资人应当不会愚笨到选择领取现金，他会将之继续买进同类型的债券，因为后者能够产生更高的价值。若他真的需要现金的话，大可以在买进债券后在市场上以更高的价格出售变现，换句话说，若市场上的投资人够聪明的话，没有人会在5%利率的时代选择现金，甚至那些需要现金维持生计的债券持有人也不会这么做。

但是，若当时市场的利率是15%，情况将完全相反，没有哪个理性的投资者会让人把他的钱以10%的利率进行再投资，即使他手上的闲钱真的太多。如果他需要多买10%的债券，他只要在领取现金之后再到市场上买进债券，在那里债券有很大的折扣。

同样的道理也可以运用在股东思考公司的盈余是否应该发放的问题上，当然，这时候的分析可能较为困难且容易出错，因为再投资所能赚得的收益率不像债券那个案例是确定的数字，而可能会变动不一，股东必须判断在可预见的未来其平均的收益率是多少。一旦数字定下来，之后的分析就简单多了，若预期收益率高便可以进行再投资，反之则应要求加以分配。

许多企业的经理人很理智地运用上述标准对待旗下子公司的收益派发，但到了自己所掌管的母公司就完全不是那么一回事了，他们很少会站在股东的立场为大家着想。这种类似双重人格的经理人要求每年只能产生5%收益率的子公司甲将资金分配回母公司，然后转投资到每年可产生15%收益率的子公司乙，这时他不会忘记以前在商学院所学到的校训。但若母公司本身预期的收益率只有5%（市场上的平均收益率是10%），他最多只会依循公司从前或同业平均的现金股利发放率，当他要求旗下子公司提出报告对其保留盈余的比例做出解释的同时，却从来不会想到要对他公司的股东提出任何说明。

在判断是否应将盈余保留在公司时，股东不应该只是单纯地比较增加的资本所能增加的边际盈余，因为这种关系会被核心业务的进展状况扭曲。在高通货膨胀时期，某些具有特殊竞争力的核心业务能够运用少量的资金创造极高的收益率（如同我们曾提过的商誉），但是，除非它们正在经历巨大的增长，否则出色的业务会产生大量额外的现金。即使一家公司把绝大部分资金投入低回报的业务，公司留存盈余的总收益仍可能表现出色，因为投入核心业务的那部分留存盈余产生了超常的回报，这好比职业选手和业余选手进行混合高尔夫球赛，虽然大部分业余选手的成绩一塌糊涂，但团体比赛只取最好的成绩，因为职业队员的技巧起了决定性作用。

许多表面上持续绩效良好的公司，事实上是毫无吸引力的，甚至是在灾难性的经济基础上使用它们的大部分留存盈余。年复一年持续增长的辉煌的核心业务使它们盈利，掩盖了其他资产分配领域里不断重复的失误（通常是用高价并购平庸的企业）。管理层也一再强调他们从上一次挫败中所学到的经验，但同时在物色下一次失败的机会（失败看起来已经扎根于他们的头脑中）。

在这种情况下，如果用保留盈余来扩张高收益的业务，或者用来回购股票（一种既可以增加所有者在优异业务中的收益，同时又可以把低于标准的业务分派给他们的行动），股东的经济状况会好得多。那些在低回报业务部门大把使用从高回报业务部门截留下来的现金的管理人员，应当为这些资产配置的决定承担责任，而不论整个企业的获利能力如何。

以上的讨论并不是指公司的股利要随着每季盈余或投资机会的些微差异便跟着变来变去，上市公司的股东一般偏好公司有一贯稳定的股利政策，因此股利的发放应该能够反映公司长期的盈余预期，因为公司的前景通常不会常常变化，股利政策也应如此。长期而言，公司管理层应该确保留下的每一美元盈余都发挥效用，一旦发现盈余保留下来是错的，同样也表明该管理层留下来是错的。

现在让我们回过头来检视伯克希尔本身的股利政策。过去的记录显示伯克希尔的保留盈余可赚得较市场更高的收益率，即每保留一美元盈余可创造大于一美元的价值，在这种情况下，任何发放股利的动作可能都不利于伯克希尔所有的大小股东。事实上，以我们过去刚开始经营事业的经验显示，在公司的草创初期发放大量的现金股利并不是一件好事，当时查理跟我掌控三家企业——伯克希尔、多元零售与蓝筹食品代用券公司（现在已合并为一家公司）。蓝筹食品代用券公司只发放一点股利，其他两家皆未发放。若当时我们把所赚的钱统统发掉，那么我们现在可能赚不到什么钱，甚至连一点资本也没有。这三家公司当初各自靠一种事业起家：（1）伯克希尔的纺织；（2）多元零售的百货公司；（3）蓝筹食品代用券公司的代用券买卖。这些基础事业（特别要提到的是，那是我跟查理再三斟酌敲定的一个词）

目前的情况是：(1) 幸存下来但赚不到什么钱；(2) 规模萎缩并出现大幅亏损；(3) 仅剩当初入主时 5%的营业额。所以只有将资金投入更好的事业，我们才能克服先天的劣势（就好像是在补救年轻时的荒诞），很明显，多元化是对的。

我们将持续多元化并支持现有事业的成长。虽然我们一再强调，这些努力的回报铁定会比过去的成绩逊色，但只要被保留下来的每一美元能够创造更大的收益，我们便会持续地这样做。一旦我们评估留下的盈余无法达到上述标准，我们一定会把所有多余的钱发还给股东，当然会同时权衡过去的记录与未来的前景。单一年度的变化颇大，基本上我们会以 5 年为期做判断。

我们现今的计划是用保留的盈余来扩充保险事业，我们大部分竞争对手的财务状况比我们差而不愿大幅扩充，此刻正值保费收入大幅增长之际，1983 年是 50 亿美元，预计 1985 年将增长至 150 亿美元，这正是我们大捞一笔的难得良机。当然，没有什么事是能够百分之百确定的。

资料来源：张志雄. 投资大家巴菲特. 科学与财富，2008 (7).

第 1 节　公司股利概述

股利是用税后净利润来分配的，但公司并不能将所有税后利润都用于分配股利。按法规规定，公司利润分配的项目有：(1) 盈余公积金。盈余公积金从净利润中提取，用于弥补公司亏损，扩大公司生产经营或转增公司股本。盈余公积金可分为法定盈余公积金和任意盈余公积金，我国《公司法》规定，公司分配当年税后利润时，应按 10%的比例提取法定盈余公积金，当盈余公积金累计达到公司注册资本的 50%时，可不再提取，任意盈余公积金由股东大会决定提取。(2) 公益金。公益金也从净利润中分配，专门用于职工集体福利。公益金按税后净利润的 5%～10%提取。(3) 股利。公司向股东支付股利要在提取盈余公积金、公益金之后。股利的分配应以各股东持有股份的数额为依据，每个股东取得的股利与其持有的股份数成正比。

一、公司利润的分配顺序

税后净利润的分配既然包含不同项目，那么各项目之间的先后顺序是怎样的呢？按《公司法》规定，公司利润分配应按下列顺序进行：

(1) 弥补以前年度亏损，计算可供分配的利润。将本年净利润（或亏损）与年初未分配利润（或亏损）合并，计算出可供分配的利润。只有当亏损弥补之后，可供分配的利润是正数，才能谈到进行后续的分配。

(2) 计提法定盈余公积金。经计算，有本年累计盈利的，按抵减年初累计亏损后的本年税后净利润的 10%计提法定盈余公积金。当法定盈余公积金达到注册资本的 50%时，可不再提取。盈余公积金主要用于以下几个方面：一是弥补以前年度税前未弥补完的亏损；二是支付股利；三是用于扩大生产经营；四是用于转增注册资本。我国《公司法》要求，在弥补亏损、分配股利、用于扩大经营及转增注册资本后，法定盈余公积金不得低于注册资本的25%。

（3）支付优先股股利。如果公司有发行在外的优先股，在提取了法定盈余公积金后，需支付优先股股利。优先股股利如何分配必须在公司优先股发行的有关章程、协议的条款中做出明确规定。在有盈利的情况下，只需按照公司的有关章程执行即可。

（4）计提任意盈余公积金。任意盈余公积金是否计提以及计提标准由股东大会确定。

（5）向普通股股东支付股利。

二、股利的支付

（一）股利支付的程序

当公司已确定可向股东支付股利时，支付前后还有一定过程。有四个重要日期要弄清楚：一是股利宣告日，在这一天公司董事会将股利支付情况予以公告，宣布每股股利、股权登记期限、除去股息的日期和股利支付日期。二是股权登记日，即有权领取股利的股东资格登记截止日期，也称除权日，只有这一天前在股东名册上有名的股东才有权分享股利。三是除息日，即领取股利的权利与股票相互分离的日期，在除息日购入股票的人不能分享股利。根据《深圳证券交易所交易规则》规定：上市证券发生权益分派、公积金转增股本、配股等情况，交易所在权益登记日（B股为最后交易日）次一交易日对该券做除权除息处理。根据美国纽约证券交易所（NYSE）规则，除息日通常在股权登记日的前两个交易日。自除息日起，公司股票的交易称为无息交易，其股票称为无息股。之所以设定除息日，是为了方便公司确定支付股利的对象。四是股利支付日期。

我们用图13-1来说明这四个日期之间的先后顺序。假设在NYSE上市的朗月公司的董事会于2020年8月15日开会，通过决议，宣布于2020年10月16日向2020年9月30日登记在册的所有股东每股发放2美元股利。2020年8月15日即为股利宣告日，9月28日为除息日，9月30日为股权登记日，10月16日为股利支付日。

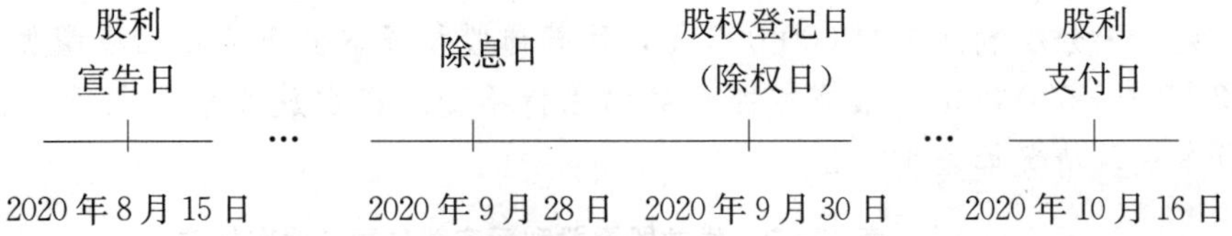

图13-1　发放股利重要日期示意图

（二）股利的支付方式

股利支付方式有以下几种。

（1）现金股利。现金股利是以现金支付的股利，这是大家最熟悉，也是股利支付最主要的方式。公司支付现金股利除了要有累计盈余（特殊情况下可用弥补亏损后的盈余公积金）外，还要有足够的现金，因此公司在支付现金股利前必须筹备充足的资金。

（2）财产股利。财产股利是以现金以外的资产支付的股利，常见的财产股利有实物股利和证券股利两种形式。实物股利主要是以公司的产成品作为股利支付，证券股利则主要是以公司所拥有的其他企业的有价证券，如债券、股票等作为股利支付。财产股利虽然能减轻公司的现金支付压力，但也会损害公司的财务形象。

（3）负债股利。负债股利是公司以负债支付的股利，通常以公司的应付票据，有时也发行公司债券来抵付股利。负债股利通常是公司在已宣告发放股利而又缺乏现金的情况下采用的一种权宜之计，目的在于维护公司的信誉和股利政策的连续性。负债股利支付方式虽然缓解了现金支付压力，但也会产生负面影响，一般情况下很少采用。

（4）股票股利。股票股利是公司以增发股票作为股利支付方式。股票股利会使每个股东所拥有的股票数成比例增加。股票股利不导致公司资产流出或负债增加，因此不是公司资金的使用，但会引起所有者权益各项目的结构发生变化。我们用案例说明这一问题。

案例 13-1

在发放股票股利前，安能公司的股东权益情况如表13-1所示。

表13-1 发放股票股利前安能公司的股东权益 单位：元

普通股（面额1元，已发行300 000股）	300 000
资本公积	600 000
未分配利润	3 000 000
股东权益合计	3 900 000

假定安能公司宣布发放10%的股票股利，即增发30 000股普通股，现有股东每持10股就可得1股。若股票的市价为每股20元，那么随股票股利的发放，需要从“未分配利润”项目划转出的资金为：

$$20\times300\ 000\times10\%=600\ 000(\text{元})$$

由于股票面额为1元不变，增发股票时，普通股项目只应增加30 000元（1×30 000），其余的570 000元（600 000－30 000）应做股票溢价转至资本公积项目。可见，未分配利润减少600 000元，而普通股和资本公积项目相应增加600 000元(30 000＋570 000)，股东权益总额仍保持不变。在发放股票股利后，安能公司的股东权益情况如表13-2所示。

表13-2 发放股票股利后安能公司的股东权益 单位：元

普通股（面额1元，已发行330 000股）	330 000
资本公积	1 170 000
未分配利润	2 400 000
股东权益合计	3 900 000

容易看出，发放股票股利并未影响安能公司股东权益总额，只影响各股东权益项目间的再分配。

我们还会发现，股票股利并不直接增加股东财富。为什么呢？因为在盈利总额不变时，发放股票股利增加普通股股数会引起每股盈余和每股市价下降，但又由于股东所持股份成比例上升而所占股份比例不变，因此每位股东所持股票的市场价值总额保持不变。我们可继续用安能公司的例子来说明，假设安能公司本年盈余为 660 000 元，某股东拥有 30 000 股普通股，那么发放股票股利对该股东会有何影响呢（见表 13－3）？

表 13－3　安能公司发放股票股利对股东的影响

项目	发放前	发放后
每股盈余（EPS）（元）	660 000÷300 000＝2.2	660 000÷330 000＝2
每股市价（元）	20	20÷(1＋10%)＝18.18
持股比例	30 000÷300 000＝10%	33 000÷330 000＝10%
所持股票总价值（元）	20×30 000＝600 000	18.18×33 000≈600 000

在发放股票股利后，每股盈余变为：

$$\text{发放股票股利后的每股盈余}=\frac{E_0}{1+D_S} \tag{13-1}$$

式中，E_0 为发放股票股利前的每股盈余；D_S 为股票股利发放率。

此时每股市价为：

$$\text{发放股票股利后的每股市价}=\frac{M}{1+D_S} \tag{13-2}$$

式中，M 为股利分配权转移日的每股市价。

我们不禁要问：如果发放股票股利不增加股东财富，也不影响公司价值，那么它有什么意义呢？在实际经济生活中，股票股利有其特殊意义。

对股东来讲，股票股利的意义在于：公司发放股票股利后其股价并不一定就会成比例下降，若发放少量股票股利（2%或 3%），股价很可能不会立即变化，这时就使股东得到股票价值相对上升的好处。此外，若股东需要现金，可将所得股票股利出售，有些国家税法规定出售股票所需缴纳的资本利得税率比收到现金股利所需缴纳的所得税率低，股东从中可得到纳税上的好处。由于发放股票股利通常是成长公司所为，因此投资者往往认为这预示公司会有较大发展，盈余将大幅增长，足以抵消增发股票带来的消极影响，在这种心理作用下，股价会维持稳定甚至略有上升，股东自然可从中获得好处。

对公司而言，股票股利也有有利之处：股票股利使股东分享公司盈余而无须分配现金，这就使公司保存大量盈余用于再投资；当股票股利使股价下跌时，可吸引更多投资者购买，活跃交易。当然，股票股利也是公司向外传递信息的手段，预示公司将高速发展，从而提高投资者信心。

我们已详细讨论了股票股利。在公司行为中，有一种行为不属于股利，但其产生的效果与发放股票股利近似，这就是拆股。拆股又称股票分割，是将一股面

额较高的股票拆成数股面额较低的股票。

拆股时，发行在外的股数增加，使得每股面额降低，每股盈余下降，但公司价值不变，股东权益总额、股东权益各项目的金额及其相互间的比例也不会改变。这与发放股票股利的情况既有相同之处，又有不同之处。

案例 13-2

安能公司股票市价为每股 30 元，表 13-4 是安能公司发放 100%的股票股利和进行将 1 股分割为 2 股的拆股行为后，股东权益各项目的变动情况。

表 13-4　发放股利与拆股对股东权益的影响　　单位：元

初始情况下的股东权益	
普通股（面额 10 元，已发行 1 000 000 股）	10 000 000
实收资本	20 000 000
未分配利润	70 000 000
股东权益合计	100 000 000
发放 100%的股票股利后的股东权益	
普通股（面额 10 元，已发行 2 000 000 股）	20 000 000
资本公积	40 000 000
未分配利润	40 000 000
股东权益合计	100 000 000
将 1 股分割为 2 股后的股东权益	
普通股（面额 5 元，已发行 2 000 000 股）	10 000 000
资本公积	20 000 000
未分配利润	70 000 000
股东权益合计	100 000 000

若拆股后公司盈余不变，则拆股后每股盈余会成比例下降，每股市价也会因此下降。

从实践效果看，股票股利和拆股非常近似，因此一般要根据证券管理部门的具体规定对两者加以区分。例如，有的国家证券交易机构规定，发放 25%以上的股票股利即属拆股。

拆股的主要目的在于通过增加股数而降低每股市价吸引更多投资者。此外，拆股往往是成长公司的行为，因此宣布拆股所传递的信息对公司是有利的。尽管拆股与股票股利都能达到降低股价的目的，但一般只有在公司股价过高且难以下降时，才采用拆股；当股价涨幅不大时，一般通过发放股票股利使股价维持在合理范围内。

（5）股票回购。顾名思义，股票回购是指公司出资购回其发行在外的股票。公司以多余现金购回股东所持股份，使流通股份减少，每股盈余增加，从而使股价上升，股东可因此获得资本利得，这相当于公司支付股利，因此，可以将股票回购看作现金股利的替代方式。

既然股票回购相当于支付现金股利，那么它对股东是否有额外好处呢？这取决于税法的规定。对股东来讲，股票回购后股东得到的是资本利得，需要缴纳资本所得税，发放现金股利后股东则需要缴纳一般所得税。在前者低于后者的情况下，股东将得到纳税上的好处。

此外，我们还有一个问题：公司为什么会购回自己的股票呢？股票回购似乎意味着公司有多余的现金，却找不到好的投资机会，人们不禁要对公司的经营管理状况产生怀疑。

公司在进行股票回购时所提出的理由很多，其中最主要的一条是公司的股票被低估，因此是一个正净现值的投资机会。另一个理由是减少小股东的数量，对小股东寄送年报、季报以及支付股利等所需的费用与对大股东提供这些服务所需费用是大致相当的，因此，对小股东提供服务所需费用相对而言要更高。其他的理由还包括增加杠杆、提高每股报告盈余和增强内部人的控制地位（内部人是指经理和某些大股东）。我们要注意，最后两点并不一定符合股东利益。在股票回购时，我们要考虑代理问题。

进行股票回购的公司一般杠杆小、利润低、发展慢，这与这类公司缺乏正净现值投资机会是一致的。股市对公司宣布股票回购做何反应，还要视公司如何实施股票回购而定。

最常采用的两种方法是公开市场购买和投标出价。在公开市场购买中，公司按当前市价在市场交易中购买其股票。在固定价格投标出价中，公司发出一次性要约，具体规定要购买的股票数量和出价，该出价一般要高于当前市价。一般而言，市场对投标出价的反应要更为积极，但这并不意味着公司总应选择投标出价，因为其成本要高得多。

第 2 节　公司股利政策

一、股利政策类型

公司在确定一种适当的股利政策时，一般经过三个步骤：公司必须预测未来剩余资金，决定适当的目标支付比率，然后决定每季度股利多少。公司在预计未来剩余资金时，是结合公司的盈余和现金流量规划进行的，通常预测 5 年左右的情况。在预测时，最重要的是考虑资本支出和经营所得资金的多少。公司最好应把无法投资于正净现值项目的现金作为股利支付。在考虑投资者偏好等因素后，所支付的股利也许会高于这一最低额，不过，由于发行新股存在发行成本，因此支付过多股利以致需要筹集新股是不明智的。这一分析过程往往由于种种因素而复杂化。资本预算项目可能与预期的时间和成本存在很大差异，而且随着经济和经营条件的变化，公司可能会更改原来的资本预算项目。同样，未来经营所得资金也难以完全预测。即使分析准备得最详尽的现金流量规划，也只能得出可供分配资金的区间和资金需求量的区间，从而得到的可行目标支付比率也是一个区间。

在选择目标支付比率时，公司应分析其他类似公司的股利支付比率，从而得出常规的股利支付比率区间。公司把该比率与可行目标支付比率以及股东构成结合起来考虑，最终确定长期目标支付比率。

股利的变化可向公众传递信息，因此股利过于波动并不明智。投资者会觉得股利所传递的信息令人迷惑，信息不对称问题更加严重，最终可能会导致公司股价下跌。只有当公司认为自己能够稳定地维持较高股利时，才能提高股利，而且由于预测中存在种种不确定性，公司应将股利支付比率定得比预期最高水平略低。公司若想提高股利，一次大幅度的提高要比几次小幅度的提高更可取，因为这样能更有效地传递正面信号。

在进行股利分配的实务中，公司经常采用的股利政策如下。

（一）剩余股利政策

股利政策受投资机会及资本成本的双重影响，采用剩余股利政策就是公司有良好的投资机会时，根据一定的目标资本结构，测算出投资所需的权益资本，先从盈余中留用，然后将剩余的盈余作为股利予以分配。

案例 13－3

光明公司现有盈利 1 800 000 元，可用于发放股利，也可用于留存。假定该公司的最优资本结构为 30%的负债和 70%的权益。现有三种投资计划（A_1，A_2，A_3），其资本支出水平分别为 1 500 000 元、2 400 000 元和 3 200 000 元。采用剩余股利政策时，三种情况下的股利政策可用表 13－5 表示。奉行剩余股利政策，意味着公司只将剩余的盈余用来发放股利。这样做的根本理由在于保持理想的资本结构，使平均资本成本最低。

表 13－5 剩余股利政策示例 单位：元

项目	投资计划		
	A_1	A_2	A_3
（1）资本支出预算额	1 500 000	2 400 000	3 200 000
（2）现有盈利额	1 800 000	1 800 000	1 800 000
（3）资本预算所需权益资金［(1)×70%］	1 050 000	1 680 000	2 240 000
（4）股利发放额［(2)－(3)］	750 000	120 000	0
（5）股利支付比率［(4)/(2)］(%)	41.7	6.7	0

剩余股利政策根据公司未来的投资机会来决定是否支付股利及股利多少，在有良好的投资机会的情况下，将留存收益用于投资，少分或不分股利；反之，在没有良好的投资机会的情况下，将留存收益的大部分或全部作为股利分配给股东。这样就很好地降低了资本成本，优化资本结构。

奉行剩余股利政策的公司的股利支付数额会受公司的资本结构、未来投资计划对资金需要量和公司的盈利水平影响。在资本结构不变的前提下，股利支付额随着未来投资计划对资金需要量和盈利水平的增减变动而变动。若盈利水平保持不变，股利支付数额会随着未来投资计划对资金需要量的增加而降低，随着未来投资计划对资金需要量的减少而增加；若未来投资计划对资金需要量保持不变，股利支付数额随着盈利的增加而增加，随着盈利的减少而减少。

（二）固定或持续增长的股利政策

这一股利政策是将每年发放的股利维持在一个固定水平上并在较长时间内不变，只有当公司认为未来盈余将会显著地、不可逆地增长时，才提高年度的股利发放额。当然，若遇到长时期的通货膨胀，股利也应有所提高。

采用这种股利政策的主要理由在于：稳定的股利向市场传递公司正常发展的信息，有利于树立公司良好形象，增强投资者对公司的信心，稳定股价；稳定的股利有利于投资者安排股利收入和支出，特别是那些对股利严重依赖的股东更是如此；考虑到股市受多种因素影响，为了将股利维持在稳定水平，即使推迟某些投资方案或者暂时偏离目标资本结构，也可能比降低股利更为有利。

当然，该政策也有缺点：股利的支付与盈余相脱节。当盈余较低时仍要支付固定股利，这可能导致公司资金短缺，财务状况恶化，进一步影响公司的未来发展。同时，支付固定的或持续增长的股利使公司也不能像剩余股利政策那样将资本成本保持在较低水平。

（三）固定支付比率的股利政策

固定支付比率的股利政策是指公司事先确定一个股利占税后利润的百分比，以后每年均按这一比率向股东发放股利。在固定支付比率的股利政策下，各年股利随公司经营好坏而上下波动，盈余多的年份股利额高，盈余少的年份股利额低。

固定支付比率的股利政策将股利与公司盈余紧密配合，充分体现了“多盈多分，少盈少分，不盈不分”的分配原则，实现了对股东的公平，同时也避免了在盈利下降年份因支付固定股利而陷入财务困境的可能性，但这种政策下各年股利波动较大，不利于稳定股价。

（四）低正常股利加额外股利政策

在该政策下，股利由正常股利和额外股利构成。每年支付一个较低并且固定的正常股利，盈余较多的年份可临时发放额外股利。

这种股利政策较为灵活，在公司盈利较少或需要较多的资金满足投资计划的需要时，可以只支付较低水平的正常股利，减轻了公司的财务负担，同时也满足了股东要求获取稳定股利的心理；在公司盈利出现大幅增长时，通过发放额外股利将盈余分配给股东，可以增强股东对公司未来发展的信心，使公司股票价格维持在一个较高水平。一般来说，一些实力雄厚的大公司常采用该种政策。

二、影响股利政策的因素

影响股利政策的因素很多，可分为内部因素和外部因素。

（一）影响股利政策的内部因素

我们可将内部因素分为盈利状况、变现能力和筹资能力三个方面。

（1）盈利状况。这是公司决定股利政策时首先应当考虑的因素。只有当盈利状况良好时，公司才有可能采用高股利或稳定增长的股利政策；如果盈利很少甚至亏损，公司就只能采用低股利或不发股利的政策。可见，公司在制定股利政策时必须以盈利状况和未来趋势作为出发点。

（2）变现能力。变现能力是公司将资产变为现金的可能性大小。一个公司可迅速变现的资产多，现金充足，它的股利支付能力就较强，采用高股利政策当然可行；如果公司因扩大生产或偿还债务已将其可变现的资产和现金几乎耗用完，该公司就不应采用高股利政策，因为此时若支付大额股利就会使公司毫无能力应付意外情况。

（3）筹资能力。筹资能力是指公司随时筹集到所需资金的能力。规模大、效益高的公司往往容易筹集到资金，它们既可向银行借款，也可发行股票、债券。这种公司在股利政策上有较大的选择余地，既可采用高股利政策，也可采用低股利政策。规模小、新创办、风险大的企业，一方面很难从外部筹集到资金，另一方面在这个阶段往往又需要大量资金，这类企业往往会采取低股利或不发股利的政策，以尽可能多地保留盈余。

（二）影响股利政策的外部因素

公司的外部因素，如法律上的限制、合同上的限制、投资机会的出现以及股东意见等，往往也会对公司股利政策产生很大影响。

（1）法律因素。为了保护债权人和股东的利益，《公司法》等有关法律法规对公司股利分配做出限制，例如，规定公司不能用资本发放股利，公司必须按净利润的一定比例提取法定盈余公积金，必须足额弥补以前年度亏损等。在有些国家，公司过度保留盈余也会受到控制，因为公司少发放股利，过度保留盈余有帮助股东逃税之嫌。在西方国家，资本利得和股利收入的税率是不一致的，如果公司通过保留盈余来提高其股价，则可使股东得到税收上的好处。

（2）合同上的限制。在公司债券与贷款合同上，往往有限制企业支付股利的条款，这种限制通常规定股利的支付不能超过可分配利润的一定百分比，其目的是让公司有到期偿债的能力。此外，在发行优先股股利的合同中，通常也规定在未清偿优先股股利之前，不得支付普通股股利，这在一定程度上也左右了公司的股利政策。

（3）投资机会。公司投资机会的多少在很大程度上影响其股利政策，如果一个公司有很多有利的投资机会，那么它是不会采用高股利政策把盈利分给股东而放弃投资机会的；相反，若没有好的投资机会，则可能采用高股利政策。

（4）股东因素。在制定股利政策时，董事对股东的意见不能忽略。股东从自身需要出发，对股利政策产生不同影响。依靠股利生活的股东往往要求支付稳定股利，而高股利收入的股东又出于避税考虑（股利收入的所得税高于股票交易的资本利得税），往往反对公司发放较多的股利。公司支付高股利后，将来发行新股的可能性加大，而发行新股必然稀释公司的控制权，当原来持有控制权的老股东拿不出更多资金购买新股时，他们宁肯不分配股利也会反对募集新股。

第 3 节　股利政策对公司发展的作用

一、完美市场环境下的股利政策

股利政策是公司理财中的一个重要方面。在第 1 节已讨论过，有多种形式的股利和股利政策。我们不禁要进一步追问，股利政策对公司发展究竟起什么作用呢？它能增加股东财富吗？

我们首先讨论完美市场环境下的股利政策。完美市场环境中没有税收、交易成本和信息不对称，因此是一个很好的讨论出发点。

当公司支付股利时，资金只是从一种形式转化为另一种形式。在支付股利前，这笔钱以股东对公司资产求偿权的形式存在，支付股利后，股东则拥有现金。只要这一转化是在完美资本市场环境下的公平市场交易，价值就不会改变。

我们考虑另一种交易形式：出售新股。同样，这只是资金从一种形式转化为另一种形式。交易前，新投资者拥有现金；在购买新股后，则对公司资产有相等价值的权益。只要仍然是在完美市场环境下的公平市场交易，价值就不会改变。现在让我们考虑三种情况下的股利。

第一种情况，公司有足够现金，只需减记现金账户来支付股利。在复式记账体系下，股本权益账户相应也有一个相同的减少额。我们看到资金从一种形式——对公司的求偿权，变成另一种形式——股东手中的现金。

第二种情况，公司没有现金支付股利，因此它发行新股筹集现金，会暂时增加公司的总价值。接着公司支付股利，又把公司总价值减小到发行新股前的状态。因为这两笔交易都只是转化资金形式的公平交易，所以各方的价值都不改变，两笔交易后公司的价值也未变。在这种情况下，公司的现有股东实际上是通过公司的交易把自己的部分权益卖给了新投资者。

第三种情况，股东想要现金股利，因此希望公司进行第二种情况的交易，但公司决定不支付股利，因为它不想费事做两次交易，那么股东该怎么办？他可以找到一个新投资者，直接把股票卖出去，换取现金。直接出售股票所产生的净效应与第二种情况中公司做两笔交易是相同的：现有股东的部分权益被卖给新投资者，换得了现金。股东出售一些股票来取得现金的这种直接交易称为自制股利。

让我们比较一下第二、三种情况。当公司发行新股来支付现金股利时，总价值不变，但流通股份数增加了，每股价值（股价）降低了，原有股东的利益并未受损，因为虽然原有股东拥有的股份数未变，而价值降低，但其手中的现金刚好可补偿这一损失。在自制股利的情况下，原有股东卖出了一些股票，流通股份总数并未改变，因此股价也不变，原有股东的利益也未受损，因为虽然股价没变，而其拥有的股份数减少，但其手中的现金正可弥补这一损失。

因此，虽然流通股份数和股价会有不同，但价值仍未变，这两种情况下原有股东的利益同样得到保护。因此，股利政策是与公司价值无关的，当然，前提是在完美资本市场环境下。

虽然在完美资本市场中股利政策与公司价值是不相关的，但许多投资者仍然相信现在的股利要比未来的资本利得风险小。现金股利会减少获得未来资本利得的可能性，因为投入的钱减少了。股利政策的传统观点认为，有理由相信投资者更偏好较高的股利，因此股利支付比率应高一些。股利代表着手中的现金，是没有风险的，而放弃股利，用于再投资，则有风险，最终实现的收益率与预期收益率也许会有很大差别，因此，资本利得的确比股利风险高。这样，即使在完美资本市场中，股东立即取得股利也比再投资获得资本利得更有吸引力。这个说法正确吗？

对于这一问题，我们应该根据风险-收益权衡原理给出答案：不，并不一定。当前股利与潜在的未来资本利得之间的差别实际上是风险和货币的时间价值。因此，如果我们想要现在的股利，就必须接受该类股票投资的较低收益率。认为未来的股利和资本利得风险过高的投资者可以卖掉其全部或部分股票。这要付出交易成本，但它使股东可做出自己的风险-收益选择，而且如果公司可进行有利的再投资，如果公司的资本预算和资本结构政策保持不变，仅仅支付股利并不会改变公司的风险特性。因此，在完美资本市场环境下，当前股利和不确定的未来收益之间的风险差别不会影响价值。

当然，完美市场观点忽略了税收、交易成本和信息不对称。此外，还有一些心理研究理论也支持某些人会更偏好现金股利。最后，相对其他方法而言，股利政策也许可以成本较低地向公众传递信息。这些论点都是有道理的，资本市场的不完美使得股利政策与公司价值之间有了相关性。

二、股利政策与税收

税收因素是影响股利政策的一个重要方面，因此，在做出股利政策决策时，必须明了当前的相关税法。在西方一些国家，个人股利收入的税率要高于个人资本利得的税率，而且可选择资本利得税的纳税时间：将股票推迟出售，则可推迟资本利得税纳税时间；若股票投资出现损失，则可早日出售，以取得纳税抵扣，这就进一步降低了资本利得税的实际税率。

从税收差别观点来看股利政策会认为，股东更偏好资本利得和较低的股利支付比率，因为资本利得的实际税率低于股利税率，但创造自制股利时的交易成本又会抵消税收好处。因此，那些需要流动性而交易成本又很高的股东会更愿意选择股利，而且即使交易成本不高，那些需要流动性的免税股东也会偏好低股利。

机构股东的税收偏好往往正相反。在美国，机构股东所得税的最高边际税率为35%，而且股利收入的70%无须纳税，这样，机构股东股利收入的税率不高于10.5%［即$(1-0.7)\times0.35$］，只有30%的股利收入须纳税，而机构股东长期资本利得税率可高至35%。因此，从税收角度看，机构股东在股利和资本利得两者之间更偏好高股利。

从前面的讨论可看到，的确存在不同类型的投资者，有的偏好高现金股利，有的偏好低现金股利。每种类型的投资者都会希望公司遵循某一特定类型的股利政策。一个公司的股利政策一般只能满足某一类型投资者的需要。那么其他投资者该怎么办呢？其实，他们可以进行选择，投资于刚好满足其税收需要的公司。只要市场上各类投资机会足够多，投资者无须付出额外代价就可找到合适的投资对象。我们发现，虽然存在税负不对称，但在无须付出溢价的情况下，股利政策又变得不相关了。

三、股利政策与交易成本

当股东创造自制股利或把收到的股利再投资时，他们将要承担经纪人佣金。同样，若公司发行股票来支付现金股利，也将承担一种直接交易成本：发行费用。这些交易成本会起何种作用呢？

一般而言，经纪人佣金和发行费用与交易规模是反方向变化的。由于存在规模经济，公司出售大批股票与个人出售少量股票相比，相对显得便宜，因此，公司支付股利通常比股东创造自制股利便宜。稳定地支付股利可使股东免除因经常少量出售股票而带来的麻烦和经纪人佣金。

此外，还存在间接的交易成本：法律政策的限制。例如，法律规定某些机构不能购买在一个较长时期内未能稳定支付股利的公司的普通股。这类机构投资者就会偏好公司能够至少支付最低水平的稳定股利，以使自身能保持决策的灵活性。

对于公司应采取怎样的股利政策，税收因素要比交易成本影响大，那么我们会推断，更多的投资者偏向于资本利得，但是存在某些投资者，他们更偏好股利，这是由税收、直接交易成本和法律政策限制的综合效应造成的。偏好的程度取决于股东构成、股东的纳税地位和流动性偏好。如果个人股东是最大的投资群，而且边际税率较高，那么净偏好是资本利得，而不是股利；相反，如果股东主要是年老的退休个人、其他公司和免税机构，则净偏好会是股利。这些考虑反映了市场不完美对股利政策相关论的重要性。当公司制定股利政策时，应理解自身的股东构成和股东的可能偏好。

税收和交易成本会降低股东的收益，因此，在其他条件不变的情况下，投资者会选择股利政策能使投资者税负和交易成本最小的公司。实际上，偏好某种股利政策的投资者会愿意付出一个溢价购买执行该种股利政策的公司的股票。只要存在溢价，公司也乐于改变股利政策以满足需要。

随着时间的流逝，公司之间的竞争会使溢价变为零，资本市场又回到均衡。执行各种股利政策的公司所提供的股票充分满足各类投资者的需求。各类投资者按自己的偏好自由选择相应的公司。双方在均衡状态下共处，一旦法律（税法或任何影响投资的法律）发生改变，双方都要重新进行选择，直至达到新的平衡。每一次改变都代表着潜在的获利机会。这里我们可看到股利政策起作用的另一个理由：当社会对于一种股利政策有旺盛的需求时，公司可以从中获取溢价。

四、股利政策与信号传递

如果投资者相信股利的变化能传达有用信息，那么股利的变化会影响公司股价。比如，一家公司很少改变股利，而且每次改变后，公司的盈余也是按同一方向发生变化，投资者就会把未来的股利理解为管理层的盈利预期发生了变化。股利提高，意味着公司盈余增加；反之则相反。

从信号传递的观点来看，股利变化对投资者是重要信号，是告诉他们管理层对公司未来盈余的预期发生了何种变化。

我们前面讨论过，投资者的分类现象可以减少税收、交易成本的影响，但它不能减弱信号传递功能的影响。即使一个市场除了信息不对称外，其他方面均符合完美市场条件，股利政策也会影响公司价值。由于股利变化所具有的信息内涵，公司每年简单地支付剩余现金流量并不符合股东的最佳利益。这种政策会导致随着各年投资机会的不同，股利水平和支付比率剧烈波动。通常公司的股利政策应使股利变化有章可循，而且与盈余前景的变化一致。

当不再假设信息可自由免费获得时，股利政策就会发生作用。收集信息是有成本的。对公司来说，股利政策是向股东传递信息最便宜、最准确的方式。股利政策成为一种重要工具。

总体来看，当宣布提高股利时，股价会上升；当宣布降低股利时，股价会随之下降。这与股利增加（降低）是正面（负面）信号一致。

□ 小　结

股利是用税后净利润来分配的，但公司并不能将所有的税后利润都用于分配股利，要按法规规定的顺序和项目，结合公司的需要进行分配。股利支付方式包括现金股利、财产股利、负债股利、股票股利等多种方式。

在进行股利分配的实务中，公司经常采用的股利政策主要有：剩余股利政策、固定或持续增长的股利政策、固定支付比率股利政策、低正常股利加额外股利政策。

影响股利政策的因素很多，可分为内部因素和外部因素。内部因素分为盈利状况、变现能力和筹资能力三个方面；外部因素如法律上的限制、合同上的限制、投资机会以及股东因素等。

股利政策对公司发展的作用，在不完美市场环境下，股利政策与公司价值有关，并且涉及税收、交易成本等问题，传递出重要的公司信息。

□ 重点概念

股利政策　现金股利　财产股利　负债股利　股票股利　剩余股利政策　固定或持续增长的股利政策　固定支付比率股利政策　低正常股利加额外股利政策

□ 思考与练习

1. 简述公司利润的分配顺序。
2. 股利的形式有哪些？
3. 为什么股票股利并不直接增加股东财富？
4. 发放股票股利的意义何在？

5. 公司确定股利政策的程序是什么？
6. 什么是剩余股利政策？
7. 影响股利政策的因素有哪些？
8. 股利政策的作用何在？
9. 某公司预计未来 5 年净收益如表 13-6 所示。

表 13-6　某公司未来 5 年净收益

年份	税后净利润（元）
1	1 000 000
2	1 500 000
3	1 800 000
4	2 500 000
5	3 000 000

公司总股本为 100 万股。如果制定以下政策，每年每股现金股利是多少？

(1) 40%的固定股利支付率；

(2) 以 5 年净利润平均值的 40%作为每年的股利支付额。

10. 某公司按 40%的债务与 60%的股权的资本结构进行融资，公司共需要 600 万元。如果可用于再投资的留存利润为 400 万元，根据剩余股利政策，公司还可以用来发放多少现金股利？

11. 某公司总股本为 1 000 万股，净收益为 250 万元，市盈率为 10 倍。公司决定发放 20%的股票股利。

(1) 股票股利发放后公司股票价格是多少？

(2) 如果某投资者在股票股利发放前持有公司股票 1 000 股，试问股票股利发放对其持有股票的总价值有无影响？

□ 拓展阅读

上海证券交易所上市公司现金分红指引

第一条　为引导和推动上市公司建立持续、稳定、科学和透明的分红机制，促进资本市场理性投资、长期投资和价值投资，实现长期资金入市与现金分红之间的良性互动，保护投资者合法权益，制定本指引。

第二条　上市公司应当根据《公司法》、《证券法》、《关于修改上市公司现金分红若干规定的决定》（中国证监会令〔2008〕57 号）、《关于进一步落实上市公司现金分红有关事项的通知》（证监发〔2012〕37 号）以及《上海证券交易所股票上市规则》等有关规定，合理制定现金分红政策和决策程序，完善现金分红的信息披露及监督机制，引导投资者形成稳定回报预期和长期投资理念。

第三条　上海证券交易所（以下简称“本所”）鼓励上市公司在章程中明确现金分红相对于股票股利在利润分配方式中的优先顺序。

上市公司采用股票股利进行利润分配的，应当以给予股东合理现金分红回报和维持适当股本规模为前提，并综合考虑公司成长性、每股净资产的摊薄等因素。

第四条　上市公司应当结合所处行业特点、发展阶段和自身经营模式、盈利水平、资金需求等因素，选择有利于投资者分享公司成长和发展成果、取得合理投资回报的现金分红政策。

上市公司在拟定现金分红方案时应当听取有关各方的意见。本所鼓励上市公司通过公开征集意见或召开论证会等方式，与股东特别是持有上市公司股份的机构投资者、中小股东就现金分红方案进行充分讨论和交流。涉及股价敏感信息的，公司还应当及时进行信息披露。

第五条　本所鼓励上市公司每年度均实施现金分红，但存在累计未分配利润为负等特殊情形的除外。

第六条　上市公司一般可以选择以下4种股利政策之一，作为现金分红政策：

（一）固定金额政策：确定在未来一段期间内每年发放的现金红利为固定金额。

（二）固定比率政策：按实现的可分配利润的固定比例发放现金红利。

（三）超额股利政策：在按固定金额政策或固定比率政策支付股利的基础上，如同时满足利润增长和可支配现金增加等条件时，向股东附加发放额外现金红利。

预期盈利稳定增长的公司在运用该股利政策时，可以在固定金额股利的基础上，确定目标股利成长率，以保证公司的现金红利水平逐年定率递增。

（四）剩余股利政策：上市公司根据未来投资项目和资金来源测算出所需的内部筹资额，从未分配利润中予以扣除后，将剩余的未分配利润作为现金红利分配给股东。

第七条　上市公司应当在年度报告“董事会报告”部分中详细披露现金分红政策的制定及执行情况。

第八条　上市公司在特殊情况下无法按照既定的现金分红政策或最低现金分红比例确定当年利润分配方案的，应当在年度报告中披露具体原因以及独立董事的明确意见。公司当年利润分配方案应当经出席股东大会的股东所持表决权的2/3以上通过。

第九条　采用剩余股利政策的上市公司，在披露具体利润分配方案时，应当披露未来投资项目的基本情况，包括资金来源、预计收益率，以及是否建立除因不可抗力外达不到预计收益率的内部问责机制等事项。

公司在后续年度报告中还应当对涉及投资项目的实际收益和预计收益情况进行比对披露。已建立相关内部问责机制的公司，如实际收益率低于预计收益率，还应当说明内部问责机制的执行情况。

公司年度内拟分配的现金红利总额（包括中期已分配的现金红利）与年度归属于上市公司股东的净利润之比不低于30%的，可免于披露本条所述事项。

第十条　上市公司年度报告期内盈利且累计未分配利润为正，未进行现金分红或拟分配的现金红利总额（包括中期已分配的现金红利）与当年归属于上市公司股东的净利润之比低于30%的，公司应当在审议通过年度报告的董事会公告中详细披露以下事项：

（一）结合所处行业特点、发展阶段和自身经营模式、盈利水平、资金需求等因素，对于未进行现金分红或现金分红水平较低原因的说明；

（二）留存未分配利润的确切用途以及预计收益情况；

（三）董事会会议的审议和表决情况；

（四）独立董事对未进行现金分红或现金分红水平较低的合理性发表的独立意见。

第十一条　上市公司存在本指引第八条和第十条所述情形的，公司董事长、独立董事和总经理、财务负责人等高级管理人员应当在年度报告披露之后、年度股东大会股权登记日之前，在上市公司业绩发布会中就现金分红方案相关事宜予以重点说明。如未召开业绩发布会的，应当通过现场、网络或其他有效方式召开说明会，就相关事项与媒体、股东特别是持有上市公司股份的机构投资者、中小股东进行沟通和交流，及时答复媒体和股东关心的问题。

本所鼓励持有上市公司股份的机构投资者积极参加说明会，就现金分红方案是否保障了中小股东利益等问题进行质询。

第十二条　上市公司在将本指引第八条和第十条所述利润分配议案提交股东大会审议时，应当为投资者提供网络投票便利条件，同时按照参与表决的 A 股股东的持股比例分段披露表决结果。分段区间为持股 1%以下、1%～5%、5%以上 3 个区间；对持股比例在 1%以下的股东，还应当按照单一股东持股市值 50 万元以上和以下两类情形，进一步披露相关 A 股股东表决结果。

第十三条　上市公司监事会对董事会执行现金分红政策和股东回报规划以及是否履行相应决策程序和信息披露等情况进行监督。

监事会发现董事会存在以下情形之一的，应当发表明确意见，并督促其及时改正：

（一）未严格执行现金分红政策和股东回报规划；

（二）未严格履行现金分红相应决策程序；

（三）未能真实、准确、完整披露现金分红政策及其执行情况。

第十四条　本所在确定上市公司治理指数、红利指数及其他核心指数样本股时，将上市公司持续现金分红水平或社会公众股东对其现金分红政策的满意度作为重要考量指标。

对于现金分红水平持续稳定的上市公司群体，本所将编制专项指数予以集中反映，其样本股基本要求是：上市公司当年分配的现金红利总额与年度归属于上市公司股东的净利润之比不低于 30%，且现金红利与当年归属于上市公司股东的净资产之比不低于同期中国人民银行公布的 3 个月定期存款基准利率，同时通过确定的现金分红政策使投资者能够合理预期上述两项指标可以持续。

第十五条　上市公司当年分配的现金红利总额与年度归属于上市公司股东的净利润之比不低于 50%，且现金红利与当年归属于上市公司股东的净资产之比不低于同期中国人民银行公布的一年期定期存款基准利率，同时通过确定的现金分红政策使投资者能够合理预期上述两项指标可以持续的，本所将采取以下激励措施：

（一）在公司涉及再融资、并购重组等市场准入情形时，本所将在所承担的相关职责范围内给予“绿色通道”待遇，并向有权机关出具支持性文件；

（二）在公司治理评奖、上市公司董事会秘书年度考核等事项中酌情给予加分。

第十六条　本所将发布沪市上市公司现金分红的年度研究和评价报告。

本所鼓励和支持新闻媒体和证券公司、基金管理公司、资信评估机构、会计师事务所、律师事务所等专业机构，依法对上市公司各年度的分红能力和分红水平进行监督并作出独立、客观和公正的专业评价。

第十七条　本所鼓励上市公司，特别是每股市价低于每股净资产的公司、完成重大资产重组后仍存在未弥补亏损而无法进行现金分红的公司，通过现金回购股票的方式回报投资者。

上市公司当年实施股票回购所支付的现金视同现金红利，在计算本指引第九条第三款、第十条、第十四条第二款及第十五条相关比例时与利润分配中的现金红利合并计算。在公司提出不超过回购比例的再融资申请时，本所将在所承担的职责范围内给予“绿色通道”待遇。

第十八条　首次发行股票并上市的公司和新发行证券的上市公司所确定的现金分红方案，应当与招股说明书、募集说明书或发行预案中载明的股东回报规划、现金分红政策和现金分红承诺保持一致，维持现金分红的连续性和稳定性。

对于前述公司大比例现金分红涉嫌大股东套现等异常情形，本所将要求负责持续督导的保荐机构和主审会计师事务所予以特别关注并发表专业意见，同时提请相关监管机构进一步核查。

第十九条　对于现金分红政策不合理、决策程序不合规或现金分红方案不利于中小股东的上市公司，本所鼓励单独或合并持有公司3%以上的股东在公司股东大会召开前按规定程序提出临时提案，鼓励单独或合并持有公司10%以上股份的股东提请召开临时股东大会，提出切实体现中小股东利益的现金分红方案或政策，督促公司形成持续、稳定、科学和透明的现金分红机制。

第二十条　本所鼓励投资者特别是机构投资者积极行使股东权利，关注、分析和评价上市公司的现金分红政策或方案。如认为现金分红政策不合理、决策程序不合规或现金分红方案不利于中小股东的，可向本所提出书面意见。本所可根据实际情况要求上市公司采取召开说明会等措施，就有关问题与投资者进行充分沟通，听取投资者的意见和建议。

第二十一条　上市公司在确定可供分配利润时应当以母公司报表口径为基础，在计算第九条第三款、第十条、第十四条第二款及第十五条所涉及的分红比例时应当以合并报表口径为基础。

第二十二条　本指引由本所负责解释。

第二十三条　本指引自发布之日起施行。

资料来源：http://www.sse.com.cn/lawandrules/sserules/listing/stock/c/c_20150912_3985859.shtml.

第14章

公司营运资本管理

本章要点

- 营运资本的概念和内容；
- 公司现金管理的内容和模型；
- 公司信用政策与应收账款管理；
- 公司有价证券管理模型；
- 公司存货管理的主要方法。

引 例

格力电器的营运资金管理绩效评价

位于广东珠海市的格力电器股份有限公司（以下简称格力电器）是国有控股的国际化家电企业，公司的业务范围涵盖家电研发、生产和销售等各个领域，公司的年度净利润、纳税额均超百亿元，位居中国家电企业首位。格力电器主营包括空调、热水器、手机、冰箱等多个产品。格力电器公司具有很强的科研创新能力。自1991年成立至今，格力公司一直坚持科学管理理念，公司已经建立起全面的运作程序和完整的规章制度，在行业内的地位和成就受人瞩目。

一、格力电器营运资金管理分析

通过对格力电器流动资产、流动负债的规模进行分析，可以了解其对于投资策略和筹资策略的偏好，判断其抗风险能力，了解格力电器营运资金的管理概况。以下数据均来源于格力电器2013—2015年的财务报表。表14-1为2013—2015年格力电器流动资产及负债规模分析表。

表 14-1　2013—2015 年格力电器流动资产及负债规模分析表　　单位：万元

年份	流动负债	总负债	总资产	流动负债占总资产比重	流动负债占总负债比重
2013	9 649 121	9 823 542	13 370 210	72.17%	99.22%
2014	10 838 852	11 109 949	15 623 094	69.38%	97.56%
2015	11 262 518	11 313 140	16 169 801	69.65%	99.55%

由表 14-1 可知，2013—2015 年，格力电器流动负债占总资产的比例在 70%左右，而流动负债占总负债的比例在 98%左右，由此可见，格力电器的营运资金主要靠公司的流动负债来支撑，且负债大多为流动负债，长期负债占比较少。可见，格力电器公司采用的是较为激进的营运资金筹资策略，以流动负债为主要筹资方式。而格力电器的流动资产占总资产的比重平均为 76.43%，流动资产占总资产的比例较高，但流动资产基本不产生或仅产生较少的收益。由此可知，格力电器采用的是比较稳健的投资策略。

二、基于要素的格力电器营运资金管理绩效评价

营运资金按照要素进行分类指的是对企业流动资产和流动负债进行分类的方式，主要对流动资产和流动负债中的单个项目进行进一步分析，主要的评价内容包括存货、应收账款和应付账款三个部分。表 14-2 为 2013—2015 年格力电器各要素周期表。

表 14-2　2013—2015 年格力电器各要素周转期　　单位：天

年份	存货周转期	应收账款周转期	应付账款周转期
2013	45.52	125.82	99.43
2014	31.85	148.53	101.67
2015	37	145.14	134.88
三年平均	38.12	139.83	112

通过表 14-2 可以看到，格力电器的存货周转期这三年平均值为 38.12 天，其中最低值为 31.85 天，但无论最高值还是最低值，都远低于行业的平均水平。这表明格力电器的存货周转效率明显优于同行业其他企业。存货周转期短，表明将存货转化为现金或应收账款的速度较快，资金的使用效率高。而应收账款周转率三年均值达到 139.83 天，相对于同行业企业来讲处于较高水平。从变化趋势来看，2014 年，格力电器的应收账款周转期出现了延长的现象，这可能与 2014 年国内的空调“价格战”有关。格力电器应付账款周转期的三年平均值较长，达到 112 天。这与家电制造业的行业特征相符。家电制造业对于制造所需的原材料几乎均采用赊账形式进行采购，相对于原材料供应商来讲，制造企业具有绝对的强势地位，广泛利用企业的商业信用占用上游供应商的资金。格力电器凭借企业自身实力和空调市场的领先地位，与同行业相比，在这方面的表现更加明显。

三、基于渠道的营运资金管理的绩效评价

营运资金分为两类，主要是包括经营活动的营运资金及理财活动的营运资金，其中，经营活动方面的营运资金有包括采购渠道、生产渠道以及销售渠道等三部分资金。表 14-3 为 2013—2015 年格力电器各渠道营运资金周转期。

表 14-3 2013—2015 年格力电器各渠道营运资金周转期 单位：天

年份	采购渠道营运资金周转期	生产渠道营运资金周转期	销售渠道营运资金周转期	经营活动营运资金周转期	理财活动营运资金周转期
2013	−78	−13	94	3	95
2014	−84	−9	114	21	131
2015	−115	−10	110	−15	275

从采购渠道来看，格力电器采购渠道营运资金的周转期均为负值，并呈持续下降的趋势，材料存货周转较快，主要以赊购的形式获得，且偿还周期较长。这说明在正常生产活动过程中，采购渠道不仅未占用营运资金，反而通过占用上游供应商的资金为企业提供了部分融资支持，这得益于格力电器优异的采购渠道营运资金管理水平。

从生产渠道来看，格力电器的生产渠道营运资金周转期一直为负值并保持稳定，表明生产渠道的营运资金周转期较短，营运效率较高，基本未占用营运资金。这与格力电器的生产经营方式是密切相关的。此外，格力电器公司构建的 ERP 管理系统，成功缩短了家电产品的更新周期，加快了影响整个市场的速度，实现了产品更新等相关信息的高速传递。同时，格力电器积极推进生产自动化转型和智能化改造，不断提高自身自动化设备研发和生产能力。

从销售渠道来看，格力电器的营运资金周转期一直处于良性循环之中，这三年有攀升趋势，这表明格力电器销售渠道中的存货积压问题十分严重，同时可能存在大量的应收款项。当然，这一特点同样与家电制造业的行业特征相关。随着空调市场慢慢步入稳定期，同行业企业都开始不同程度地出现存货积压的情况，格力电器为实现高营收目标，存货积压的状况尤为明显。但与此同时，应收款项的比重有所升高，应收账款周转期大幅延长，且这种情况持续延伸至 2015 年。这表明格力电器并未能通过“价格战”有效改善销售渠道整体的营运效率，而只是向前推进了一个流程，将压力由产品库存量转至应收款项。

四、格力电器营运资金管理对企业盈利能力的影响

作为企业资产中最活跃的组成部分，营运资金在格力公司的生产经营中占据非常重要的地位，公司的营运资金周转速度非常快，效率非常高，从而确保了企业研发、生产、营销等各环节的有效衔接，推动了企业健康发展，在竞争中企业的盈利能力也日益提升。

资料来源：豆瓣网，2018.

第 1 节 现金管理

营运资本（working capital），又称运营资本，是公司日常经营中短期占用的流动资产，表现为现金与现金类资产、应收账款、存货等。这些资产相对于固定资产而言，周转速度快，随生产周期的完成形成一次周转。营运资本的周转速度及平均占用余额直接影响到公司对资金，尤其是短期资金的需求量。因此，加速营运资本周转，减少营运资本占用，成为公司财务管理人员一项重要的日常工作。通过营运资本管理，降低利息成本及其他成本，可以提高利润，使公司价值最大化。营运资本的管理主要是对现金资产的管理、对应收账款的管理和对存货的管理。这一节我们学习现金管理。

一、现金管理概述

现金是可以立即投入流通的交易媒介。它的首要特点是普遍的可接受性，即可以立即用来购买商品、货物、劳务或偿还债务。现金是公司中流动性最强的资产，因此，在衡量一项资产的流动性时，也常用“可变现性”这个概念。本书中的现金包括库存现金、各种形式的银行存款和其他货币资金，如银行本票、银行汇票等。

现金管理的历史很长，最初的现金管理形式就是保管现金，即将收到的现金保管起来，防失防盗。随着企业规模的扩大，现金余额的增多，市场竞争的加剧，人们不再满足于让现金滞留在手中，而是试图通过某种方式让现金为自己带来收益。

持有现金固然可以使公司具有一定的流动性——支付能力，但现金是不生息的，因此，持有现金资产数额越多，机会成本就越高，这也是许多公司在现金管理中要设法维持一个适量现金库存的原因。减少现金的持有量，将暂时闲置不用的现金投资于证券，固然可以增加收入，降低现金持有成本，但也会由此产生交易成本以及流动性是否充足的问题。

因此，现金管理的目标是在保证其流动性的基础上，尽可能降低现金库存成本。现金管理的目标决定了现金管理要做到以下几点：(1) 建立准确、及时的预测和报告制度，合理、科学地估计未来现金需求；(2) 不断完善现金的收入与支出；(3) 确定并保持公司现金余额的最佳水平；(4) 投资剩余现金，获得更大收益。这几点主要通过加强对现金的存量管理与流量管理来实现。

二、现金存量管理

(一) 公司持有现金的目的

公司之所以持有现金，一般是出于满足交易性动机、预防性动机和投机性动机的需求。

交易性动机是指持有现金以满足日常业务的现金支付需要。企业经常得到收入，也经常发生支出，两者一般不可能同步同量，收入多于支出，形成现金留存，收入小于支出，需要借入现金。企业必须维持适当的现金余额，才能使业务活动正常进行下去。

预防性动机是指留存现金以防发生意外支出。企业预防性动机需要的现金额与企业的现金流量的不确定性、企业的筹资能力及企业的经营风格都有关系。现金流量的不确定性越大，企业预防性需要的现金就越多；企业的筹资能力，特别是短期筹资能力越强，企业所需用于预防性的现金就越少；企业的经营风格偏好冒险则用于预防性的现金较少，风格稳健则用于预防性的现金较多。当然，这里所说的经营风格主要是财务管理风格。

投机性动机是指留存现金用于投资和购买储备，如购买廉价的原材料等。

（二）现金库存成本

公司持有现金的库存成本主要包括机会成本、管理成本和短缺成本。

机会成本是指公司因放弃使用现金而形成的成本，其大小取决于市场的无风险利率。如果市场无风险利率为 10%，公司年均持有现金 100 万元，则公司的年现金机会成本为 10 万元（100×10%）。

管理成本指公司库存现金发生的管理费用，包括管理人员工资、福利、设备费等。相对而言，管理成本是一种固定成本，与现金持有量之间没有明显的比例关系（当现金置存额达到一定数额之后，可能需要增加管理人员、添置设备）。

短缺成本是指公司因缺乏必要的现金，不能及时应付业务所需，使公司蒙受的损失或为此付出的代价。现金的短缺成本随现金持有量的增加而下降，随现金持有量的减少而上升。

我们可以用图形来表示这三种成本与现金存量的关系（见图 14 - 1）。

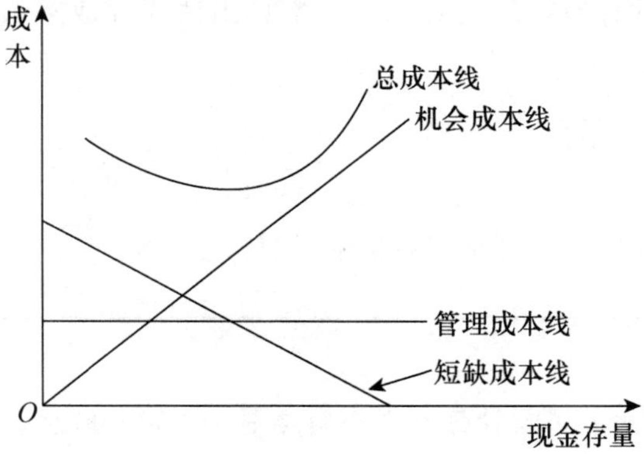

图 14 - 1　现金库存成本与现金存量的关系

（三）现金存量管理模型

（1）平稳库存模型（又称 Baumol 存货模型）。一个公司的现金余额可以看作一种库存。当库存下降到某一预先指定的水平时，公司就销售有价证券以兑取现金；当现金余额较大时，又去购买一些证券。在这其中主要考虑两种成本：有价证券变现时的交易成本与持有现金时的机会成本。按照现金管理的目标，在足够的流动性下尽可能降低现金库存成本，于是，人们试图寻找一个最佳的现金库存量，使该库存量下现金的库存成本最低。平稳库存模型就是按照这个思路形成的。

平稳库存模型假定公司的现金支出是平稳的、有规律的。假定公司期初的现金余额为 C，期末的现金余额为零，则平均现金余额为 $C/2$（见图 14 - 2）。

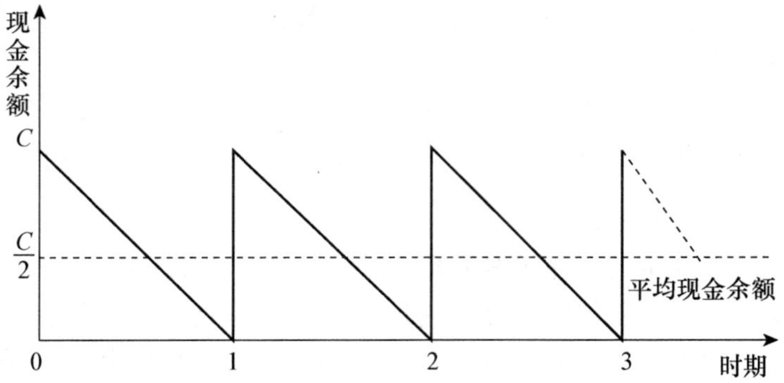

图 14-2　现金余额图

现金年库存成本的计算公式为：

$$\text{现金年库存成本}=\text{总交易成本}+\text{总持有成本}=b\times\frac{T}{C}+i\times\frac{C}{2} \quad (14-1)$$

式中，T 为全年现金需求总量；C 为每期现金兑取量；b 为每次交易成本；i 为市场利率。

从现金年库存成本的公式，可以推算出使库存成本最低的现金持有额——最佳现金持有额 C^*：

$$C^*=\sqrt{\frac{2bT}{i}} \quad (14-2)$$

我们举例说明最佳现金持有额的计息。

［例 14-1］

安意公司预计每月现金需要量为 250 000 元，现金与有价证券的交易成本为每次 400 元，有价证券的月利率为 2%。安意公司的最佳现金持有额为：

$$C^*=\sqrt{\frac{2bT}{i}}=\sqrt{\frac{2\times400\times250\ 000}{2\%}}=100\ 000(\text{元})$$

每月的现金库存成本为：

$$b\times\frac{T}{C}+i\times\frac{C}{2}=400\times\frac{250\ 000}{100\ 000}+2\%\times\frac{100\ 000}{2}=2\ 000(\text{元})$$

需要注意的是，在这个例子中我们用的是月度现金需要量和有价证券的月利率数据，如果计算安意公司的年最佳现金持有量和年现金库存成本，则要将数据都调整成年度数据。

（2）限度现金管理模型（又称 Miller-Orr 模型）。平稳库存模型假定公司的现金流量十分有规律，但是这种情形对大多数公司在大多数时候并不适用。针对这种情况，默顿·米勒（Merton Miller）和丹尼尔·奥尔（Daniel Orr）建立了限度现金管理模型。该模型适用于现金收付没有明显规律的企业。按照限度现金管理模型，公司需要设置一个现金余额的下限 L。当现金余额达到 L 时，增加现金持有量到 $Z+L$。当现金余额高达 $3Z+L$ 时，买进相当于 $2Z$ 金额的证券，即减少相当于 $2Z$ 的现金余额，使公司现金持有额回到 $Z+L$。在调整过程中，$Z+L$ 为现金余额的返回点，$3Z+L$ 为现金余额的上限，如图 14－3 所示。

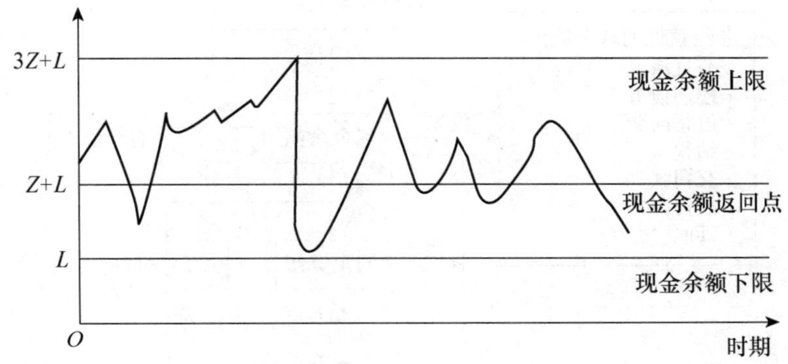

图 14－3　限度现金管理模型

在限度现金管理模型中，Z 是一个重要的参数，其确定综合考虑了公司现金波动情况以及交易成本和机会成本的因素。

$$Z=\left(\frac{3b\sigma^2}{4i}\right)^{\frac{1}{3}} \tag{14-3}$$

式中，σ^2 为日现金流量的方差；i 为日利率。

［例 14－2］

假设安意公司的最低现金余额为 10 000 元，根据历史资料，每日现金余额波动的标准差为 1 600 元，有价证券日利率为 3‰，每次有价证券转换的交易成本为 100 元。根据限度现金管理模型，安意公司的现金余额返回点为：

$$Z+L=\left(\frac{3b\sigma^2}{4i}\right)^{\frac{1}{3}}+L=\left(\frac{3\times100\times1\ 600^2}{4\times3‰}\right)^{\frac{1}{3}}+10\ 000=14\ 000(\text{元})$$

现金余额的上限为：

$$3Z+L=3\times4\ 000+10\ 000=22\ 000(\text{元})$$

三、现金流量管理

现金流量管理的目的在于防止现金闲置与流失，保障其安全性、完整性，并有效地发挥其效能，加速现金的运转，提高现金的使用效率。在采取措施加强对现金流量管理之前，我们需要明确公司有哪些活动会产生现金流入，又有哪些活动会导致公司的现金流出。

（一）现金的产生与流转过程

图14－4显示了一个典型的公司现金产生与流转的过程。

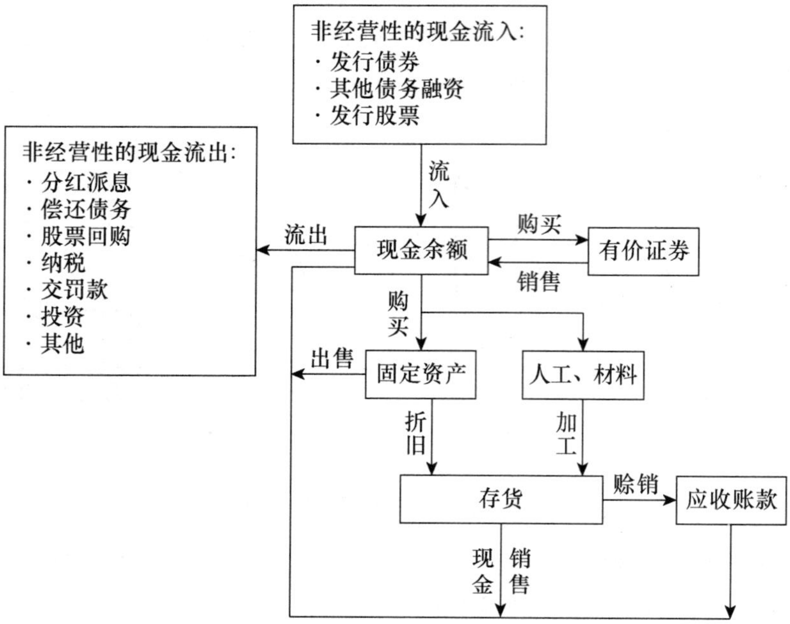

图14－4　现金流程图

从图14－4中可以看出，产生现金流入的活动有：

（1）销售收入（若是服务业，则是营业收入），这也是产生现金流入的主要来源。

（2）非经营性的现金流入，如发行债券、发行股票、向银行借款、其他借款活动。

（3）其他，如固定资产变卖收入、将手中所持证券变现、收回投资等。

导致现金流出的活动主要有：

（1）经营性开支，如购买设备和材料、支付工资、支付各种相关费用等。

（2）非经营性的现金流出，如股票分红派息、偿还债务、股票回购，以及向外投资、购买证券、缴纳罚款、缴纳税收也可视为非经营性的现金流出。

（3）其他，如丢失、浪费、不正常超标准损耗等。

企业收到现金，用于各种支出，并出现现金余额或不足，然后采取措施予以补充或投资，如此不断流转形成循环，支持企业的生存、获利和发展壮大。

（二）现金流量管理措施

现金流量管理就是通过加强对现金的日常管理来提高企业的收益。其基本做法主要有以下几方面：

（1）加速收款。加速收款是现金日常管理的重要方式，包括：及时清理欠款，对到期的欠款要加紧催收，对欠款不还的要采取包括法律诉讼在内的行动；改进收款结算方式，减少资金的在途时间；设计收款方式，对早付款、按时付款的客户给予一定的奖励等。

（2）延迟付款。延迟付款是充分利用商业信用的好处，争取更大利益。延迟付款包括选择有利于己的结算方式，以及在期限最后一天付款等。在使用这些方法时，要注意防止负面效应，避免因此损害企业的信誉、与客户的关系等。有时，如果现金在自己手中并无多大用处，对客户却能解燃眉之急，提前付款可能是一种更有效益的行为。

（3）力争现金收支同步。现金管理之所以存在，一个重要原因就是现金收支不同步。由于公司情况不同，业务性质各异，现金收支呈现出不同的特点。一个合格的财务人员应充分运用各种金融工具对公司的现金收支进行调整，使二者同步。以医院为例，一般医院是期初一次性支出大额资金购买设备，在以后每日固定收到诊治收入，这时它的现金收支就不同步，期初需要为筹措资金发愁，平时又要为如何运用闲置资金动脑筋。假如以融资租赁的方式买入设备，则以上两个难题均可解决。这虽是一个极为简单的例子，却生动地说明了现金管理的重要作用。经济生活中可用的方式很多，只要善于学习，多动脑筋，现金收支同步基本上是能做到的。

（4）用足现金浮游量。现金在收支过程中，在某一特定阶段或步骤的始末间会出现时间间隔或时滞的现象，这就是所谓的“浮游”。以支票结算的收付款为例，从一方寄出支票到另一方结算款项入账要经历邮寄浮动期、加工浮动期和结算浮动期三个阶段，导致企业存款账户上存款余额和银行账簿上企业存款账户余额之间出现差额，这个差额是企业和银行之间的未达账项，即现金浮游量。用足浮游量是指公司应合理预测现金浮游量，有效利用时间差，提高现金的使用效率。

第 2 节　应收账款管理

一、应收账款概述

应收账款是由产品赊销产生的，它实际上意味着商品卖方向商品买方提供的商业信用。

一般来说，商业竞争是促使应收账款大量形成的主要原因。竞争迫使企业以各种手段扩大销售。除了依靠产品质量、价格、服务、广告等之外，赊销也是扩大销售的手段之一。对于同等价格、质量、服务的产品，实行赊销的公司的销售额可能大于现金销售的公司的销售额。对买方而言，得到商业信用相当于得到了一笔贷款，而且无须烦琐的手续；对卖方而言，给予商业信用相当于进行了一笔短期投资，而且收益率很可能高于其他短期投资方式。可见，赊销使卖方成为买方既方便又经济的“银行”，使买方成为卖方稳妥可靠的短期投资对象。

商业信用还有其他一些有利之处。例如，若卖方愿意将货物赊销给买方，这就相当于一份质量保证书，传递给外界关于产品质量的正面信号。产品质量合格，买方就会按期付款；产品质量不合格，买方可以拒绝付款并退货。当然，企业也可以通过附送质量保证书来对产品质量进行担保，但是如果顾客付款后发现质量问题，再想退款就既费时又麻烦。

应收账款是企业的一项资金投放，而投资肯定要发生成本，为此，公司需要在应收账款信用政策所增加的盈利和这种政策的成本之间进行权衡。只有当应收账款所增加的盈利超过所增加的成本时，才应当实施应收账款赊销，如果应收账款赊销有良好的盈利前景，就应当放宽信用条件增加赊销量。

二、公司的信用政策

应收账款赊销效果的好坏依赖于公司的信用政策。信用政策会影响公司的收入和成本。例如，当采取较宽松的信用政策时，公司的销售额、毛利、坏账费用、持有应收账款的成本以及管理费用可能会增加。采用某种信用政策是否会带来盈利，取决于增加的收益和增加的成本两者之间的关系。

公司要管理好应收账款，必须事先制定合理的信用政策，这主要包括信用标准、信用条件和收账政策三部分。

（一）信用标准

信用标准是企业同意向顾客提供商业信用而提出的基本要求。通常以预期的坏账损失率作为判别标准。如果企业的信用标准过严，只对信誉很好、坏账损失率很低的顾客给予赊销，则会减少坏账损失和应收账款的机会成本，但这可能不利于扩大销售；反之，如果信用标准过宽，虽然会增加销售量，但会相应增加坏账损失和应收账款的机会成本，企业应根据具体情况合理权衡。

（二）信用条件

信用条件是指企业接受客户信用订单时所提出的付款要求，主要包括信用期限、折扣期限和现金折扣。信用期限是指企业对客户提供商业信用规定的最长付款时间；折扣期限是企业确定客户可以享受现金折扣的付款时间；现金折扣则是企业对客户在信用期间内提前付款时给予客户的一种优惠额度。如“2/10，n/30”表示信用期限为30天，折扣期限为10天，优惠额度为发票金额的2%，意味着客户支付货款最迟不得超过30天，如果能在10天内付款，则可按发票金额给予2%的现金折扣。

总之，提供比较优惠的信用条件能增加销售量，但也会增加机会成本、坏账成本、现金折扣成本等。

（三）收账政策

收账政策是指信用条件被违反时，企业应采取的收账策略。企业如果采用较积极的收账政策，可能会减少应收账款投资和坏账损失，但要增加收账成本；反之，如果采用较消极的收账政策，则坏账损失可能会增加。

一般而言，收账费用支出越多，坏账损失越少，但这两者并不是线性关系。通常在收账费用达到某一限度前，应收账款和坏账损失随收账费用的增加会有明显减少，但在超过这一限度后，应收账款和坏账损失的减少则不明显。在制定信用政策时，应权衡增加的收账费用与减少的应收账款和坏账损失之间的得失。

前面分析的是单方面的信用政策。要制定最优的信用政策应对信用标准、信用条件、收账政策结合考虑，这使分析变得更加复杂。这是因为在分析时必须考虑信用标准、信用条件、收账政策的综合变化对销售额、应收账款、机会成本、坏账损失和收账费用的影响。当然，这里的决策规则仍然是赊销的总收益应大于因赊销带来的总成本。由于这种计算过于复杂，而且几个变量都是预计的，有相当大的不确定性，因此，信用政策的制定并不完全靠数量分析，在很大程度上由管理经验决定。表 14－4 是制定综合信用政策的一种可能的模式。

表 14－4　信用政策模式示例

信用标准（预计坏账损失率）	信用条件	收账政策
0～0.5% 0.5%～1%	从宽信用条件 （60 天付款）	消极收账政策 （拖欠 20 天不催收）
1%～2% 2%～5%	一般信用条件 （45 天付款）	一般收账政策 （拖欠 10 天不催收）
5%～10% 10%～20%	从严信用条件 （30 天付款）	积极收账政策 （拖欠立即催收）
20%以上不予赊销		

三、信用政策和应收账款的管理

信用政策确定以后，企业需要进行信息收集和信用评估，以确定是否给予顾客信用。当顾客违反信用条件时，还要努力做好账款催收工作。在必要时，还应修改信用政策以适应新的需要。信用评价时要做的工作主要有以下几项。

（一）信息收集

信息来源可划分为内部信息来源和外部信息来源。内部信息来源主要有：（1）顾客的信用申请书以及所附的参考资料；（2）申请者以往的付款记录（如果曾向该顾客提供过信用）；（3）销售人员以及其他员工所提供的信息。

外部信息来源主要有：（1）财务报表。分析顾客近年来的财务报表，可以了解顾客的盈利能力、负债率以及资产流动性。（2）信用评估机构的资料。许多国家都有专门的信用评估机构，它们定期发布有关企业的信用等级报告。例如，邓白氏公司（Dun & Bradstreet）就是美国一家有名的信用评估机构，其评定的信用等级为 1（高）～4（有限）。我国也有一些信用评估机构，服务质量以及公正性、客观性不断提高。（3）银行的资料。银行可以作为信用资料的一个重要来源，因为许多银行都设有信用部门。银行的资料一般愿在同业之间互通，而不愿向陌生的直接询问者提供，因此，需要了解顾客的信用状况时，最好通过本企业的开户银行向对方开户银行咨询。（4）其他。除以上几方面资料外，其他一些渠道，如工商管理部门、行业协会等也可提供有用信息。

（二）信用评估

收集好信用资料后，需要对这些资料进行分析并对顾客的信用状况进行评估。评估方法主要有两种：一种是判断法，要求利用大量信息，加上自身的专门知识和经验得出结论，以5C法为代表；另一种是客观法，利用数学手段来确定是否给予信用，以信用评分法为代表。

（1）5C法。5C是指信用分析人员在考虑是否给予信用时经常考虑的5个方面：1）品德（character）。顾客是否愿意履行其付款义务。这通常通过考察顾客以往的付款记录来衡量。2）能力（capability）。顾客能否用当前收入来偿还债务。这主要根据顾客利润表上的收入情况或现金流量表上的现金流量情况来衡量。3）资本（capital）。顾客在必要时要有资产来还债的能力。这要根据顾客资产的净值高低来衡量。4）抵押品（collateral）。在顾客不能还款时所能扣压的担保资产。抵押品的价值取决于取得抵押品所需的费用和出售价格。5）情况（conditions）。指一般的或行业的经济情况。外部情况会影响信用政策。例如，当一般经济情况改善或恶化时，会使利率或信用风险变化。同样，当某一行业的情况发生变化时，也会影响是否应对该行业内的公司给予信用。通过对以上5个方面的分析，基本上可以判断顾客的信用状况，为最后决定是否向顾客提供商业信用做好准备。

（2）信用评分法。信用评分法是对一系列财务变量进行加权平均，得出顾客综合的信用分数，并进行信用评估的一种方法。下面给出有4个财务变量时的一种评分方法：

$$\begin{aligned} S &= W_1X_1+W_2X_2+W_3X_3+W_4X_4 \\ &= 2X_1-0.3X_2+0.1X_3+0.6X_4 \end{aligned} \tag{14-4}$$

式中，X_1 为净营运资本/销售额；X_2 为负债/资产；X_3 为资产/销售额；X_4 为净利润率；系数 W 表示权重。X_1，X_3 和 X_4 的正系数意味着值越高，分数也越高；X_2 的负系数表明资产负债比率越高，分数越低。

表14-5中给出了两家顾客的财务比率。

表14-5　信用评分示例

项目	顾客1	顾客2
X_1=净营运资本/销售额	15	8
X_2=负债/资产	40	55
X_3=资产/销售额	105	110
X_4=净利润率	12	9

顾客1的信用评分是：

$$S_1=2.0\times15-0.3\times40+0.1\times105+0.6\times12=35.7$$

顾客2的信用评分是：

$$S_2=2.0\times8-0.3\times55+0.1\times110+0.6\times9=15.9$$

如果公司把25分作为给予信用的最低分，那么顾客1可得到信用，而顾客2

得不到信用。

信用评分模型是通过对众多老顾客的付款记录使用统计方法建立的。这种方法具有标准明确、易于使用的优点，其不利之处也很明显。建立信用评分模型需要大量的付款记录，有时要进行数据更新。一般来说，消费信用由于是向众多的个人提供，留有充足的记录数据，比较容易建立起信用评分模型，而提供给企业的商业信用往往数据记录过少，不足以建立起在统计上可靠的模型，因此，在评价消费信用时常使用信用评分法，而评价商业信用时则更多使用判断法。

（三）应收账款质量监督

对应收账款进行监督非常重要。当应收账款质量过高或过低时，我们要问：公司的信用标准是过低还是过高？基本经济状况是否发生了改变？公司的评价体系是否出现根本错误？准确及时地发现公司应收账款的恶化可以及早采取行动；若准确及时地发现公司应收账款有很大改善，则可考虑公司是否应采取更积极的应收账款政策。

用于监督应收账款质量的主要方法有账龄表、应收账款平均账龄、收款率和应收账款余额百分比等。

常把应收账款账龄分为 0～30 天、30～60 天、60～90 天以及 90 天以上。用账龄表来列出相应账龄的应收账款的金额以及占应收账款总额的百分比。账龄表可以帮助我们了解应收账款的质量。

下面，我们给出编制账龄表的一个实例。

[例 14-3]

8 月 31 日，安意公司将所有还未收款的发票列出，并按原始日期进行分类。财务人员发现，共有 25 张发票，分属 6 月、7 月、8 月。因此，账龄相应为 0～30 天、30～60 天和 60～90 天。财务人员将每一账龄期内的发票金额加总，并算出该加总金额占未收账款金额的百分比，于是得出表 14-6。

表 14-6　安意公司的账龄表

8 月 31 日

账龄	金额（元）	百分比（%）
0～30 天	12 000	50
30～60 天	9 000	37.5
60～90 天	3 000	12.5
90 天以上	0	0
合计	24 000	100

很容易看出，8 月的发票，即账龄为 0～30 天的应收账款，要比前两个月多得多，这是因为很多更早月份的账款都已收回。我们可以把这张账龄表与以前编制的账龄表进行比较，看看当前状况与过去是否有所不同。

在分析账龄表时，要注意考虑信用条件、顾客付款习惯和最近销售趋势的影响。例如，如果公司改变信用条件，给予顾客更长的信用期，那么账龄表会反映出这一变化。如果顾客习惯尽快付款，那么账龄短的应收账款所占比例会上升，账龄长的应收账款所占比例会下降。同样，公司销售状况的变化也会影响账龄表。如果当前月份的销售额增加，那么账龄为0～30天的应收账款所占比例会上升；相反，销售额下降，则会使账龄为0～30天的应收账款所占比例下降。

除了编制账龄表外，财务人员通常还计算应收账款平均账龄。计算应收账款平均账龄的一种简便方法是利用账龄表进行。我们假设账龄为0～30天的应收账款的平均账龄为15天，账龄为30～60天的应收账款的平均账龄为45天，账龄为60～90天的应收账款的平均账龄为75天。然后计算这三类账龄的应收账款的加权平均账龄，权重为0～30天、30～60天、60～90天的应收账款各自占总应收账款的百分比。

仍以安意公司为例。利用编制好的账龄表，很容易求出应收账款平均账龄：

$$应收账款平均账龄=0.5\times15+0.375\times45+0.125\times75=33.75(天)$$

影响应收账款平均账龄的因素与影响账龄表的因素基本相同，这里不做详细分析。

用来监督应收账款质量的另外两种方法是收款率和应收账款余额百分比。收款率是某一时期的销售额在不同月份收回款项所占百分比。例如，收款率可说明6月的销售额在6月及随后的7月、8月、9月各收回多少，当6月的销售款都收回之后，收款率之和应为100%。我们可把计算出的收款率分布状态和预期的状态进行比较，弄清收款活动比预期的快还是慢。

应收账款余额百分比表示某月的销售额在销售当月月底及随后各月月底仍未收回的部分占该月销售额的百分比。收款率和应收账款余额百分比中，收款额和未收款额表示为最初的销售额的百分比。

如果在给定的某个月份之后的销售额上升或下降，收款额和未收款额总是与它们最初的那个销售月份，而不是与随后月份的数据相比较。不同月份的销售数据永远分开处理。因此，收款率和应收账款余额百分比要比账龄表更加可靠，尤其是销售额上升或下降时。

我们以一个实例说明如何运用这两种方法来监督应收账款质量。

[例14-4]

意达公司预期自己的收款率和应收账款余额百分比如表14-7所示。

表14-7　意达公司收款率与应收账款余额百分比

时间	收款率	应收账款余额百分比（%）
初始月份 t	0.10	90
$t+1$ 月	0.50	40
$t+2$ 月	0.35	5
$t+3$ 月	0.05	0

公司 12 月的销售额为 1 200 元，收款状况如下：12 月收回 110 元，1 月收回 550 元，2 月收回 420 元，3 月收回 120 元。那么，我们就可求出 12 月销售额的收款率：12 月的收款率为 0.092（110/1 200），1 月为 0.458（550/1 200），2 月为 0.350（420/1 200），3 月为 0.1（120/1 200）。我们还可求出 12 月销售额的应收账款余额百分比：12 月为 90.8%[(1 200－110)/1 200]，1 月为 45%[(1 200－110－550)/1 200]，2 月为 1%[(1 200－110－550－420)/1 200]，3 月为零。

如果发现公司收款速度比预期慢，并且这种状态已持续一段时间，公司也并未改变自己的信用条件，那么公司在应收账款上可能有问题，如公司对信用较差的顾客提供了信用，或者公司的收款工作管理不力。

(四) 催收欠款

信誉好的顾客会按时还款，有少数顾客无论你如何努力都拒不付款，其他顾客则处于这两种极端情况之间。因此，对不同的顾客需要讲究策略，以便顺利收款。

在催款过程中，企业应考虑欠款时间、欠款金额以及其他因素。常见的催款措施有以下几种：

(1) 信函。当账款过期时，可以寄一封友好的信件提醒欠款方。若仍未收到款项，则可再寄若干次信件，语气可逐渐加强。

(2) 电话。当信件不起作用时，可打电话给顾客。若顾客真的有困难，可以找出一种妥协的办法，例如先部分付款。

(3) 专人催款。派出专人上门催收欠款，可以派做这笔买卖的销售人员，也可选择其他合适的收款人员。

(4) 收款代理机构。公司可聘请专门代收欠款的机构帮助收款，但这类机构通常收取的费用较高，因此，公司可能会损失应收账款的很大一个比例。

(5) 法律程序。如果款项足够大，公司可采取法律行动，起诉债务人。

这几项措施的费用是逐渐上升的，因此，公司应尽量先采取前面几项措施，只有当这些措施无效后，公司才应考虑剩下的措施。应注意，在刚开始催款时，态度应较为友好，因为许多顾客一旦有人催款还是愿意付款的，以后可能还会有往来关系。

(五) 更改信用政策

企业可以修改信用标准、信用条件或收款政策，以制定符合新的需要的信用政策。信用政策一旦发生改变，会影响到销售额、销货成本、坏账费用、应收账款的持有成本和其他管理费用。

[例 14－5]

乐达公司拟将信用期由 30 天放宽至 60 天，按发票金额付款不给折扣，公司的资本成本为 15%。采取这一更宽松的信用政策后，预计将产生如下结果（见表14-8）。

表14-8 乐达公司的信用政策与效果 单位：元

项目	当前信用政策	预定信用政策
信用条件	30天	60天
销售额	250 000	300 000
可能发生的收账费用	1 500	2 000
可能发生的坏账损失	2 500	4 500

乐达公司的变动成本率为80%。在分析时，先计算放宽信用期得到的收益，然后计算增加的成本，最后根据两者比较的结果做出判断。

（1）信用条件变化对收益的影响为：

收益增加额＝50 000×(1－80%)＝10 000(元)

（2）信用条件变化对应收账款占用资金成本的影响为：

30天信用期应计利息＝应收账款占用资金×资本成本

＝应收账款平均余额×变动成本率×资本成本

$$=\frac{250\ 000}{360}\times 30\times 80\%\times 15\%$$

＝2 500(元)

60天信用期应计利息＝应收账款占用资金×资本成本

＝应收账款平均余额×变动成本率×资本成本

$$=\frac{300\ 000}{360}\times 60\times 80\%\times 15\%$$

＝6 000(元)

应计利息增加额＝6 000－2 500＝3 500(元)

（3）信用条件变化对收账费用和坏账损失的影响为：

收账费用增加额＝2 000－1 500＝500(元)

坏账损失增加额＝4 500－2 500＝2 000(元)

（4）改变信用期的净损益为：

净损益＝收益增加额－成本费用增加额

＝10 000－(3 500＋500＋2 000)

＝4 000(元)

由于增加的收益大于增加的成本，应采用60天的信用期。

同一行业中的多数公司都使用相似的信用政策，因此，在制定本公司的信用政策时，应借鉴行业内其他公司的情况。当然，若公司有自身独特的战略方向或经济状况发生改变，就需要考虑更适合本公司的信用政策。

第 3 节 有价证券的管理

一、有价证券概述及其管理原则

有价证券是指票面载有一定金额，代表财产所有权或债权，可以在证券市场上有偿转让的一种凭证。企业出于种种目的往往会进行证券投资。在证券市场发达的情况下，证券投资是公司对外投资的一个重要组成部分。在证券市场上，收益和风险是一对孪生兄弟，公司在做出决策时并不确切知道将来能获得多少收益，只能进行预期。这就是说，证券投资包含着风险，包含着实际收益不同于预期收益的可能性。只有科学地进行证券投资管理，才能最大限度地增加公司收益，减少风险，取得最优投资效果并实现公司财务目标。

公司投资有价证券，原因是多种多样的。由于有价证券的短期投资和长期投资给公司的财务状况带来不同的影响，因此，公司选择的动机和目的是不同的。公司进行短期有价证券投资，一般是为了避免筹集的长期资金闲置、满足在不久的将来的财务需求、满足季节性经营对现金的需求或者预防银行信用的短缺，因此，短期投资通常选择国库券、商业票据、银行承兑汇票等变现能力强的有价证券作为投资对象。公司进行长期有价证券投资，一般是为了获取较高收益、为公司未来的特定用途积聚资金或者影响和控制其他公司的业务等，因此，公司常选择股票、债券等作为长期投资对象，以获取较高的报酬，但同时也需要承担更高的风险。

公司在进行有价证券投资管理时，必须针对不同的投资目的，权衡收益与风险，选择符合自身需要的投资组合。综合考虑风险性、流动性和盈利性，这是有价证券管理的基本原则。

短期有价证券投资一般作为公司现金管理的一部分对待，因此，我们在这里将侧重讨论有价证券的长期投资。

二、有价证券管理模型

公司有价证券管理可分为定性管理和定量管理两种方式。在实践中，这两种方式常常结合在一起运用，以便更好地实现投资目标。

（一）定性管理

财务人员首先应明确公司有价证券投资所要达到的目标：是追求稳定收入来源，还是侧重资本投机收入。目标确定之后，就可选择若干证券，构成证券组合，以实现目标。

财务人员首先应了解每种证券的特点，确定证券组合的风险水平。证券组合大致有三种类型：（1）高风险组合，指销路好、预期盈利超过平均收益的公司股票组合，如制药公司、高科技公司的股票等组合；（2）中风险组合，指债券和一些公用事业或成熟工业企业的股票组合，如汽车、化工公司的股票等组合；

（3）低风险组合，指政府债券和一些高质量的股票组合，收益不高但可靠。然后，按分散化原则选定具体证券品种。例如，种类的分散化，要求债券和股票搭配；到期日分散化，要求债券到期日在不同年份搭配，以分散利率风险；部门或行业分散化，要求工业和服务业搭配，新兴产业和成熟产业搭配；公司分散化，要求在整个股市涨落时大起大落的股票和变化不大的股票搭配。具体的选择过程比较复杂，应反复比较才能确定。一般来说，有5～10种证券就可以达到分散风险的目标。组合内的证券种类过多，一方面会增大管理的工作量；另一方面会使预期收益率降低。

在确定证券组合之后，财务人员还应加强市场监督，审查投资是否达到原定目标。若投资未达到原定目标，就需要修改投资目标。若某种证券出现异常情况，财务人员应考虑更换证券品种或搭配比例，改变原有组合。

（二）定量管理

定性管理大多靠投资人的综合判断，没有精密的计算方法。随着经济与技术的发展，我们获得信息的渠道更为宽广，速度更快，内容更准确，而且计算机技术使进行极为复杂的计算成为可能，因此，定量管理日益蓬勃发展，为我们提供了更可靠的管理模式。

定量管理以投资组合理论和资本资产定价模型为基础，通过收集大量数据，分析各种证券的主要特征值以及证券之间的相关关系，建立一整套模型，最终确定组合内的证券品种及所占比例。当市场条件改变时，可及时调整模型或改变输入量，从而建立起一个动态的管理过程。

第4节 存货管理

一、存货管理概述

存货是绝大多数工商企业的一项重要资产，通常包括原材料、在产品和产成品三大类。

储存一定量的原材料是企业维持基本生产的保证。若没有这类存货，企业只能随时订购，既无法长期适应生产变化的要求，又使企业采购工作十分被动，而且因采购量少而无法享受供货单位给予的数量折扣。储存适量的在产品和产成品则使企业各阶段生产得以顺利衔接，既保证了企业生产经营的机动性，又能有效地安排生产、销售活动，充分利用现有生产资源。

企业应储存多少原材料取决于预期的生产水平、生产的季节性以及原材料供应的可靠性等诸多因素。每一生产周期的总长度以及该周期中生产阶段的多寡则决定了在产品的规模。产成品存货的规模则要视销售速度、保存存货的成本以及存货耗尽会带来的损失（可能会失去一笔买卖甚至失去顾客）而定。总之，增加存货会使企业在销售和生产上有更多的灵活性，但也会使成本上升；存货不足又妨碍企业正常生产经营活动的进行。因此，加强存货管理是企业财务管理的一项重要内容。

二、存货成本

持有存货必定会有一定的成本支出。存货的成本有以下几项。

（一）取得成本

取得成本指为取得某种存货而支出的成本，又分为订货成本和购置成本。

订货成本指取得订单的成本，如办公费、差旅费、邮资等支出。订货成本中有一部分与订货次数无关，如常设采购机构的基本开支等，称为订货固定成本；另一部分与订货次数有关，如差旅费、邮资等，称为订货变动成本。

购置成本指存货本身的价值，通常用数量与单价的乘积来确定。为了降低这部分成本，企业应努力研究原材料的供应情况，货比三家，争取采购质量好、价格低的物资。

订货成本加上购置成本就等于存货的取得成本，可表示为：

$$\begin{aligned}\text{取得成本}&=\text{订货成本}+\text{购置成本}\\&=\text{订货固定成本}+\text{订货变动成本}+\text{购置成本}\end{aligned}\tag{14-5}$$

（二）储存成本

储存成本指为保存存货而发生的成本，包括仓储费、保险费、存货破损和变质损失以及占用资金支付的利息等。

储存成本也分为固定成本和变动成本。固定成本与存货数量的多少无关，如仓库折旧、仓库职工的固定工资等；变动成本与存货数量有关，如存货资金的应计利息、存货的破损和变质损失、存货的保险费等。

（三）缺货成本

缺货成本指由于存货供应中断而造成的损失，包括原材料供应中断造成的停工损失、产成品库存缺货造成的拖欠发货损失和丧失销售机会的损失（这会影响企业的声誉）。如果企业以紧急采购代用材料来解决库存材料中断的问题，那么缺货成本表现为紧急额外购入成本，紧急采购时的成本支出往往高于正常采购时的成本支出。

三、经济批量模型

在有关存货的决策中，决定进货项目和选择供应单位是销售部门、采购部门和生产部门的职责，财务部门要做的是决定进货时间和进货批量。按照存货管理的目的，需要通过合理策划进货批量和进货时间，使存货的总成本最低。使存货总成本最低的进货批量也称经济批量。有了经济批量，可以很容易地找出最适宜的进货时间。

在对存货成本的介绍中，我们可看到影响存货总成本的因素很多，为了解决这一问题，可以先研究简单情况，再扩展到复杂情况。因此，我们将在做出某些假设的基础上建立经济批量的基本模型。

（一）经济批量基本模型

在建立经济批量模型时，设立的假设条件有：(1) 企业在需要订货时可立即取得所订货物，并且能集中到货，而不是陆续入库；(2) 没有缺货成本；(3) 需求量（D）确定，即 D 为常量，此外，存货单价（P）确定，不考虑现金折扣，即 P 为常量；(4) 企业现金充足，能在市场上买到所需货物。

于是，存货总成本（TC）可以表示为：

$$TC=F_1+\frac{D}{Q}\cdot K+D\cdot P+F_2+C\cdot\frac{Q}{2} \tag{14-6}$$

式中，F_1 为订货的固定成本；K 为每次订货的变动成本；D 为存货年需求量；Q 为每次进货批量；P 为存货单价；F_2 为储存固定成本；C 为储存单位变动成本。

对式（14-6）求导，得

$$Q^*=\sqrt{\frac{2K\cdot D}{C}} \tag{14-7}$$

式（14-7）即为经济批量基本模型，按照订货批量 Q^*，可使 TC 达到最小值。我们以一个实例来说明经济批量模型的运用。

[例 14-6]

天达办公设备公司每年可售出 1 800 台复印机。每次订货成本为 400 元，单位储存年成本为 100 元，那么经济订货批量为多少？

运用公式可得

$$Q^*=\sqrt{\frac{2K\cdot D}{C}}=\sqrt{\frac{2\times 400\times 1\,800}{100}}=120(\text{台})$$

（二）基本模型的扩展

在现实生活中很难满足经济批量基本模型所要求的种种假设条件。为使模型更接近于实际情况，必须逐一放宽假设，改进模型。

(1) 订货提前期。一般情况下，企业的存货不能做到随用随时补充，因此需要在存货还没用完时就提前订货，而不能等存货用光再行动。在提前订货的情况下，企业发出订货单时尚存的库存量称为再订货点（R）。R 等于交货时间（L）和每日平均需用量（d）的乘积：

$$R=L\cdot d \tag{14-8}$$

在天达公司的例子中，若公司订货日至到货日的时间为 10 天，每日存货需求量为 5 台，则

$$R=10\times 5=50(\text{台})$$

即公司在尚存 50 台复印机时，就应再次订货，等到订货到达时（发出订单 10 天

后），原有库存刚好用完。此时，有关存货的每次订货批量、订货次数、订货间隔时间等并无变化，与基本模型相同。我们可用图 14－5 表示提前订货的情形。

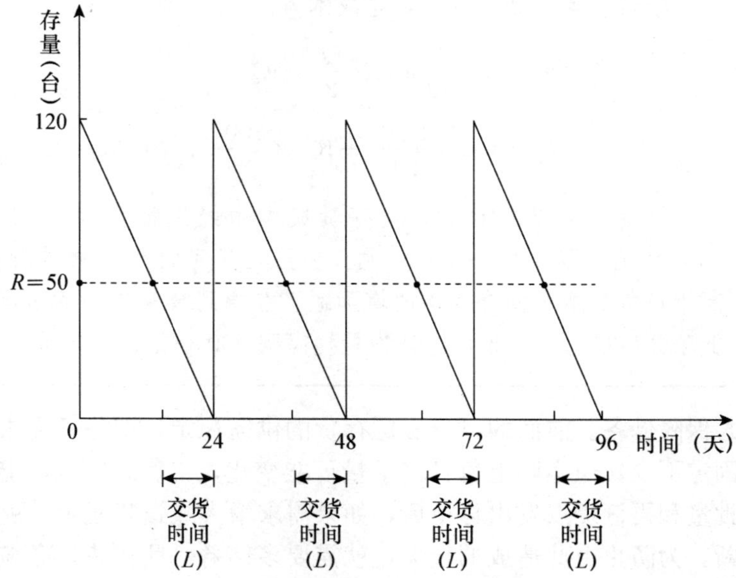

图 14－5 经济批量基本模型的扩展

从图 14－5 可看到，订货提前期对经济批量并无影响，可仍然按原来瞬时补充情况下的 120 台为订货批量，只不过在达到再订货点（库存 50 台）时即发出订货单罢了。

（2）数量折扣。许多供货商对大宗订单都给予数量折扣。例如，供货商可规定，若订货量超过 1 000 件，则价格给予折扣。如果经济批量高于打折所要求的订货量，当然可以享受到这一优惠。如果经济批量低于打折所要求的订货量，那么为了得到折扣就需要增加订货量。此时，需要对较高的存货成本和较低的购买价进行权衡。如果折扣额超过了存货成本的增加额，就应增加订货量取得折扣。借助调整后的存货总成本的公式来进行分析：

$$\text{总成本}=K\times\frac{D}{Q}+C\times\frac{Q}{2}-pQ \qquad (14-9)$$

式中，p 为单位折扣额。

我们可以运用式（14－9）求出较大订货量享受数量折扣时的总成本，并与经济批量时的总成本进行比较，在两者中取使成本低的订货量。

［例 14－7］

接例 14－6，天达办公设备公司的经济批量为 120 台。供货商对订货量在 200 台以上时给予每台 3 元的折扣。天达公司是否应每次订货 200 台以上取得折扣？

天达公司在订货量为经济批量时的总成本为：

$$\text{总成本}=K\times\frac{D}{Q^*}+C\times\frac{Q^*}{2}$$

$$=400\times\frac{1\ 800}{120}+100\times\frac{120}{2}=12\ 000(\text{元})$$

在订货量为200台时，总成本为：

$$\text{总成本}=K\times\frac{D}{Q}+C\times\frac{Q}{2}-pQ$$

$$=400\times\frac{1\ 800}{200}+100\times\frac{200}{2}-3\times1\ 800=8\ 200(\text{元})$$

订货量为200台时，使存货成本由经济批量时的12 000元上升到13 600元，即增加了1 600元。公司全年可得到的数量折扣为5 400元，高于订货成本和储存成本的增加额。在得到数量折扣的情况下，总成本降低了3 800元，因此，把订货量提高到200台是正确决策。

（3）保险储备。前面的讨论假定存货的供需稳定，即每日需求量不变，交货时间也固定不变，但实际上每日需求量可能变化，交货时间也可能变化。按照某一订货批量和再订货点发出订单后，如果需求增大或送货延迟，就会发生缺货或供货中断。为防止由此造成的损失，就需要多储备一些存货以备应急之需，称为保险储备（SS）。在设有保险储备的情况下，再订货点提高为：

$$R=\text{交货时间}\times\text{平均日需求}+\text{保险储备}=Ld+SS \qquad (14-10)$$

建立保险储备固然可以使企业避免缺货或供应中断造成的损失，但存货平均储备量加大会使储备成本升高。研究保险储备的目的就是要找出合理的保险储备，使缺货或供应中断损失和储备成本之和最小。方法上，可先计算出各种不同保险储备量的总成本，再对总成本进行比较，选择其中最低的。

[例14-8]

一家公司每年需要某零件1 800个，经济批量为50个，单位缺货成本为20元，单位存货储存一年的成本为50元。在订货间隔期内的需求量和概率如表14-9所示。那么，含有保险储备的再订货点应为多少？

表14-9　订货间隔期内的需求量及概率

需求量（个）	需求量的概率
47	0.05
48	0.13
49	0.19
50	0.21
51	0.24
52	0.12
53	0.06

该公司全年订货次数为36次（1 800/50）。我们用表14-10来比较不同的保险储备量下的存货总成本。

表 14-10　存货总成本

保险储备量（个）	储存成本（元）	缺货成本（元）	总成本（元）
0	0	(3×0.06+2×0.12+1×0.24)×20×36=475.2	475.2
1	1×50=50	(2×0.06+1×0.12)×20×36=172.8	222.8
2	2×50=100	1×0.06×20×36=43.2	143.2
3	3×50=150	0	150

比较上述不同保险储备量下的总成本，我们发现，当保险储备量为 2 个即以 52 个为再订货点时，总成本最低。

四、存货管理的其他方法

对于存货管理，我们进一步对几种常用方法进行简单介绍。

（一）ABC 控制法

存货控制的 ABC 法是指根据存货的重要程度将其分为三类：A 类、B 类和 C 类。最重要的存货划归 A 类，最不重要的存货则划归 C 类。例如，某一类存货只占存货总量的 10%，却占存货总价值的 80%，那么这类存货就属于 A 类；B 类存货在数量上占存货总量的 30%，但价值只占到 15%；C 类存货在数量上占 60%，而价值只占 5%。A 类存货最重要，因此必须对其进行重点规划和控制；B 类存货得到次重点管理；C 类存货只进行一般管理。例如，在一家汽车公司中，生产汽车的各部件应划为 A 类，受到严格管理，而诸如文具之类的办公设备则无须进行严格监督。

（二）适时存货制

适时存货制可以大大减少存货量。适时存货制是随着电子数据交换系统广泛应用而发展起来的。按照适时存货制，生产过程中应该在需要原材料的那一时刻才将其及时运到，无须保留不必要的储备。适时存货制要求进行认真细致的规划，而且生产商和供货商在整个生产过程中必须广泛合作。适时存货制的应用可使原材料存货、在产品存货和产成品存货都降至最低水平。

适时存货制能否成功取决于诸多因素。一方面，适时存货制要求整个公司能制定出协调统一的计划。我们知道，存货在生产过程中可以起缓冲作用，而适时存货制通过仔细规划实际上取消了这部分起缓冲作用的存货，从而节约成本。如果一个企业无法达到高度的协调与规划，适时存货制当然就无法运作。另一方面，适时存货制对企业与供货商的关系提出了更高的要求。要使适时存货制顺利运作，企业必须与供货商紧密合作，从而使交货时间、数量、质量都能完全符合规定。此外，企业与供货商之间还必须保持顺畅的联系，以便及时沟通。

□ 小　结

营运资本是公司日常经营中短期占用的流动资产，营运资本的管理主要是对现金资产的管理、对应收账款的管理和对存货的管理。

现金包括库存现金、各种形式的银行存款和其他货币资金，如银行本票、银行汇票等。现金管理的目标是在保证其流动性的基础上，尽可能降低现金库存成本。公司持有现金一般是出于交易性动机、预防性动机和投机性动机。平稳库存模型和限度现金管理模型是两种有效的确定合理现金持有量的指导方法。

应收账款是由产品赊销产生的，它实际上意味着商品卖方向商品买方提供的商业信用。应收账款是企业的一项资金投放，而投资肯定要发生成本，为此，公司需要在应收账款信用政策所增加的盈利和这种政策的成本之间进行权衡。监督应收账款质量的主要方法有账龄表、应收账款平均账龄、收款率和应收账款余额百分比等。

企业出于种种目的往往会进行证券投资。企业在进行有价证券投资管理时，必须针对不同的投资目的，权衡收益与风险，选择符合自身需要的投资组合。风险性、流动性和盈利性的综合考虑，是有价证券管理的基本原则。

库存适量的在产品和产成品使企业各阶段生产得以顺利衔接，既保证了企业生产经营的机动性，又能有效地安排生产、销售活动，充分利用现有生产资源。企业应储存多少原材料取决于预期的生产水平、生产的季节性以及原材料供应的可靠性等诸多因素。存货管理的目的是通过合理策划进货批量和进货时间，使存货的总成本最低。经济批量模型是确定订货时间和订货量的重要方法。

□ 重点概念

营运资本　交易性动机　预防性动机　投机性动机　最佳现金持有量　平稳库存模型　限度现金管理模型　5C法　信用评分法　储存成本　经济批量模型

□ 思考与练习

1. 什么是交易动机？它是如何导致公司持有现金的？
2. 简述现金库存成本与现金存量的关系。
3. 简述平稳库存模型和限度现金管理模型各自的优缺点。
4. 应收账款管理中建立账龄结构的目的是什么？
5. 如何对应收账款进行质量监督？
6. 公司投资有价证券的目的是什么？
7. 存货成本由哪些成本构成？
8. 某公司的每日净现金流量的方差为1 000 000元。公司持有现金的年机会成本为6%，而每购买一次证券的固定交易成本是800元。如果公司允许的目标现金余额下限是20 000元，则目标现金余额水平及上限是多少？
9. 计算放弃下列商业信用的年成本。

（1）1/10，n/20。

（2）3/10，n/30。

（3）5/10，n/60。

10. 一家书店需要决定订购一种畅销书的数量。预计下一年以每本15元价格出售4 000本，进货批发价格为每本10元，每本书的持有成本预计为1元/年，订货成本估计为 100 元。

（1）最优经济订货量是多少？

（2）每年的订货次数分别为 1 次、4 次、12 次时的总成本分别是多少？

（3）计算经济订货量时做了哪些假设？

□ 拓展阅读

××电器营运资本管理的 OPM 战略实践

营运资本管理的 OPM（other people's money）战略，是指公司充分利用做大规模的优势，增强与供应商的讨价还价能力，利用供应商在货款结算上的商业信用政策，将占用在存货和应收账款上的资金成本转嫁给供应商，用供应商的资金经营自身事业，从而谋求公司价值最大化的营运资本管理战略。

一、××电器盈利模式分析

××电器股份有限公司成立于 1990 年底，自成立以来一直保持着快速稳健的发展势头。公司从空调专营起步，1999 年进入综合电器经营，2000 年在全国率先拓展信息家电，目前已经成为集家电、电脑、通信为一体的全国大型 3C 电器专业连锁企业。2014 年 7 月，××电器在深圳证券交易所成功上市，募集资金 4 亿元，股本总额达到 9 316 万元。2015 年 8 月 4 日，××电器股权分置改革方案获股东大会通过，实现全流通。截至 2017 年底，××电器总股本扩张到 14.42 亿股，2017 年实现营业总收入 401.52 亿元，净利润 14.65 亿元。

与许多传统行业“赚规模不赚利润”的扩张目的相比，作为中国家电连锁巨头之一的××电器的扩张目的是“既赚规模又赚利润”。数据显示，2014—2017 年间，××电器店面数量从 84 家发展到 632 家，其中 2017 年新增 281 家店面。与此同时，××电器 2017 年净利润达 14.65 亿元，较上年同期增长 93.42%。××电器凭借所拥有的全国性销售渠道网络，形成寡头垄断，在与消费者进行现金交易的同时，通过延期支付上游供应商货款，使其账面上长期存有大量的浮存现金，形成“规模扩张→销售规模提升带来账面浮存现金→占用供应商资金用于规模扩张→进一步提升零售渠道价值带来更多账面浮存现金”的资金体内循环体系。相关研究表明，国外零售商的盈利模式主要是“吃差价”，即通过扩大网点规模和提高销售规模，逼迫供应商降低采购价格，通过压缩成本和费用，获取购销差价以达到盈利目的。2017 年前，××电器在兼顾“吃差价”的基础上，更强调“吃供应商”的盈利模式，即通过扩大网点规模和维持对消费者的低价优惠市场策略，不断提高渠道终端的市场影响力，在此基础上通过提高销售规模、增加提高产品绝对销量和采购量来要求供应商加大返利力度和交付更多的通道费。

根据表 14－11 的资料，2011—2015 年××电器的其他业务利润伴随着主营业务收入的增长而快速增长，且增速远高于主营业务收入增幅。××电器 2012—2015 年其他业务利润增长率分别高达 500%，344%，126%和 152%，分别是主营业务收入增长率的 4.46，4.85，2.47 和 2.03 倍。与此同时，其他业务利润已成为××电器利润的主要来源。2013—2016 年××电器的其他业务利润在净利润中所占份额均超过了 100%，这意味着如果扣除来自供应商的返利及支付的通道费等其他业务利润，公司实际上处于亏损状态，这也是我国零售企业的普遍状况。××电器的其他业务利润主要由促销收入、进场费用、管理费收入、上架费、空调安装管理费、展台费、代理费收入、广告费等构成，这些收入归根结底均来源于供应商返利及通道费。××电器向供应商收取的进场费额度一般为每单品500元～10万元，进场费的多少因网点数、销售额、产品的不同会有很大差异，收取方式也非常灵活。供应商返利一般依据产品销售额来计算，幅度从0.3%～0.5%不等。显然，在2012—2016年××电器不仅通过“吃供应商”（从供应商获得返利和通道费）获得了丰厚的隐蔽利润，并且在很大程度上抵消了低价销售带来的损失。

表14-11　2011—2017年××电器的利润来源和构成　　单位：百万元

项目	2011年	2012年	2013年	2014年	2015年	2016年	2017年
主营业务收入	1 663	3 526	6 034	9 107	15 936	24 927	40 152
主营业务收入增长率（%）		112	71	51	75	56	61
主营业务利润	144	285	504	871	1 520	2 553	5 651
主营业务利润增长率（%）		98	77	73	75	68	121
其他业务利润	6	36	160	362	912	1 268	0
其他业务利润增长率（%）		500	344	126	152	39	−100
净利润	26	60	105	190	372	756	1 523
净利润增长率（%）		131	75	81	96	103	101
其他业务利润与净利润之比（%）	24	61	162	200	261	176	0

2016年后，××电器其他业务利润增长率持续下降，主营业务利润率大幅上升，反映出公司利润结构的重大变化，究其原因在于公司近年来着力追求供应商与零售商的合作模式逐步简单化，更多与供应商采用简单的进销差价结算模式，以降低双方的管理成本，提升供应链效率。

二、××电器营运资本结构分析

××电器的营运资本结构分析可以从流动资产内部结构和流动负债内部结构两个方面进行。××电器2014—2017年的流动资产内部结构、流动负债内部结构和负债内部结构如表14-12、表14-13、表14-14所示。

表14-12　××电器2014—2017年流动资产内部结构（%）

项目	2014年	2015年	2016年	2017年
货币资金	2.92	18.22	40.83	54.90
应收账款	3.52	5.34	1.11	0.79
应收票据	0	0	0	0
预付账款	20.74	20.06	12.40	7.51
存货	42.30	52.27	42.72	33.48
⋮				
合计	100.00	100.00	100.00	100.00

表 14－13　××电器 2014—2017 年流动负债内部结构（%）

项目	2014 年	2015 年	2016 年	2017 年
短期借款	1.69	2.59	4.90	1.23
应付账款	56.32	57.39	33.80	27.62
应付票据	20.57	32.31	56.48	57.79
预收账款	7.76	2.92	2.24	2.48
⋮				
合计	100.00	100.00	100.00	100.00

表 14－14　××电器 2014—2017 年负债内部结构（%）

项目	2014 年	2015 年	2016 年	2017 年
流动负债	100	99.90	99.93	99.90
长期负债	0	0.10	0.07	0.10
合计	100	100.00	100.00	100.00

××电器 2014—2017 年流动资产总额中，货币资金所占比重呈现显著上升趋势，而存货和预付账款所占比重呈现下降趋势。研究表明，从现金占用率（即货币现金/流动资产）对比来看，我国零售企业的现金占用率普遍高于 20%，××电器 2017 年这一指标甚至超过了 50%，而沃尔玛、家乐福等海外零售商的现金占用率均在 20%以内，说明我国零售商可以随时变现的资产所占的比例远高于海外零售商。××电器通过延期支付供应商货款使其账面上长期存有大量浮存现金，将这些现金用于规模扩张可以进一步提升零售渠道价值，进而带来更多的账面浮存现金。终端零售的销售方式使得公司在同等销售规模情况下，只需要保持一个较低的存货水平，存货占比的下降还应归功于公司物流平台的合理规划以及采购和库存管理水平的提高。此外，公司预付账款水平与以往相比，更加具有季节性和短期性特征，即在销售旺季到来之前，由于公司的备货超过了厂家提供的信用额度，公司仍然需要提前预付货款给生产厂家。

××电器 2014—2017 年流动负债总额中，短期借款所占比重较低，应付账款和应付票据两项合计均在 75%以上，是债务的主体。2014 年和 2015 年，××电器占用供应商的资金主要来自应付账款，占比分别达到 56.32%和 57.39%；而 2016 年和 2017 年，××电器占用供应商的资金则主要来自应付票据，占比分别为 56.48%和 57.79%。

这实际上体现了××电器在占用供应商资金时间上的较大差异。按照行业经验，采用应付账款结算方式一般仅能延期 3～4 个月支付货款，而采用应付票据结算方式可延期到 6 个月后支付货款。占用供应商资金时间的延长，表明××电器对供应商的控制能力日益加强，资金更加宽裕，根本原因在于公司渠道价值的提升。进一步计算发现，××电器的短期负债规模与其销售规模呈正相关关系。2014—2017 年××电器的“(应付账款＋应付票据＋预收账款)/销售收入”指标分别为 11.02%，17.93%，20.92%和 24.93%，随主营业务收入的增长同步增长，清晰反映出××电器在规模扩张过程中对供应商资金的较高占用。

表14－14显示，××电器的债务主要为短期负债，几乎没有长期负债，债务结构不够合理。国外零售商债务结构通常表现为短期负债与长期负债的结构比例较为均衡，财务风险相对较小。造成中外零售商债务结构存在差异的主要原因有：(1) 相对于发达国家，我国资本市场还不完善，融资结构不合理，间接融资比例过高，股票债券等直接融资比例相对较低；(2) 由于融资渠道、融资成本相对较高和融资难度较大，融资成为国内众多企业发展面临的主要问题，给处于规模快速扩张期、资产负债率水平相对较高的零售商发展带来严重制约；(3) 规模扩张的加速造成国内零售商资金需求日趋强烈，但由于毛利率与净利率水平相对较低，依托自身利润增长无法支持其快速的规模扩张需要，因此普遍占用供应商资金，导致账面流动负债数额居高不下。

三、××电器营运资本周转分析

考察营运资本周转状况的重要指标是现金周期，它是衡量公司OPM战略是否卓有成效的关键。表14－15列示了××电器现金周期的计算过程。

表14－15　××电器的现金周期

项目	2014年	2015年	2016年	2017年
应收账款 (1)（百万元）	64	206	91	108
存货 (2)（百万元）	769	2 017	3 495	4 552
应付账款 (3)（百万元）	668	1 771	1 905	3 146
应付票据 (4)（百万元）	244	997	3 183	6 583
销售收入 (5)（百万元）	9 107	15 936	24 927	40 152
应收账款周转期 [(1)×365/(5)]	3	5	1	1
存货周转期 [(2)×365/(5)]	31	46	51	41
应付账款周转期 {[(3)+(4)]×365/(5)}	37	63	75	88
现金周期	−3	−12	−23	−46

表14－16显示，××电器的现金周期从2014年的−3天增加至2017年的−46天，说明××电器在存货和应收账款上占用的资金不仅完全由供应商提供，而且无偿占用了供应商提供的资金长达46天。××电器在营运资本管理中对OPM战略的运用非常成功，2014—2016年公司的财务状况和财务弹性都不甚理想（如表14－16所示），但公司能够依靠少量净资产（2014年末8.65亿元、2015年末12.38亿元、2016年末32.12亿元）分别维持91.07亿元、159.36亿元和249.27亿元的营业规模，并分别实现3.72亿元、7.56亿元和15.23亿元的净利润，主要是利用其销售网络优势增强与家电制造厂商的讨价还价能力，不断降低采购价格，延长付款期限。换言之，在家电市场残酷的价格大战中，××电器盈利模式的奥秘在于不断压榨家电制造厂商的利润空间、无偿占用家电制造厂商的营运资金。当然，这种盈利模式尽管高明，为其股东带来了丰厚的回报，但也蕴涵着极大的经营风险和财务风险。

表 14-16　××电器财务弹性指标

项目	2014 年	2015 年	2016 年	2017 年
现金流量充裕率	0.61	0.27	0.19	1.80
经营性现金流量对资本支出比率	0.78	0.46	0.35	2.57
现金流量利息保障倍数	9.31	5.73	2.96	—
经营性现金流量对流动负债比率	0.10	0.04	0.03	0.31

资料来源：孔宁宁．营运资本管理的 OPM 战略实践分析——基于苏宁电器的案例．财会通讯，2009（1）．

第15章

公司财务预算

本章要点

- 销售百分比法模拟财务报表；
- 外部融资需求量的确定；
- 可持续增长率的概念与计算；
- 实际增长率过高或过低的解决办法；
- 现金预算的内容与编制。

引例

白云集团财务预算管理制度（节选）

第一章　预算管理的目的和组织

第一条　年度经营财务预算的目的：将战略规划的当年经营思路转化为详细的经营计划和财务计划，作为公司最高领导和各中心、子公司、业务部门领导之间的"年度经营责任合同"，总公司通过对各中心、子公司、业务部经营财务预算的严格质询和考核，指导各中心、子公司、业务部的经营运作，保证公司健康发展。

第二条　公司预算管理的决策机构是总公司总裁办公会，预算日常管理机构是总公司预算委员会，预算委员会办公室设在总公司财务部。

第三条　办公会在预算管理中的职责是根据公司战略规划制定公司业绩的期望目标，并由总裁和高层领导通过对各中心、子公司、业务部经营财务预算的严格质询，保证业绩期望指标尽量得以实现。

第四条　总公司预算委员会及其办事机构在预算管理中的职责是根据总裁办公会的要求，具体制定和下达年度预算编制要求，进行初步的审核和调整，做出公司年度预算方案并提交总裁办公会批准后批复预算。预算委员会还负责向总裁办公会提交年度预算调整方案和月度、季度、年度业绩质询会议分析报告。

第五条　总公司预算委员会设主任一名，由负责财务的副总裁担任。预算委员会成员由财务部、战略规划部、投资管理部、资产管理部、审计监督部、风险管理部、人力资源部、行政事务部组成。各部门在预算委员会的工作侧重点不同：总公司财务部为公司预算委员会的具体办事机构，负责执行公司预算委员会交办的工作；战略规划部负责三年规划和年度预算目标的衔接；投资管理部负责投资预算；资产管理部负责清欠预算；审计监督部和风险管理部负责经营计划的控制和评价；人力资源部负责激励机制下人员成本的测算；行政事务部负责固定资产和部分递延资产的预算管理。

…………

第二章　财务预算的原则

第七条　发展增长原则。预算目标须反映公司的发展目标，各预算单位的年度预算要以总公司长期规划的要求为编制基本目标，在预算中体现经营规模和经济效益的不断增长，特别是注重主营业务增长。

第八条　素质改善原则。预算管理要结合风险管理并关注企业财务结构的优化，包括严密跟踪新生业务的不良资产，将原有不良资产的消化和清理、债务结构的优化、资本结构的优化纳入预算体系。

第九条　上下结合原则。公司决策机构在年度预算编制之初，根据战略规划制定年度业绩期望目标，预算委员会分解各中心的期望值和编制要求，各预算单位再根据总公司对下一预算期间提出的目标和任务要求，对下一个预算期间的业务量、成本（费用）和利润进行重新预测和估算，并在此基础上编制预算。

第十条　各有侧重原则。经营性公司编制预算时应以利润预算为核心；各职能部门、集团本部等成本中心编制预算时以费用预算为核心；资产管理部门及清整公司编制预算时以现金净流量和费用控制为核心。

第十一条　目标管理原则。总公司决策机构应按季度检查各预算单位的预算执行情况，并对执行偏差进行分析和纠正，指导督促各单位完成年度预算指标。

第十二条　绩效考核原则。预算指标与业绩考核挂钩，总公司根据各预算单位每年预算执行情况结合其他考核指标来考核各单位经营业绩。

第三章　预算的编制范围

…………

第十七条　预算编制的基本种类包括营业额预算、利润表预算、资产负债表预算、现金流量预算、费用预算、固定资产购置预算、投资及收益预算、资产质量控制预算、信用额度预算。根据不同时期的管理重点，总公司可以要求补充其他预算种类。

资料来源：根据上市公司公开资料改编。

第 1 节　模拟财务报表

公司财务计划就是为公司未来发展所做的安排。财务计划的主要内容包括：

（1）明确公司的财务目标；（2）分析公司目前财务状况与既定目标之间的差距；（3）指出公司为了达到目标应该采取的行动。公司财务计划建立在对未来的预测基础上，虽然准确地预测未来是十分困难的，但是财务计划的意义并不在于准确地预测未来，而在于提前考虑未来可能出现的各种情况，并制定相应的政策。正如通用汽车公司的一名董事所说："计划能使企业最大限度地免于在未来陷入衰退的过程。"

模拟财务报表是在财务预测中使用最广泛的工具。简单地说，模拟财务报表就是预计公司在预测期结束时的财务报表，模拟财务报表的一个主要用途就是估计公司未来的外部融资需求。一种简单有效的模拟财务报表的办法是销售百分比法，即将公司利润表和资产负债表中的关键数据与未来销售量联系起来。这种方法的理论依据是：所有变动成本和大部分流动资产与流动负债都存在随着销售量变动而变动的趋势。显然，这种方法并非对公司财务报表中的所有项目都适用，某些个别项目需要进行单独预测。尽管如此，对于很多重要的变量，利用销售百分比法都能够进行简单合理的预测。

一、销售百分比法

利用销售百分比法模拟财务报表，大致可以分为三步：第一步，对历史数据进行审核，确定一些关键数据与销售收入的比例关系。第二步，预测计划期的销售收入。由于大部分关键数据的预测是根据销售收入的预测值做出的，尽可能准确地估计销售收入至关重要。第三步，根据历史比例关系和预测的销售收入，分别计算财务报表中的单个项目，同时对个别项目进行单独预测。下面通过一个案例，详细说明销售百分比法的应用。

案例 15－1

2020年初，安达公司的财务人员准备模拟一份2020年12月31日的财务报表，从而确定2020年的外部融资计划。已知公司的所得税税率是45%。公司历年的财务数据如表15－1和表15－2所示。

表 15－1　安达公司简化利润表（2016—2019年）　单位：万元

项目	2016年	2017年	2018年	2019年
一、销售收入	14 547	17 893	20 935	26 797
减：销售成本	12 220	15 209	17 794	23 045
二、毛利润	2 327	2 684	3 141	3 752
减：营业费用和管理费用	1 325	1 611	2 093	2 947
财务费用	130	134	143	117
三、利润总额	872	939	905	688
减：所得税	393	423	407	309
四、净利润	479	516	498	379

表15-2 安达公司简化资产负债表（2016—2019年） 单位：万元

资产	2016年	2017年	2018年	2019年
流动资产：				
现金与有价证券	872	716	837	536
应收账款	1 746	2 326	2 722	3 752
存货	1 455	1 789	2 512	2 947
预付费用	18	16	20	23
流动资产小计	4 091	4 847	6 091	7 258
固定资产净值	167	161	383	373
资产合计	4 258	5 008	6 474	7 631
负债与股东权益	**2016年**	**2017年**	**2018年**	**2019年**
流动负债：				
短期借款	65	65	65	65
应付账款	1 309	1 876	3 154	4 176
1年内到期的长期负债	78	65	65	130
应付工资	7	9	13	23
流动负债小计	1 459	2 015	3 297	4 394
长期负债	1 248	1 183	1 118	988
股本	195	195	195	195
留存收益	1 356	1 615	1 864	2 054
负债与股东权益合计	4 258	5 008	6 474	7 631

着手准备模拟财务报表的第一步，是查看公司历年的财务数据（见表15-1、表15-2），以便从中找出一些规律。比率分析的结果如表15-3所示。

表15-3 安达公司财务报表的比率分析（%）

项目	2016年	2017年	2018年	2019年
销售收入年增长率		23	17	28
销售成本/销售收入	84	85	85	86
营业费用和管理费用/销售收入	9	9	10	11
现金与有价证券/销售收入	6	4	4	2
应收账款/销售收入	12	13	13	14
存货/销售收入	10	10	12	11
应付账款/销售收入	9	10	15	16

从表15-3可以得出这样几个结论：公司的流动性正在降低，具体体现在应收账款和应付账款占销售收入的比例都在增加，现金和有价证券的比例却在逐年降低；另一个令人担忧的趋势是，销售成本以及营业费用和管理费用与销售收入的比率都在上升，这说明利润率降低了，也就是说每赚一元钱需要付出的成本更高了。

经过和销售部门的工作人员充分讨论，安达公司的销售人员预测2020年的销售收入将同比增长25%。财务人员在综合考虑了其他各部门的意见之后，预测其他一些关键数据与销售收入的比率如表15-4的最后一列所示。

表15-4 安达公司销售收入和销售百分比预测（%）

项目	2016年	2017年	2018年	2019年	2020年
销售收入年增长率		23	17	28	25
销售成本/销售收入	84	85	85	86	86
营业费用和管理费用/销售收入	9	9	10	11	12
现金与有价证券/销售收入	6	4	4	2	5
应收账款/销售收入	12	13	13	14	14
存货/销售收入	10	10	12	11	10
应付账款/销售收入	9	10	15	16	14

根据上面的预测值，得到如表15-5、表15-6所示的模拟财务报表。

表15-5 安达公司2020年模拟利润表 单位：万元

项目	金额	说明
一、销售收入	33 496	增长25%
减：销售成本	28 807	销售收入的86%
二、毛利润	4 689	
减：营业费用和管理费用	4 020	销售收入的12%
财务费用	117	与2019年一致
三、利润总额	552	
减：所得税	248	税率45%
四、净利润	304	

表15-5的模拟利润表的编制前提是销售收入同比增长25%。表中唯一需要做进一步说明的是，财务费用主要是指利息费用，而利息费用显然取决于公司债务融资（银行贷款、发行债券）的规模。因为我们现在还不知道2020年公司需要多少债务融资，所以只能先假设利息费用与上一年相等。在编制出模拟资产负债表之后，就可以确定公司外部融资计划，那时候就能合理地预测利息费用，再回过头来调整模拟利润表中的利息费用一项。

表15-6 安达公司2020年模拟资产负债表 单位：万元

资产		说明
流动资产：		
现金与有价证券	1 675	销售收入的5%
应收账款	4 689	销售收入的14%
存货	3 350	销售收入的10%
预付费用	26	注解1

续表

资产		说明
流动资产小计	9 740	
固定资产净值	364	注解 2
资产合计	10 104	
负债与股东权益		**说明**
流动负债：		
短期借款	0	注解 3
应付账款	4 689	销售收入的 14%
1 年内到期的长期负债	130	注解 3
应付工资	29	注解 4
流动负债小计	4 848	
长期负债	858	988－130
股本	195	
留存收益	2 206	注解 5
负债与股东权益合计	8 107	
资产合计－负债与股东权益合计	1 997	

关于表 15－6，注解如下：

注解 1：预付费用是个小科目，它与销售收入之间的关系是不确定的，因此不能用固定的比率乘以销售收入获得。因为预付费用的金额较少，所以安达公司的财务人员根据经验，大致地估计出 2020 年的预付费用为 26 万元。

注解 2：由于安达公司 2020 年初已经通过了一项金额为 41 万元的资本预算，并且可以计算出本年度的折旧金额是 50 万元，因此 2020 年末安达公司的固定资产净值为：

$$373-50+41=364(\text{万元})$$

注解 3：短期借款主要是指银行贷款，在这里先假设银行贷款余额为零，以便计算出总共的外部融资需求量，然后根据可能得到的银行贷款数量，重新修正这一数字。资产负债表中与外部融资有关的另外一项是“1 年内到期的长期负债”，这是指长期借款中即将于 2020 年到期的部分。这个金额是一定的，通过查分户账，我们可以精确地计算出 2020 年到期的长期负债是 130 万元。相应地，长期负债的余额也应该减去 130 万元。

注解 4：应付工资与预付费用类似，也是个小项目，根据经验大致估计。

注解 5：留存收益是将公司的利润表和资产负债表联系在一起的重要的桥梁，当公司的净利润高于发放的股利时，超出的部分计入留存收益，即安达公司 2020 年留存收益的计算公式为：

$$\begin{aligned}2020\text{ 年的留存收益}=&2019\text{ 年的留存收益}+2020\text{ 年的净利润}\\&-2020\text{ 年发放的股利}\end{aligned}$$

由于安达公司在2020年不打算发行新股，所以股本没有变化。又因为安达公司的股利政策也不会发生变化，所以发放的股利占净利润的比例也不会变化。现在问题的关键是，我们需要计算出历年发放的股利占净利润的比例，以便确定2020年计划发放的股利。显然：

2017年发放的股利＝2016年的留存收益＋2017年的净利润－2017年的留存收益
＝1 356＋516－1 615
＝257（万元）

$$\frac{2017\text{年发放的股利}}{2017\text{年净利润}}=\frac{257}{516}=50\%$$

同样可以计算出：

2018年发放的股利＝1 615＋498－1 864＝249（万元）

$$\frac{2018\text{年发放的股利}}{2018\text{年的净利润}}=\frac{249}{498}=50\%$$

2019年发放的股利＝1 864＋379－2 054＝189（万元）

$$\frac{2019\text{年发放的股利}}{2019\text{年的净利润}}=\frac{189}{379}=50\%$$

由此可以看出安达公司每年发放的股利是本年度净利润的50%。由于2020年的股利政策没有变化，因此

预测2020年发放的股利＝预测2020年的净利润×50%
＝304×50%
＝152（万元）

2020年的留存收益＝2 054＋304－152＝2 206（万元）

至此，我们就模拟出了两张重要的财务报表。其中，模拟资产负债表是关键。不过，稍加留意就会看出，现在编制出的模拟资产负债表是不平衡的，即资产合计不等于负债加股东权益。在模拟资产负债表的最后一行，其差额是1 997万元，这个差额就是外部融资需求量。

二、确定外部融资需求量

编制模拟财务报表的最后一步工作，就是确定外部融资需求量（external financing needs，EFN）。在案例15－1中，我们看到模拟资产负债表的最后一行有一个1 997万元的差额，这个差额就是公司在2016年需要从外部融资的金额，即

外部融资需求量＝资产－（负债＋股东权益）

根据预测结果，为了实现经营计划，安达公司在2016年需要从外部债务融资1 997万元。

通过模拟财务报表确定了外部融资需求量，只能算做了一半的工作。要制定公司的财务计划，公司的管理层还必须对模拟财务报表和外部融资需求量进行审核，判断模拟财务报表是否适用。如果模拟财务报表确定的公司外部融资需求量过高，不符合公司的发展战略，或者由于外部原因（如银行方面的信用额度限制）无法满足外部融资需求量，公司都必须根据实际的外部融资计划，对原有的模拟财务报表进行调整，只有这样，生产经营计划才能和财务计划保持一致。

第 2 节　公司增长管理

公司增长及其管理是财务计划中的难题，部分原因在于许多高级管理人员常常把增长看成是必须达到最大化的事情。理由很简单，随着公司的增长，公司的市场股票价值与利润也必将增加。然而，从财务角度看，快速的增长会使一个公司的资源变得相当紧张。因此，除非管理层意识到这一结果并且采取积极的措施加以控制，否则，快速增长可能导致破产。事实表明，因为增长过快而破产的公司数量与因为增长太慢而破产的公司数量几乎一样多。其实，通过提供人们所需要的产品，那些增长过快的公司已经经过市场的考验，它们之所以失败仅仅是因为缺乏适当管理公司增长的财务智慧。当然，增长太慢的公司也面临同样的财务利害关系，要是这些公司没能意识到缓慢增长的财务意义，它们将成为更为敏锐的收购者的猎物。在上述两种情形下，公司增长的财务管理都是一个值得认真考察的题目。

通过定义公司的可持续增长率，我们先从公司增长的财务方面看起。可持续增长率指在不需要耗尽财务资源的情况下，公司销售所能增长的最大比率。再看当一个公司的目标增长率超过它的可持续增长率时，或当增长率降到可持续增长率之下时，可供管理层选择的方法。一个重要的结论将是：增长不是一件非要达到最大化的事情。在很多公司，限制增长以便在财务上养精蓄锐也是必要的。在一些公司，为无利可图的增长提供的资金最好是还分派给股东。限制增长的必要性对于那些习惯上认为越多越好的生产主管来说是很难接受的，但这是一个至关重要的问题，因为生产主管承担了管理公司增长的主要责任。

一、可持续增长率

（一）可持续增长率的概念

我们可以把公司想象为一个具有生命周期的生命体。这个周期始于创业期，在这一阶段，公司通常会因为产品开发和建立市场立足点而损失金钱。这之后紧接着一个快速成长期，在这一阶段，公司有利可图，但它增长太快，因此需要经常地注入外部资金。下一个阶段是成熟期，其特征是增长减速以及从吸收外部资金转变为能够产出多于公司有利可图的再投资的现金。最后一个阶段是衰退期，在这个阶段，公司可能就只有边际利润可图，产生的现金多于其内部所能做的再投资，且受销售减少的损害。成熟和衰退的公司经常要花相当多的时间和金钱去寻找新产品或投资正处在成长期的企业的机会。

我们先从筹资需求最迫切的快速成长期着眼来开始讨论，稍后会考虑成熟期和衰退期企业的增长问题。整个讨论的中心是可持续增长的概念。直观地说，可持续增长就是“钱能生钱”。销售的增加要求更多的所有类型的资产，这些必须付现购买。滚存利润和附加的新借款项带来的仅仅是数量有限的现金，除非公司准备发售普通股股票，否则，在不过度使用公司资源的情况下，这个限量会限制公司所能达到的增长率的上限，这就是可持续增长率。确切地说，可持续增长率就是在保持资本结构不变且不通过外部股权融资的条件下公司能实现的最大增长率。

（二）可持续增长率方程式

我们先列出一个表达增长依存于财务资源的简单的方程式。为此，假设：

（1）公司意图以与市场条件所允许的增长率一样的比率增长。

（2）管理者不可能或不愿意发售新股。

（3）公司已经有且打算继续维持一个目标资本结构和目标股利政策。

稍后我们还要更多地讨论这些假设条件。现在只需认识到，虽然这些假设条件不是对所有的公司都适用，但它们适用于绝大多数公司。大多数公司不能随时增发新股，因此改变经营效率（改变资产周转率和销售利润率）和财务政策（增发新股或改变资产负债率和留存收益率）对一个理智的公司来说是一件非常重要的事情。当然，对根本没有明确的经营和财务政策的企业除外。

图15-1用两个长方形代表资产负债表。左边代表资产，右边代表负债和股东权益。长方形上方没有阴影的部分代表年初的资产负债表。

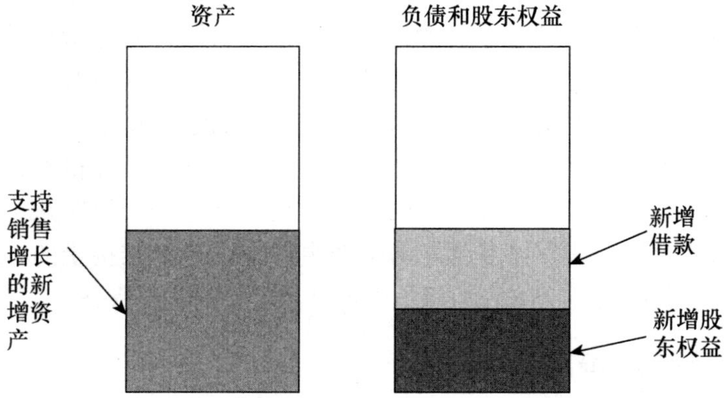

图15-1　新增销售所需要的新增资产，后者需要新增融资

现在假设公司销售增长，必然要求增加资产，诸如存货、应收账款以及生产能力。图15-1中左边资产的阴影部分代表增加销售收入所要求的新增资产。如果公司不发行股票，则公司新增资产所需要的现金支出来自留存利润和新增负债。假设不改变资本结构，在图15-1中，如果股东权益增加，则要求负债相应增加；负债和股东权益的增长决定了资产增长的速度，而资产限制了销售增长率，因此限制销售增长的是股东权益的增长速度。可持续增长率的计算公式可推导如下：

$$
\begin{aligned}
\text{可持续增长率} &= \text{股东权益增加率} \\
&= \frac{\text{股东权益本期变动}}{\text{期初股东权益}} \\
&= \frac{\text{本期净利润} \times \text{本期收益留存率}}{\text{期初股东权益}} \\
&= \text{期初权益资本净利率} \times \text{本期收益留存率} \qquad (15-1) \\
&= \frac{\text{本期净利润}}{\text{本期销售收入}} \times \frac{\text{本期销售收入}}{\text{期末总资产}} \times \frac{\text{期末总资产}}{\text{期初股东权益}} \\
&\quad \times \text{本期收益留存率} \\
&= \text{销售利润率} \times \text{总资产周转率(次数)} \times \text{资产权益比率} \\
&\quad \times \text{本期收益留存率}
\end{aligned}
$$

需要注意的是，这里的"资产权益比率"是用期初权益计算的，而不是期末权益。

如果我们将式（15－1）中的期初股东权益调整成期末股东权益，则可持续增长率可表达为：

$$\text{可持续增长率} = \frac{\text{期末权益资本净利率} \times \text{本期收益留存率}}{1 - \text{期末权益资本净利率} \times \text{本期收益留存率}} \qquad (15-2)$$

式（15－1）就是可持续增长率的方程式。在前面给定的假设下，该式说明一个公司销售的可持续增长比率等于销售利润率、总资产周转率、资产权益比率和收益留存率四个比率的乘积。其中，销售利润率和总资产周转率概括了企业经营业绩，而收益留存率和资产权益比率代表了公司的财务政策。

[例 15－1]

天成公司的负债权益比为 0.5，销售利润率为 3%，收益留存率为 60%，总资产周转率为 1，那么天成公司的可持续增长率是多少？如果天成公司想要达到 10%的可持续增长率，那么销售利润率应该上升到什么水平?

我们利用式（15－2），由以上数据可知：

$$\text{天成公司的可持续增长率} = \frac{3\% \times 1 \times 1.5 \times 0.6}{1 - 3\% \times 1 \times 1.5 \times 0.6} = 2.77\%$$

如果要达到 10%的可持续增长率，则由

$$10\% = \frac{\text{销售利润率} \times 1 \times 1.5 \times 0.6}{1 - \text{销售利润率} \times 1 \times 1.5 \times 0.6}$$

得

$$\text{销售利润率} = 10.1\%$$

即在其他条件保持不变的情况下，销售利润率必须由3%上升到10.1%，才能实现10%的可持续增长率，这是难以做到的。

可持续增长方程式的一个重要意义在于可持续增长率只代表与四个比率的稳定价值相一致的销售增长率。如果一个公司的销售按照不同于可持续增长率的任何比率增长，这当中的一个或多个比率就必须改变。这意味着当一个公司以超过它的可持续增长率增长时，它最好能够改善经营（以提高利润率或资产周转率为代表）或准备转变它的财务政策（以提高收益留存率或资产权益比率为代表）。

二、可持续增长率与实际增长率

对于快速扩张的企业来说，增长过快是可持续增长问题中的关键。因为提高经营效率并非总是可行的，而改变财务政策也不总是明智的，所以一个公司完全可能只从自身利益考虑而增长得太快。这对于那些财务计划做得不充分的小公司来说更是如此。这些小公司把销售增长看作必须予以最大化的事情，而太少考虑财务后果，没有认识到，即使在有利可图的情况下快速增长也将使它们骑虎难下。公司销售增长越快，公司需要的现金也越多，虽然可以通过提高债务杠杆来满足这种需要，但最终会达到负债的极限——贷款人拒绝追加信贷的请求，到最后公司已没有现金支付账单。如果管理人员能事先预计超过公司可持续增长率的增长所导致的财务问题并加以解决，所有这一切就可以避免。

（一）平衡增长

以下是考虑可持续增长的另一种方式。一个公司的资产收益率（ROA）可以表示为公司的销售利润率与其资产周转率的乘积，可以把可持续增长率方程改写为：

$$可持续增长率=资产权益比率\times收益留存率\times ROA \qquad (15-3)$$

假设一个公司的收益留存率为30%，资产权益比率为1.5，则其可持续增长方程式可表示为：

$$可持续增长率=0.45\times ROA$$

由于资产权益比率和收益留存率代表公司财务政策，因此这个方程式说明在稳定的财务政策之下，可持续增长率与资产收益率呈线性变动。图15-2以图形表示了这种关系，以销售增长率为纵轴，以ROA为横轴，则可持续增长率如图中的斜对角实线，这条线称为“平衡增长线”。只有落在这条线上的销售增长率-ROA组合，公司才能够由自己筹资解决资金问题。所有偏离这条线的销售增长率-ROA组合要么产生现金逆差，要么产生现金顺差。如此，快速增长、仅有边际收益的公司将绘制在图形左上部分，以表示现金逆差；缓慢扩展、高盈利的公司将绘制在图形右下部分，以表示现金顺差。

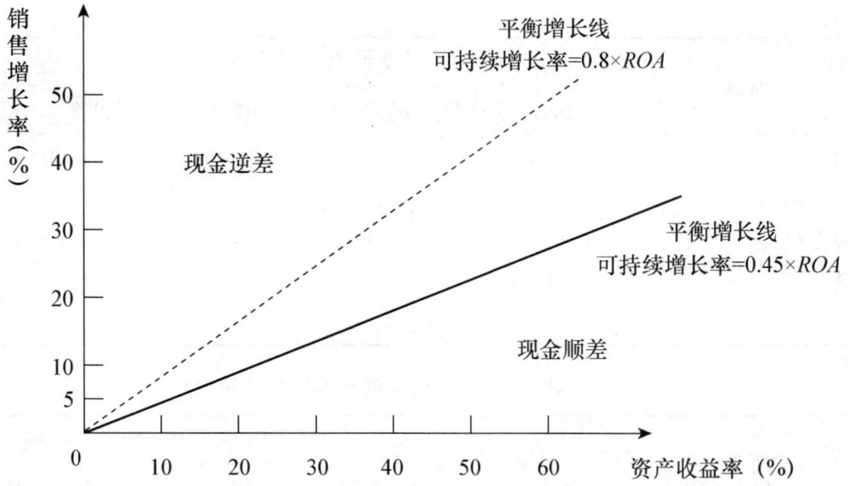

图 15-2 可持续增长率示意图

一个公司不管是经历了现金顺差变化还是现金逆差变化等不平衡增长，它都可以通过三种方式趋向于平衡增长线：改变销售增长率、改变资产收益率及修正财务政策。为说明最后一种选择，假设根据图 15-2 中所描绘的平衡增长线，公司处于图形的现金逆差区域，并且想要减少这部分现金逆差的一种策略可能是提高其收益留存率，比如从 30%提高到 40%，以及资产权益比率，比如从 1.5 提高到 2。则公司的可持续增长率方程式改变为：

$$可持续增长率=0.8\times ROA$$

在图 15-2 中，这相当于把平衡增长线向上移到左边，如图中虚线所示。现在，任何盈利能力都将比以前更能支持一个更高的增长率。

从这个角度看，可持续增长率是一组产生平衡增长的所有销售增长率与 ROA 的结合物，而可持续增长问题就是管理由不平衡增长所引起的现金顺差或现金逆差。

（二）可持续增长率与实际增长率比较

表 15-7 是 A 公司 2015—2019 年 5 个年度的一些财务数据，我们从 A 公司的财务报表里计算出计算可持续增长率所需要的 4 个比率。表 15-8 为 A 公司在 2015—2019 年每年的实际增长率和可持续增长率。在每一年，把相关年份所要求的 4 个比率填进可持续增长方程式，计算出 A 公司的可持续增长率。表 15-8 显示，公司实际增长率和可持续增长率有时并不一致，实际增长率会高于或低于可持续增长率。由表 15-8 可知，A 公司 2017 年实际增长率高于可持续增长率，2018 年实际增长率低于可持续增长率。

表 15-7 A 公司 2015—2019 年的财务数据 单位：万元

项目	年份				
	2015	2016	2017	2018	2019
销售收入	10 000.00	11 000.00	16 500.00	13 750.00	15 125.00
税后利润	500.00	550.00	825.00	687.50	756.30

续表

项目	年份				
	2015	2016	2017	2018	2019
股利	200.00	220.00	330.00	275.00	302.50
留存利润	300.00	330.00	495.00	412.50	453.80
股东权益	3 300.00	3 630.00	4 125.00	4 537.50	4 991.30
负债	600.00	660.00	2 310.00	825.00	907.50
总资产	3 900.00	4 290.00	6 435.00	5 362.50	5 898.80

表15-8 A公司的可持续增长率分析

项目	年份				
	2015	2016	2017	2018	2019
销售利润率（%）	5.00	5.00	5.00	5.00	5.00
销售收入/总资产（次）	2.564 1	2.564 1	2.564 1	2.564 1	2.564 1
总资产/期初股东权益（倍）	1.300 0	1.300 0	1.772 7	1.300	1.300
收益留存率（%）	0.6	0.6	0.6	0.6	0.6
可持续增长率（%）	10.00	10.00	13.64	10.00	10.00
实际增长率（%）		10.00	50.00	−16.67	10.00

现在的问题是：公司应怎样应对实际增长率高于或低于可持续增长率的情况呢？

三、实际增长率过高或过低

当管理人员面临可持续增长问题时，可持续增长率的方程式在寻求解决方案时可能有所帮助。举例来说，我们看到，通过将资产周转率从0.3提高到0.4，A公司即可在即将到来的年度里进一步将它的可持续增长率提高到28.4%。另一个办法是，它可以通过将财务杠杆比率提升2.2倍来把可持续增长率提高到26.1%。两种办法同时实行将使可持续增长率提高到34%。

（一）实际增长率过高

现在已经展开了可持续增长率方程式，而且解释了它对快速增长公司的用处。下一个问题是：当实际增长率超过可持续增长率时，管理人员该怎么办？第一步要判断这种状况将会持续多久。假如公司随着成熟期的接近，实际增长率在不远的将来极有可能会下降，则这只是一个过渡性问题，通过增加借款就可解决；到未来的某一时刻，当实际增长率跌落到可持续增长率之下时，公司将从曾经的现金吸收者转变为现金创造者，从而可以偿还借款。对于长期的可持续增长问题，以下策略的某些组合将是必不可少的，包括：发售新股、提高财务杠杆、削减股利支付比率、削减收益支出的活动、分流部分或全部生产、提高价格或者与“现金牛”合并。让我们更详细地考虑这些策略。

（1）发售新股。由于销售增长率等于股东权益增长率，如果一个公司愿意而且有能力通过发售新股来筹集新权益资本，则它的可持续增长问题就迎刃而解，所增加的权益资本加上由此增加的借贷都为进一步增长提供了现金资源。这种策略的问题在于：对于许多公司来说无法利用，对于另一些公司来说又没有吸引力。在全世界大部分国家，资本市场都不发达甚至根本不存在。

（2）提高财务杠杆。如果发售新股不是公司可持续增长问题的解决方案，还有两种可能的财务补救办法：一种是降低股利支付比率；另一种是提高财务杠杆。降低股利支付比率通过提高生产经营中留存收益的比例来提高可持续增长率，而提高财务杠杆则增加了公司每元留存收益所能增加的负债数额。不过，负债筹资的使用有所限制，这一点很明显。正如前面提到的，所有的公司都存在一个由债权人施加的用于限制公司所能采用的财务杠杆倍数的负债容量，而且随着财务杠杆的提高，股东和债权人承担的风险与新增资本的抵押成本也都增加了。

（3）降低股利支付比率。如同对财务杠杆存在一个上限一样，对公司股利支付比率则有一个零的下限。通常股东对股利支付的兴趣与他们对公司投资机会的感觉呈反方向变化。如果股东相信留存收益可以用在能够赚取令人满意的收益方面，他们将会很乐意放弃现有的股利以获取未来更高的股利；如果公司的投资机会无法保证赚取令人满意的收益，股东对削减股利则只会感到气愤，从而引起股票价格的下跌。

（4）有益的剥离。除了财务政策的调整之外，公司还可通过生产经营调整来管理快速增长，其中一个办法就是"剥离"。这种想法认为公司可以通过对不同产品市场上生产经营的收益流量的组合来降低风险。这种思维认为只要这些收益流量不完全相同地受到经济事件的影响，则与其他收益流量相结合后，每一种流量内部所固有的变动性就可能被抵消。现在我们认识到这种大企业集团多元化的策略存在两方面的问题：第一，尽管它可能会减少管理层看得到的风险，但它对股东毫无用处。股东若需要多元化，只要买入不同公司的股票就可以自己做到。第二，由于公司资源有限，公司在同一时间里不可能在许多产品市场上都成为重要的竞争者，反过来，在很多市场里都易于成为追随者，无法与主导企业进行有效竞争。有益的剥离与大企业集团的兼并恰好相反，这种策略认识到当一个公司把资源分散到太多产品上时，它可能没办法在这些市场上进行有效的竞争，因此，最好是把收益仅敷支出的经营业务卖掉，再把钱投资到剩下的经营业务里。有益的剥离从两方面解决可持续增长问题：1）通过出售收益仅敷支出的生产经营业务直接产生现金；2）通过摒弃某些增长资源减少实际的销售增长。有益的剥离对于单一产品的公司也是可行的。这里的想法是把拖欠付款的客户或周转缓慢的库存剥离掉，这可在三个方面减轻可持续增长难题：一是释放现金，用来支持新的增长；二是提高资产周转率；三是减少销售。由于信用条款变得苛刻以及库存的减少吓跑了一些客户，因此销售减少了。

（5）供货渠道。供货渠道涉及是否进行厂内制造或从外部购买的决策。通过多进货和少自制，公司可以提高可持续增长率，把本来会在自制生产活动中占用的资产释放出来，而多进货提高了资产周转率，两方面的结果解决了增长难题。

（6）定价。价格和数量之间存在一种明显的反向关系。当一个公司的销售增长相对于其筹资能力而言太高时，可能就必须提高价格以减缓增长。当然，如果较高的价格提高了利润率，价格的提高同样可提高公司的可持续增长率。

（7）兼并。当其他所有的办法都失败时，可能就需要找一个现金流充足的伙伴。两类公司有能力提供所需要的现金：一类是处于成熟期的企业，它们正为多余的现金流量寻找有利可图的投资；另一类是相对保守但能够给双方的结合带来变现性和借贷能力的财务公司。收购其他公司或被其他公司收购皆是解决增长问题的一剂猛药，不过，最好是在公司仍然有较强的财务能力时就当机立断，而不是等到过度的增长造成问题时才行动。

（二）实际增长率过低

缓慢增长的公司是指那些实际增长率低于可持续增长率的公司，这同样存在增长的管理问题，只不过问题的类型不同。缓慢增长的公司面临的问题不是搜罗新的现金、不断努力地增长，而是怎样处理超过公司需要的利润的难题。这似乎是一个令人忌妒的问题，但对于越来越多的企业而言，这是一个非常现实和让人担心的问题。如果一家公司的实际增长率越来越低，以至最终低于可持续增长率，可以预计公司资源未得到充分利用，或者财务杠杆比率下降等。这时公司面临两个相关的问题：创造一些有意义的增长，或者放弃增长，为公司没有充分利用的资源寻找其他有效途径。

要解决增长不足的问题，第一步是判断这种情况是暂时的还是长期的，如果是暂时的，管理层只要继续简单地累积资源以等待未来的增长；如果是长期的，则增长不足的问题就变成整个行业——成熟市场的自然结局，或者是公司独有的情形。假如是后一种情形，就应该在公司内寻找增长不足的原因和新增长的可行渠道。这时，管理层必须仔细地考察自己的业绩，发现和消除对公司增长的内部制约，这是一个包括组织变动以及增加开发费用在内的可能很痛苦的过程。当一个公司无法自身创造出充分的增长时，它有三种选择：忽视问题、把钱退还给股东或者买入增长。

（1）忽视问题。这种选择可采用以下两种形式：虽然缺乏吸引人的收益，但管理层可以继续投资于它的核心生产经营，或者公司可以简单地高枕无忧。不过这两种方式的问题都在于：公司可能成为收购的目标，由于没有妥善利用资源而压低了公司的股票价格，从而使公司成为收购者一个确实可实现和有吸引力的目标，结果是收购者可以通过更有效地重新配置目标公司的资源，获得巨大的利润。

（2）把钱退还给股东。解决闲置资源问题最直接的办法，就是通过增加股利或回购股票简单地把钱还给股东。尽管这种解决办法更加普遍，不过，它仍然难以成为许多高级管理人员的策略选择，原因之一是税收。对股利分配课税可以激励公司留存盈利，即使是不怎么样的投资可能也比增加股利对股东来说更有吸引力。更重要的原因是，即便增长没有给股东带来任何价值或者只是很少的价值，许多高级管理人员似乎仍对增长有一种偏爱。就个人而言，许多管理人员对支付大量股利的做法有抵触，因为这种做法预示着失败，股东把他们的资本投资获利的责任委托给管理人员，而管理人员却把钱还给股东，这让人认为他们无力执行基本的管理职能。同样，多派发股利缩小了管理层的施展领域，这是与人的本性相矛盾的。

（3）买入增长。解决缓慢增长问题的第三种途径是买入增长。管理人员为显示他们的能力，出于挽留精英人才和对收购者的惧怕等考虑，对过多现金流量的反应经常是往其他行业扩展，搞生产经营多元化。他们有计划地在其他更有活力的行业里寻找有价值的增长机会。由于时间因素，他们通常的做法是收购现有的企业而不是从头做起。收购现有企业需要注意的是：第一，在许多重要的方面，成熟或衰退企业的增长管理问题正好是那些面临快速增长企业的前车之鉴，特别是增长缓慢的企业通常要寻找多余现金的有效利用途径，而快速增长的企业则在寻找支持其快速增长的资金，因此，很自然地，高增长和低增长企业经常通过兼并来解决各自的增长管理问题，从而使一个企业产生的多余现金能够用于为其他快速增长的企业提供资金。第二，从股东的角度来看，买来的增长明显不如把钱还给股东。由于大多数情况下潜在收购的增长前景完全反映在目标公司的股票价格上，因此在支付了一大笔溢价给其他公司后，购买者就只剩下平平常常或者更差的投资了。第三，管理人员和股东之间在兼并中的冲突。在通过并购解决增长管理问题上，股东与管理人员之间存在冲突。一般认为，当股东占上风时，公司会全力追逐股东价值最大化；当管理者占上风时，增加股东价值就变成了公司几个相互竞争的目标之一。管理者有更广泛的解释其职责的权力，而且只把股东当作对公司具有请求权的若干委托人之一。

第 3 节　现金预算

一、现金预算的主要内容

现金预算又称现金计划，预计和汇总计划期内的现金流入量和流出量，主要分析、预测公司短期内的现金需求情况。现金预算主要由三个方面组成：现金收入预算、现金支出预算、对现金预算的分析。为说明现金预算的内容、制定过程和用途，下面举例说明。

（一）现金收入预算

2019 年底，某公司正制定 2020 年第 1 季度的现金收入预算。根据公司过去的现金收入情况和财务政策，在公司销售收入中，有 20%以现金销售的方式进行，剩余的应收账款在销售发生后第 1 个月收到货款的 50%，第 2 个月收到剩余的 30%。假设公司 2020 年第 1 季度的现金收入预算如表 15 - 9 所示。

表 15-9　某公司 2020 年第 1 季度现金收入预算　　单位：万元

项目	11月	12月	1月	2月	3月	4月
销售收入	200	300	350	400	500	600
现金销售（0.2）	40	60	70	80	100	
应收账款						
1个月（0.5）		100	150	175	200	
2个月（0.3）			60	90	105	
其他现金收入			30		50	
现金总收入			310	345	455	

表 15-9 中：(1) 11 月和 12 月的数据为 2019 年发生的实际数据。(2) 现金销售是指每月销售额中有多少比例是以现金形式销售的，或者说，每月销售额中有多少比例是可以收回现金的。这里，收回现金的比例为 0.2（或 20%）。(3) 1 个月应收账款（0.5），是指 1 个月前形成的占销售额 0.5（或 50%）的应收账款于本月收回，也就是本月有占销售额 0.5（或 50%）的应收账款要 1 个月后收回。(4) 2 个月应收账款（0.3），是指 2 个月前形成的占销售额 0.3（或 30%）的应收账款于本月收回，也就是本月有占销售额 0.3（或 30%）的应收账款要 2 个月后收回。(5) 其他现金收入，主要指利息收入、股息收入、出售设备收入、出售股票和债券收入、租赁收入等。公司预测 2020 年 1 月和 3 月因持有其他公司股票将收到现金股利。

（二）现金支出预算

公司希望通过预测未来的销售额和货款回收的安排来安排采购进度。一般情况下，公司采购额为销售额的 70%，而且在预计销售发生前 1 个月完成；采购货款在采购时现金支付比例为采购金额的 10%，1 个月以后支付 70%，剩余的 20% 在第 2 个月支付。如预计 2020 年 1 月份销售金额为 350 万元，则 2019 年 12 月的采购金额为 245 万元（350×70%），并在 2019 年 12 月支付现金 24.5 万元，2020 年 1 月支付 171.5 万元，2 月支付 49 万元。工资、奖金、租金以及其他现金费用列示在表 15-10 中。

表 15-10　某公司 2020 年第 1 季度现金支出预算　　单位：万元

项目	11月	12月	1月	2月	3月	4月
销售收入	200	300	350	400	500	600
采购	210	245	280	350	420	
现金采购支出（0.1）	21	24.5	28	35	42	
应付账款						
1个月（0.7）		147	171.5	196	245	
2个月（0.2）			42	49	56	
租金支付			5	5	5	

续表

项目	11月	12月	1月	2月	3月	4月
工资与奖金			50	55	50	
所得税					25	
利息			20			
现金股息					20	
现金总支出			316.5	340	443	

（三）对现金预算的分析

通过对现金预算的分析确定公司需要筹集多少现金，或尚有多少剩余现金，以及时补充不足现金，或将多余现金用于短期投资。假设公司当前现金余额为 10 万元，现金预算分析见表 15-11。

表 15-11 某公司 2020 年第 1 季度现金预算分析表 单位：万元

项目	1月	2月	3月
现金总收入	310	345	455
减：现金总支出	316.5	340	443
现金净额	(6.5)	5	12
加月初余额	10	3.5	8.5
月底现金余额	3.5	8.5	20.5
减：最低限额现金余额	20	20	20
融资需求	16.5	11.5	
剩余现金			0.5

注：假设公司期末现金余额保持在 20 万元。

表 15-11 中，现金总收入的数字来自表 15-9，现金总支出的数字来自表 15-10；括号里的数字为负值，即为现金支出超过现金收入的部分；最低限额现金余额是指公司从事生产经营活动最起码需要持有的现金余额。

从表 15-11 中可以看出，1 月和 2 月公司需要分别筹集 16.5 万元和 11.5 万元现金（通过短期借款或发行短期证券），同时可以看出，3 月公司有 0.5 万元的现金余额，可将之投资购买短期证券等。

二、公司现金预算编制：一个案例

下面，我们以一个案例来详细地说明公司现金预算编制的过程。

案例 15-2

天成公司是一家家电生产企业，生产多种家电产品。下面介绍该公司编制的 2020 年度现金预算。

一、现金收入预算的编制

由于公司现金收支活动涉及生产经营活动和投资、筹资的各个方面，因此，编制现金预算要以业务预算和资本预算为基础。

现金收入包括经营现金收入和其他现金收入，经营现金收入是现金收入的主要来源，因此，销售预算是编制现金预算的起点。天成公司的销售预算及应收账款预算分别如表15－12、表15－13所示。

表15－12　销售预算　　单位：元

项目	第1季度	第2季度	第3季度	第4季度	全年
预计销售量（件）	1 500	2 250	3 000	2 250	9 000
预计售价	450	450	450	450	450
销售收入	675 000	1 012 500	1 350 000	1 012 500	4 050 000

表15－13　应收账款预算（预计现金收入）　　单位：元

项目	应收数	实收数				
		第1季度	第2季度	第3季度	第4季度	全年
期初数	216 000	216 000				216 000
第1季度	675 000	270 000	405 000			675 000
第2季度	1 012 500		405 000	607 500		1 012 500
第3季度	1 350 000			540 000	810 000	1 350 000
第4季度	1 012 500				405 000	405 000
现金收入		486 000	810 000	1 147 500	1 215 000	3 658 500
应收账款期末数	607 500					

销售预算中通常还包括应收账款预算（预计现金收入），是为编制现金预算提供必要的资料。第1季度的现金收入包括两部分，即上年应收账款在本年第1季度收到的货款，以及本季度销售中可能收到的货款部分。

在本案例中，每季度销售收入中，本季度收到40%的现金，另外60%的现金要到下季度才能收到。应收账款期初数为216 000元，期末数为607 500元。

二、现金支出预算的编制

现金支出主要包括材料采购、人工工资、制造费用、管理费用、财务费用和营业费用等支出。这些项目的现金支出预算主要来源于业务预算，下面分别介绍。

1. 生产预算

生产预算是在销售预算的基础上编制的，其主要内容有销售量、期初和期末存货、生产量。通常企业的生产和销售不能做到同步同量，需要设置一定的存货量，以保证能在发生额外需求时按时供货，并且均衡生产，节省额外支出。存货数量通常按下期销售量的一定百分比确定，年初存货量是编制预算时预计的。设企业各个季度的期末存货量按下一季度预计销售量的10%计算。预计生产量可用下列公式计算：

预计生产量＝预计销售量＋预计期末存货量－期初存货量

天成公司的生产预算结果如表 15-14 所示。

表 15-14 生产预算

单位：件

项目	第 1 季度	第 2 季度	第 3 季度	第 4 季度	全年
预计生产量	1 575	2 325	2 925	2 190	9 015

2. 直接材料预算

直接材料预算是以生产预算为基础编制的，同时要考虑原材料存货水平。直接材料预算主要包括预计生产量、单位产品材料耗用量、预计材料消耗量、期初和期末存货量等。预计生产量来自生产预算，单位产品材料消耗量的数据来自标准成本资料或消耗定额资料。

预计期初存货量＝上季度期末存货量

预计材料采购量＝(预计材料消耗量＋预计期末存货量)
－预计期初存货量

预计材料消耗量＝预计生产量×材料单耗

预计采购金额＝预计材料采购量×单价

根据预计资产负债表期初数可知年初材料存货量为 1 260 千克，每季度的期末存货量按下一季度的生产用量的 20％安排。设下年度期末存货量为 1 380 千克。天成公司的直接材料预算如表 15-15 所示。

表 15-15 直接材料预算

项目	第 1 季度	第 2 季度	第 3 季度	第 4 季度	全年
预计生产量（件）	1 575	2 325	2 925	2 190	9 015
单耗（千克/件）	4	4	4	4	4
材料用量（千克）	6 300	9 300	11 700	8 760	36 060
加：预计期末存货量（千克）	1 860	2 340	1 752	1 380	1 380
减：预计期初存货量（千克）	1 260	1 860	2 340	1 752	1 260
预计材料采购量（千克）	6 900	9 780	11 112	8 388	36 180
单价（元/千克）	30	30	30	30	30
预计采购金额（元）	207 000	293 400	333 360	251 640	1 085 400

为了以后编制现金预算，通常要预计材料采购各季度的现金支出。每个季度的现金支出包括偿还上期应付账款和本期应支付的采购货款。本案例设计材料采购的货款有 50％在本季度内付清，另外 50％在下季度付清，这个百分比是根据经验数据确定的。期初应付账款可以从期初资产负债表中查得（即 54 000 元）。根据材料预算编制的天成公司应付账款预算如表 15-16 所示。

表15-16 应付账款预算（预计现金支出） 单位：元

项目	应收数	实际支付数				
		第1季度	第2季度	第3季度	第4季度	全年
期初数	54 000	54 000				54 000
第1季度	207 000	103 500	103 500			207 000
第2季度	293 400		146 700	146 700		293 400
第3季度	333 360			166 680	166 680	333 360
第4季度	251 640				125 820	125 820
现金支出		157 500	250 200	313 380	292 500	1 013 580
应付账款期末数	125 820					

3. 直接人工预算

直接人工预算也是以生产预算为基础编制的。直接人工预算包括：预计生产量、单位产品工时、人工总工时、每小时人工成本、人工总成本。其中，预计生产量数据来自生产预算；单位产品工时、每小时人工成本来自标准成本资料。

人工总工时＝预计生产量×单位产品工时

人工总成本＝人工总工时×每小时人工成本

由于人工工资都需要使用现金支付，不需要另外预计现金支出，可直接进入现金预算的汇总。本案例设天成公司直接人工小时工资为12元，单位产品工时定额为5小时，天成公司的直接人工预算如表15-17所示。

表15-17 直接人工预算

项目	第1季度	第2季度	第3季度	第4季度	全年
预计生产量（件）	1 575	2 325	2 925	2 190	9 015
单位产品工时（小时）	5	5	5	5	5
人工总工时（小时）	7 875	11 625	14 625	10 950	45 075
每小时人工成本（元）	12	12	12	12	12
人工总成本（元）	94 500	139 500	175 500	131 400	540 900

4. 制造费用预算

制造费用预算通常分为变动制造费用和固定制造费用两部分。变动制造费用以生产预算为基础来编制，如果有标准成本资料，则用单位产品的标准成本乘以产量；如果没有标准成本资料，则逐项预计计划产量需要的各项制造费用。固定制造费用通常与本期产量无关，需要逐项进行预计，即按每季度实际需要的支付额预计，然后计算出全年数。本案例中天成公司变动制造费用分配率为12元/小时，全年固定制造费用为540 000元，除了当期计提的固定资产折旧外，制造费用均用现金支出。天成公司制造费用预算如表15-18所示。

表 15-18 制造费用预算 单位：元

项目	小时费用率（元/小时）	第 1 季度（7 875 小时）	第 2 季度（11 625 小时）	第 3 季度（14 625 小时）	第 4 季度（10 950 小时）	全年
变动制造费用：						
间接人工	2	15 750	23 250	29 250	21 900	90 150
间接材料	2.4	18 900	27 900	35 100	26 280	108 180
修理费	1.6	12 600	18 600	23 400	17 520	72 120
水电费	2.8	22 050	32 550	40 950	30 660	126 210
其他	3.2	25 200	37 200	46 800	35 040	144 240
小计	12	94 500	139 500	175 500	131 400	540 900
固定制造费用：						
修理费		24 000	24 000	24 000	24 000	96 000
折旧		33 750	33 750	33 750	33 750	135 000
管理人员工资		21 000	21 000	21 000	21 000	84 000
保险费		30 000	30 000	30 000	30 000	120 000
其他		26 250	26 250	26 250	26 250	105 000
小计		135 000	135 000	135 000	135 000	540 000
总计		229 500	274 500	310 500	266 400	1 080 900
减：折旧		33 750	33 750	33 750	33 750	135 000
现金支出的制造费用		195 750	240 750	276 750	232 650	945 900

为了便于以后编制现金预算，需要预计现金支出。制造费用中，除折旧费外都须支付现金，因此根据每个季度制造费用数额扣除折旧后，即可得出现金支出的制造费用。

5. 生产成本和销售成本预算

将直接材料预算、直接人工预算、制造费用预算进行汇总，可以编制生产成本预算；以生产成本预算为基础，加上期初产成品存货的成本，减去期末产成品存货的成本，即可以编制销售成本预算。成本预算综合反映了企业生产成本和销售成本状况，是财务预算的重要组成部分，也是编制预计利润表的基础。根据上述资料编制的天成公司成本预算如表 15-19 所示。

表 15-19 生产成本和销售成本预算 单位：元

项目	第 1 季度	第 2 季度	第 3 季度	第 4 季度	全年
直接材料	207 000	293 400	333 360	251 640	1 085 400
直接人工	94 500	139 500	175 500	131 400	540 900
变动制造费用	94 500	139 500	175 500	131 400	540 900
生产成本合计	396 000	572 400	684 360	514 440	2 167 200
加：期初产成品存货成本	31 500	47 250	63 000	47 250	31 500
减：期末产成品存货成本	47 250	63 000	47 250	34 650	34 650
销售成本合计	380 250	556 650	700 110	527 040	2 164 050

6. 销售及管理费用预算

销售费用预算是指为了实现销售预算所需支付的费用预算。它以销售预算为基础，分析销售收入、销售利润和销售费用的关系，力求实现销售费用的最有效使用。管理费用是搞好一般管理业务所必需的费用，多属于固定成本，一般以过去的实际开支为基础，按预算期的可预算变化来调整。天成公司销售及管理费用预算如表15-20所示。

表15-20 销售费用和管理费用预算

单位：元

项目	第1季度	第2季度	第3季度	第4季度	全年
预计销售量（件）	1 500	2 250	3 000	2 250	9 000
单位变动销售费用	30	30	30	30	30
变动销售费用小计	45 000	67 500	90 000	67 500	270 000
固定销售及管理费用	120 000	120 000	120 000	120 000	480 000
合计	165 000	187 500	210 000	187 500	750 000
减：折旧	25 500	25 500	25 500	25 500	102 000
现金支出	139 500	162 000	184 500	162 000	648 000

注：固定费用中包括折旧费用102 000元。

7. 预计其他现金支出

公司除了上述经营方面的现金支出以外，还包括其他方面的现金支出，如利息支出、分配股利支出、缴纳所得税支出和购买固定资产支出等。天成公司的预计其他现金支出如表15-21所示。

表15-21 预计其他现金支出

单位：元

项目	第1季度	第2季度	第3季度	第4季度	全年
应付股利	18 000	18 000	18 000	18 000	72 000
应交所得税	36 000	36 000	36 000	36 000	144 000
购买固定资产		144 000			144 000
合计	54 000	198 000	54 000	54 000	360 000

三、天成公司2020年现金预算

现金预算包括现金收入、现金支出、现金多余或不足分析以及资金的筹集和运用。天成公司编制的2020年现金预算如表15-22所示。

表15-22 现金预算

单位：元

项目	第1季度	第2季度	第3季度	第4季度	全年
期初现金余额	108 000	135 000	132 075	96 260	108 000
加：销货现金收入（表15-13）	486 000	810 000	1 147 500	1 215 000	3 658 500
可供使用的现金	594 000	945 000	1 279 575	1 311 260	3 766 500
减：各项支出：					
直接材料（表15-15）	207 000	293 400	333 360	251 640	1 085 400

续表

项目	第 1 季度	第 2 季度	第 3 季度	第 4 季度	全年
直接人工（表 15-17）	94 500	139 500	175 500	131 400	540 900
制造费用（表 15-18）	195 750	240 750	276 750	232 650	945 900
销售和管理费用（表 15-20）	139 500	162 000	184 500	162 000	648 000
所得税（表 15-21）	36 000	36 000	36 000	36 000	144 000
购买固定资产（表 15-21）	0	144 000	0	0	144 000
股利（表 15-21）	18 000	18 000	18 000	18 000	72 000
支出合计	690 750	1 033 650	1 024 110	831 690	3 580 200
现金多余或不足	−96 750	−88 650	255 465	479 570	186 300
向银行借款	182 250	177 525			359 775
还银行借款			152 131	207 644	359 775
借款利息（年利率 12%）			27 054	6 229.32	33 283.32
期末现金余额	85 500	88 875	76 280	265 696.68	153 016.68

现金收入包括期初现金余额和销货现金收入，销货现金收入是其主要来源。年初的现金余额是在编制预算时预计的，销货现金收入的数据来自销售预算。

现金支出包括预算期的各项现金支出。直接材料、直接人工、制造费用、销售和管理费用的数据分别来自前面的有关预算。此外，还包括所得税、购置固定资产、股利等现金支出，有关数据分别来自前面编制的专门预算。

现金多余或不足是现金收入与现金支出的差额。差额为正，说明收大于支，现金有多余，可用于偿还借款或者短期投资；差额为负，说明支大于收，现金不足，要向银行借款。本案例中第 1 季度的借款额为 182 250 元，第 2 季度借款额为 177 525 元，第 3 季度、第 4 季度现金多余，可用于偿还银行借款。本案例中利率为 12%，还款时支付累计利息，则应计利息为：

$$\begin{aligned}\text{第 3 季度的利息} &= 182\ 250\times 12\%\times 9\div 12+177\ 525\times 12\%\times 6\div 12\\ &= 27\ 054(\text{元})\end{aligned}$$

$$\begin{aligned}\text{第 4 季度的利息} &= (182\ 250-152\ 131)\times 12\%\times 3\div 12+177\ 525\times 12\%\times 3\div 12\\ &= 6\ 229.32(\text{元})\end{aligned}$$

现金预算的编制，以各项营业预算和资本预算为基础，反映各预算期的收入款项和支出款项，并做对比说明，其目的在于资金不足时筹措资金，资金多余时及时处理现金余额，并且提供现金收支的控制限额，发挥现金管理的作用。

□ 小　结

模拟财务报表是财务预测所有方法中最好的一种，是对预测期结束时公司利润表和资产负债表的预计。销售百分比法是一种简单实用的技术方法，该方法假定大部分的利润表和资产负债表项目随销售成比例变化。利用模拟财务报表可以预测外部融资计划。

公司的增长及其管理是财务计划中的难题，部分原因在于许多高级管理人员常常把公司增长看成必须最大化的事情。可持续增长率指在不需要耗尽财务资源的情况下，公司销售所能增长的最大比率。

可持续增长率的方程式说明在稳定的财务政策之下，可持续增长与资产收益率呈线性变动。所有偏离平衡增长线的销售增长率-ROA组合要么产生现金逆差，要么产生现金顺差。当一个公司的目标增长率超过其可持续增长率时，或者当目标增长率降到可持续增长率之下时，管理层可选择一定的方法进行调整。

现金预算又称现金计划，预计和汇总计划期内的现金流入量和流出量，主要分析、预测公司短期内的现金需求情况。现金预算主要由三个方面组成：现金收入预算、现金支出预算、对现金预算的分析。

□ 重点概念

模拟财务报表　　销售百分比法　　可持续增长率　　平衡增长　　现金预算

□ 思考与练习

1. 简述财务计划的主要内容。

2. 简述用销售百分比法编制模拟财务报表的基本步骤。

3. 假设一家公司编制了一份模拟资产负债表，该公司的外部融资需求量估计为负数，对此如何解释？

4. 简述公司增长管理的重要性。

5. 什么是可持续增长率？什么是平衡增长？

6. 公司增长过快或者过慢，可以采取哪些措施？

7. 某公司的销售采用赊销，其过去3个月的销售情况如下：6月，200万元；7月，250万元；8月，180万元。

（1）如果该公司收款期为30天，估计8月可收回多少现金？

（2）如果该公司收款期为45天，估计8月可收回多少现金？

8. 某公司在2015—2019年的财务数据摘要如表15-23所示。

表15-23　公司财务数据

项目	年份				
	2015	2016	2017	2018	2019
利润率（%）	539	6.4	6.8	7.2	7.3
收益留存比率（%）	100.0	100.0	100.0	100.0	100.0
资产周转率（次）	2.0	2.1	2.2	2.3	2.5
财务杠杆（倍）	1.7	1.7	1.8	1.8	1.7
销售增长率（%）	45.8	40.8	43.0	45.0	37.6

(1) 计算该公司每年的可持续增长率。

(2) 比较该公司的可持续增长率与销售实际增长率，说明在这一期间该公司面临什么增长问题。

(3) 该公司应怎样应付这些问题?

9. 某公司是一家电子产品批发商，该公司的财务人员想估计 2020 年前三个月的现金余额。公司部分财务信息如表 15－24 所示。

表 15－24　公司部分财务信息　　单位：元

现金收入	现金支出
销售：	采购：
2019 年实际金额	2019 年实际金额
10 月：240 000	10 月：34 000
11 月：400 000	11 月：360 000
12 月：800 000	12 月：800 000
2020 年预测	2020 年预测
1 月：400 000	1 月：200 000
2 月：160 000	2 月：80 000
3 月：160 000	3 月：80 000
	其他：
	每月应付工资：120 000
	3 月应付利息：60 000
	3 月应付股利：20 000
	3 月应付税收：120 000

公司销售的财务政策为：20%为现金销售，剩余应收款中 50%的信用期限为 1 个月，30%的信用期限为 2 个月；采购的财务政策为：10%为现金支付，其余应付款中 70%的信用期限为 1 个月，20%的信用期限为 2 个月。公司 2020 年 1 月 1 日现金余额为 200 000 元，最少需要现金余额 10 000 元。

请运用以上信息，为该公司编制一份 2020 年 1—3 月的月现金预算。根据预算，你认为该公司的财务人员是否应考虑将多余的现金用于投资或者寻求短期融资?

□ 拓展阅读

企业可持续增长角度下的融资策略研究 ——以万科集团为例

万科集团成立于 1984 年，2016 年公司首次跻身《财富》世界 500 强。经过三十余年的发展，已成为国内领先的城乡建设与生活服务商。

一、万科集团公司可持续增长率与实际增长率的分析

下面以希金斯可持续增长理论为依据，选取 7 项财务指标来分析万科公司的可持续增长，研究涉及的各种变量如表 15－25 所示。

表 15-25 研究变量选择及说明

变量	符号	变量说明
实际增长率	g	实际增长率$=\frac{期末主营业务收入}{期初主营业务收入}-1$
可持续增长率	SGR	可持续增长率$=\frac{销售净利率\times总资产周转率\times权益乘数\times收益留存率}{1-销售净利率\times总资产周转率\times权益乘数\times收益留存率}$
净资产收益率	ROE	净资产收益率$=$销售净利率$\times$总资产周转率$\times$权益乘数
销售净利率	P	销售净利率$=\frac{本年净利润}{本年主营业务收入}$
总资产周转率	A	总资产周转率$=\frac{本年主营业务收入}{期末总资产}$
权益乘数	T	权益乘数$=\frac{期末总资产}{期末股东权益}$
利润留存率	R	利润留存率$=1-$股利支付率$=1-\frac{当期现金股利}{当期净利润}$

依据表 15-25 的指标设计，根据万科公司 2000—2017 年年报数据，计算得出其可持续增长率和实际增长率，如表 15-26 所示。

表 15-26 万科 2000—2017 年的实际增长率与可持续增长率

年份	指标	
	可持续增长率（%）	实际增长率（%）
2000	8.65	32.99
2001	9.22	17.74
2002	8.89	2.7
2003	13.68	39.47
2004	11.43	20.2
2005	12.37	37.7
2006	17.55	69.04
2007	25.73	98.27
2008	14.93	15.38
2009	18.85	19.25
2010	22.82	3.75
2011	25.48	41.54
2012	29.74	43.65
2013	22.69	31.33
2014	18.13	8.10
2015	18.32	33.58
2016	18.16	22.98
2017	23.85	1.01

数据来源：万科公司历年年报.

由表 15－26 可以分析出实际增长率与可持续增长率的描述性统计数据，如表 15－27 所示。

表 15－27 描述性统计表

	N	均值	标准差	极小值	极大值
实际增长率	18	29.926 7%	24.321 53%	1.01%	98.27%
可持续增长率	18	17.805 0%	6.342 29%	8.65%	29.74%

由上面两张表可以看出，万科集团的实际增长率的均值远远高于公司计算得出的可持续增长率的均值，但从标准差的角度来分析，可以发现公司实际增长率的波动性大于可持续增长率，从原始数据的角度可以得出，公司没有实现预计的可持续增长，每年增长率大于或小于可持续增长率。

针对万科公司的增长情况，下面做 Wilcoxon 符号秩检验，以辨别公司属于高速发展还是低速发展。在辨别公司的发展情况时，将实际增长率大于可持续增长率的情况定义为高速发展，反之则定义为低速发展。通过统计软件 SPSS21 对两列数据进行检验后，得到如下的 Wilcoxon 符号秩检验结果表（见表 15－28）。

表 15－28 Wilcoxon 符号秩检验结果表

		N	秩均值	秩和
实际增长率 *g*—可持续增长率 *SGR*	负秩	4	9.25	37.00
	正秩	14	9.57	134.00
	结	0		
	总数	18		

通过检验结果可以看出，正秩为 14，负秩为 4，也就是说，在 2000—2017 年的 18 年间，万科集团公司只有 4 年实际增长率未达到当年目标增长率，其余年份的实际增长率均大于可持续增长率，也就是说，在这 18 年间，万科集团公司处于高速增长。这一结论也比较符合房地产企业近 20 年来的发展形势。

二、万科集团融资策略对于公司实际增长率的影响分析

根据希金斯可持续增长模型的原则，企业的增长是与其可动用的财务资源相匹配的。万科集团公司在 2000—2017 年的 18 年间实现了高速增长，实际增长率平均为可持续增长率的 2 倍左右。是什么在支持着万科的高速发展，而公司的融资策略和公司的高速发展有着什么关系？

（1）公司的良好经营对于企业高速增长有着促进作用。根据优序融资理论，企业最先采用的融资方式，应该为内源融资，提高企业的净利润，增加企业的内部资金，减小企业的外部融资需求，同时提高资产周转率，加速资金的运转，减轻企业压力。这样随着销售净利率和总资产周转率的提升，可持续增长率能够有所提升。

从盈利能力的角度来看，销售净利率可以很好地反映公司的盈利能力，公司盈利能力增强，可以使公司的融资能力增强，同时在公司股利政策不发生大幅变动的情况下，留存收益也会增加，则举债能力也在不断增强。从该公司的历年销售利润率中可以看出，在进入 21 世纪后，万科集团公司的销售利润率始终保持在 8%以上，营业利

润与利润总额占比平均可达95%以上。由此可见，公司的利润来源主要是公司的主营业务，利润来源稳定可靠，具有可持续性。

还可以通过分析公司的资产周转率来分析公司的营运能力。营运能力对于一个公司而言，是企业运用现有资金获利的能力，体现了公司对于外部资金的依赖程度。房地产公司由于其独特的商业周期，存货周转率偏低。万科集团的应收账款周转率在2006年之前还保持在30%以下，从2006年开始，万科集团的应收账款周转率逐年升高；而应付账款周转率保持在2%左右，由于房地产公司的存货大多为已建造好而未销售的楼盘，总资产周转率逐年下降，这也是受近年来房地产政策的影响，人们将购房作为生活的刚需，房地产市场火爆，各家房地产企业纷纷囤地建房，从而导致总资产周转率的下降。这也说明公司在营运能力上还存在较大的提升空间，还可以为营业收入的实际增长贡献力量。

（2）高杠杆对于企业高速增长作用显著。房地产行业是资金密集型行业，对于资本密集型行业来说，高负债率有时是其行业优势。该行业中的企业可以利用摊销的方式，将成本分散化，降低营业成本，提高盈利能力。万科集团从最开始的资本负债率不到50%，之后逐年升高，直到2017年资本负债率接近84%。这种高负债经营虽然为公司的主营业务增长带来了强劲的动力，但也为公司的经营情况埋下隐患。

三、万科融资方式存在的问题

（1）公司的财务杠杆过高。通过上面的分析可知，万科集团资产负债率较高，已达到84%，根据行业统计，万科集团2017年的资产负债率在同行业的排行为第三位。资产负债率高，说明企业的资金来源中债务资金较多，来源于所有者的资金较少，财务风险相对较高，可能带来现金流不足时，资金链断裂，不能及时偿债，从而导致企业破产的情况。

虽然一定的资产负债率可以让企业在利率低于投资收益率的情况下，运用债务杠杆，提高企业股东收益，但考虑到企业的破产成本等诸多因素后，过高的资产负债率依然是企业运营的一大负担，也是权益所有者不希望看到的结果。

（2）公司融资渠道较为单一。万科集团的融资渠道主要靠债务融资，表15-29是自2000年以来万科集团的几次股权融资方案。从表中可以看出，在2009年最后一次向机构非公开增发扩股以后，万科集团近十年来没有通过扩股或增发的手段从股市中获得外部融资，若刨除非公开的扩股，则公司自2007年以来已有12年未曾股权融资。

表15-29　万科集团股权融资方案表

年份	扩股方案
2000	每10股配2.76股7.5元
2002	每10股转增10股
2003	每10股送股1股，每10股转增4股
2004	每10股转增5股
2006	增发股份4亿股，增发价格10.5元/股
2006	每10股转增5股
2007	每10股转增6股
2009	向机构非公开增发扩股

虽然这比较符合优序融资理论，但也从另一个角度反映出公司的外部融资渠道单一。虽然公司的举债能力较强，而且公司评级较好，但单一的外部融资渠道对于企业的融资策略来说缺少多样性，可能会面临与乐视集团相同的情况。

万科集团近年来的实际增长率虽然超过了每年的可持续增长率，但主要依靠的是大幅度的举债以促进主营业务增长，而公司可以通过拓宽融资渠道、开展多元化业务的方式来改进融资策略，增强公司实力。通过分析万科集团的融资策略，我们可从中知道：公司的融资策略受到诸多因素的制约，可持续增长模型是从企业的盈利能力、运营能力等多角度对于企业的融资策略进行评估，为企业的长期发展提供指导，除自身因素外，企业的融资策略还受到环境因素的影响，例如政策因素、金融环境因素等。

资料来源：张新毅．企业可持续增长角度下的融资策略研究——以万科集团为例．时代金融，2018（11）．

中国人民大学出版社　管理分社

教师教学服务说明

中国人民大学出版社管理分社以出版工商管理和公共管理类精品图书为宗旨。为更好地服务一线教师，我们着力建设了一批数字化、立体化的网络教学资源。教师可以通过以下方式获得免费下载教学资源的权限：

★ 在中国人民大学出版社网站 www.crup.com.cn 进行注册，注册后进入"会员中心"，在左侧点击"我的教师认证"，填写相关信息，提交后等待审核。我们将在一个工作日内为您开通相关资源的下载权限。

★ 如您急需教学资源或需要其他帮助，请加入教师 QQ 群或在工作时间与我们联络。

中国人民大学出版社　管理分社

教师 QQ 群： 648333426（工商管理）　114970332（财会）　648117133（公共管理）
教师群仅限教师加入，入群请备注（学校＋姓名）

联系电话： 010-62515782，82501868，82501048，62514760

电子邮箱： glcbfs@crup.com.cn

通讯地址： 北京市海淀区中关村大街甲 59 号文化大厦 1501 室（100872）

管理书社　　人大社财会　　公共管理与政治学悦读坊